新标准学前教育专业系列教材

依据 《幼儿园教师专业标准（试行）》 编写
《中小学和幼儿园教师资格考试标准及大纲（试行）》

学前比较教育

霍力岩　孙蔷蔷　胡恒波　编著

华东师范大学出版社
·上海·

图书在版编目(CIP)数据

学前比较教育/霍力岩,孙蔷蔷,胡恒波编著.—上海:
华东师范大学出版社,2017
(全国"新标准"学前教育专业系列)
ISBN 978-7-5675-6438-1

Ⅰ.①学… Ⅱ.①霍… ②孙… ③胡… Ⅲ.①学前教育-比较教育-幼儿师范学校-教材 Ⅳ.①G610

中国版本图书馆 CIP 数据核字(2017)第 148274 号

2015 年度中央高校基本科研业务费专项资金项目《幼儿园教师胜任力发展研究》(项目编号:SKZZA2015003)的阶段性研究成果

学前比较教育

编 著	霍力岩 孙蔷蔷 胡恒波
项目编辑	袁子微 李恒平
特约编辑	严 婧
责任校对	胡瑞颖
装帧设计	俞 越
出版发行	华东师范大学出版社
社 址	上海市中山北路 3663 号 邮编 200062
网 址	www.ecnupress.com.cn
电 话	021-60821666 行政传真 021-62572105
客服电话	021-62865537 门市(邮购)电话 021-62869887
地 址	上海市中山北路 3663 号华东师范大学校内先锋路口
网 店	http://hdsdcbs.tmall.com
印 刷 者	常熟高专印刷有限公司
开 本	787毫米×1092毫米 1/16
印 张	18.75
字 数	406 千字
版 次	2018 年 5 月第 1 版
印 次	2023 年 1 月第 6 次
书 号	ISBN 978-7-5675-6438-1/G·10342
定 价	48.00 元
出版人	王 焰

(如发现本版图书有印订质量问题,请寄回本社客服中心调换或电话 021-62865537 联系)

前言

在知识经济和教育国际化的当代，学前比较教育在促进国家学前教育事业发展、学前教育改革与进步中发挥着重要的作用，其价值得到了广泛的重视。下面从学前比较教育作为一门科学和作为一门课程这两个视角来论述学前比较教育的重要作用。

作为一门科学，学前比较教育具有重要的理论意义、实践意义和方法论意义。

首先，从理论意义的视角来看，学前比较教育在学前教育学科系统中发挥着无可替代的重要作用。第一，学前比较教育研究可以更好地解释学前教育现象，揭示学前教育规律。第二，学前比较教育研究能够深化我们对本国学前教育的认识。第三，正是有了学前比较教育，才使得教育学科体系变得更加完整，也使得对某些问题的研究变得更加可行和客观，尤其是在论述当前一些国家学前教育改革的最新趋势方面，学前比较教育发挥了重要的作用。第四，学前比较教育架起了各国学前教育沟通和理解的桥梁。通过学前比较教育的研究，可以为我们理解不同国家的不同学前教育制度以及不同学前教育方式提供一个平台，可以消除我们对他国学前教育现状的误解，增强合作和宽容，从而共同促进人类学前教育事业的不断进步。①

其次，从实践意义的视角来看，学前比较教育能够为学前教育实践提供可操作性的建议或意见，从而改善本国的学前教育实践。第一，"比较—借鉴"是学前比较教育重要的实践意义，通过了解探求他国经验，为本国面临的学前教育问题寻求解决的途径或方法；第二，学前比较教育可以为本国制定学前教育政策或进行学前教育改革提供经验性资料，而这些资料或经验往往具有预测的性质，保证我们的学前教育政策制定或教育改革的科学性；第三，学前比较教育研究不仅能够促进学前教育事业的发展，对推动整个社会的进步也具有重要意义。可以说，学前比较教育在未来将发挥更加重要的作用，各个国家都需要学习彼此好的学前教育经验，这是教育国际化背景下学前比较教育面临的新的机遇，也需要学前比较教育研究在国家发展中承担更多的使命。②

最后，从方法论意义的视角来看，学前比较教育研究所运用的一些方法，如比较法等对教育科学体系中的其他学科具有重要的借鉴和启示意义。有关方法论的问题，在第二章中我们将予以详述。

作为一门课程，学前比较教育在学前教育专业学生的专业训练方面发挥着重要的作用。那么，学习学前比较教育，对我们的研究和实践究竟具有何种意义？换言之，通过这门课程，学前教育专业

---

① 马健生：《比较教育》，北京：高等教育出版社2010年版，第9—10页
② 马健生：《比较教育》，北京：高等教育出版社2010年版，第10—11页

大学生又能获得怎样的新经验？对这些问题的研究将有助于激发学生的学习动机，从而更有效地学习这门课程。

第一，开阔视野，增进理解。各国的教育都是根植于其社会背景之中的，受到政治、经济、文化、科技和人口等多个因素的影响。这也正是各国的学前教育呈现出多样化特点的深层次原因。通过学习学前比较教育这门课程，我们可以在国际背景下，通过对某个学前教育现象和学前教育问题进行多角度的探索，以揭示出学前教育发展的一般规律和未来发展趋势。同时，通过学前比较教育的研究，我们可以理解不同国家的学前教育制度和教育方式，从而消除对他国学前教育现状的误解，增进彼此之间的理解和合作，推动人类学前教育事业不断向前发展。

第二，提高能力，拓展思维。由前文可知，学前比较教育具有全领域和跨学科的特点。从研究领域上来看，学前比较教育学所涉及的是学前教育的全领域，即学前教育学所研究的所有学前问题都可以成为学前比较教育学的研究对象，如学前教育目的、教育制度、教育管理、课程设置与课堂教学、学生评价等问题。其中，学前教育问题包括宏观和微观问题、理论和实践问题。这就要求学前比较教育研究者具有广泛的学科背景和综合的研究素养，能够站在历史、政治、经济和文化等多个角度来审视教育现象和教育问题，从而揭示学前教育现状背后的深层次原因，做到"知其然，并且知其所以然"。

第三，放眼世界，立足中国。学习学前比较教育的最终目的在于为本国学前教育实践服务。一方面，学前比较教育研究者放眼世界，及时关注各国的学前教育动态，了解他国最新的学前教育实践和教育改革，以为本国学前教育政策的制定和执行提供可操作性的建议或意见；另一方面，学前比较教育研究者要立足中国，从中国面临的学前教育问题出发，探求他国在解决或应对类似问题时所采取的策略和措施。如果这些措施和策略的有效性得到了实践的验证，那么它可以为我们提供有益的经验和做法。反之，可以为我们提供启示，使我们在解决此类问题时能够少走弯路。总之，在学前比较教育这门课程的学习中，我们要正确处理好借鉴与本土化的关系，坚持"洋为中用，古为今用"的原则，以促进本国学前教育健康、平稳地发展。

学前比较教育是学前教育专业的基础课程，同时也是学前教育专业学生所必修的一门专业性课程。该书旨在帮助学习者比较全面、系统地了解世界学前教育发展的共同规律和发展趋势，帮助学习者吸取世界学前教育中的成功经验和失败教训，为学习者思考学前教育决策和教育改革提供依据和参考。

本书包含四个部分：第一部分为理论与方法篇，对比较学前教育的性质、作用、方法以及理论基础进行详细介绍。第二部分是国际组织比较研究，对"一带一路"沿线30余国家、36个OECD成员国和九个人口大国的学前教育发展状况进行比较。第三部分是国别研究，对"一带一路"沿线四国和三个主要发达国家，即南亚国家印度、西亚国家土耳其、中东欧国家匈牙利、西欧国家爱尔兰以及美、英、日共七个国家的学前教育性质地位、办园体制、管理体制、投入体制、师资建设等进行介绍和比较，梳理各国学前教育的主要特点和基本经验。第四部分是世界学前教育课程模式比较研究，对目前世界上较有影响力的十种学前课程模式进行比较和分析，梳理十种课程模式的发展经验，并对学前教育课程模式的本土化进行思考。

目录

第一部分 理论与方法

第一章 学前比较教育概论   3
    一、学前比较教育的概念   4
    二、学前比较教育的特征   6
    三、学前比较教育的重要思想   11

第二章 学前比较教育的方法   31
    一、学前比较教育方法的基本原则   32
    二、学前比较教育研究的主要步骤   34
    三、学前比较教育研究的具体方法   46

第二部分 主要国际组织的学前教育比较研究

第三章 "一带一路"沿线国家的学前教育   53
    一、"一带一路"沿线国家学前教育入园率状况   54
    二、"一带一路"沿线国家学前教育格局与发展状况   56
    三、"一带一路"沿线国家学前教育投入状况   56
    四、"一带一路"沿线国家学前教育师资队伍状况   62

第四章 OECD成员国的学前教育   71
    一、学前教育的性质与价值   72
    二、学前教育的普及情况比较   73
    三、幼儿园办园体制与格局比较   78
    四、学前教育投入状况与成本分担比较   80
    五、幼儿园教师队伍的状况比较   86

第五章 九个人口大国的学前教育   98
    一、学前教育的性质与价值   99
    二、学前教育的普及情况比较   107
    三、幼儿园办园体制与格局比较   111
    四、学前教育投入状况与成本分担比较   112
    五、幼儿园教师队伍的状况比较   118

第三部分 主要国家的学前教育比较研究

第六章 美国的学前教育 131
一、美国学前教育的历史背景 132
二、美国学前教育的性质地位 133
三、美国学前教育的办园体制 134
四、美国学前教育的管理体制 138
五、美国学前教育的投入体制 139
六、美国学前教育的师资建设 141

第七章 英国的学前教育 146
一、英国学前教育的历史背景 147
二、英国学前教育的性质地位 149
三、英国学前教育的办园体制 150
四、英国学前教育的管理体制 153
五、英国学前教育的投入体制 155
六、英国学前教育的师资建设 157

第八章 荷兰的学前教育 162
一、荷兰学前教育的历史背景 163
二、荷兰学前教育的性质地位 163
三、荷兰学前教育的办园体制 164
四、荷兰学前教育的管理体制 165
五、荷兰学前教育的投入体制 165
六、荷兰学前教育的师资建设 166

第九章 爱尔兰的学前教育 167
一、爱尔兰学前教育的历史背景 168
二、爱尔兰学前教育的性质地位 168
三、爱尔兰学前教育的办园体制 169
四、爱尔兰学前教育的管理体制 170
五、爱尔兰学前教育的投入体制 170
六、爱尔兰学前教育的师资建设 170

第十章 匈牙利的学前教育 172
一、匈牙利学前教育的历史背景 173
二、匈牙利学前教育的性质地位 174

　　　　三、匈牙利学前教育的办园体制　　175
　　　　四、匈牙利学前教育的管理体制　　175
　　　　五、匈牙利学前教育的投入体制　　176
　　　　六、匈牙利学前教育的师资建设　　176

第十一章　日本的学前教育　　178
　　　　一、日本学前教育的历史背景　　179
　　　　二、日本学前教育的性质地位　　181
　　　　三、日本学前教育的办园体制　　182
　　　　四、日本学前教育的管理体制　　184
　　　　五、日本学前教育的投入体制　　188
　　　　六、日本学前教育的师资建设　　196

第十二章　印度的学前教育　　199
　　　　一、印度学前教育的历史背景　　200
　　　　二、印度学前教育的性质地位　　200
　　　　三、印度学前教育的办园体制　　201
　　　　四、印度学前教育的管理体制　　203
　　　　五、印度学前教育的投入体制　　206
　　　　六、印度学前教育的师资建设　　208

第四部分　世界学前教育课程模式比较研究

第十三章　世界学前教育课程模式比较分析框架的思考与建构　　215
　　　　一、内部视角：学前教育课程模式是一个结构体系　　216
　　　　二、外部视角：学前教育课程模式是历史的产物　　221
　　　　三、学前教育课程模式比较分析框架的建立与案例模式的选择　　226

第十四章　世界学前教育课程模式的比较研究　　229
　　　　一、世界学前教育课程模式的发展历程比较　　230
　　　　二、世界学前教育课程模式的理论基础比较　　234
　　　　三、世界学前教育课程模式的课程目标比较　　241
　　　　四、世界学前教育课程模式的课程内容比较　　246
　　　　五、世界学前教育课程模式的教育方法比较　　253
　　　　六、世界学前教育课程模式的课程评价比较　　260

**第十五章 世界学前教育课程模式对中国学前课程改革的影响
与启示** **265**
  一、世界学前教育课程模式对中国学前教育所产生的
     主要影响 266
  二、从教育借鉴走向教育建构:中国特色课程模式
     的创建 282

第一部分

理论与方法

1817年，法国比较教育学家朱利安（Marc-Antoine Jullien）发表了《比较教育的研究计划和初步意见》，标志着比较教育学的诞生。经过近200年的发展，比较教育学科的研究领域不断扩大，研究方法不断拓展，研究机构和研究人员不断增加，取得了一系列显著的研究成果，引起了各个国家的广泛重视。本部分将对学前比较教育的概念、性质、作用、方法和理论基础等进行详细介绍。

学习目标

1. 了解学前比较教育的概念。
2. 了解学前比较教育的基本特征。

内容脉络

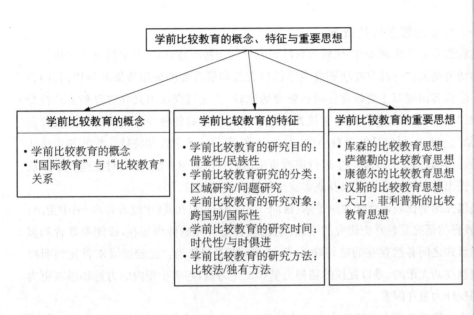

第一章

学前比较教育概论

自从朱利安1817年发表了《比较教育的研究计划和初步意见》以后,比较教育在200年的发展历程中逐渐形成了自己独特的研究视角和方法路径。但是目前对于"比较教育"的概念,比较教育学者并没有达成统一共识。本章,笔者将在梳理众多学者对比较教育的概念界定的基础上,提出学前比较教育的概念界定,并从目的、分类、对象、时间和方法这五个构成要素的视角,总结出学前比较教育的五个特征。

一、学前比较教育的概念

比较教育之父朱利安在《比较教育的研究计划和初步意见》一书中指出了比较教育大致的研究范围:"一部对此项研究能提供更直接和更重要的应用效果的著作,其内容呈现了欧洲各国现有主要教育机构和制度的比较,首先研究该国兴办教育和公共教育所采取的各种不同的教育方式,学校教育全学程所包括的各种课程需要达到的教育目标,以及每一目标所包括的公费小学、古典中学、高等技术学校和特殊学校的各衔接年级;然后研究教师给青少年学生进行讲授所采用的各种教学方法,他们对这些教学方法所逐步提出的各项改进意见以及或多或少的所取得的成就。"①

美国杰出的比较教育学家康德尔(Isaac Leon Kandel)在其《比较教育》一书中指出:"比较教育的研究是教育史研究的继续,它把教育史研究延伸到现在,以阐明教育和多种文化形式之间必然存在的密切联系。"②此外,康德尔认为:"比较法要求首先判明决定教育制度的无形的、难以捉摸的精神力量和文化力量,判明比校内的力量和因素更为重要的校外力量和因素。"③

日本比较教育学者冲原丰主张:"比较教育学是以整个教育领域为研究对象,把两个以上国家的教育,以现代化为中心进行比较研究,是一门包括外国教育学在内的学科,这种看法似乎比较恰当。"④

前苏联的比较教育学者索科洛娃(M. A. Sokolova)等人在《比较教育学》中指出:"可以对马列主义比较教育学的对象下这样的定义:比较教育学研究当前世界中教育教学理论和实践的共同的、个别的特点和发展趋势,并揭示它们的经济、社会、政治和哲学基础,以及民族的特点。"⑤

英国比较教育学家汉斯(Nicholas Hans)在《比较教育:教育的因素和传统研究》中提出:"用历史的观点分析研究这些因素,比较各种问题的解决办法,是比较教育的主要目的。"

上述关于比较教育概念的界定,都是从某个角度出发的,但都不够全面,或者不够精确。

鉴于此,中国学者吴文侃、杨汉清在其主编的《比较教育学》一书中提出"本来,给某

---

① Marc-Antoine Jullien: "L'Esquisse et vues" *Preliminares d'un Ouvrage Sur l'Education Comparee*, Paris, 1817. 转引自《世界教育文摘》1984年第1期,第20页
② I. L. Kandel: *The New Era in Education*, Boston: Houghton Mifflin, 1955. p.46.
③ 康德尔:《比较教育研究》,转引自 B. C. Rai, Comparative Education, Prakashan Kendra. 1979年版,第5页
④ [日]冲原丰:《比较教育学》,刘树范译,长春:吉林人民出版社1984年版,第4页
⑤ [俄]索科洛娃著,顾明远译:《比较教育学》,徐州:文化教育出版社1981年版,第15页

一门科学(学科)下定义,只要指出其专门的研究对象就行了。然而,由于科学的发展,每一门学科又分化为许多分支学科,它们所研究的乃是同一的对象,所以,给一门学科下定义,如果仅仅指出其研究对象,似乎难以全面、完整地体现学科的特点,比较教育学就是如此。"[1]据此,他们主张先阐明比较教育学这门学科研究的目的、对象、方法和它的基本性质,然后再给它下个完整的科学定义。

借鉴上文对比较教育概念和基本性质的分析,我们可以这样界定学前比较教育的定义:"学前比较教育是以比较法为主要方法,研究当代世界各国学前教育的基本状况、一般规律和特殊规律,揭示影响学前教育发展的主要因素和相关因素,探索未来学前教育发展趋势的一门学科。"从定义中不难发现,学前比较教育以"比较法"为主要的研究方法,以"当代世界各国学前教育的基本情况、一般规律和特殊规律"为研究对象,以"揭示影响学前教育发展的主要因素和相关因素,探索未来学前教育发展的趋势"为研究目的。

通过这个定义我们还可以体会到学前比较教育的三重性,它既是一门政策科学,又是一门应用科学,还是一门理论科学。从政策科学的角度看,学前比较教育学可以提供各国多样的政策与制度现状,从而有利于本国相关政策和制度的制定;从应用科学的角度看,学前比较教育学可以提供各国丰富的学前教育实践与经验现状,从而为改善本国的教育实践提供借鉴;从理论科学的角度看,学前比较教育学可以通过对制约学前教育发展的影响因素的探讨,揭示出学前教育发展的一般规律和未来学前教育发展的趋势。

此外,除了"比较教育",西方国家还提出了"国际教育"这个概念。他们与比较教育既有联系,又有区别。特雷舍韦在文章中提到:"弗雷泽认为,国际教育研究两个或更多的社会中个人和群体之间在智力、文化和教育方面的关系,还包括诸如为了相互得益和增进了解而进行的国际访问和国际交流这样的问题。另一方面,学前比较教育则'按照社会政治的、经济的、文化的、思想意识的条件对两个或更多国家的教育制度和教育问题进行分析……以便了解各国教育之所以存在吻合与差异现象的原因'。"可见,国际教育研究主要指那些为了达到国际交流和了解而进行的各种活动,而比较教育则主要在跨国家、跨文化的基础上分析各种教育制度,解释各种制度的异同点,并在可能的情况下证实关于教育和社会之间的关系的各种论述。[2]

案例 1-1

比较教育有没有存在的必要

首先来回答这个问题:比较教育有没有独立存在的必要?有没有其他学科可以替代?许多学者都谈到,比较只是一种方法,其他学科也会使用这种方法,如教育经济学需要比较各国的教育投入,教育社会学需要比较各国教育在

---

[1] 吴文侃、杨汉清:《比较教育学》,北京:人民教育出版社 1998 年版,第 3—4 页
[2] 吴文侃、杨汉清:《比较教育学》,北京:人民教育出版社 1998 年版,第 8 页

> 社会分层中的作用,教育管理学需要比较各种管理理论和方法,课程论要比较各国的课程,似乎比较教育没有单独存在的必要。但是,是不是还有一些问题是其他学科所包含不进去的?例如教育制度的比较。比较教育的产生是从教育制度的比较开始的,然后发展到对各国教育制度产生的背景、因素进行分析和研究,现在仍然为比较教育学者所关注。当然也可以再建立一门教育制度学来替代比较教育的研究,但随着比较教育的发展,比较教育早已不再限于教育制度的比较,比较教育研究的领域在 20 世纪有了很大的扩展。如教育与国家发展的研究,这是 20 世纪 50 年代发展起来的,随着二次大战后民族国家的独立,教育和民族国家发展的研究就被比较教育学者所关注,例如英国伦敦大学国际教育研究中心就是研究英国原殖民地国家教育的机构。80 年代以后比较教育学者开始关注国际教育和全球教育问题,如人口教育、环境教育、妇女教育、多元文化教育等。比较教育研究的兴趣在增长,研究的领域在扩大,似乎不是要不要比较教育的问题,而是如何把握比较教育研究的走向,把教育发展与国际形势和国家的发展综合起来加以研究,提高对教育发展规律的认识。比较教育的身份危机只是一部分从事比较教育学科本身研究的学者提出来的。对于比较教育学科的问题确实值得探讨。过去我们曾经说过,与其说比较教育是一门学科,不如说它是一个研究领域。这个领域似乎还没有其他学科能够占领它。因此比较教育学者应在国际比较教育领域中发挥作用,并在研究过程中逐步建设学科体系。
>
> 比较教育的研究对象应该包括以下几个方面:一是国别教育,把一个国家的教育研究透彻并非易事,而且要跟踪研究它的发展,充分掌握它们的教育信息。这方面的研究我们做得还很不够。不仅指我们研究的国别太少,而且对这些少数国家的教育也还没有研究透彻,还需要我们花大力气去研究。二是国际组织对世界教育的评论和意见。当今国际组织都很关心教育,联合国教科文组织、世界银行、经合组织、联合国儿童基金会等经常发表报告。比较教育研究者需要关注这些报告,研究其对各国教育发展和改革的影响。三是世界教育发展遇到的共同问题,如教育与国家发展、人口教育、环境教育、国际教育、妇女教育、宗教教育、少数民族教育等,这些问题中有些问题在别的学科中也会涉及,但作为一个世界教育的整体问题,恐怕是别的学科难以承担的,需要比较教育学者来研究。
>
> 选自:顾明远.关于比较教育学科建设的几个问题[J].比较教育研究,2005(3):1—4.

二、学前比较教育的特征

在本书中,作者在借鉴中国学者吴文侃、杨汉清和马建生观点的基础上,提出从目的、分类、对象、时间和方法这五个构成要素的视角来看,学前比较教育具有以下五个特征。①

(一)学前比较教育的研究目的:借鉴性/民族性

学前比较教育研究的主要目的在于通过对他国学前教育进行一般的乃至详尽的描述或对各国学前教育现状的原因进行分析与解释,为一个国家或一个地区解决某一学

---

① 马健生:《比较教育》,北京:高等教育出版社 2010 年版,第 7—9 页

前教育问题提供切实可行的政策建议,以改善一国学前教育的实践。但是,任何国家的教育都是根植于本国的政治、经济、文化、科技等社会背景中的,因此,学前比较教育的研究往往也具有民族性的特点,这也提醒广大学者在借鉴他国教育的有益经验时,也要从本国的政治、经济、文化、科技等背景出发,批判性地研究他国的教育,而不可照搬照抄,因为"照搬照抄别国经验、别国模式,从来不能得到成功"[1]。此外,一国的教育寓于其历史文化发展的长河之中,凝聚着多元的民族特性。因此,要理解某个国家教育的现状及特点,也要注意探究其历史的、文化的和民族的特点。

这也正是著名的比较教育学家霍姆斯所主张的鉴别与验证相关因素并建立资料分类框架。霍姆斯认为,在提出政策建议之后,比较教育研究者需要详尽地描述和分析教育制度及其相关的政治、经济、文化和社会等背景因素,确定其中的决定性因素,并对这些决定性因素作出认真的评判。为了帮助比较教育研究者有效地筛选、鉴别与具体问题紧密相关的因素,并且排除多余的因素,使研究者有可能精确地描述和测量实施政策的特定国家的环境,霍姆斯结合马克斯·韦伯的"理想典型模式"和批判二元论,建立了他自己独特的资料分类框架,即比较教育研究收集资料的四种框架模式——规范模式(normative pattern)、体制模式(institutional pattern)、精神模式(pattern of mental states)和自然模式(environmental pattern)。按照上述四种模式进行资料收集,可以起到以下三个方面的作用:第一,可以保证资料的全面性和客观性,避免片面性和主观性;第二,可以保证在广阔的教育背景中考察教育问题;第三,可以保证得出言之有据、行之有效的解决措施和方法。可见,霍姆斯强调比较教育的民族性特征。在下文中我们将对资料分类框架予以详述。

(二) 学前比较教育研究的分类:区域研究/问题研究

比较教育研究大体可分为区域研究和问题研究这两类。区域研究是分析研究一个个国家(或地区)的教育制度或教育实践。根据研究内涵的大小,可以分为整体研究和局部研究这两种类型。整体研究涉及各个国家(或地区)教育各个方面的问题。从横向看,包括教育行政、教育制度、各级各类学校教育等问题;从纵向看,以现状为主,追溯历史根源并展望发展前景。国别教育的专著、比较教育学中的各国概况都属于这一类。[2] 局部研究所涉及的是某个国家(或地区)教育的个别问题。它可以研究一项重大改革,如日本第三次教育改革、英国1998年的教育改革等;也可以研究一个重要问题,如普及义务教育、课程设置、教学内容、教学方法、教学评价等。外国教育或比较教育杂志中的论文,大都属于这一类。[3]

问题研究是比较研究两个国家(地区)或几个国家(地区)的教育制度或教育问题,根据比较的内容,可以划分为专题比较和总体比较这两类。[4] 专题比较研究是指把各国同一类教育问题并列在一起进行比较。研究者既可以按照学制体系对各国的学前教育、初等教育、中等教育、高等教育和师范教育等问题进行比较,又可以对本国

---

[1] 《邓小平文选》第3卷,北京:人民教育出版社1993年版,第2页
[2] 吴文侃、杨汉清:《比较教育学》,北京:人民教育出版社1998年版,第17页
[3] 吴文侃、杨汉清:《比较教育学》,北京:人民教育出版社1998年版,第17页
[4] 吴文侃、杨汉清:《比较教育学》,北京:人民教育出版社1998年版,第18页

亟待解决的问题进行比较分析，如普及学前一年教育、改革学前教育的管理体制、学前师资建设等问题。此外，专题比较研究具有层次性。例如，学前教育的师资建设问题又可细分为教师的资质水平问题、身份待遇问题、资格制度问题和培养问题等。这些较小的问题又可进一步分为更小的问题，如：资质水平问题还可再细化为学历及其所占比例和职称及其所占比例问题，身份待遇问题可细化为身份问题和待遇问题这两类，资格制度又可以分为证书类型和证书等级问题。总体比较研究是对世界教育的历史、现状与未来作全面的比较研究。从横向上来看，主要是判明决定和影响教育发展的主要因素，包括生产力和政治经济制度等外在因素和教育内在因素这两类；从纵向上来看，主要是探索教育发展的总趋势，包括教育短期和长期这两个时间段的教育发展总趋势。

关于区域研究与问题研究的关系，以北京师范大学的霍力岩教授所著的《世界部分国家学前教育报告》为例进行简要说明。《世界部分国家学前教育报告》是对"美、英、日、印四国学前教育体制的比较研究"，研究首先进行了区域研究中的局部研究，即从学前教育产生背景和发展历程、现状、主要特点和基本经验这三个方面，探究了美、英、日、印四国学前教育的情况。在此基础上，研究进入了问题研究中的专题研究阶段，即分别从学前教育性质、地位与功能模式、办学模式与机构类型的模式、管理模式、经费投入模式和师资建设模式这五个维度对四国学前教育体制进行了系统的比较分析，并在形成较为系统的比较研究结论的基础上提出对我国今后学前教育事业发展的政策建议。可见，区域研究是问题研究的前提，问题研究是区域研究的深化。

（三）学前比较教育的研究对象：跨国别/国际性

比较教育学以世界各国和各国际组织为研究对象，范围非常广泛。众多比较教育学者对此提出了自己的看法。例如，贝雷迪认为比较教育研究包括区域研究和比较研究这两大模式。其中，区域研究是比较研究的基础，是指以单一国家或地区为研究中心主题，对多国教育资料仅是逐一作描述或解释，其也可视为区域研究，具体包括描述和解释这两个阶段。比较研究则是比较研究的自身，是指同时对多个国家或地区的教育现象进行研究，具体包括并列和比较这两个阶段。在个案的选择方面，诺亚和埃克斯坦主张，为了满足验证假说的需要，至少应该选取两个以上的国家。他们把可选择的对象国划分为四种类型：一是全球型，研究对象是全世界，收集来的资料是为全世界服务的；二是区域型，以区域和多国为单位收集资料并量化比较；三是地方型，以国内各地方为单位；四是超时型，以某国不同时期的一些概念指标来收集资料进行比较。①

比较教育学的研究还存在着更为重要的深度问题。研究的深度，指的是"不仅研究各国教育的客观现象和解决各种教育问题的经验，还要更进一步分析各国教育的本质，研究各国教育的形成条件，判明各国政治、经济、文化、社会对教育的制约关系和教育对各国政治、经济、文化、社会发展的能动作用，揭示各国教育的特点和共同规律，探索教

---

① 祝怀新：《霍姆斯比较教育思想研究》，广州：广东教育出版社2007年版，第115—116页

育的发展趋势"。① 这与萨德勒主张的"校外的事情甚至比校内的事情更加重要,校外的事情制约并说明校内的事情"有着内在的一致性。

(四) 学前比较教育的研究时间：时代性/与时俱进

学前比较教育坚持与时俱进,具有时代性的特点,这也是学前比较教育区别于教育史的关键所在。具体而言,学前教育史是从时间（或者纵向的关系）上来考察学前教育问题,而学前比较教育学则是从空间（或者横向的关系）上来考察当代的学前教育问题。尤其是在知识经济和全球化的背景下,各个国家面临着众多相同的学前教育问题,这在一定程度上要求各国加强交流和合作,彼此借鉴解决问题的有效措施和策略,以使各国在同类问题上少走弯路。

(五) 学前比较教育的研究方法：比较法/独有方法

不同于教育学科的其他分支学科,学前比较教育学以比较法作为其主要方法。在进行研究时,一方面要对各国的学前教育进行比较分析,以揭示学前教育发展的一般规律;另一方面也要对外国学前教育与本国学前教育进行对比分析,以改善本国的学前教育实践。此外,质性研究方法、实证分析、文化研究和人种志等方法在学前比较教育研究中也有一定程度的运用。然而,就目前而言,比较研究法仍然是学前比较教育学最主要的研究方法。在第二章中我们将详细介绍学前比较教育学的具体研究方法。

案例 1-2

中国比较教育研究的走向

我这里只讲中国的比较教育研究,因为外国比较教育研究者所关注的问题与我们不同。当然我们应该关注他们的研究动向,吸收他们的研究成果,但任何一门学科的发展都离不开本国的利益。纯粹价值无涉的学科是没有的。即使是自然科学,探讨自然的奥秘,最终也还是为了人类自身的发展。社会科学研究社会发展的规律,更不能脱离自身所存在的社会。中国比较教育是在中国改革开放以后,谋求中国教育的优化发展而发展起来的。回顾中国比较教育发展的历程,是从研究六个发达国家的教育制度开始,然后到专题比较研究,再到教育国际化的研究;是从宏观的制度研究到微观的课程、教学模式和方法的研究,无不与我国的教育改革和发展密切相关。尽管国际比较教育界认为,比较借鉴的时代已经过去,但是在多元文化研究中,在国际化与本土化的矛盾冲突中,总会把别国的教育经验融入到本土教育之中。回避借鉴,既无必要,也不明智。特别在我国,我国教育已有雄厚的基础和丰富的经验,但不能说已经建成完善的现代国民教育体系,在教育国际化的发展趋势中,别人还有许多值得我们学习借鉴的地方。比较教育回避了借鉴,在我国就难以发展。当然,借鉴不是把别人的经验简单地搬来,而是要从比较中发现教育的规律或者带有规律性的经验,或者从比较研究中得到启发,通过本土化研究得出

---

① 吴文侃、杨汉清：《比较教育学》,北京：人民教育出版社 1998 年版,第 6 页

改善本国教育的政策。当前有几个问题值得我们特别关注：(1)教育国际化是当代比较教育需要研究的重要课题。我和薛理银在《比较教育导论》一书中曾提出教育国际化的十大课题，至今仍有重要意义。其中以下几个问题值得我们重视：首先，教育国际化与国家发展问题。经济全球化导致了许多国际机构的出现，例如世界贸易组织、国际货币基金组织、世界银行等。这些国际组织影响着各国的政治、经济、文化行为，也对各国的教育提出了许多新的目标和要求。我们需要深入研究教育国际化与各国的经济发展、政治发展、社会发展、文化发展之间的关系，寻找教育发展的规律，探求具有中国特色的教育发展模式。其次，人员交流、培养国际化人才的问题。在今天相互依存的世界体系中，教育将成为沟通国际理解，培养具有跨文化人才的重要渠道。国际化过程中的人员交流、互派学者和留学生、互相承认学历和学位等问题，都需要通过比较教育研究来解决。需要研究各国的人才策略，对外国教育和外国留学生的政策进行研究，分析这些政策背后的政治、经济、文化因素和实施的现状，以作为我国制定对外教育政策的依据。我国加入世贸组织以后，中外合作办学骤增，合理的政策会促进中外合作办学健康地发展，并有利于我国人才的培养。第三，经济全球化和教育国际化过程中存在的问题。国际化也对各国教育的发展，特别是发展中国家的教育发展带来许多问题，例如人才的流失、文化的渗透、国际强势语言和民族语言的矛盾等。这些问题只有比较教育工作者才有能力去研究。在我国，随着国际地位的提高，国际交往的增多，需要探讨国际化对我国教育的影响和要求，探索与国际化相适应的教育模式。第四，国际化与本土化的关系问题。借鉴别国的教育经验，运用于本国的教育改革，需要有一个选择和改造的过程，也就是本土化的过程。排斥别国的教育经验是不明智的，照搬别国的经验也不会有好的效果。几十年的经验教训说明了这一点。本土化并不是简单的话语本土化，而是要使外国教育的先进经验经过选择和改造内化为我们自己的教育理念，从而创造出自己独特的教育理论和教育模式。第五，使中国教育走向世界的问题。教育国际化需要互相交流，但是以往很长时期我们只是单向交流。虽然我们也曾召开过多次国际会议，我们也曾参加国外的会议，学者到国外访问进修，但总是去学习别国的教育经验，很少介绍我国的经验。许多外国比较教育学者至今不了解中国。中国比较教育学者有责任把中国教育发展的成就、科学研究的成果，甚至我们在发展中遇到的问题介绍给世界。进行双向交流才有利于相互理解，互相学习。(2)跨文化研究是比较教育研究的重要内容。过去我国比较教育总是研究外国的教育，把比较教育局限于跨国性。其实在本土也有可比较的内容和课题。我认为比较教育也应该包括本国的各地区、各民族之间教育的研究。我国地缘广大，各地经济发展极不平衡；我国又是一个多民族国家，56个民族集居在960万平方公里的土地上，他们有不同的语言，不同的文化传统，即使是占总人口94%的汉族，也因地区不同有不同的文化传统。开展不同地区、不同文化传统的比较研究，对于我国教育的改革与发展有着重要的意义。我国还有一个特殊国情，我国除大陆内地外，还有台湾省、香港和澳门特别行政区。台湾尚未统一，实行的是民国时期的教育制度；香港和澳门至今还沿用英、葡殖民时期的教育制度。两岸四地的教育制度和发展不同，对他们进行比较研究也很有必要，有利于互相了解，互相借鉴。(3)世界教育思潮的比较研究。教育思潮往往影响到一个时期的教育改革和发展。在教育发展历史上，重大

> 的教育思潮都对教育制度、课程和教学模式的变革产生重大影响。当前,建构主义思潮、后现代主义思潮正在冲击着传统的教育观念和教育模式。全民教育思潮和终身教育思潮从另一个角度影响着各国教育的发展。是否可以这样说,建构主义、后现代主义等思潮是从微观层面上影响着学校教育教学的改革,全民教育和终身教育则是从宏观层面上影响各国教育的发展。如何正确地理解和应对这些思潮对我国教育的影响,需要比较教育认真地研究。需要研究的问题还有许许多多,比较教育工作者在我国还大有用武之地。
>
> 选自:顾明远.关于比较教育学科建设的几个问题[J].比较教育研究,2005(3):1—4.

三、学前比较教育的重要思想

在比较教育的发展历史上,涌现出了一些先驱式的人物,如库森、萨德勒、康德尔、汉斯和大卫·菲利普斯等,他们的思想为比较教育的发展奠定了坚实的理论基础。本章将具体介绍他们的比较教育思想。此外,比较教育自产生之日就受到各种社会理论的影响。其中,功能主义理论、冲突理论、依附理论、世界体系理论和教育借鉴理论对比较教育理论体系的存在和发展产生了极大的影响。下面内容也将对这些理论进行一一评介。

(一) 库森的比较教育思想

维多克·库森(Victor Cousin,1792-1867)18岁时进入巴黎高师深造,深受洛克、孔狄亚克、莱布尼茨、康德等近代哲学家的影响。1815年12月12日,库森被聘为巴黎高师哲学史讲师,开始了其哲学研究生涯。此后,他在德国游历,结识了黑格尔、谢林、施莱格尔、安西连、施莱艾尔马赫和歌德等一代伟大的思想家和哲学家。1815至1830年间,库森在法国各大高校讲授哲学课程,名望颇深,后被选入慕尼黑皇家学院。

1830年是库森一生的转折点,在新的君主政体下,他被任命为公共教育高级委员会的官员,从此结束了哲学教师生涯,开始了其漫长的教育研究历程,为比较教育事业作出了卓越的贡献。

1. 借鉴经验的前提

作为借鉴时期的先驱,库森为借鉴工作建立了四个步骤:确定当地的问题,发现国外的解决方法,描述当地的先例,提出借鉴的建议。① 库森认为比较教育研究的目的就在于借鉴,而且必须通过立法来实现。但他又认为,因为人民的期望和习惯决定了教育的发展,所以法律必须以人民的愿望为基础。鉴于此,库森提出了借鉴的两个重要前提:一是要确定法国人已清楚地认识了特定的需求,二是要描述国外满足类似需要已证明是成功的东西。②

2. 资料收集的程序

为了便于对普鲁士和法国的中等教育情况进行对比分析,库森建立了一个含有五

---

① 王承绪.《比较教育学史》,北京:人民教育出版社,1999年版,第44页
② 王承绪.《比较教育学史》,北京:人民教育出版社,1999年版,第45页

个论题的框架,排列了收集信息的程序,主要包括以下三个步骤[①]:第一,外国学校制度的组织,包括结构、法律和课程;第二,并置两国的统计数字;第三,得出结论,并提出本国改进的建议,即所谓的"借鉴"。

此外,库森指出,比较研究信息资料的来源分为三类:官方文件、亲身访问的学校以及与学校有过直接接触的各个阶层的人士。从这些地方和人士中可以获得六个方面的信息:法律条款、学校类型、行政管理、宗教、师资培训和一般统计数据。[②]

3. 比较研究的标准

库森认为,在进行两国比较时,研究者应当选择一种比较对象之外的参照物,作为衡量比较对象孰优孰劣的标准。比如,在进行中等教育的比较研究时,库森将他理想中的中学体制作为参照物。而他理想中的中学体制应该具备以下四个特征:第一,每一个人,包括城镇和乡村的男孩和女孩均入初级小学,或者是免费的,或者是缴费的;第二,城镇的所有中产阶级子女均入高级小学;第三,有足够的中上层阶级子女入初级中学;第四,这些学生通过适当的考试,依据他们的努力和天赋,让他们进入高级中学,然后进入大学,最后进入社会上层。[③]

(二) 萨德勒的比较教育思想

在比较教育史上迈克尔·萨德勒(M. Sadler,1861-1943)是一位跨时代的人物,他综合了阿诺德、哈里斯、雷瓦舍尔等人的思想,鲜明地提出了比较教育的目的及比较教育方法论,开创了比较教育发展的新局面。

1. 比较教育目的论

1900年,萨德勒在《我们从对别国教育制度研究中究竟能学到什么有实际价值的东西?》这一演讲报告中,明确地指出,比较教育的目的,就是要"以正确的精神和严谨的治学态度研究国外教育制度的作用,以促使我们更好地研究和理解我们自己的教育制度"[④]。可见,萨德勒主张,比较教育的目的就是要通过调查研究国外的教育状况,从别国的经验中寻求改善本国教育实践的措施或策略。

萨德勒还进一步指出,虽然外国教育制度中存在的一些特点有可能无法引进本国,但至少对于改进本国的实际工作具有一定的建设性意义。基于此种认识,萨德勒提出以下三条建议和要求[⑤]:一是建议更多的师范学校高年级学生乃至有阅历的教师出国学习;二是建议在国内选拔少量人员组成小组出国系统考察国外教育制度的运行情况;三是要求他们在归国后能向本国报告比本国先进的一些做法,以使本国人民意识到自己的教育制度中存在的缺陷和差距。

萨德勒举例说:"如果考察一下欧洲说德语国家的教师对文学名著审美鉴赏教育的重视,就会发现文学水平堪称世界一流的英国,却有许许多多缺乏热爱、崇敬和运用这

[①] 王承绪:《比较教育学史》,北京:人民教育出版社,1999年版,第45—46页
[②] 王承绪:《比较教育学史》,北京:人民教育出版社 1999年版,第46页
[③] Walter Brewer: *Victor Cousin as Comparative Educator*, Columbia University: Teachers College Press, 1971. P. 95
[④] M. E. Sadler: "How Far Can We Learn Anything of Practical Value from the Study of Foreign Systems of Education", *Comparative Review*, 1964(2). pp. 307-314
[⑤] 王承绪:《比较教育学史》,北京:人民教育出版社 1999年版,第62—63页

些文学作品的教育;如果考察一下美国学校在促进自然研究方面的措施,就会发现英国对此的短缺,自然教科书和我们生活的原则不相协调;如果考察一下德国、比利时、荷兰,就会发现英国现代语言的教学方法非常落后;如果参观一下柏林的夏洛滕堡技术学校和美国的马萨诸塞理工学院,就会感到英国应当拥有数量更多、质量上乘的技术教育院校。"[1]总之,萨德勒强调比较教育的根本目的就是对照别国,发现本国在教育方面存在的弱点,然后予以改进,从而改善本国教育的实践。

除此之外,萨德勒认为,通过比较教育的研究还可以使我们更好地认识并理解本国教育制度中所蕴含的美好的东西。再者,萨德勒还强调,尽管考察别国教育情况的目的在于加深理解和改进本国的教育实践,但这并不意味着我们可以不考虑本国的具体情况而完全照搬别国的做法。基于此,萨德勒提出了自己的比较教育方法论,为比较教育学科开创了一个新的局面。

2. 比较教育方法论

萨德勒的比较教育方法论结束了以借鉴和移植为特征的比较教育的奠基时代,为以历史法为主要特点的因素分析理论奠定了基础,推动比较教育进入了一个崭新的发展阶段。

尽管萨德勒在其主持编撰的十一卷报告中详尽地描述了欧美等国家的教育状况,但他极力反对对别国教育经验的直接借鉴与引进。他认为对别国教育的研究的价值应当在于认识到促进国外教育制度的伟大精神,从而发现本国培养这种精神的方法。因此,他认为比较教育应该首先从"总体上探究国外教育制度所蕴含的精神,然后再去从别国对待所有熟悉的教育问题的完全不同的解决方法的研讨、思索中获得间接启发,而不是期望从外国教育制度中直接发现有多少可以实际模仿的东西"[2]。

在研究外国教育制度时,萨德勒强调研究者不能仅仅关注那些看得见摸得着的建筑物,也不能只研究教师和学生,而是要深入到学校之外的街头、家庭中去寻求那些"维系着实际上的学校制度并对其取得的实际成效予以说明的那种无形的、难以捉摸的精神力量"。[3] 可见,萨德勒的比较教育方法论主要是探讨学校和教育之间的能动关系,主张在社会的大背景中来考察学校,而反对将别国的教育制度分解成孤立的"元件",并将其生搬硬套到本国的教育实践中的做法。

在教育制度方面,萨德勒指出:"任何出色的真实有效的教育都是民族生活与特点的写照。它根植于民族的历史中,适合于它的需要。"[4]这也是萨德勒首次提出他分析教育资料的核心,即民族性的概念。

在研究方法方面,萨德勒提倡纯粹的质性研究方法,而反对纯粹的统计方法。在他看来,这些教育统计数据并不能反映教育背后所蕴含的民族和文化等真正主导着一些要素的东西,并且这些数据主要是针对学校教育体系方面的,而忽略了其他的甚至是主

---

[1] 王承绪:《比较教育学史》,北京:人民教育出版社 1999 年版,第 63 页
[2] M.E. Sadler: "How Far Can We Learn Anything of Practical Value from the Study of Foreign Systems of Education", *Comparative Review*, 1964(2)
[3] M.E. Sadler: "How Far Can We Learn Anything of Practical Value from the Study of Foreign Systems of Education", *Comparative Review*, 1964(2)
[4] Sadler: "The Unrest in Secondary Education in Germany and Elsewhere in Board of Education", *Special Reports on Education Subjects*, 1902(9)

要的教育机构。

总之,萨德勒强调学校和社会之间存在着能动的关系,研究者应当将学校置于整个社会文化大背景下来研究,关注那些与教育有着密切联系的社会文化和民族特性,以保证研究结论的全面性。这正如他在《我们从别国教育制度研究中究竟能学到些什么有实际价值的东西?》中提到的:"在研究外国教育制度时,我们不应当忘记,学校外部的事情甚至比学校内部的事情更重要,它们制约并说明校内的事情。我们不能随意地漫步在世界教育制度之林,就像小孩逛花园一样,从一堆灌木丛中摘一朵花,再从另一堆中采一些叶子,然后指望将这些采集的东西移植到家里的土壤中便会有一棵有生命的植物。一个民族的教育制度是一种活生生的东西,它是遗忘了的斗争和艰难,以及'久远以前的战斗'的结果。"[1]

(三) 康德尔的比较教育思想

艾萨克·康德尔(Issac Kandel,1881－1965)工作期间发表了一系列重要的作品,其中很多成为比较教育史上的经典。1924 至 1944 年间,康德尔担任《教育年鉴》的编辑,该年鉴以介绍当代各国教育为主,其中的文章均是由各国知名的教育家撰写的。1930 年,康德尔出版了《比较教育论文集》,汇集了 20 世纪 20 年代他本人撰写的论文和发表的演说。在书中,他探讨了法国、英国、德国、意大利、墨西哥和其他几个拉美国家的教育问题。1933 年,《比较教育》一书出版,后来成为比较教育领域中的经典之作。在这本书中,康德尔论述了比较教育的基本原理。1955 年该书经修订后重新出版,更名为《教育的新时代:比较研究》。1944 年,康德尔出版了《国际合作:国内和国际范围》一书,提出了建立国际教育组织的建议。

在《比较教育》和《教育的新时代:比较研究》这两个版本的书中,康德尔系统阐述了他的比较教育思想。在他五十年的学术生涯中,康德尔一贯坚持并运用他的比较教育观,主要包括比较教育目的论和比较教育方法论这两大部分。

1. 比较教育目的论

康德尔的比较教育目的论是其比较教育思想的重要组成部分。在他看来,目的论决定方法论。他对比较教育目的论的认识经历了一个发展的过程。早在 1924 年,康德尔开始编纂第一卷《教育年鉴》时就曾明确地指出,比较教育的目的,就是"要使学习教育的学生得以获取世界各国的教育理论和实践经验"[2]。而康德尔主持编纂《教育年鉴》的主要目的之一就在于通过收集一些大国的年度教育发展资料以及其他国家隔较长一段时间的资料,以阐明教育问题,促进知识积累和人类进步所依赖的经验的交流。

康德尔认为研究者应当根据研究的目的来选取适当的研究方法。在《比较教育》一书中,教育与国家的关系贯穿始终。康德尔反复强调民族主义、民族国家以及它们对教育制度的决定性作用。基于此种认识,康德尔提出比较教育研究的最根本的目的应当

---

[1] M.E. Sadler: "How Far Can We Learn Anything of Practical Value from the Study of Foreign Systems of Education", *Comparative Review*, 1964(2)
[2] 王承绪:《比较教育学史》,北京:人民教育出版社 1999 年版,第 70 页

是"发现教育问题,探讨问题产生的原因及其在特定背景中的解决方法,以及发展教育的原理或原则"[1]。康德尔列举了可供比较研究的二十个普遍的教育问题,如教育制度特点的决定因素、民族主义的含义、教育与民族主义的关系等。通过对这类问题的比较研究,来分析各种教育问题的成因,比较不同国家的制度并分析导致这种差异的背后原因,进而提出尝试解决问题的方法。

基于上述认识,康德尔提出比较教育目的论主要包括以下三个方面的内容[2]:

(1)"报道——描述"的目的,即提供事实,发展教育思想。康德尔认为,研究不同国家的教育制度的最大优点就在于发展教育理论和拓展研究思路。在他看来,比较教育研究的第一步是"提供关于各国教育制度的'情报'"。他将各种教育事实分为国家教育的组织、教育管理、初等教育、初等教育教师的培训、中等教育与中学教师等几大类别。

(2)"历史——功能"的目的,即了解教育问题在特定民族背景下的原因。康德尔认为掌握事实是比较教育研究的基础,然而仅仅如此是不够的,因为教育制度是各种传统、文化和观点等力量和因素影响下的产物。因此,比较教育必须探索教育制度产生的深层次原因。基于此种认识,康德尔提出了比较教育研究的基本原理,他指出:"比较研究首先要求理解形成教育的无形的、不可捉摸的精神和文化力量,这些校外力量和因素比校内事务更重要。因此,教育的比较研究必须建立在对学校所反映的社会和政治理想的分析之上,因为学校在传递与发展中集中体现了这些理想,为了理解、体会和评价一个国家教育制度的真正意义,有必要了解该国的历史与传统,统治其社会组织的力量与态度,决定其发展的政治与经济条件"。[3]

(3)"借鉴——改善"的目的,即借鉴别国的经验,以改善本国乃至全世界的教育。康德尔希望比较教育研究者能够通过了解国内外的教育制度,从而了解本国教育制度的利弊,以改进世界各国的教育制度,最终达到培养人类的爱国主义和国际主义精神的终极目的。

2. 比较教育方法论

康德尔强调,比较教育研究应当放眼世界,探究各国的教育制度,并且分析那些形成和影响教育制度的因素。为此,他提出了"民族主义""民族性"和"因素与力量"这三个概念来诠释他的比较教育方法论。

(1) 民族主义(Nationalism)

康德尔认为民族主义是"一种复杂因素的集合体——它过去、现在和将来都起着确保民族团结的作用。它意味着观念、理想和信念的一致,而这种一致性必须具有两个条件才能实现——共同的领地和政府或忠诚于某一政治理想或组织"[4]。它"包含着共同的语言、共同的习俗,以及共同的文化。一个国家是一个已获自主的民族——它是民族

---

[1] Kandel(ed): *Educational Yearbook 1939*, International Institute of Teachers College Columbia University, 1939. p.436
[2] 王承绪:《比较教育学史》,北京:人民教育出版社 1999 年版,第 72—74 页
[3] Kandel: *Comparative Education*, Greenwood Press Publishers, 1933. P.19
[4] Kandel: *Nationalism*, *The Year Book of Education*, London: Evans 1957

与国家的结合体,一个民族拥有自己的政治制度,并在自己的国土上以一致的观念治理着"①。在整个研究中,康德尔将民族主义视为一种精神实质。在他看来,民族主义和国家的教育制度之间有着十分密切的关系。一方面,民族主义决定了国家教育制度的变革;另一方面,国家教育制度的变革所产生的新经验又将促进民族主义因素的发展。

可见,康德尔在早期对民族主义持一种良好和乐观的态度。然而,在两次世界大战之间,康德尔亲眼目睹了法西斯主义在全球的疯狂肆虐,这种极具侵略性的民族主义使康德尔对民族主义产生了失望甚至敌对的情绪。在《教育的新时代》一书中,康德尔将民族主义视为"一个对本民族渊源持共同的谬见及对其邻邦持共同的反感的社会"②。康德尔指出,如果盲目服从于民族主义和爱国主义,则会阻碍社会的进步,甚至可能导致民族之间的相互敌视。

康德尔将这种民族主义视为教育和民主的危机。作为社会向善论者的康德尔寄希望于学校来改变人们对不同民族的看法。他强调,不管是正规教育还是非正规教育,都应该不厌其烦地宣扬国际主义精神,以化解民族主义可能给人类社会带来的伤害。

(2) 民族性(National Character)

民族主义和民族性是康德尔比较教育学的核心,其中民族主义是教育制度的基础,是鉴别和理解一种教育制度意义的重要途径。

受导师萨德勒的影响,康德尔提出了民族性这一概念。在他看来,各国历史、传统、观念的差异导致了各国对各种情况和问题或类似问题的处理方法不尽相同,并由此产生了不同的教育制度。可见,民族性是教育制度产生的基础。

在康德尔看来,一个国家的民族性并不是偶然之间形成的,而是在长期的历史发展过程中逐步形成的。一个国家的特征对教育有着深刻的影响,"这就是为什么美国教育以进步主义思想为基础,法国教育注重发展理性,英国教育有实用性和多面性的特点"③。据此,康德尔将民族性作为鉴别和理解一种教育制度意义的重要途径。然而,康德尔提出"这个并不意味着民族精神是固定不变的因素,也不意味着种族特征是永恒不变的。如果这一切是没有变化的,教育任务就相对简单了。然而事实是不仅教育是一种复杂而细致的事情,而且,影响着教育而教育又寻求予以影响的民族背景则是更为复杂和微妙"④。

康德尔分析了英、法、德、美、意和俄这六个对象国的民族性,进而剖析出每个国家的教育特点,借以阐述自己对教育与民族性的观点。例如,康德尔描述英国人"不喜爱思考,或不喜爱拟定行动计划",是经验主义者,他们"宁愿踏踏实实地按自己的常识去工作",而不依靠逻辑,他们"不相信全国性的教育设计是良策,而宁愿相信个人或团体办学的自主活动",他们是个人主义者,但又具有"相互合作的本能";相比之下,同样也是个人主义者的法国人喜欢思考,喜欢仅仅为思考的快乐而思考,他们重秩序、讲逻辑、会计划,因而是受着理性支配的个人主义者;而美国人特别强调自由自决,他们具有"平

---

① Kandel. *Comparative Education*, Greenwood Press Publishers, 1933. p.8
② 王承绪:《比较教育学史》,北京:人民教育出版社 1999 年版,第 76—77 页
③ 王承绪:《比较教育学史》,北京:人民教育出版社 1999 年版,第 78 页
④ [澳]菲利浦·E.琼斯:《比较教育:目的与方法》,香港:春秋出版 1989 年版,第 52—53 页

等主义、足智多谋,以及社会群体的合作精神"①等特征。

此外,康德尔也意识到了滥用民族性概念的危险。因此,他反对把一个民族的所有成员都说成具有某种绝对的或普遍的属性,强调只有在历史背景、传统、环境、理想和智力不同于另一些群体时,才能对民族性进行概括。

(3) 因素和力量(Factors and Forces)

1928年,康德尔在《教育年鉴》中首次提出"因素和力量"的说法,在次年的《教育年鉴》中则提出了作为其后来几十年研究中的主导思想的问题:"什么因素在构成国民教育制度中起了作用?"②他试图确定那些决定民族性、进而使国民教育制度具体化的因素和力量,这构成了康德尔比较教育研究的一大特色。康德尔认为比较教育就是要以世界教育为着眼点来考察存在于国民教育制度中的一些具体、实际的问题。③ 在他看来,比较教育研究者应该努力阐明影响课程内容、英才教育等这些教育问题背后的政治理论、社会哲学、地理位置和气候以及国家的各种传统等社会文化因素和力量。这也成为世界各国比较教育研究者共同的研究课题。

此外,康德尔多次运用"因素和力量"这一分析框架来开展比较教育研究。1932年,康德尔详细考察了美国的教育历史,并归结出决定美国目前教育制度的影响因素和力量:对自由和民主的热情、机会平等的信念、拓荒精神、对传统的容忍、对个人权力的信奉和对工业化的热衷。所有这些因素都塑造了美国的教育制度:强调实际和有用的知识,强调公平的受教育机会,使教育过程适合学生的智力水平等等。④

总之,康德尔的比较教育方法论在比较教育史上具有承上启下的作用。他与老师萨德勒、汉斯等比较教育学家所开创的因素分析模式成为20世纪60年代之前比较教育研究领域的主要分析框架,对今天的研究仍然具有重要的启示意义。

(四) 汉斯的比较教育思想

尼古拉斯·汉斯(Nicholas Hans, 1888 – 1969)出版了其著作《比较教育:教育的因素和传统研究》、《俄国教育的传统》和《18世纪教育的新趋势》。汉斯试图将因果理论运用于比较教育的研究之中,这里的因果理论指的是汉斯在比较教育研究中所一直坚持的历史—因素分析法,包括历史法和因素分析法这两个方面的内容。

1. 历史法

汉斯从历史的角度来从事比较教育研究,将历史法作为其方法论的主流,而历史法又和民族性之间有着密不可分的关系。在汉斯看来,民族性是指"种族混合、语言适应、宗教运动及一般的历史地理状况的复合结果"⑤。他认为,一个国家的民族性是根深蒂固的,其教育制度源于以前的民族性的同时又受到这些因素的影响。既然教育是民族性影响的产物,是民族性的直接体现,那么教育制度的研究必须要立足于它"深深根植"

---

① 王承绪:《比较教育学史》,北京:人民教育出版社1999年版,第79页
② Kandel(ed), *Educational Yearbook 1928*, International Institute of Teachers College Columbia University, 1928. p.10
③ 王承绪:《比较教育学史》,北京:人民教育出版社1999年版,第80页
④ 徐辉、王正青:《康德尔比较教育方法论述评》,《比较教育研究》2006年第6期
⑤ Hans: *Comparative Education: a Study of Education Factors and Traditions*, London: Routledge & Kegan Paul, 1958. p.10

的过去。① 由此,汉斯推导出比较教育的目的,即"从历史的角度分析研究形成教育制度的因素,比较各国解决由这些因素产生的问题的方法"②。

汉斯十分强调历史法对比较各国教育制度的重要性。在论述"社会"和"国家"之间的联系时,汉斯指出,一国虽然可以强制推行政策和法律,但是却不能阻止历史发展中所形成的民族文化。可见,历史传统制约着国家法律起作用的范围。因此,国家的教育政策终究会与其民族的历史发展相关,"唯有历史研究才能解释种种教育政策的差别"③。

在汉斯的比较教育研究中,他一贯认为,"历史的影响常常具有决定性的作用,即使现代也不例外。虽然宗教态度、民族抱负或所谓的'民族特性'深深植根于过去,但有时下意识地决定着现在。只有历史研究才能将它们推向表面,阐明它们在民族文化生活中的潜力,并使比较教育真正具有教育作用"④。

此外需要指出的两点是:在比较教育的目的方面,汉斯并不局限于历史的分析法,他提出还应有更为实际的目的;在使用历史法时,汉斯也并未仅仅注重对史料的整理,他还意识到了地理环境、经济发展水平等因素对于教育的影响。

2. 因素分析法

因素分析是汉斯的历史法的具体操作过程,是汉斯研究方法的一大特点。这一思想主要来源于萨德勒和康德尔。汉斯继承并发展了他们的观点,进而提出了自己的观点。汉斯根据人的发展,把一个民族的发展比作一个人的成熟过程,并推导出三个方面的影响因素,由此相应地推导出教育的影响因素,主要包括自然因素、宗教因素和世俗因素:⑤

(1) 自然因素

自然因素主要包括种族因素、语言因素以及地理和经济因素这三个方面的内容:

第一,种族因素。从生物学的视角出发,汉斯指出种族是"具有一代一代流传下来并已具永久性特征的种群"⑥。在他看来,在欧洲人统治的殖民国家中,包括教育在内的各种政策中均反映了一些种族问题。

第二,语言因素。汉斯认为,语言是一个民族的符号。为了表达部落的精神特性,反映其自然环境和活动的特征,每个种族都形成了一种不同的语言。借助这些语言,人们可以成为自己部落的成员并传承其部落传统。此外,汉斯还强调语言的影响和教育问题之间存在着密切的关联,这也成为许多国家教育改革和计划的主要焦点。总之,汉斯认为,语言对人脑的影响与人的思维能力紧密相联,使它成为遗传和环境之间的桥梁,民族语言是种族和民族经验的积累。⑦

第三,地理和经济因素。汉斯强调,地理和经济因素对一国的教育有着深远的影

---

① 王承绪:《比较教育学史》,北京:人民教育出版社 1999 年版,第 87 页
② Hans: *Comparative Education: a Study of Education Factors and Traditions*, London: Routledge & Kegan Paul p. 10—11
③ 王承绪:《比较教育学史》,北京:人民教育出版社 1999 年版,第 88 页
④ Hans: "The Historical Approach to Comparative Education", *International Review of Education*, 1959(5)
⑤ 王承绪:《比较教育学史》,北京:人民教育出版社 1999 年版,第 90—96 页
⑥ Hans: *Comparative Education: a Study of Education Factors and Traditions*, London: Routledge & Kegan Paul 1958. p. 17.
⑦ 王承绪:《比较教育学史》,北京:人民教育出版社 1999 年版,第 92 页

响。一方面,教育制度、义务教育年限等都是由国家的气候和地形决定的;另一方面,经济因素又极大地依赖于一国的地理特征,并影响着教育的内容和方法。

(2) 宗教因素

在汉斯看来,精神因素和物质背景两者之间并非对立的关系,而是相互补充的关系。他指出,精神因素可以指明教育活动前进的方向以及明确教学活动的目的。受时代和欧洲宗教传统的影响,汉斯指出:"在所有的精神影响中,宗教是最为有力的一个,因为它不仅对人的智力,而且对整个人都有着浓厚的感染力。因此,宗教传统一旦为整个民族所拥有,它便成为民族特征中的一个,并通过教育而永存。"[1]汉斯以欧洲三种宗教——基督教、东正教和新教为例阐释了宗教对教育的影响。

(3) 世俗因素

世俗因素主要包括人文主义、社会主义、民族主义和民主主义这四个方面的内容:

第一,人文主义。汉斯指出,人文主义是指对教育问题的人性的(human)和人道的(humane)观点。前者指人的特点和兴趣不应受到禁欲主义思想和对世界进行狭隘教义解释的宗教所压制;人道是指儿童及其逐渐成熟的思想不应受到残酷的学校纪律和严厉的教学方式所压制。[2] 人文主义教育运动对教育产生了广泛的影响,并奠定了现代教育的基础。

第二,社会主义。社会主义思想萌芽于早期空想社会主义者的构想,经马克思和恩格斯而得以完善。汉斯指出社会主义国家的教育有着一些共同的特征,即"国家垄断、世俗化、将生产劳动作为训练的一个组成部分,进行身体和军事训练,由党的青年组织在校内外灌输政治思想,以及强调科学学科"[3]。汉斯认为,社会主义国家的教育存在弊端,即它阻塞了个人形成独立见解的机会。但同时它也对教育理论与实践作出了贡献,如成功地解决了少数民族问题和提高了原始部落的文化水平等。

第三,民族主义。汉斯指出,"民族主义是基于对事实有意误传所作的宣传而产生的运动"[4]。在此基础上,汉斯分析了民族主义的三个来源,即费希特、马兹尼和斯拉夫国家的民族主义。其中,费希特和马兹尼的民族主义观点后来分别被希特勒和墨索里尼给歪曲了,对社会发展乃至全世界的和平带来了灾难性的后果。

第四,民主主义。汉斯对英语国家和社会主义国家所鼓吹的民主主义都提出了异议,他认为这些国家都没有真正做到教育机会均等。汉斯提出,"对这一问题也许没有一种适合于所有国家的普遍解决方法"[5]。在汉斯看来,所谓的机会均等并非真正意义上的思想意识的自由。一般而言,人民有权捍卫自己的自由,并抵抗任何反民主的做

---

[1] Hans: *Comparative Education: a Study of Education Factors and Traditions*, London: Routledge & Kegan Paul, 1958. p.85
[2] 王承绪:《比较教育学史》,北京:人民教育出版社 1999 年版,第 94 页
[3] Hans: *Comparative Education: a Study of Education Factors and Traditions*, London: Routledge & Kegan Paul, 1958. p.214
[4] Hans: *Comparative Education: a Study of Education Factors and Traditions*, London: Routledge & Kegan Paul, 1958. p.215
[5] Hans: *Comparative Education: a Study of Education Factors and Traditions*, London: Routledge & Kegan Paul, 1958. p.241

法。但问题在于国家是否有权对新一代灌输某一种特殊思想,科学家阐述思想是否要先服从于政府。经过比较,汉斯发现,英语国家在这方面做得最好,它们反对政治观点影响科研。此外,汉斯还分析了教育结构和女子教育等问题。

3. 历史法和因素分析法的关系

历史法和因素分析法构成了汉斯的历史—因素分析法。这两种方法实质上代表了纵向和横向这两种研究的维度。历史法代表了一种考察教育问题的纵向的、动态的维度;因素分析法则代表了一种对问题进行横向解析的维度。可见,这两种方法是一种纵横交错、密不可分的关系。①

(五) 大卫·菲利普斯的比较教育思想

在国际与比较教育领域,目前开展国际教育政策转移研究的领军人物,当数牛津大学的比较教育学家大卫·菲利普斯(David Phillips)教授。他的主要研究领域是德国教育,特别是二战后及两德统一后的德国教育,还包括比较和国际教育理论、教育政策借鉴理论与实践、教育政策的历史研究、东欧和前苏联国家教育转型,以及欧盟教育和培训政策。作为《比较教育》、《牛津教育研究》、《牛津比较教育研究》与《国际与比较教育研究》的主编或编辑,他利用这些平台,聚集了国际与比较教育领域研究教育政策转移的重要学者和博士研究生,形成了教育政策转移的学术研究社区。他们撰写了许多关于"国际教育吸引力"(Cross-national Attraction in Education)或"教育借鉴"(Educational Borrowing or Lending)的重要文献,形成了教育政策转移的一些理论成果。这些理论研究成果主要反映在最近出版的两本著作《教育政策借鉴:历史的观点》(*Educational Policy Borrowing: Historical Perspectives*)与《教育政策借鉴的全球政治学》(*The Global Politics of Educational Borrowing and Lending*)之中。

英国比较教育学家大卫·菲利普斯在对两百年来英国对德国教育借鉴的案例以及其他许多发达和发展中国家案例研究的基础上概括总结出了一种理论,即教育借鉴理论(Educational Policy Borrowing)。这一理论旨在解释一个国家被另一个国家的某种教育政策或实践吸引,继而实施和吸纳的复杂过程。② 此外,与"教育借鉴"涵义相近并相互使用的概念还有"国际教育政策转移"(International Educational Policy Transfer)、"教育借鉴理论"(Educational Policy Borrowing)、"教育政策扩散"(Educational Policy Diffusion)和"教育政策学习"(Educational Policy Learning)等。③

教育借鉴理论作为国际与比较教育研究领域的一个核心主题,有其独特的理论体系。下面我们就从教育转移的谱系、教育借鉴的四步模型以及教育借鉴的案例及未来的研究方向这三个方面对大卫·菲利普斯的教育借鉴理论予以介绍。

1. 教育转移的谱系

大卫·菲利普斯认为一个国家影响另一个国家教育政策有多种渠道。根据受影响

---

① 赵明玉:《比较教育中的历史——因素分析法——解读汉斯的〈比较教育:教育的因素和传统的研究〉》,《外国教育研究》2007 年第 8 期
② 余海军:《西方课程模式对中国学前教育的影响研究——基于教育借鉴理论的比较分析》,北京:北京师范大学教育学部,2012
③ 杨启光:《全球化进程中的国家教育政策转移》,《比较教育研究》2009 年第 12 期

的程度不同,构成了一个"教育转移的谱系"(见图1-1)。"在这个连续的、从被动到主动的教育转移谱系中,教育借鉴位于主动的一端,表示一个国家主动对另一个国家感兴趣,为其某种教育政策或实践所吸引。"①

图1-1 教育转移的谱系②

(1) 极权、独裁统治 Totalitarian/authoritarian rule
(2) 战败国、被占领国家 Defeated/occupied countries
(3) 双边或多边合作协议 Required by bilateral and multilateral agreements
(4) 学习外国政策、实践 Intentional copying of policy/practice observed elsewhere
(5) 教育理念和方法的宏观影响 General influence of educational ideas/methods

第1类被强加的(Imposed):指强大的极权主义、独裁统治的政府强制另一个国家采取某种教育政策。例如,前苏联曾要求东欧诸国放弃本国教育体制、统一采用前苏联式的教育体制,前苏联中的俄罗斯也在相当长时期内左右联邦内各国的教育政策。

第2类外在约束下的要求(Required under Constraint):指占领国强制被占领国接受外国的教育理念和政策。例如,二战后被占领时期的德国和日本教育。

第3类外在约束下的协议(Negotiated under Constraint):指根据某些双边或多边协议,一个国家同意在一定条件下参照另一国家的教育理念和实践来改变本国的教育体制。例如,世界银行通过某项贷款来支持某发展中国家的教育,而发放贷款的协议条件是受援国要借鉴某种外来理念改革本国教育。

第4类主动借鉴(Borrowed Purposefully):指一个国家带着明确的目标,主动引进其他国家的教育政策或实践,即一个国家通过主动学习外国经验来改革本国教育。

第5类广泛影响下的引进(Introduced through Influence):指吸纳某些广泛传播的教育理念和方法,例如当今教育全球化带来的影响。全球引用率最高的教育者可能是美国教育哲学家约翰·杜威,其著作在世界各国和地区广为传播,教育影响遍及全球。

2. 教育借鉴的四步模型

大卫·菲利普斯依据两百多年来英国对德国教育政策借鉴的案例以及其他许多发达和发展中国家案例的研究,总结和设计出了教育借鉴的四步模型(见图1-2),即跨国吸引力——决策——实施——内化/本土化。这四个步骤循环往复,构成了教育借鉴的

---

① [英]大卫·菲利普斯著,钟周译:《比较教育中的教育政策借鉴理论》,《清华大学教育研究》2006年第2期
② [英]大卫·菲利普斯著,钟周译:《比较教育中的教育政策借鉴理论》,《清华大学教育研究》2006年第2期

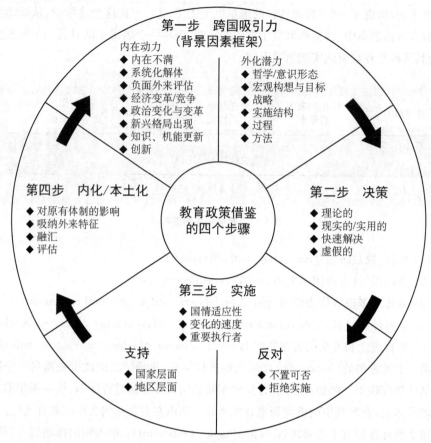

图1-2 教育政策借鉴的四步模型

基本过程。为了更清晰地说明这个分析框架,下面对这四步进行一一评介。①

(1) 跨国吸引力(Cross-national Attraction)

这一阶段关注的问题是为什么一个国家会被另一个国家的教育政策和实践所吸引,什么是产生吸引的内在动力,向外国教育学习的目标是什么。此时,教育跨国吸引力可以分为外化潜力(Cross-national Attraction: Externalising Potential)和内在动力(Cross-national Attraction: Impulses)这两个部分。

首先,一国教育的外化潜力可以被分解为如下的六层有外化潜力的"吸引焦点"(Foci of Attraction)(见图1-3)。② 我们用这六层框架指导研究数据的收集、归类和分析,在分析过程中,还必须将这些吸引焦点放在更大的政治、经济、社会、文化等综合背景下,因为这些背景条件对吸引焦点起着决定作用。

① 指导性的哲学或意识形态(Guiding Philosophy/Ideology):例如全民教育这个理念,近年来尚未普及基础教育的国家纷纷从国际上引入这一理念作为本国教育发展的

---

① [英]大卫·菲利普斯著,钟周译:《比较教育中的教育政策借鉴理论》,《清华大学教育研究》2006年第2期
② [英]大卫·菲利普斯著,钟周译:《比较教育中的教育政策借鉴理论》,《清华大学教育研究》2006年第2期

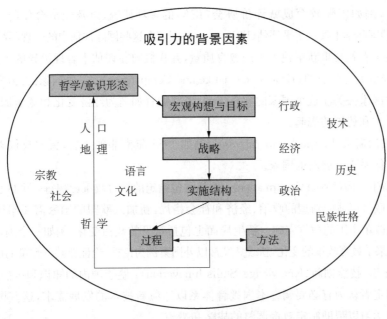

图 1-3 跨国吸引力

指导方针。教育机会平等也是类似的一种为世界各国普遍采用的宏观教育理念。

② 宏观构想与目标（Ambitions/Goals）：例如，为全体儿童提供免费幼儿园教育、拓宽高等教育入学机会、提高高中入学率和毕业率等。

③ 战略（Strategies）：政府通过实施这些教育战略来实现国家教育体系的宏观构想，或实现教育的指导哲学与意识形态。这些比较教育中的教育政策借鉴理论战略包括行政性的、管理性的以及财政性的，例如在国家或地区层面改革政府对教育事务的治理方式。

④ 实施结构（Enabling Structures）：实施结构指允许目标实现的物质构建。例如，引进外国的成功模式建立新型教育机构或学校。以美国的磁石学校为例，它为青少年学生提供一种特殊的中小学教育，其教学效果和社会效果显著。很多国家肯定并引进了这种教育组织模式，并取得了很好的效果。

⑤ 过程（Processes）：借鉴外国模式改变和更新课程的设置和内容，引入新的考试和资格证明等。

⑥ 方法（Techniques）：主要指教学方法，包括引进新的教授和指导方法以提高学习效果等。

再者，菲利普斯与奥克斯总结出以下七种内在的动因类型。

① 对本国教育现状的不满（Internal Dissatisfaction）：这种不满可能来自某国内部的教育督察报告，特别是对教育标准的评估报告。这种不满导致人们向其他国家寻求成功经验。

② 教育体系的瓦解（Systemic Collapse）：例如 20 世纪 80 年代末 90 年代初东欧诸国政局巨变，教育体系全面瓦解，为了教育体系的重构，这些国家很自然地需要向其他国家学习借鉴。

③ 负面的外部评估（Negative External Evaluations）：现在有一系列大型的跨国教育

评估研究，例如国际教育成就评价协会（IEA）的多项研究，以及经济合作与发展组织（OECD）的国际学生教育水平评估（PISA）。一些国家在这些国际评估中的表现不尽如人意，其政策制定者就会重新审视本国的教育质量，并积极向在评估中表现优异的国家学习。

④ 经济变化和竞争（Economic Change and Competition）：一个国家的经济繁荣，会吸引其他国家去关注这个国家的教育体系，考察教育如何为经济变化和竞争服务，例如二战后日本和德国的崛起。

⑤ 政治需求（Political Imperatives）：例如1988年南非独立后，新的政权着力通过改革教育体系来发展新的国家。

⑥ 新生局面（Novel Confirmation）：例如欧盟指定的教育政策影响每一个成员国调整本国教育政策以适应新型的政治、经济和社会格局，新加入欧盟的国家需要参照欧盟的普遍标准改革本国的教育实施。新生局面也包括常见的政治变化，例如一个国家执政党的更换带来了教育政策的变化，新政党经常以外国案例为论据，论证新教育政策的优越性。

⑦ 知识/技能创新（Knowledge/Skills Innovation）：鉴于国内的知识和技能升级，许多政策制定者认为有必要调整本国教育体系以适应新技术的发展需求，这些国家通常会向外国学习以帮助制定教育调整的战略和措施。

(2) 决策（Decision）

这一阶段关注的问题是外国教育产生的吸引力如何作用于本国的教育决策。决策阶段包括政府和其他机构为了进行教育改良或改革而采取的多种措施，跨国教育吸引力引发的决策类型主要有以下四种：

① 理论上的决策（Theoretical Decision）

一个政府可能决定把教育看作其施政方针的首要内容。例如，1997年以来英国工党政府一直把"教育、教育、教育"作为政纲的口号，这表现了一种宏观的理论视角。政府也有可能选择一种更为具体的理论视角，例如教育的"选择和多样化"。当然，现实中的选择和多样化通常只对某些社会群体有实效，但在理论上，这种教育原则是要指导全部教育政策的制定。比如，德国的职业教育一直给很多国家教育决策以启迪，这种启迪带有很强的比较教育和教育借鉴的视角，但这种启迪基本上只是理论层面上的。长期以来，英国对德国职业教育的成功非常关注，但事实上，由于英德两国职业教育和培训在政治目标、教育提供的年龄和阶段、社会阶层关系以及社会发展状况等方面存在着差异，因此，英国很难模仿实施德国的职业教育体制。可见，德国并不能为英国提供一种现实可行的职业教育模式，德国模式更多是为英国教育改革提供了一种理论上的激励。

② 现实的、实践的决策（Realistic/Practical Decision）

有些成功的教育政策和实践并不囿于历史文化因素，它们能被成功地移植到另一个国家继续发挥作用。例如，英国伦敦巴金和达格南区（Barking and Dagenham）在20世纪90年代中后期学习瑞士数学教育的成功经验，在教学方法、教师培训和学校的学习材料等方面全盘模仿瑞士，结果数学教育成绩迅速得到了显著提高。

③ 虚假的决策（Phoney Decision）

一些政府教育官员短期出访外国后经常带回很多外国教育新理念和新政策。这种新奇事物对选民很有影响力，但却没有在实际中借鉴实施的可能。例如，20世纪80年代美国的磁石学校曾经引起英国教育大臣肯尼思·贝克的特别关注。在贝克主持推出的英国《1988年教育改革法》中,关于城市技术学院(City Technology College)的政策建议就引进了美国磁石学校的很多特点。但在该法案的实施过程中,城市技术学院并没有取得预期的效果,经过英国改造的模式也和美国本土的磁石学校模式有很大区别。值得关注的是,美国建立磁石学校的初衷是力图缓解学校间和学校内的种族隔离和歧视,然而一些学生的教育机会实际上反而受到了限制,所以磁石学校是否有效解决了教育中的种族问题还是值得争论的。查布和莫的研究显示,磁石学校只为少数学生提供了更多选择,并没能改变整体的现行体制,反而还对一部分学校产生了消极的影响。[①]

④ 力图快速解决的决策(Quick Fix Decision)

这恐怕是教育跨国吸引力所能引发的最危险的一种情况。一个备受瞩目的例子是近年南非急于引进外国"以成果为导向的教育"(Outcome Based Education, OBE)。这种备受争议的新兴教育模式原产于一些教育体制稳固坚实的西方国家,但那些国家至今并未广泛认可和实践这种新兴模式。事实证明,以成果为导向的教育模式无法在南非得到切实实施。南非1988年刚刚解除种族隔离,教育基本设施残缺不全,国情复杂并迅速变化,很难实施教育图景中那种庞大的、全国性的、需要迅速推行的教育试验。

(3) 实施(Implementation)

这一阶段关注的主要问题是决策出台的下一步如何在本国具体实施。例如:谁支持实施?谁反对实施?是国家还是地区层面?国家政策如何地区化调整?有何区域差异?我们首先考察外国教育模式如何被改造和调整以适应引进国的现实需求:改造后的教育模式在多大程度上适应新的国情,教育改革实施的速度如何,实施过程中有哪些重要的行动者(significant actors),他们发挥了什么样的作用。

实施重大教育改革通常需要两个前提:第一,政府内部强烈认为现行的教育体制存在重大问题,必须通过重大法案来保证教育改革的实施;第二,政府和社会需要就如何改革达成广泛共识。[②] 教育借鉴在实施时必须改造外来模式以适应本国情况。改造的程度取决于该国的众多国情因素。例如,如果新的职业教育模式需要涉及学生的实习项目,则新模式也需遵从本国或当地的工业法规和工会条款;如果引入新的课程设置或课堂教学法,则经常需要改写教学课本,同时教师培训项目也应配合更新。借鉴外国教育政策而进行的教育改革过程的长短关键取决于外来政策的本土适应性。外国教育政策和实践在引进过程中都会发生变化,发生变化的方式或阶段主要有:阐释(interpretation)、传播(transmission)、接收(reception)和实施(implementation)。每一种方式或阶段就像过滤镜或透视镜一样筛选和改造着外来教育模式。"一个国家的教育实践1如何变成另一个国家的教育实践2"可以建构为一个模型(见图1-4)。这个模型中包含着以下四个滤镜。

滤镜1:阐释。多个机构、行动者和个体根据本国、本集团或本人的需要,阐释和改

[①] M. Chubb & D. Rhoten: *Politics, Markets and America's Schools*, Washington DC: The Brookings Institution 1990

[②] T. Simkins, L. Ellison & V. Garrett, eds.: *Implementing Educational Reform: the Early Lessons*, Essex: Longman 1992

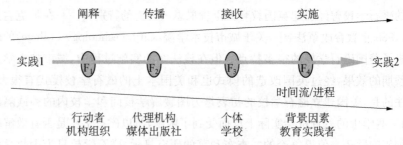

图1-4 教育政策借鉴的滤镜

造外来教育理念和模式。影响这种阐释的因素很多,包括明确有意识的,也有潜在、隐含的;还包括从偏见到诚实、清晰连贯的政治、意识形态和其他种类的立场和视角。

滤镜2:传播。中央和地区教育机构、职业团体将会按照自身的目标和期待进一步加工、过滤、传播外来教育理念和模式。与此同时,公共媒体的分析、评论、传播将进一步影响传播的过程。公共媒体包括学术期刊、其他形式的学术讨论,以及大众媒体和出版社等众多机构。

滤镜3:接收。通过媒体传播,个体和教育机构因此能够接收到外来的教育经验,并形成个性化的理解。有时一些理解可能成为误解,例如因为培训不充足或传播时的误导,以及接收者自身对外来教育理念的积极性或消极性看法。不同的接收效果导致不同的实施情况。

滤镜4:实施。理念产生决策,教育实践者在其不同的、具体的情况下,通过行动来改变现实。如图1-4所示,越远离出发点(图形左方),教育模式的变化越大。

(4) 内化或本土化(Internalisation/Indeginisation)

外国教育模式被本国接受和吸纳,继而成为本国教育的有机组成,这是一个内化的过程。这一阶段的主要问题是借鉴来的教育模式对原有教育体系的运作模式(modus operandi)产生了何种影响,本国教育吸纳了多少外来教育模式的特点,本土与外来教育模式形成了何种新的合成模式,如何评估多种本土化的过程。本土化过程完成后,我们又转回到教育借鉴的第一步,即当外来教育模式融合成为本国教育的内在构成后,新的本国教育体系重新向外开放,在内部吸引动因和外在吸引焦点的共同作用下,展开新一轮的教育借鉴过程。

在内化或本土化阶段,外来政策逐渐融为本国教育体制的一部分,具体来说,它可以分成四个部分。

对原有教育体系的影响(Impact on the Existing System/Modus Operandi):这需要结合现有教育体制考察政策制定者的动机和目标,考察赫斯科维茨的"文化相对论"和麦利森的"民族性格"等概念。博厄斯和本尼迪克特等人类学家认为不同的文化系统衍生出不同的标准体系,这些标准体系能够帮助我们了解先前存在的社会体制(Pre-exisiting Arrangements)。就如何考察先前存在的教育体制,鲍尔提出了一个四步"核心巡回区域"(Essential Circuits)框架,或称教育的"信息系统":课程、评估、教学法及组织。

吸纳外来特征(The Absorption of External Features):这种特征包括外国教育政策

和实践,也包括采用外国教育的标准和范式。这需要通过详细考察教育体系所赖以存在的背景因素,来理解如何以及在多大程度上外国教育的特征能够被本国吸收采纳。

融汇(Synthesis):这部分我们要描述和理解教育政策和实践如何成为一个国家宏观政策的有机组成。卡尼和罗滕认为国情背景影响对外来政策的阐释和实施,因此他们把外国政策借鉴看作一个"重新融入背景"(re-contextualisation)的过程①。凯萨恩认为,融汇过程与共生合作过程(symbiosis)同步出现,因此她建议在借鉴外国政策时国家有必要制定双重政策以兼顾中央和地区的不同需求。②

评估(Evaluation):最后,内化过程要求我们通过全面反思和评估来辨别针对政策借鉴现实的和不现实的期望。很多研究者认为,谁来做评估与如何做评估同样重要。斯坦纳-凯姆西斯的研究关注教育"借出"(lending)的政治分析③。通过分析联合国教科文组织、经贸合作组织以及世界银行的主要研究,琼斯等人提出组织机构力(Organisational Power)是影响评估的重要因素。④ 外国教育借鉴的评估结果将能重新开始新一轮的教育借鉴,这时我们需要进一步研究外国模式以深化我们对外国教育的认识。

3. 教育借鉴的案例及未来的研究方向

大卫·菲利普斯领导牛津大学比较教育研究中心运用教育借鉴的四步模型对英国、日本和美国的教育借鉴进行了深入细致的研究分析。⑤

(1) 英国案例

从19世纪到20世纪,英格兰一直对德国教育,特别是普鲁士教育保持着浓厚的兴趣。英格兰政府通过一系列调研和委托咨询,对德国教育进行了详细深入的全面研究。德国经验和教训一直为英格兰的决策者所重视,对英格兰教育政策和实践产生了广泛深远的影响。20世纪80年代以来,英格兰教育部和教育官员们还以学习借鉴为目的,对外国教育开展了大量研究工作,涉及德国、日本、美国、法国、意大利、丹麦和韩国等诸多国家。

(2) 日本案例

19世纪末期的日本积极向西方学习。1871年,日本曾派出一支规模为107人的考察团,经过一年零四个月的时间,考察了美国、英国、法国、比利时、荷兰、德国、俄罗斯、丹麦、瑞典、意大利、奥地利和瑞士。这107人相当于当时日本政府一半规模的官僚队伍。考察的内容包括能够移植来为本国教育发展所用的教育经验及其他领域的经验。

(3) 美国案例

美国政府对外国教育进行了大量的研究,这里列举三份影响深远的报告。第一份

---

① M. Carnoy & D. Rhoten: "What Does Globalisation Mean for Educational Change? A Comparative Approach", *Comparative Education Review*, 2002(1)
② C. Kissane, Schools and History in Transition. The Case of Kazakhstan. Graduate School of Arts and Sciences, Columbia University, New York, unpublished Ph. D. dissertation in Comparative and International Education, 2001
③ G. Steiner-Khamsiz: Vouchers Import in Mongolia: Analysing Educational Policy Talk and Beyond, CESE Conference Presentation, London, 2002
④ P. Jones: *Comparative Education Purpose and Method*, St. Lucia, Queensland: University of Queensland Press, 1971
⑤ [英]大卫·菲利普斯,钟周译:《比较教育中的教育政策借鉴理论》,《清华大学教育研究》2006年第2期

是1961年出台的前苏联教育研究。当时前苏联刚刚成功发射了第一颗人造地球卫星，美国非常担心技术上落后于前苏联，所以美国投入了大量的人力物力研究前苏联，包括前苏联教育。1961年研究报告的题目非常醒目：《伊万知道什么约翰尼不知道的？》(What Ivan knows that Johnny doesn't?)。第二份重要报告是出台于1987年的日本教育研究。美国教育局投资的这项研究旨在发现美国如何借鉴日本经验发展本国教育。第三份重要报告是出台于1999年的德国教育研究。这份报告内容详尽，研究深入，指出了美国向德国学习和借鉴的多种途径。

在对案例进行分析研究的基础上，大卫·菲利普斯指出："教育借鉴过程，通常是一种外来教育政策或实践被一个国家所改变和调整，继而实施和吸纳的复杂过程。这是一种'内化'和'本土化'的过程。"①基于对已有研究的反思，大卫·菲利普斯进一步提出教育借鉴理论研究者下一步主要研究的两个问题和任务：第一，进一步详细研究在不同国家的不同背景下，"借鉴来的"政策是如何类似或区别于原有的、"观察到的"政策，即实践1和实践2之间的区别和联系；第二，继续考察在政策借鉴过程中，个体行动者、机构和网络分别发挥的作用，以及学术和大众媒体的报道如何影响跨国教育研究以及研究成果的传播②。

总之，大卫·菲利普斯认为教育借鉴的四步模型有助于比较教育研究者更好地理解和解释教育借鉴这个复杂的过程，以及在这一过程中教育所产生的复杂而重要的跨国影响。但同时他也提出，这个模型需要用不同国家的实践来检验，以进一步修改和完善这个理论框架。

> **案例1-3**
>
> ## 顾明远比较教育思想的主要特征
>
> 据统计，截至2007年，顾明远发表的学术文章总计为312篇，其中教育学原理的文章最多，为133篇，约占总数的43%；比较教育类的文章为39篇，约占总数的13%。由此可见，教育理论和比较教育这两个领域的探索是顾明远教育思想的重中之重。正如加拿大著名比较教育研究者许美德（R. hayoe）所言，"他（顾明远）是中国当代教育现代化的理论研究者和比较教育学家"，对比较教育思想与学科建设的深入探讨，是顾明远对中国教育学界乃至世界教育学界的杰出贡献之一。下面，我们就从几个方面对顾明远比较教育思想的特征窥探一二。
>
> 一、体现出强烈的爱国情怀与知识分子的责任
>
> 纵观顾明远比较教育思想的发展与形成的整个过程，无不渗透着他对祖国深厚的情感以及改造社会、改善民族教育的强烈责任感与使命感。自1956年学成归国，顾明远一直辛勤耕耘于祖国的教育事业，甚至退休后也依然为祖国的教育事业多方奔走。顾明远的学术文章、著作，字里行间无不渗透着他强

---

① ［英］大卫·菲利普斯，钟周译：《比较教育中的教育政策借鉴理论》，《清华大学教育研究》2006年第2期
② ［英］大卫·菲利普斯，钟周译：《比较教育中的教育政策借鉴理论》，《清华大学教育研究》2006年第2期

烈的爱国情感与学术热情。尤其是20世纪80年代初期，历经"文革"十年的洗礼，在粉碎四人帮的欢呼声中，高考制度得以恢复，在风雨中侥幸残存的学者们终于迎来了可以自由畅所欲言的春天。如前文所述，顾明远在这一时期接连发表了几篇颇具影响的文章。顾明远在一次讲话中也提到："记得20世纪80年代初期我一连发表了几篇文章，有同志问我说你怎么有这么多的文章？我就说，过去想说的话不敢说，无处说，现在都想把它说出来。改革开放为我国学术繁荣创造了条件，也为我个人的发展提供了机会。"从这样一段话，我们可以看到，一位老知识分子的爱国情怀与无比强烈的社会责任感。尤其值得一提的是，1998年，顾明远将其所获得的"曾宪梓优秀教师"一等奖奖金悉数捐出，创立了"顾明远教育研究发展基金"，此后，又将他数次出国讲学的收入以及其他劳务收入源源不断地投入进来。十几年来，顾明远一直默默资助教育学科专业的研究生及青年教师开展学术研究，众多青年学子从中受益。

二、具有鲜明的时代特色

顾明远的比较教育学术思想体现出鲜明的时代特色。20世纪五六十年代，他对前苏联教育改革的介绍与分析；文革期间对教育问题的思索与积淀，尤其是对"劳动与教育的关系"的深入探索；80年代初期，接连发表的几篇颇具影响力的文章，提出了"教育与生产劳动相结合是现代教育的普遍规律"，批驳了教育理论的极"左"思潮，在全国引起了轰动，对推动教育界的拨乱反正起到了很大的作用，成为中国现代教育理论之父。随着其对比较教育研究的深入探索，20世纪90年代，顾明远首倡了比较教育中的文化研究，提出，"只有深入到文化层面才能对教育现实及其由来有一个全面地了解"。进入新世纪，他又重新审视了比较教育的任务与目的："东西方学者需要沟通和理解，这就是比较教育的使命……比较并不是要趋同，而在于理解，当然也便于互相学习和借鉴"，"比较教育为国际理解提供了最好、最广阔的论坛，比较教育学者应从以下几个方面继续努力：加强人员的交流，互派留学生和访问学者等"，突出强调了比较教育为国际理解提供了交流的论坛。由此可见，不同的历史时期，他的学术研究总是与当时社会发展、现实需求紧密相连的。

三、具有明确的实践性

与国内其他比较教育学者相比，顾明远的比较教育思想具有明确的实践性。正如前文所述，顾明远不仅是教育理论家，更是一位教育实践家。顾明远把比较教育的研究深深地根植于中国的教育改革与现代化之上，正如顾明远在文中写道："理论联系实际的原则是比较教育研究的生命线，只有坚持这个原则，比较教育才会得到人们的重视，才能得到较大的发展。"在这个观点上，顾明远与埃德蒙·金（Edmund King）的思想接近。顾明远说："比较教育要改变以往的研究重点，将单纯研究外国教育转移到从中国教育的实际出发，研究中外教育的比较上。"

由此可见，顾明远更强调中外教育的比较。他认为，只有立足于本国实际，才能免于把现代化等同于西方化，才可以谈建立具有中国特色的比较教育学。可见，强调理论与实际相结合，凸显比较教育研究的实践性目的，是顾明远比较教育思想的突出特点之一。然而，遗憾的是，国内比较教育学界由于严重脱离中国的教育实际，没能重视中国教育的发展与现代化的问题。正因为如此，才会让薛理银认为，顾明远本人急于开"处方"，提出许多"我国教育如何

> 实现现代化"的见解。从某种角度上来讲,这正是顾明远比较教育思想颇具"实践性"的体现。
>
> 选自:于颖,曲恒昌. 顾明远比较教育思想初探[J]. 中国人民大学教育学刊,2013(3):138—154.

思考题

1. 简述对比较教育概念的不同争议。
2. 简述比较教育的基本性质。
3. 学前比较教育的概念是如何界定的?
4. 学前比较教育的基本特征有哪些?
5. 从作为一门科学和作为一门课程这两个视角,分别论述学前比较教育的重要作用?
6. 简述库森、萨德勒、康德尔、汉斯和大卫·菲利普斯等比较教育学家的比较教育思想。
7. 简述教育借鉴理论的分析框架。

第二章 学前比较教育的方法

学习目标

1. 掌握学前比较教育方法的基本原则。
2. 掌握学前比较教育研究的主要步骤。
3. 掌握学前比较教育研究的具体方法。

内容脉络

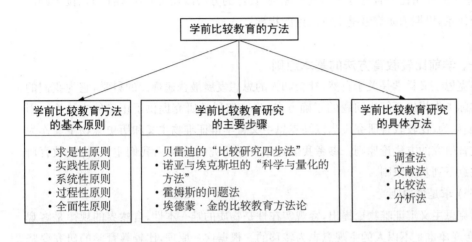

考虑到学前比较教育是比较教育学在学前教育这一具体的教育领域的运用,我们认为比较教育学的研究方法普遍适用于学前比较教育领域(为了表述方便,下文主要采用"比较教育"这一概念)。总体来看,比较教育的研究方法主要以比较法为主,同时适当地运用调查法、文献法和分析法等。在比较教育研究的发展史上,贝雷迪、诺亚和埃克斯坦、霍姆斯、埃德蒙·金等几位著名的比较教育大师都提出了各具特色的比较教育研究方法,开创了不同的理论视角和研究方向,极大地推动了比较教育学的发展。基于此,本章主要介绍比较教育方法的基本原则、具体的方法以及具有代表性的几位大师的方法论体系,以期为研究者提供方法论的指导。

一、学前比较教育方法的基本原则

马克思主义哲学是关于自然、社会和人的思想发展最普遍规律的科学,它为我们的一切实际工作指出了解决问题的正确方向,为一切科学研究提供了正确的方法论。因此,我们认为,比较教育研究应当以马克思主义哲学辩证唯物主义和历史唯物主义作为比较教育研究的方法论原则。参考我国近年哲学研究的进展[①],我们主张,比较教育研究应注意下列基本原则。

(一)求是性原则

马克思主义辩证唯物论提出,客观实在性是物质的唯一本性,自然界的规律是客观的,社会规律也是不以人的主观意志为转移的。根据这一原理,比较教育学的研究要坚持实事求是的原则,一切从世界各国客观存在着的教育实际出发,实事求是地反映客观现实,从中引出固有的而不是臆造的教育规律性。[②]

具体而言,比较教育研究者必须坚持客观性的原则来搜集资料,并用正确的立场、观点和方法对各国的教育作出科学而全面的分析。同时,研究者要防止"唯感情论"和"唯生产力论"这两种错误的偏向。

(二)实践性原则

辩证唯物论提出,实践是理论的基础,是理论发展的动力,是理论的目的,同时还是检验真理的唯一标准。根据这一原理,比较教育研究必须贯彻实践性原则,做到以下两点。[③]

第一,通过实践,检验真理。对于各国各个时期提出的教育理论和进行的教育改革,要持特别谨慎的态度。要判断外国教育理论的优劣或教育改革的成败,只有一个方法,就是科学地分析其较长一段时间且具有一定规模的教育实践,经过实践证明能够取得良好效果的东西,才是符合客观真理的东西。由于比较教育研究的主要目的之一在于借鉴,所以还必须坚持"以我为主,为我所用"的原则,必须通过本国的实践来鉴别某项结论的适用范围。通过试验,取得经验,再逐步推广,这是借鉴外国经验的关键所在。

第二,通过实践,发展理论。比较教育研究者一方面应当关注世界各国的教育动

---

① 参见中共中央宣传部理论局组织编写的《马克思主义哲学学习纲要》,北京:中共中央党校出版社 1989 年版
② 吴文侃、杨汉清:《比较教育学》,北京:人民教育出版社 1998 年版,第 11 页
③ 吴文侃、杨汉清:《比较教育学》,北京:人民教育出版社 1998 年版,第 12—13 页

态,了解他国最新的教育实践和教育改革,以为本国教育政策的制定和执行提供可操作性的建议或意见;另一方面,如有可能,也应深入实际,亲身从事一定的实验研究,以便推陈出新,揭示二级本质、三级本质的东西,使教育理论沿着真理的长河不断前进。

(三) 系统性原则

唯物辩证法认为,普遍联系是物质世界的总特征,系统性是事物的根本属性。据此,比较教育研究应当遵循系统性原则,用系统分析、系统综合、系统评价的方法,对教育现象作多维度的静态分析,认清教育系统方方面面的本质特征,并注意以下四点问题。[①]

第一,教育系统的整体性。教育系统是一个有机统一的整体,具有自己的性质和功能。在观察和分析问题时,一定要着眼于有机整体,把整体的功能和效益作为认识和解决问题的出发点和归宿。遵循整体——部分——整体的研究方法,才能既正确认识个别教育措施的功能,又正确认识整个教育系统的运转机制。

第二,教育系统的结构性。教育系统的结构性,指的是教育系统中诸要素之间的关系。在研究问题时,应当注意分析教育系统内诸要素相互联系和相互作用的方式,包括一定的比例、一定的秩序和一定的结合方式等。

第三,教育系统的层次性。教育系统的层次性是指教育系统的层次结构及层次之间的关系。在研究教育问题时,应当分析教育系统的各个层次,分析系统和要素(子系统)之间的地位、等级的相互关系。分析教育系统的层次,有助于人们掌握教育系统的纵向结构,进一步判明不同层次系统共同的运行规律和各自特殊的运行规律。

第四,教育系统的开放性。教育系统的开放性指的是教育系统与周围环境的相互关系。在研究问题时,必须注意分析教育与国家政治、经济、文化的相互关系以及与周围社会环境的相互关系。指明这种关系,有助于人们在教育实践中重视外部条件的作用,考虑如何因势利导。

(四) 过程性原则

唯物辩证法认为,物质世界是永恒发展的,而发展是量变和质变的统一,渐进性和飞跃性的统一。恩格斯也指出:"世界不是既成事物的集合体,而是过程的集合体。"[②]这里所谓"过程"是指事物发生、发展和灭亡的历史。据此,比较教育研究一定要体现过程性原则,用发展的观点、历史的方法,对教育理论和实践作多视角的过程分析,从而把握教育理论和实践发展的昨天、今天和明天。[③]

第一,重视来龙去脉。比较教育学的研究,既应以现状的横向比较研究为主,也应给历史的纵向比较研究一定的地位,以使人们看清教育制度发展的来龙去脉。

第二,注意质量结合。比较教育研究应注意将定性和定量研究结合起来。定性分析是对各国(或各地区)教育所具有的本质属性的分析,定量分析是对其发展过程中数量变化的分析。定性比较是对各国(或各地区)教育所具有的本质属性的比较,定量比

[①] 吴文侃、杨汉清:《比较教育学》,北京:人民教育出版社 1998 年版,第 13—14 页
[②] 《马克思恩格斯选集》第 4 卷,北京:人民出版社 1995 年版,第 244 页
[③] 吴文侃、杨汉清:《比较教育学》,北京:人民教育出版社 1998 年版,第 14—15 页

较是对其发展过程中数量变化的比较。将两者相结合,可以更好地判明各国教育的本质及其变化发展的规律。

第三,正确处理继承与创新的关系。创新不是抛弃过去的一切,应是否定中含有肯定的因素。创新就是适当消化历史文化遗产中的合理内核,并根据新的情况加以改造和发展。

(五)全面性原则

唯物辩证法核心观点是矛盾的观点,即一切现实的事物都是作为系统而存在,作为过程而存在,而系统和过程又都充满着矛盾。据此,比较教育研究一定要注意全面性原则,运用矛盾分析方法,深入教育现象的内部,全面地观察和分析问题,以探索教育活动的本质和发展的动力源泉。[1]

第一,全面分析研究各国教育发展与改革的普遍矛盾与特殊矛盾。善于异中求同,同中求异,从宏观上探索国家教育发展与改革的共同规律和各国教育发展与改革的特殊规律,以便在相互借鉴时,把普遍真理与具体实际结合起来。

第二,全面分析研究各级各类学校教育过程中的各种矛盾。从培养目标、人际关系、教学过程等各个方面进行研究,以争取实现教育过程的整体优化,从而提高教育质量。

第三,全面分析研究教育发展的内因与外因。教育的外因主要包括生产力发展水平、政治经济制度、社会意识形态、地理环境、人口等。但这些外因如何通过教育本身的内因产生影响,而教育本身的内因究竟是由哪几种要素构成,尚待进行深入的研究。

以上五项原则即构成了方法论系统这一有机的整体。比较教育研究者应当在各项基本原则的指导下从事比较教育研究,以达到揭示教育规律,建设有中国特色的比较教育学的目的。

二、学前比较教育研究的主要步骤

(一)贝雷迪的"比较研究四步法"

贝雷迪(George Z. F. Bereday,1920－1983)在比较教育发展史上以"比较研究四步法"闻名于世,其思想主要体现在代表作《教育中的比较方法》(*Comparative Methods in Education*)一书中。贝雷迪在此书中提出了比较教育主要为了实现下述的三个目标:1.跨国收录教育方法,自各国教育制度的共同中寻求意义。假若成效良好,这种世界观点不论是相同或相异,都将使各国蒙受利益。2.比较教育有其自为完足的知识性意义,亦即致力于满足人们对知识的追求,因而研究目的之一即在寻求比较教育自身的知识根基,使比较教育能扎根成长。3.比较教育亦有其对实际教育施行与对社会科学的贡献。[2]

概括来说,贝雷迪比较教育的直接目的主要表现在以下两个方面:一是理论性目的,即寻求自身的知识根基,推动比较教育的发展;二是实践性目的,即了解他国教育状况,同时认识本国教育现状。在借鉴的基础上,实现比较教育的终极目的,即建构起比较教育研究的"法则"或"类型"。

---

[1] 吴文侃、杨汉清:《比较教育学》,北京:人民教育出版社1998年版,第15—16页
[2] 洪雯柔:《贝瑞岱比较教育研究方法之探析》,台北:扬智文化事业股份有限公司2000年版,第55页

贝雷迪认为区域研究(area studies)和比较研究(comparative studies)是比较教育研究的两大模式。区域研究是比较研究的基础,是指以单一国家或地区为研究中心主题,但若多国教育资料仅是逐一作描述或解释,也可视为区域研究。区域研究具体包括描述和解释这两个阶段。比较研究则是比较研究的自身,是指同时对多个国家或地区的教育现象进行研究,具体包括并列和比较这两个阶段。下面将对"比较研究四步法"的基本步骤进行介绍。

1. 描述阶段

描述阶段又称为教育地理学(geography of education),主要是利用所收集到的资料对将要比较研究的各对象国的教育制度或教育现象作不加个人分析的客观记录,包括文献资料的搜集和实地考察两个方面。其中,文献资料可划分为第一手资料(primary source)、第二手资料(secondary source)及辅助资料(auxiliary source)三种类别。具体而言,第一手资料是政府部门正式的报告、会议记录、手册等,没有研究者的分析解释或意见,纯粹是原始的资料;第二手资料是个人或集体的著作、论文、评论等,这里面往往隐含着作者的分析、解释、批评意见;辅助资料包括文学作品、影片、一般文化读物,表面上与教育没有直接关系,但却在某种程度上隐含着与教育有关联的信息。①

此外,如果条件允许,研究者还应该借鉴人类学的田野调查方法(field study),亲自到当地进行访问、调查和研究。

2. 解释阶段

解释阶段又称为社会分析(social analysis),是对资料描述的某一国家或某些国家的教育情况或教育现象进行分析,以解释影响这些教育情况或教育现象的各种因素及其相互关系。在这个阶段,需要研究者运用哲学、政治学、社会学、人类学、心理学等解释教育,以揭示教育现象背后深层次的原因。

3. 并列阶段

将不同国家的数据进行初步的对比,以建立比较点(tertium comparationis)——即比较据以进行的规准、比较所欲验证的假设②。这一阶段的主要任务是初步配置不同国家的资料,提出并探究某种假设,为下一阶段的比较做好准备。并置的方法主要有两种:图表式并置(或竖列式)和文字式并置(或横列式),如下表所示。

表2-1 图表式并置③

比较的初步基础		
各国资料		
A	B	C
用以比较的最后假设		

表2-2 文字式并置④

比较的初步基础	
各国资料	A B C
用以比较的最后假设	

---

① 马健生:《比较教育》,北京:高等教育出版社2010年版,第49页
② 洪雯柔:《贝瑞岱比较教育研究方法之探析》,台北:扬智文化事业股份有限公司2000年版,第80页
③ 洪雯柔:《贝瑞岱比较教育研究方法之探析》,台北:扬智文化事业股份有限公司2000年版,第103页
④ 洪雯柔:《贝瑞岱比较教育研究方法之探析》,台北:扬智文化事业股份有限公司2000年版,第105页

4. 比较阶段

比较阶段主要是对教育所做的跨国界同时分析(simultaneous analysis)，并对并置阶段提出的假说作出验证，包括平衡比较（如表2-3所示）和阐释比较两种类型，其中平衡比较是"在两个以上研究区域之间作对称的穿梭运动——直接的比较，从某一国获取的每一类信息必须同别的国家获取的可比信息相匹配，以养成跨越国界获取对等材料的习惯"。阐释比较是"将不同国家的教育实践随意取来，对资料所提示的比较观点加以说明"。②

贝雷迪的"比较研究四步法"是比较教育研究的新坐标，它使得比较教育研究从没有方法发展到尝试规范性方法，使得比较教育研究积累了从人文主义走向科学主义的一种范式。同时，贝雷迪的"比较研究四步法"也存在着明显的局限性，如缺乏对研究问题的提出和研究问题的解析，在并不泾渭分明的区域研究和比较研究之间设置了界限；假说的提出放在并置阶段使得描述阶段搜集资料的工作具有缺乏指导和存在盲目等问题。

表2-3 平衡比较的模式①

假设	
因素一	
—	甲国
—	乙国
—	丙国
因素二	
—	甲国
—	乙国
—	丙国
结论	

（二）诺亚与埃克斯坦的"科学与量化的方法"

美国哥伦比亚大学的诺亚(H. J. Noah)与纽约市立大学的埃克斯坦(M. A. Eckstein)是当代著名的比较教育学家。1969年，两人结合自己在大学的教学经验，合作出版了《比较教育科学的探索》(Towards a Science of Comparative Education)一书，提出了"科学与量化的方法"，对比较教育方法论的发展作出了巨大的贡献。诺亚和埃克斯坦在此书中，首先对社会研究的科学方法进行了探讨。他们认为："科学方法是比较系统的，经得起反复检验的。社会科学研究应经历以下四个步骤：提出假说、数量测定、参照研究和理论分析。"③基于社会研究的科学方法，诺亚和埃克斯坦提出了科学方法在比较教育研究中的应用，具体包括确定问题、提出假说、明确概念和指标、选择个案、收集数据资料和处理数据并说明结果这六个步骤。

1. 确定问题

确定问题是比较教育研究的开始。问题来源的途径多种多样，既可以来自于社会的需要，如学前教育财政投入体制的研究；又可以源于日常的观察，如幼儿园数学区活动材料投放研究；还可以就热点讨论进行研究，如从不同幼儿园中幼儿家庭的社会阶层分布看学前教育公平研究或西方课程模式对我国学前教育影响的比较研究——教育借鉴理论的视角等。这些问题亟待从理论上对之作出解释。

2. 提出假说

在研究问题确定之后，比较教育研究者需要通过演绎推理及直觉思维等方法，对所

---

① 洪雯柔：《贝瑞岱比较教育研究方法之探析》，台北：扬智文化事业股份有限公司2000年版，第116页
② 赵中建、顾建民：《比较教育的理论与方法——国外比较教育文选》，北京：人民教育出版社1994年版，第180—185页
③ 王承绪：《比较教育学史》，北京：人民教育出版社1999年版，第109—111页

要研究的问题具有明确的认识,并将这种认识作为假说确定下来。可见,假说是关于两个或两个以上变量间关系的一种陈述。在《比较教育科学的探索》一书中,诺亚和埃克斯坦提出了"有关学校与经济之间关系的一种理论"。根据这一理论,一个国家的富强与其学校制度的发展是相互依赖,密不可分的,但是其中的因果关系尚不能确定,有待于进一步的验证。据此,诺亚和埃克斯坦提出了这样的假说,即"教育发展水平相对高于经济发展水平的国家,经济将出现高速增长;而教育发展水平相对低于经济发展水平的国家,经济增长将是缓慢的"①。

3. 明确概念和指标

提出假说之后,比较教育研究者需要对假说中出现的概念进行操作性定义,即对假说中出现的概念赋予各种可以测量的指标,使其具有操作性,以便于接下来有针对性地收集资料,并对数据进行相关的量化研究分析。

上一步骤提到的假设主要包含了三个核心概念和指标体系,即"教育发展水平"、"经济发展水平"和"经济增长"。研究者需要将这三个一级指标细化到具体常用的测量指标之中。其中"教育发展水平"的指标应包括正规教育的入学率、教育经费在国民收入中所占比例、整个国家的平均师生比、整个国家的文盲率等,"经济发展水平"的指标应包括人均国民生产总值、人均能源量、每工时的工业产量等,"经济增长率"则可以通过经济发展水平的指标计算得出。

同时,诺亚和埃克斯坦也指出,研究者在明确概念和指标时,应该认识到所收集到的资料数据有可能是不完整的,甚至还有可能出现错误。因此,在研究后期对数据进行分析统计之前,研究者应注意对数据进行检核与清理。

4. 选择个案

在明确概念和指标后,比较教育研究者需要选取有代表性或典型意义、启发意义的对象国。在选择个案的数量问题上,诺亚和埃克斯坦主张,为了满足验证假说的需要,至少应该选取两个以上的国家。他们把可选择的对象国划分为四种类型:一是全球型,研究对象是全世界,收集来的资料是为全世界服务的;二是区域型,以区域和多国为单位收集资料并量化比较;三是地方型,以国内各地方为单位;四是超时型,以某国不同时期的一些概念指标来收集资料,进行比较。②

为了使研究结果具有普遍性,研究对象国的选择应遵循以下三个标准:一是选择与假说有关的对象国;二是对主要的一些额外变量进行控制;三是研究的经济性,即要以最经济的方法利用资料对问题作出尽可能多的解释。③

5. 收集数据资料

在确定研究对象国之后,就要根据概念的各种可测量的指标来收集已确定的对象国的相关数据资料。诺亚和埃克斯坦将资料划分为第一手资料和现成资料这两种类型。他们认为,尽管收集第一手资料费时费力,但它们更适合于验证假说,而现成资料

---

① 王承绪:《比较教育学史》,北京:人民教育出版社1999年版,第113页
② 祝怀新:《霍姆斯比较教育思想研究》,广州:广东教育出版社2007年版,第115—116页
③ 王承绪:《比较教育学史》,北京:人民教育出版社1999年版,第113—114页

可能存在着主观性。因此,比较教育研究者应该尽可能使用第一手资料,以确保研究结果的真实性和科学性。

然而,有学者指出,不同于霍姆斯的资料分类框架,诺亚和埃克斯坦实际上并没有努力去建立任何资料收集与分类框架。他们主张依据各种指标进行收集数据资料的工作。但这主要存在着两大问题:一是这些指标是没有任何依据的,按指标收集到的各国资料是缺乏科学性的,最终也验证不了假说;二是按指标收集到的各国资料不一定具有可比性。①

6. 处理数据并说明结果

收集到资料之后,比较教育研究者需要对数据进行处理并得出研究结论,同时阐明数据间的关系以验证假说。如果数据结论与假说一致,则证明假说成立,否则不成立。但是,在这一步骤中,研究者需要遵循研究的学术伦理,坚持客观性的研究原则,不得随意篡改数据,以迎合假设。

诺亚与埃克斯坦将科学的量化方法引入到隶属社会科学研究的比较教育研究中,体现了当代比较教育研究从注重哲学、历史研究向注重科学、量化研究的转折,特别是他们关于比较教育研究要重视确定问题、提出假说和明确概念和指标,并要求在确定研究问题的基础上建立分析问题的可操作指标体系的观点,对我们的研究具有重要意义。当然,过于浓厚的实证主义色彩又使得它在实际教育问题的比较分析中遭遇困境,如教育与国家政治、经济、文化、传统、宗教信仰难以测量;教育对象是人,其思想、感情和经历难以测量。

(三) 霍姆斯的问题法

布莱恩·霍姆斯(Brian Holmes,1920-1993)是当代著名的比较教育学家,提出比较教育的"问题法"和"资料分类框架法"。代表作有《教育问题:一种比较的方法》(*Problems in Education: A Comparative Approach*)、《教育的比较方法》(*A Comparative Approach to Education*)、《比较教育:对方法的思考》(*Comparative Education: Some Consideration of Method*)等。

1. 问题法(the Problem-solving Approach)

问题法是霍姆斯比较教育方法论的核心。这一理论建立在卡尔·波普尔(Karl. R. Popper)的科学哲学思想基础上,借鉴了约翰·杜威(John Dewey)的反省思维法(method of reflective thinking),运用了"批判二元论"(critical dualism),并受社会变迁理论影响。霍姆斯认为"问题法"对比较教育研究有着十分重要的价值,坚信这种方法:一是具有科学性;二是可成为教育改革的工具;三是能使一个对教育的精确预测过程成为可能,并使比较教育研究将"更严密、更精确地用于教育改革和计划"。②

为了达到这一目的,霍姆斯将对教育问题比较研究的程序分为以下八个步骤:(1)问题或困惑;(2)可能的解决办法;(3)思考的问题,导向分析说明问题;(4)研究所有相关资料,分析问题的背景;(5)提出精确的假设;(6)在特定的背景下检验假设;(7)得

---

① 祝怀新:《霍姆斯比较教育思想研究》,广州:广东教育出版社2007年版,第116—117
② 菲利普·E·琼斯著、王晓明等译:《比较教育:目的与方法》,香港:春秋出版社1989年版,第80页

出结论性假设、办法或预言;(8)如有必要对全过程的各阶段或某阶段进行再检验。①
针对比较教育领域研究的特点,霍姆斯特别强调以下四个环节。

(1) 问题的选择与分析

在霍姆斯的问题法中,选择问题是关键。不能选择问题,就不能解决问题;问题确定得不恰当,也不可能解决问题。在霍姆斯看来,比较教育学家们总是面临着这样或那样的问题,选择什么问题进行研究,构成了比较研究的基础。②

霍姆斯认为,研究的目的寓于问题本身,即问题将指出什么资料是相关的以及它们各自相应的重要性。问题来源的途径是多种多样的,既可以是教育内部的问题,如各国学前教育办学体制与机构类型的比较问题,也可以是教育与其他社会领域相关的问题,如对几国学前教育财政投入模式的比较研究。但在选择问题时,要注意在综合考虑世界其他国家和本国教育发展的状况的基础上,选择那些多数国家共同存在且又与研究者的目的相一致的教育问题。而比较教育研究者所选择问题是否恰当,往往取决于研究者自身的经验、知识背景以及对教育现状的认识程度。问题明确之后,就要从政治、经济、科技、文化、人口等现代社会最主要的特征方面,对所选择的教育问题进行初步的分析。

此外,霍姆斯认为,同一问题具有不同的民族特性,因此"进一步和更深入的分析当然可能揭示出具有民族特征的重大差异"③。受杜威的启发,霍姆斯主张通过对所选择的问题的理智化来分析其特定的特征,并据此探讨研究的起始点问题,即试图通过对社会变革或变化的考察来分析其所引起的当前的问题。考虑到历史证据并不能决定当前的事实,霍姆斯主张还应该对现代世界中纷繁复杂的变化进行考察,以分析由这些变化带来的问题。其中,现代社会教育问题的根源在于三种主要的变化或爆炸,即"前程爆炸"(explosion of expectations)、"人口爆炸"(explosion of population)和"知识爆炸"(explosion of knowledge)。通过对这些变化的精确分析,可以挖掘出所选国家教育问题背后深层次的原因。

(2) 提出政策建议

霍姆斯强调通过对"三个爆炸"的分析,以达到使我们所面临的教育问题理智化的目的。在此基础上,有依据地提出新的教育政策,而这些教育政策并非是适合任何国家、任何地区和任何时代的万能之策。即使是同一个教育问题,由于受到政治、经济、文化、科技和人口等方面的影响,在不同的国家也有着不同的解决方法。

因此,比较教育学家应当结合本国教育的实际情况,做到具体问题具体分析,在实践中不断检验、改进教育政策,以探索出一条适合本国教育发展的特色道路。

(3) 相关因素的鉴别与验证

在提出政策建议之后,比较教育研究者需要从政策中通过逻辑演绎出政策将会产生的结果,而这需要验证所有影响政策结果的因素,包括教育结构本身和经济、政治、文

---

① 王承绪:《比较教育学史》,北京:人民教育出版社1999年版,第128—129页
② 祝怀新:《霍姆斯比较教育思想研究》,广州:广东教育出版社2007年版,第88页
③ Brian Holmes. *Problems in Education: a Comparative Approach to Education*. London: Routledge & Kegan Paul 1965. p.35

化、科技等背景因素。验证时应该注意以下三个方面:一是对基本条件和背景的验证,即详尽地描述和分析教育制度及其相关的政治、经济、文化和社会等背景因素;二是确定其中的决定性因素;三是对这些决定性因素作出认真的评判。①

为了便于资料的收集、分类和分析,霍姆斯建立了他自己独特的资料分类框架,内容在下文中予以详述。

(4) 预言

霍姆斯强调"问题法"的最终着眼点应该在预言,正如反省思维的最后阶段在于预测和验证一般。他认为,比较教育的研究在于为一个国家或一个地区解决某一教育问题提供切实可行的政策建议或作出某种切实的预言,而不仅仅是对教育进行一般的乃至详尽的描述或对各国教育现状的原因进行分析与解释。可见,在霍姆斯看来,预言就是在明确问题、鉴别验证相关因素和各种可能的解决办法之后,提出最佳的问题解决方案。

此外,霍姆斯还特别强调应当避免在预测中容易产生的误导:一是避免把预测限制在因可量化而显得容易进行的范围,二是要避免不对等的比较。②

2. 资料分类框架

为了帮助比较教育研究者有效地筛选、鉴别与具体问题紧密相关的因素,并且排除多余的因素,使研究者有可能精确地描述和测量实施政策的特定国家的环境,霍姆斯结合马克斯·韦伯的"理想典型模式"和批判二元论,建立了他自己独特的资料分类框架,即比较教育研究收集资料的四种框架模式。

(1) 规范模式(normative pattern)

主要包括影响各国教育问题的信仰、宗教、哲学、政治观念和道德价值观等意识形态方面的资料,霍姆斯指出主要可以通过经验性方法和哲学推理这两种方法来建立规范模式。

(2) 体制模式(institutional pattern)

主要包括影响各国教育问题的,特别是制约教育制度的国家政治经济体制、政党组织、法律制度以及各利益集团的组织结构等政治经济制度方面的资料。收集体制模式方面的资料有助于在国家背景下理解教育。具体而言,一是可以了解各国教育在国家中所处的地位;二是可以明晰教育与其他社会组织间的关系。

(3) 精神模式(pattern of mental states)

主要包括影响各国教育问题的传统观念、民族意识和文化特征等传统文化方面的资料,这与萨德勒笔下的深深根植于一个国家文化、传统中的"活的精神"有着内在的一致性。霍姆斯认为,收集精神模式方面的资料有助于对某国教育制度的结果进行预测。

(4) 自然模式(environmental pattern)

包括影响各国教育问题的自然因素,如经济资源、地理环境、气候条件、人口结构等不能为人所控制的因素。霍姆斯认为,自然因素对一个国家的教育具有深远的影响。

---

① 马健生:《比较教育》,北京:高等教育出版社2010年版,第58页
② 祝怀新:《霍姆斯比较教育思想研究》,广州:广东教育出版社2007年版,第98页

霍姆斯认为,按照上述四种模式进行资料收集,可以起到以下三个方面的作用:第一,可以保证资料的全面性和客观性,避免片面性和主观性;第二,可以保证在广阔的教育背景中考察教育问题;第三,可以保证得出言之有据、行之有效的解决措施和方法。

总之,霍姆斯强调研究者应当依据资料分类框架来收集资料,并进行初始条件的严格描述与分析,从而预测出教育政策可能产生的结果。当然,问题的研究也需要研究者批判性的分析和严谨的叙述。

霍姆斯将杜威的"反省思维理论"运用到比较教育研究中,提出了"问题法",对比较教育方法论作出了新的贡献。此外,霍姆斯所建立的资料分类框架与传统的比较教育学家的观点具有一定的相似性,如都强调民族性、宗教观念和政治哲学思想等因素对教育的影响。但他们之间在本质上却存在着重大差别。在霍姆斯看来,康德尔、汉斯等人通过观察、收集和整理客观事实,然后再归纳出尝试性的原因假设,进而提出因果解释,可见,他们是朝后看"原因",据此霍姆斯将他们视为因果决定论者。与之相反,霍姆斯认为"问题法"是面向未来的,即朝前看可能产生的结果。

当然,霍姆斯的理论也存在着一定的局限性,主要表现在以下四个方面:一是霍姆斯所建立的理论体系过于庞大,加之许多话语生涩难懂,从而影响了其方法论的推广;二是霍姆斯在四种模式的建构和"问题法"的每一步骤中,都存在着实际问题或逻辑上的困难;三是"问题法"具有很强的个性化色彩,人们不一定愿意遵循他的方法去做;①四是在"问题法"的操作化和结构化过程中忽视了反馈这个因素的作用,而反馈可以说是"问题法"的内在属性。②

案例 2-1

对布莱恩·霍姆斯的一次采访

问:有些学者认为比较教育没有它自己独特的概念和理论,只有一些方法,您的看法如何?您认为比较教育过去曾经有过哪些主要贡献,将来能起哪些作用?当前的研究主题是什么?

答:对于第一个问题我的回答是肯定的。我们有传统的由汉斯等人提倡的理论,我也提出了特定的概念、理论以及方法。方法论是建立在一系列的理论之上的。例如,我提出的一个分类学体系就是建立在特定的本体论、认识论和因果理论之上的。我探讨这个问题的那一篇文章发表在《比较教育评论》杂志上,它们是概念,是理论。尤其在美国,我们有接受新马克思主义的理论家,我们还有接受实证主义这一较为传统理论的理论家。因此,我认为比较教育中存在独特的观点与立场。我的理论与方法也许同别人的有较大差异。

大多数比较教育先驱者认为比较教育能够对改革本国的教育体制作出贡献。我对事实上是否有这种贡献深表怀疑。我认为比较教育有助于从理论上

---

① 顾明远、薛理银:《比较教育导论——教育与国家发展》,北京:人民教育出版社 1998 年版,第 103 页
② 孔令帅:《试论霍尔姆斯的比较教育研究方法——问题解决法》,《外国教育研究》2005 年第 5 期

理解教育现象,它是一种智力上的兴趣。它能够防止人们做错事。但是,搞发展教育的人不愿意接受比较教育学家的批判性评论,例如,我曾经一直呼吁教育投入未必能导致经济增长,但从事发展研究的人们忽视它,他们还是相信只要你增加教育经费,那么经济发展就会发生。因此,我认为比较教育学者可以扮演批判、鉴别的角色。他们能够指出某项政策是不可行的,或不明智的,而不是向政府部门建议应该做什么。他们的工作是批判性的而不是证实性的。因此,要指出他们作了什么贡献就很困难。如果问他们能做些什么,我将说,如果他们认真对待的话,就可以起到非常有用的批判鉴别作用,但这并不意味着他们的建议就能得到采纳。另一方面,许多比较教育家相信他们能够起到正面影响作用,通过研究其他国家的教育体制,他们就可以向政府部门建议什么是他们应该做的。

问:目前,比较教育界对您的问题法存在着三种不同的看法。第一种观点认为您的方法是属于相对主义学派,第二种观点认为您是一个实证主义者或新实证主义者,最后一种观点认为您的问题法是最折衷的一种方法。您对这些看法有何评论?我认为朱尔根·施瑞尔(Jorgen Schriewer)近期在比较教育方法论方面的工作很出色,很有启发意义。您对他的方法有何评价?

答:认为他们并未完全理解规范定律和社会学定律之间的区别,这个区别是由波普尔作出的,而我接受了它。实证主义的决定论者认为关于社会的知识可全部归入社会学定律中去。相对主义者接受所有的知识都是通过协商的规范定律的观点。在我的方法论中我接受了规范定律和社会学定律之间的区别。有些学者只看到我的方法论中的一个方面,而忽视另一方面。因此就出现了一些人认为我是实证主义者,而另一些则认为我是相对主义者。至于第三种观点,如果说上述我接受了的并觉得很有用的区分是折衷的,那么我就是一个折衷主义者。大多数学者考虑的因素没有我多。我同时考虑了实证主义和相对主义的立场并把它们协调了起来。

总的来说,我赞向施瑞尔的观点。正如我说其他人没理解我的方法论一样,或许他也会说我没完全理解他的观点,但我正尽力理解他的观点。无疑他受卢曼的影响很大,而卢曼又受帕森斯影响。一般认为,帕森斯是个结构功能主义者。施瑞尔的方法的出发点也是功能主义的,他区分了关系比较与事实元素比较。我不能肯定他已提出较好的分类体系。他假定传统的比较教育不是在比较关系。我认为这种看法是错误的,实际上在传统的比较教育中存在着大量的关系比较。他的分类体系与别人的不同,但我并未看到他已制定出非常清楚的分类体系。事实上,在我的问题法中也要进行关系比较。施瑞尔方法的另一个问题是缺少一个研究的出发点,我看不出他从哪儿开始。他并未说明如何确定有些关系是值得研究的,而另一些关系则不值得研究。我的方法的出发点在于确定问题,他的观点跟我的观点差异不是很大,在许多地方二者可以互相兼容。

问:您是否可以给中国的比较教育工作者说几句话?

答:首先,请接受我的良好的祝愿。因为中国曾经与西方隔离了很长一段时间,我想中国学者对外国教育感兴趣是不可避免的。我可以看出许多人希望从比较教育学者的研究成果中汲取有益的东西。我期望在不久的将来中国的比较教育会得到很大发展。现在你们希望能系统地了解其他国家的教育。但是,在苏联,一直到最近,比较教育家的工作几乎全是在贬低资本主义国家的教育。他们很少进行比较,但他们是有关某一个国家的教育的专家,比如,日本教育专家、法国教育专家等。

我个人认为你们可以在如下三个方面做些工作。首先,尽可能多地阅读有关文献资料,但在此过程中必须小心谨慎,必须有批判性的眼光;其次是建立与其他国家比较教育学会的联系;第三,寻找尽可能多的机会到国外的比较教育学系学习或工作,或者到中小学校去访问。在某种程度上比较教育的发展取决于这种可能性。教育与自然科学和工程技术不同,英国的教育体制未必能适用于中国或日本。因此,你们政府花更多的钱支持人们去学习工程技术而不是教育。我衷心祝愿你们能对比较教育的发展作出自己的贡献。

(四) 埃德蒙·金的比较教育方法论

埃德蒙·金(Edmund J. King, 1914-2002)是教育领域最著名、最多产的学者之一。他是1964年创刊的国际比较教育杂志、英国的《比较教育》的创始人之一,并于1978至1992年间担任该杂志的编辑和主编。其主要著作有:《别国的学校和我们的学校:今日比较教育》、《从世界的角度看教育》、《教育与社会变革》、《比较研究和教育决策》、《师范教育比较研究》、《西方教育史》、《教育的重组》等。

1. 生态学比较研究

英国著名的比较教育家萨德勒强调,在进行比较研究时,"我们不应忘记,校外的事情比校内的事情更为重要,并控制和解释校内的事情"。埃德蒙·金继承了这一思想,提倡生态学的比较研究。在此基础上,金将社会划分为三个阶段,并且提出了三种与之相对应的教育语言(education idioms)[①]。

(1) 前工业社会

在这一阶段,社会上大多数人从事农业和手工业劳动,只有极少数人是统治者和从事高级专业工作。这个阶段的教育语言可以概括为以下四点:正规的学校教育制度占教育体制的主导地位,教育为地主、权贵和专家子弟所垄断;学校的教育目的是进行阶层的复制,为贵族子弟和富家子弟日后进入上流社会做准备;教育内容是"古典知识"和"使学生能就文学艺术发表精彩的演说,赋予他们高傲的气质、上流社会慢条斯理的言谈举止和一切标志着属于上等人的东西";师生之间是师徒式的"单向关系"。

(2) 工业社会

这一阶段以机器化大生产为典型特征。科学技术和新兴的工业,如铁路、钢铁等都得到了迅猛的发展。与此同时,社会生产力的大幅度提高对教育人才的培养提出了新的要求,即需要更多的受过教育和培训的工人。因此,普及教育被提到日程上来。

这个阶段的教育语言可以概括为以下三点:教育更多地和工商业的生活方式趋于一致,不再体现贵族的要求,而是更多地关心城市中产阶级的利益;各主要工业国家的职业技术教育兴旺发达,开办了一些工厂学校或可称为培训学校,一方面培养了大批实

[①] 王承绪:《比较教育学史》,北京:人民教育出版社1999年版,第60—61页

用的文职人员、行政管理人员及企业界领袖,另一方面为工厂培养了大量的工人;随着时代的进一步发展,高等技术教育应运而生,大学中研究生课程和一些系统研究得到了迅速的发展。

(3) 后工业社会

这一阶段以信息技术的发展为标志。世界各地的联系更为紧密,社会发展呈现出不确定的特点,同时,这种快速变化的社会使得对教育政策的预测和对教育体制的规划变得非常困难。

这个阶段的教育语言可以概括为以下三点:科学技术的迅速发展使得人们变换工作的可能性和必然性剧增,这直接导致了教育对象的扩大,大批成年人重新走进校园,接受"补充教育"或"继续教育",这也使得终身学习由理念逐渐转变为现实;当今教育的原则和出发点正是承认未来的不确定性,这一阶段的教育就不能仅仅局限于向学生传授知识,而要更强调学习者终身学习态度和能力的培养,正所谓"授之以鱼不如授之以渔";教育体制改革向综合化的方向发展,并且更加密切地联系了成年后的工作生活。

从横向上来看,金还指出了当前世界各国教育发展的不平衡性。具体而言,虽然北美和西欧的一些先进国家已经率先进入到后工业社会,但是世界上还有许多不发达国家及落后国家至今还停留在工业社会甚至前工业社会阶段。因此,各国教育的发展既要考虑未来社会的要求,又要适应本国的社会发展阶段。

2. 比较教育研究的三层次理论

贝雷迪和霍姆斯主张应当为比较教育研究限制一种特定的方法,而金对此持否定的态度。在他看来,比较教育研究的具体方法应该视研究的具体目的和课题而定。在此基础上,他将比较教育研究按照程度分为三级水平,并且提出了各级水平不同的研究内容和方法。[①]

(1) 比较教育的初学者

在这级水平的人可以通过区域研究的方法,达到了解别国教育情况的目的。为了对他国的教育制度作出准确的把握,初学者除了学习书中所描述的各国教育制度的一般情况外,还应该通过电影、小说和准备充分的访问等途径来了解对象国的实际生活。

为此,金还特别撰写了堪称比较教育初学者经典入门的参考读物——《别国的学校和我们的学校:今日比较教育》。在书中,金向读者介绍了丹麦、法国、苏联、英国、印度和日本等国教育的个案研究,最后还讨论了在当今时代教育所面临的问题。

(2) 对比较教育有一定背景知识的人

金认为,如果人们能够从更广阔的背景中去看待教育问题,将更有益于国家和个人的发展。基于此种认识,金提出,对比较教育有一定背景知识的人应该针对教育领域反复出现的一些专门问题进行跨文化研究。

为了协助处于这级水平的学习者,金还特别出版了《从世界的角度看教育》一书。该书选取了科技变革的影响、观念和控制体系、变化中的世界的教师、谁应当受教育等教育上一些反复出现的问题或普遍比较棘手的决策性问题进行跨文化研究。

[①] 王承绪:《比较教育学史》,北京:人民教育出版社 1999 年版,第 132—133 页

(3) 比较教育的研究者

这是比较教育研究的最高水平。这一阶段的研究者有必要对问题进行跨学科的集体研究,而方法则视具体的研究课题而定。同时,金将这一水平的研究分为两类:一类是后来成为大学论文和研究课题的那些正式而详尽的研究;另一类是解决问题的政策性研究。

此外,基于对比较研究历史发展深刻的理解,金还提出了当前比较教育研究的三项职能:向教育研究者提供广泛的背景信息,使他们看待问题更为敏锐;对教育的各种现象、趋势和问题进行辅助性分析;指导教育的决策和发展。其中最后一点日益成为一种趋势。[①]

3. 比较教育研究的理论框架

在早期,由于缺乏一种比较分析的基本理论,金的比较教育方法论受到了人们的责难,这也使得他在后来的著作中为建立一个明确、可证实的理论框架而努力。金认为,无论是从事低层次的比较研究还是进行旨在有助于教育革新的综合比较研究,研究都应该包括由背景、概念、体制、操作、决策和执行五个方面组成的完整的理论框架。[②]

(1) 背景(context)

背景包括纵向和横向两个方面的含义:纵向的背景是指在进行教育的比较研究时,将教育置于一个教育发展的纵向历史过程中,探讨它的历史形成及传统的影响;横向的背景是指进行比较研究时,要考虑本国当前的实际发展水平。

(2) 概念(concept)

为了保证比较研究的可比性和有效性,金特别强调概念的可比性问题。这就要求比较教育研究者要注意各种抽象概念在不同社会环境、不同语言习惯中的差异。

(3) 体制(institution)

体制是指研究对象国的教育体制及其结构。金认为,教育体制的结构相对稳定并且能够充分反映社会环境的要求和有关概念的实际内容。基于这种认识,金提出在从事比较教育研究的过程中,除了要搞清楚教育问题当时所处的"生态背景"及其有关概念的含义,研究者还必须对该国或这些国家的教育机构进行比较研究。

(4) 操作(operation)

操作阶段的主要任务是努力找出教育结构方面的因素是如何起作用的,并对此进行比较分析,继而提出有助于解决问题的一些体制上的变化或一系列可能的解决办法,以供决策者参考。

(5) 决策和执行(decision and implementation)

上述四个阶段的工作完成之后,教育决策者们要根据比较研究所得出的几种可行性方案作出决策并且付诸实施。

以上五个方面就构成了金所提出的比较教育研究框架。金提出,只有根据实际情况选用适当的社会科学和自然科学的研究方法,并且就教育问题进行背景、概念、体制

---

① 王承绪:《比较教育学史》,北京:人民教育出版社 1999 年版,第 132—133 页
② 王承绪:《比较教育学史》,北京:人民教育出版社 1999 年版,第 136—137 页

等多方面的深入分析,对各国教育的比较研究才能更加全面有效。

埃德蒙·金的比较教育方法论的最大特点就是将比较教育研究与教育决策紧密结合起来,在强调比较教育研究的理论性的同时,更加突出其实用性。他认为,比较教育研究不仅应当提供信息,分析教育现象及其趋势,更应该指导教育的政策制定和发展方向,这也是比较教育的根本宗旨所在。其次,金强调,比较教育研究的具体方法应该视研究的具体目的和课题而定。在此基础上,他将比较教育研究按照程度分为三级水平,并且提出了各级水平不同的研究内容和方法。这一思想极大地推动了我国比较教育教学和科研的发展。此外,金所建立的比较分析框架以政策制定为目的,能够在国际大背景下审视和分析各国的教育情况,对当今比较教育研究具有重要的启发意义。再者,金提出的社会发展和教育发展的三阶段论是其比较教育方法论思想的一个重要基础,该理论较好地解释了西方社会的教育发展,同时也发展了早期因素分析时代比较教育学家的思想,为教育问题的背景研究提供了纵向和横向的指向。

总而言之,金的比较教育思想反映了社会发展对比较教育研究提出的新要求,体现了比较教育研究领域的范式转换,为比较教育研究的发展开创了新的理论视角,对后来的比较教育研究具有重要的启发意义。

三、学前比较教育研究的具体方法

比较教育学是教育科学的一个分支,它的研究属于教育科学研究范畴。所以,教育科学研究中所普遍使用的方法,如抽样法、观察法与调查法、实验法与追因法、经验总结法、比较法、历史法与文献法、预测法、统计法、测量法、表列法与图示法、内容分析法等[1]都适用于比较教育研究。在运用上述方法时,比较教育研究者主要围绕两个问题来进行:一是如何收集资料;二是如何比较分析。[2] 为了更全面清晰地介绍比较教育的主要研究方法,下面对其一一进行评介。

(一) 调查法

调查法主要包括参观访问和问卷调查法两种方法。

1. 参观访问

这是一种了解外国教育情况的方法,需要研究者实地参观访问研究对象,收集具有重要参考价值的第一手资料。然而,这种方法也存在着一定的局限性,表现在以下两个方面:一是受到经费、时间、精力等条件的限制;二是资料与真实情况可能存在着一定的偏差。这主要是因为参观的时间、地点和参观对象都是由被参观者来安排的,所选择的内容很可能不具有代表性。

为了解决这种问题,尽可能地保证资料的真实可靠,有学者提倡采用人类学的现场观察法,即研究者作为研究对象的一个成员,深入其境进行较长期的观察研究。然而,考虑到我国目前的教育实际情况,参观访问和现场研究都不能作为主要的方法。

---

[1] 李秉德主编:《教育科学研究方法》,北京:人民教育出版社1987年版,第21页
[2] 吴文侃、杨汉清:《比较教育学》,北京:人民教育出版社1998年版,第19页

2. 问卷调查法

问卷调查法是以书面提出问题的方式收集资料的一种研究方法。研究者将所要研究的问题编制成问题表格,当面作答或以邮寄方式、追踪访问方式填答,从而了解被调查者对某一现象或问题的看法和意见,所以又称问题表格法。[①]

问卷调查法具有广泛的应用性。国际组织、社会团体、个人等都可以采用这种方法来收集研究所需要的资料。例如,联合国教科文组织及其分支机构、经济合作与发展组织等国际组织经常采用问卷方式来收集各国教育发展情况的数据资料,再通过对数据的统计分析,发现教育中存在的问题,进而有针对性地提出教育改革和发展的建议或意见。

(二) 文献法

目前,较之于调查法,文献法在比较教育的研究中具有一定的切实可行性。事实上,通过查阅文献所得来的资料,如教育法令、教育章程、教育规划、教育统计、教学计划、教学大纲、教科书、会议记录、报告书以及教育家所撰写的教育理论书籍等都被视为第一手资料,这明显区别于自然学科的研究方法。此外,通过查阅政治学、经济学、文学等书籍而获得的第二手资料也具有一定的参考价值。

无论是调查法还是文献法,其使用的目的都是为了收集数据资料,以便进行比较分析。在收集材料过程中,应当特别注意以下四点。[②](1)材料的客观性:要善于分辨真伪,使所得资料真实可靠。(2)材料的代表性:要善于选择典型,使所得材料能反映普遍的情况。(3)材料的重要性:要抓住最重要的、最本质的东西,切不可"捡了芝麻,丢了西瓜"。(4)材料的充足性:要善于旁征博引,使材料丰富多彩,有足够的说服力,但不可过分堆砌。

(三) 比较法

比较教育研究中的比较法是根据一定的标准,对不同国家(或地区)的教育制度或教育实践进行比较研究,找出各国教育的特殊性规律和普遍规律的方法。按照不同角度,比较可以分为两类:纵向比较与横向比较。[③]

纵向比较可以是一个国家(或地区)的教育在不同历史时期的表现的比较,也可以是两个或两个以上国家(或地区)的教育在不同历史时期的表现的交叉比较。纵向比较是在事物发展不同过程中研究事物,借以分析事物发展变化的规律。横向比较是对同时并存的事物进行比较,它是对两个国家(或地区)或多个国家(或地区)的某个教育问题或几个教育问题,甚至整个教育体系所进行的比较。横向比较是从事物的相对静止状态中来研究事物,分析事物的相似点和差异点,发现各国教育的共同规律以及受各国国情制约所表现出来的特殊规律。

此外,在运用比较法时,应当注意事物的可比性,严格掌握统一的标准,包括概念的统一、取样的统一、量度的统一等。[④]

---

① 裴娣娜:《教育研究方法导论》,合肥:安徽教育出版社 1995 年版,第 167 页
② 吴文侃、杨汉清:《比较教育学》,北京:人民教育出版社 1998 年版,第 21 页
③ 吴文侃、杨汉清:《比较教育学》,北京:人民教育出版社 1998 年版,第 21—22 页
④ 吴文侃、杨汉清:《比较教育学》,北京:人民教育出版社 1998 年版,第 22 页

(四) 分析法

分析的概念是广义的，包括形式逻辑分析和辩证逻辑分析。形式逻辑分析包括分析、综合、抽象、概括、判断、推理（归纳与演绎）等，辩证逻辑分析包括运用唯物辩证法的基本规律、基本范畴进行分析。分析的目的在于对所比较的问题进行深入的研究，以便透过现象，洞察事物的本质。分析可采用定量分析和定性分析相结合的方法。[①]

案例 2-2

顾明远探讨比较教育研究方法

比较教育的研究方法是比较教育学科建设中的重要问题，一直受到大家的关注。在比较教育发展的历史上有很多学者探索过比较教育的研究方法，但是至今没有大家公认的方法论体系。这是构成比较教育学科身份危机最重要的因素。是不是一门学科只有一种属于自己的独特方法才能存在呢？恐怕也未必如此。实验法是自然科学研究普遍运用的方法，社会分析法往往是社会科学研究的方法，并不需要每门学科都只有一种独特的方法。为什么一定要求比较教育必须有自己的独特方法呢？如果非要说比较教育有某种独特的方法，那就是比较法。其他学科也在使用比较法，但没有像在比较教育研究中那样突出和重要。只要去了解一下别的社会学科的研究方法就可以发现，文献法、调查法是社会学科的普遍方法，很难说是哪门学科所独有。各门学科的各个研究领域都有自己需要的研究方法，但只是一组方法的组合。比较教育学科内也有多个领域，不同的研究领域和不同的课题也需要不同方法的组合。例如比较研究各国的教育政策，主要要运用文献法，对各国颁布的各种法律、法规进行比较研究；如果要比较研究教育政策实施的效果，最好是采用调查法、访谈法、实地考察法，才能了解到真实的情况。我这里无意，也无法举出比较教育方法论体系。我只想强调文化研究对比较教育研究的重要性。

文化研究是我竭力主张的比较教育研究方法，因为教育是一个十分复杂的社会现象，教育要受到政治、经济、文化等各种因素的影响。而政治经济的变革比较激烈，它们对教育的影响比较容易显现，容易为人们所认识。但是文化的影响比较隐匿，比较深刻，比较持久，不容易被人们所认识。因此对教育的文化研究就十分必要。可以这样说，不了解一个国家或一个民族的文化，就很难理解这个国家或这个民族的教育。当然我并不排斥其他的研究方法，只是强调文化研究的必要性和重要性。

思考题

1. 简述学前比较教育的方法论基础。
2. 简述学前比较教育研究的分类及其之间的关系。

[①] 吴文侃、杨汉清：《比较教育学》，北京：人民教育出版社 1998 年版，第 23 页

3. 简述学前比较教育的主要研究方法。
4. 简述贝雷迪的"比较研究四步法"。
5. 简评诺亚与埃克斯坦的"科学与量化的方法"。
6. 试评霍姆斯的"问题法"。
7. 试评埃德蒙·金的比较教育方法论。

第二部分

主要国际组织的学前教育比较研究

国际组织是影响世界教育发展的重要机构,对世界学前教育的发展起着导向性作用。研究学前比较教育必须要把握主要国际组织的学前教育发展现状,方能更好地洞悉国际学前教育发展的主流动态,拓宽比较研究的视野。本部分将选择"一带一路"、"经济合作与发展组织"、"世界九个人口大国"为例,分析世界主要国际组织的学前教育发展。

学习目标

1. 了解"一带一路"沿线国家的学前教育入园率。
2. 认识"一带一路"沿线国家的学前教育办园状况。
3. 知道"一带一路"沿线国家的学前教育投入状况。
4. 熟悉"一带一路"沿线国家的学前教育师资队伍状况。

内容脉络

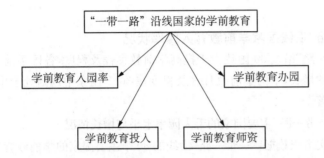

第三章
"一带一路"
沿线国家
的学前教育

"一带一路"(the Silk Road Economic Belt and the 21st-Century Maritime Silk Road)是"丝绸之路经济带和21世纪海上丝绸之路"的简称。本章将从学前教育入园率、公立幼儿园比例、学前教育公共财政投入、学前师资资质与待遇等方面,对30个"一带一路"沿线国家(包括印度尼西亚、马来西亚、菲律宾、新加坡、泰国、文莱、越南、尼泊尔、不丹、印度、孟加拉国、哈萨克斯坦、阿富汗、伊朗、伊拉克、土耳其、叙利亚、约旦、以色列、巴基斯坦、保加利亚、捷克、爱沙尼亚、匈牙利、斯洛伐克、斯洛文尼亚、俄罗斯、德国、蒙古和埃及)近十年的学前教育发展状况进行比较研究,并以其为参照系,对中国学前教育的相对发展水平进行比较分析。

一、"一带一路"沿线国家学前教育入园率状况

近年来,"一带一路"沿线30国致力于提高学前教育普及程度,各国学前儿童毛入园率均有不同程度的增长,中国学前教育普及程度在30个国家中逐渐处于中等水平,近三年来的增长显著。

(一) 十年间"一带一路"主要国家的毛入园率水平与增长情况

据联合国教科文组织数据,"一带一路"沿线的30个主要国家的学前教育普及程度差异较大。如图3-1所示,这30个国家中,十年来的平均毛入园率达到100%以上的有4个,依次为捷克、德国、泰国、以色列,平均毛入园率依次为109%、105%、102%和100%。平均毛入园率处于50%—100%的国家有14个,如爱沙尼亚、斯洛伐克和俄罗斯等。处于10%—50%之间的国家有8个,如印度、伊朗、菲律宾等。低于10%的国家有3个,即不丹、伊拉克、叙利亚,平均毛入园率依次为5%、4%和1%。其中中国的十年平均毛入园率为56%,在30个国家中处于中等水平。在2004年到2013年间,世界的学前儿童平均毛入园率为46%,在这30个国家中,有19个国家的毛入园率高于这一水平。

从2004年至2013年的毛入园率发展趋势来看,30个国家的增幅有较大差异。十年间,毛入园率增幅在40%以上的国家有尼泊尔、蒙古和巴基斯坦,增幅分别为66%、47%和40%。增幅在20%—40%之间的国家有8个,如越南、马来西亚、哈萨克斯坦等。增幅在0%—20%的国家有6个,如埃及、菲律宾等。而爱沙尼亚、捷克和叙利亚却出现了负增长,毛入园率的下降幅度分别为13%、16%、4%。与30个沿线国家相比,中国的学前儿童毛入园率增幅为34%,在30个沿线国家中处于中等水平。同一时期,世界的学前儿童毛入园率增幅为17%,在"一带一路"沿线的30个主要国家中,有15个国家低于这一增幅。

(二) 近年来各国毛入园率的水平与增长情况

2013年世界的学前儿童毛入园率为54%,与之相比,这30个国家同期的平均毛入园率为69%,稍高于世界平均水平。至2013年,我国的毛入园率达到了74%,在沿线国家中处于中等水平。

从2011年至2013年三年间毛入园率的增长情况来看,30个沿线国家中,中国的毛入园率增长最为显著,三年间增幅为12%,其次是哈萨克斯坦和越南,增幅均为10%。增幅在0%—10%的国家有22个,如印度尼西亚、不丹和孟加拉国等。而德国、叙利亚、

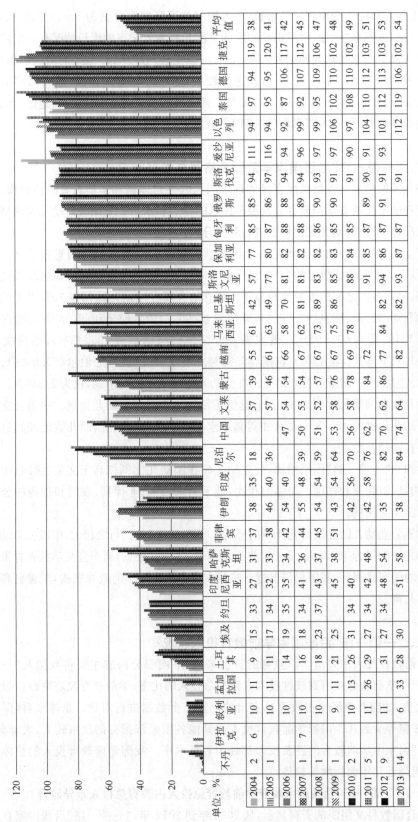

图 3-1 2004—2013 年中国与"一带一路"部分国家学前儿童毛入园率变化情况

数据来源：UNESCO 官网. [OB/OL][2015-9-2]http://data.uis.unesco.org/Index.aspx?DataSetCode=EDULIT_DS&popupcustomise=true&lang=en

伊朗、土耳其和捷克则出现了负增长,毛入园率的下降幅度分别为5%、5%、4%、1%和1%。可见,近年来"一带一路"沿线国家的学前儿童毛入园率的增长情况有一定差异。

综合以上国家的幼儿园毛入园率水平,可以发现,在"一带一路"的沿线国家中,南亚地区平均的毛入园率较低,但增长速度较快,如不丹和孟加拉国,毛入园率分别从2003年的2%和12%上升至14%和33%。而普及程度较高的则属欧洲地区,如德国、捷克与爱沙利亚等,毛入园率均已达到100%以上。

二、"一带一路"沿线国家学前教育格局与发展状况

幼儿园的格局与发展状况直接体现了国家的办园体制和学前教育的供给模式,也在一定程度上反映着学前教育公共服务体系的特点和水平。下面将对幼儿园的格局与发展情况,以及在园幼儿比例角度进行具体分析。

公立幼儿园在园幼儿比例是一个国家学前教育公共承载能力的重要指标。如图3-2所示,从可以找到数据的26个相关国家来看,2013年公立幼儿园在园幼儿比例总体较高,但是各国之间的差异比较显著。公立幼儿园在园幼儿比例在70%以上的国家有保加利亚(99%)、捷克(97.58%)、爱沙尼亚(96.73%)、匈牙利(91.39%)、哈萨克斯坦(91.7%)、蒙古(92.92%)、俄罗斯(99.06%)、斯洛伐克(95.43%)、斯洛文尼亚(97.04%)、土耳其(88.43%)、越南(85.81%)、埃及(76.2%)、尼泊尔(75.96%)、泰国(76.92%)共14个国家。公立幼儿园在园幼儿比例最小的是伊朗,仅为2.246%。德国公立幼儿园在园幼儿比例为34.7%,远低于私立幼儿园在园幼儿比例。中国公立幼儿园在园幼儿比例为49.73%,处于中等偏下水平,私立幼儿园在园幼儿数已经超过公立幼儿园在园幼儿数。

中国与"一带一路"国家相比,公立幼儿园在园幼儿比例仅高于文莱、伊朗、印度尼西亚、约旦、叙利亚和德国。与邻国相比,低于马来西亚、菲律宾、泰国和越南的公立幼儿园在园幼儿比例。

世界公立幼儿园在园幼儿比例的平均水平为69.52%。与之相比,中国公立幼儿园在园幼儿比例仅为49.73%,低于世界平均水平20个百分点,属于公共学前教育资源相对较少的国家。因此,我国仍需要进一步建立更多的公共学前教育机构,覆盖更高比例的学前儿童。

三、"一带一路"沿线国家学前教育投入状况

学前教育投入主要指学前教育的资金来源,下面部分内容主要将我国及"一带一路"国家的学前教育政府财政性投入占教育总投入的比重、学前教育政府财政性投入占GDP比重、学前教育经费占政府总支出的比重三个数据进行对比。总体来看,保加利亚、蒙古国等少数几个国家学前教育投入占其他各项经济指标的比重较大,大部分"一带一路"国家中学前教育的经费投入都处于较低水平。我国学前教育投入的整体状况较低,但最近几年保持增长趋势。

(一)"一带一路"沿线国家政府学前教育总投入占教育总投入差异显著

联合国教科文组织的资料显示,从2003年到2012年,"一带一路"沿线国家在学前

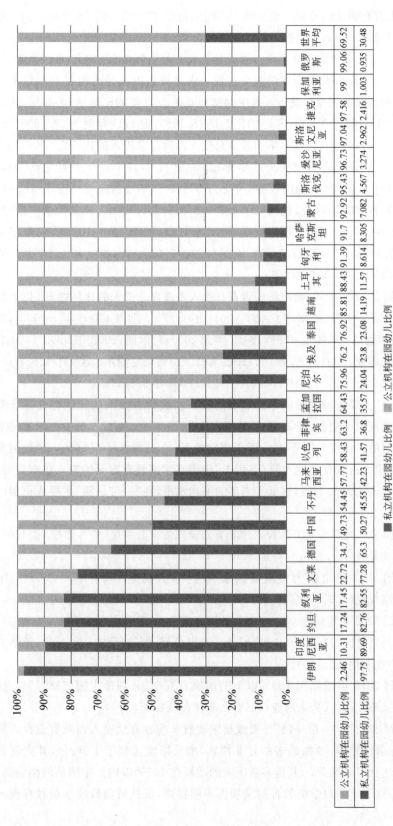

图 3-2 2013 年中国与"一带一路"沿线国家公立机构、私立机构在园幼儿比例

注：俄罗斯、蒙古、爱沙尼亚、约旦、马来西亚为 2012 年数据，菲律宾为 2009 年数据。
数据来源：UNESCO. Percentage of enrolment in pre-primary education in private institutions [EB/OL]. [2015-9-26] http://data.uis.unesco.org/Index.aspx?DataSetCode=EDULIT_DS&popupcustomise=true&lang=en

教育的支出上有着明显的差异。现从两个不同的角度对"一带一路"主要成员国十年的政府学前教育总投入占教育总投入的比例进行分析。

1. 多数国家政府学前教育总投入占教育总投入的比例在5%以上,中国偏低

2003到2012年期间,政府学前教育总投入占教育总投入的比例在15%以上的国家有2个,分别是保加利亚和蒙古。其中保加利亚在2003年的比例是16.46%,到2011年达到了22.93%;蒙古在2004年时的比例是18.49%,到2011年时为23.75%。

2003年到2012年期间,政府学前教育总投入占教育总投入的比例在5%—15%之间的国家有10个,分别是:捷克(2003年9.123%,2011年11.03%)、爱沙尼亚(2003年5.793%,2011年8.043%)、德国(2006年8.375%,2011年9.498%)、匈牙利(2003年13.38%,2011年13.31%)、以色列(2003年9.876%,2011年10.66%)、俄罗斯(2003年14.84%,2008年15.03%)、斯洛伐克(2003年11.11%,2012年10.63%)、斯洛文尼亚(2005年10.44%,2011年11.28%)、泰国(2004年10.41%,2012年6.563%)、越南(2008年8.763%,2012年9.872%)。

2003年到2012年期间,政府学前教育总投入占教育总投入的比例在5%以下的国家有9个,分别是:中国(2003年0.62%,2011年4.27%)、印度(2003年1.499%,2011年1.218%)、印尼(2007年0.666%,2012年2.203%)、伊朗(2003年0.92%,2012年1.023%)、马来西亚(2003年0.747%,2011年1.673%)、尼泊尔(2009年1.534%)、菲律宾(2003年0.121%,2009年1.687%)、土耳其(2004年0.581%)。

"一带一路"主要成员国政府学前教育总投入占教育总投入的比例存在显著差异性,投入最多的国家是蒙古,在2011年时的占比为23.75%,而投入最少的国家马来西亚在2011年时的占比仅为1.673%,低于当年的E-9平均水平9.06%。多数国家政府学前教育总投入占教育总投入的5%以上,中国在学前教育方面的投入仍有待提高,在2011年时的占比为4.27%,远低于当年的平均水平,在"一带一路"主要成员国中处于偏低的水平。

2. 多数国家政府学前教育总投入占教育总投入的增长幅度(简称增幅)在100%以内,菲律宾增幅最高

2003年到2012年增幅为负值的国家有4个,分别是:匈牙利(-50%)、印度(-19%)、斯洛伐克(-9%)、泰国(-37%)。

2003年到2012年增幅在0%—100%的国家有8个,分别是保加利亚(39.3%)、爱沙尼亚(38.9%)、德国(13.4%)、伊朗(81.2%)、以色列(8%)、蒙古(28.4%)、斯洛文尼亚(8%)、哈萨克斯坦(86.7%)。

2003年到2012年增幅在100%以上的国家有五个,分别是中国(588.7%)、捷克(307%)、印尼(230.7%)、马来西亚(124%)、菲律宾(1 292%)。

2003年到2012年"一带一路"主要成员国政府学前教育总投入占教育总投入的增长幅度存在显著性差异,增幅最多的是菲律宾,增长幅度达到了1 292%,其次就是中国,增长幅度达到了588.7%,其他多数国家的增幅在100%以内。中国的增幅偏高,说明中国政府在这十年间对学前教育的重视度不断提高,虽然目前政府学前教育投入占

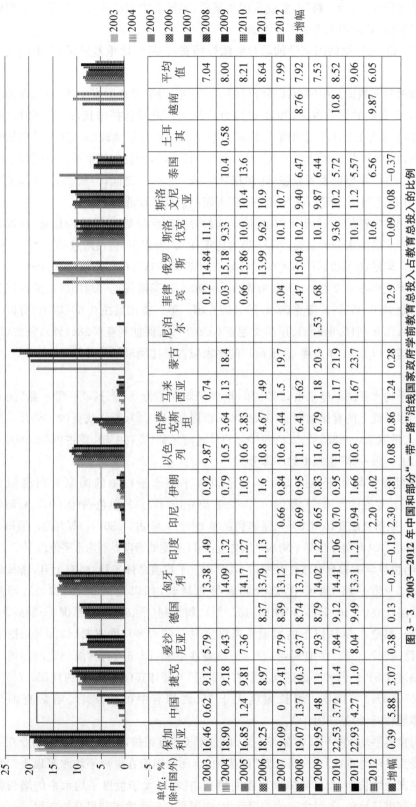

图 3-3 2003—2012 年中国和部分"一带一路"沿线国家政府学前教育总投入占教育总投入的比例

数据来源:
1. UNESCO Institute for Statistics. Data centre [DB/OL]. http://data.uis.unesco.org/Index.aspx?DataSetCode=EDULIT_DS&popupcustomise=true&lang=en#
2. 中华人民共和国国家统计局. [DB/OL]. [2015-9-30]http://data.stats.gov.cn/easyquery.htm?cn=C01

注:中国的单位为 100%,数据柱状图无法呈现,此栏作了缩小技术处理。

教育投入的比例在"一带一路"主要成员国中偏低,但随着中国政府对学前教育重视度的提高,对学前教育的投入也会不断增加。

(二)"一带一路"沿线国家学前教育财政性经费占GDP比重差异显著,中国处于较低水平

联合国教科文数据及中国统计局资料显示,"一带一路"沿线国家中,财政性学前教育经费占GDP最高的是蒙古国,2004年约为0.800%,此后保持增长,2009年时达到0.924%,2011年为1.301%,表明蒙古国对学前教育的重视程度较高。其次是保加利亚和匈牙利,在2011年分别达到了0.723%和0.617%,居于较高的水平。中国居于较低的水平,在2009年以前发展较慢,比例在0.03%—0.05%之间,但从2010年起发展较快,2011年时达到0.085%,在"一带一路"国家中仍处于较低的水平。

以数据相对完整的2011年来看,按照学前教育财政性经费占GDP的比重,可以将这些"一带一路"的国家分为三类。第一类为比重在0.1%以下,包括约旦(0.028%)、中国(0.085%)、印尼(0.032%)、印度(0.047%)、伊朗(0.068%)、马来西亚(0.099%)等六国。第二类比重在0.2%—0.5%,有泰国(0.288%)、斯洛伐克(0.405%)、爱沙尼亚(0.410%)、德国(0.457%)、捷克(0.472%)等五国。第三类比重在0.6%以上,有以色列(0.601%)、匈牙利(0.618%)、斯洛文尼亚(0.628%)、保加利亚(0.841%)、蒙古(1.301%)等五国。以2011年为例,比重最高的国家蒙古是比例最低的约旦的46.5倍,可谓差异巨大。

从世界平均水平的维度来看,2004年,世界平均水平为0.325%,"一带一路"国家在世界平均水平线上的有保加利亚(0.443%)、泰国(0.450%)、斯洛伐克(0.383%)、捷克(0.37%)、俄罗斯(0.538%)、以色列(0.633%)、匈牙利(0.758%)、蒙古国(0.800%)等八国,仅为"一带一路"国家中的小部分。

2011年世界平均水平为0.364%,处于世界平均水平以上的国家有斯洛伐克(0.405%)、爱沙尼亚(0.410%)、德国(0.457%)、捷克(0.472%)、以色列(0.601%)、匈牙利(0.618%)、斯洛文尼亚(0.628%)、保加利亚(0.841%)、蒙古(1.301%)等九国。值得关注的是,泰国在2004年处于世界平均水平值之上,2011年则处于世界平均水平值以下。

近十年,世界学前教育财政性经费占GDP比重平均值总体平稳,略有上升,增长幅度为12%。"一带一路"国家中,部分国家呈负增长,如以色列(-0.54%)、印度(-6%)、斯洛伐克(-10.7%)、伊朗(-15.9%)、匈牙利(-18.2%)、泰国(-28.2%)等六国。增长幅度在50%以下的国家有斯洛文尼亚(7.7%)、俄罗斯(13.0%)、捷克(24.5%)、德国(27.3%)、保加利亚(27.4%)、爱沙尼亚(33.6%)、越南(45.3%)等七国。增长幅度在51%—100%的国家有蒙古(62.6%)、菲律宾(66.7%)、约旦(64.7%)、马来西亚(76.8%)等四国。增长幅度大于100%的有中国(118%)、哈萨克斯坦(154%)、印尼(295%)等三国。

中国与世界平均水平仍具有显著差异,但是增长速度很快,说明学前教育事业在我国越来越受到关注与重视。"一带一路"国家中,小部分国家在世界平均水平以上。除部分国家呈现负增长外,大多数国家均正向增长,且幅度大于世界平均水平的增长幅度。就其内部进行比较,各国之间的差异巨大,中国尚有较大发展和提升的空间。

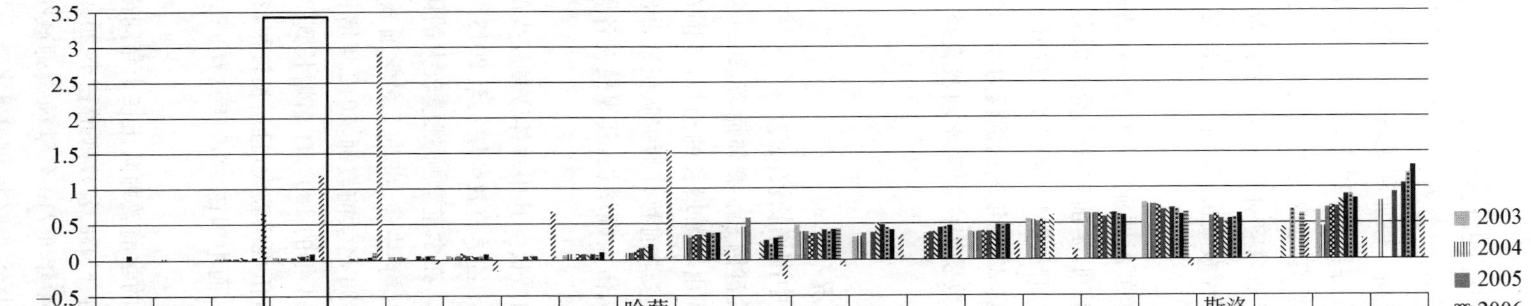

	尼泊尔	土耳其	约旦	中国	印尼	印度	伊朗	菲律宾	马来西亚	哈萨克斯坦	世界	泰国	斯洛伐克	爱沙尼亚	德国	捷克	俄罗斯	以色列	匈牙利	斯洛文尼亚	越南	保加利亚	蒙古
2003			0.02	0.04		0.05	0.04		0.06					0.47		0.38	0.55	0.64	0.78			0.66	
2004		0.02	0.02	0.03		0.04	0.04		0.07	0.08	0.32	0.45	0.38	0.31		0.37	0.54	0.63	0.76			0.44	0.8
2005			0.02	0.04		0.04	0.05			0.09	0.3	0.58	0.38	0.32		0.38	0.52	0.62	0.76	0.58		0.71	
2006			0.02			0.04	0.08		0.07	0.12	0.34		0.36		0.36	0.38	0.54	0.63	0.74	0.61		0.73	
2007			0.02	0.04	0.02		0.05	0.03	0.07	0.15	0.35		0.36	0.36	0.37	0.37		0.59	0.68	0.55		0.72	0.92
2008			0.04	0.04	0.02	0.04	0.05	0.04	0.06	0.17	0.33	0.24	0.36	0.36	0.39	0.37	0.62	0.62	0.69	0.48	0.43	0.82	
2009	0.07		0.02	0.05	0.02	0.04	0.04	0.05	0.07	0.21	0.36	0.27	0.41	0.47	0.43	0.39		0.64	0.7	0.55		0.88	1.05
2010				0.06	0.02	0.04	0.04				0.35	0.22	0.39	0.43	0.45	0.47		0.61	0.69	0.57	0.68	0.91	1.18
2011			0.03	0.09	0.03	0.05	0.07		0.1		0.36	0.29	0.41	0.41	0.46	0.47		0.6	0.62	0.63		0.84	1.3
2012					0.08	0.05	0.04					0.32	0.42	0.34	0.27	0.25	0.13		0.64		0.62		
增幅	0.65		−0.06	1.18	2.95	−0.06	−0.159	0.67	0.77	1.54	0.12	−0.282	−0.107					−0.054	−0.182	0.08	0.45	0.27	0.63

单位: % (除中国外)

图3-4 2003—2012年中国和"一带一路"沿线国家财政性学前教育经费占GDP比例

注: 根据联合国教科文组织UNESCO统计,部分"一带一路"国家缺乏部分年度数据,故无法详细统计。

数据来源:
1. UNESCO Institute for Statistics. Data centre [DB/OL]. http://data.uis.unesco.org/Index.aspx?DataSetCode=EDULIT_DS&popupcustomise=true&lang=en#
2. 中华人民共和国国家统计局. [DB/OL][2015-9-30]http://data.stats.gov.cn/easyquery.htm?cn=C01

注: 中国数据单位为100%

(三)"一带一路"沿线国家学前教育经费支出占政府总支出的比例各国差距显著，发展中国家水平较低

联合国教科文组织的资料显示，各国学前教育经费支出占政府总支出的比例差异显著。其中，德国、斯洛伐克、爱沙尼亚、捷克、泰国、匈牙利、以色列、保加利亚、蒙古、俄罗斯、越南等学前教育经费支出占政府总支出的比例较高。保加利亚政府的学前教育经费支出呈现持续增长的趋势，从2005年以来一直保持在2%以上，2011年达到了2.545%。蒙古政府对学前教育投入较大，2004年学前教育经费支出占政府总支出的2.51%，2007年为2.61%，2011年达到了3.23%。俄罗斯政府对学前教育的经费支出保持了较为稳定的水平，从2003年到2009年，学前教育经费支出占政府总支出的比例介于1.5%—1.8%之间，且有递增的趋势。

学前教育经费支出比例较低的国家政府有约旦、印度尼西亚、印度、伊朗、马来西亚、菲律宾、尼泊尔和土耳其。印度在2003年至2006年间，学前教育经费比例支出不但没有增加，反而呈现递减的趋势，从0.19%降到了0.13%，2011年有较大提升，达到了0.172%，但仍远远低于世界平均水平0.98%。菲律宾2003年该比例仅为0.017%，2009年达到0.223%。总体来看，"一带一路"中的大多数发展中国家学前教育经费支出占政府总支出的比重仍处于较低水平。

四、"一带一路"沿线国家学前教育师资队伍状况
(一)"一带一路"沿线国家学前教师数量不断增长，中国增长较快

学前教育师资队伍的规模是影响学前教育质量的关键因素。整体而言，2004年至2013年间，"一带一路"沿线国家学前教师规模主要呈现出不断增长的趋势，各国在这十年间师资队伍都有一定程度的发展，但也存在个别国家学前教育师资队伍数量出现波动，发展较不稳定的情况。其中，中国学前教育师资队伍大幅增长，其规模在各国中位于首位。

从2004年以来，各国学前教师数量都有不同程度的增长。其中总体数量较少的国家，如不丹、文莱都实现了较快增长，不丹从2005年的18名学前教师增长至2013年的330名，文莱从2004年516名增长至2013年的970名。在学前教师规模较大的国家中，德国和俄罗斯学前教师规模增长相对稳定，德国2004年共有189 965名学前教师，到2013年增加至222 258名，俄罗斯2004年共有610 828名学前教师，2012年增长至634 360名。印度尼西亚学前教师规模增速较快，从2004年的180 294名增长到2013年的338 798名。印度和中国作为人口大国，学前教师队伍规模较大，且增长较快，2004年印度共有629 557名学前教师，2005年便突破了70万，而中国在2006年只有95万名学前教师，2013年便已增长至166万。

在各国学前教师数量整体增长的态势下，个别国家的学前教师队伍在十年间出现波动式增长，甚至出现减少的趋势。爱沙尼亚从2006年6 038名教师增长至2009年8 609名，随后又减少至2012年7 669名；叙利亚从2004年6 710名学前教师减少至2013年5 445名；泰国从2011年102 093名学前教师减少至2012年94 628名。

与"一带一路"国家相比，十年间我国学前教育师资队伍规模增幅为73.85%，处于

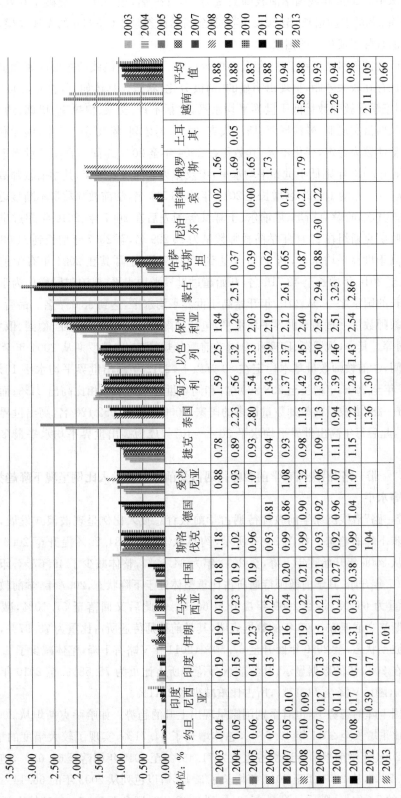

图 3-5 2003—2013 年中国与"一带一路"沿线国家学前教育经费占国家总投入比例

数据来源：1. UNESCO Institute for Statistics. Data centre [DB/OL]. [2015-9-30] http://data.uis.unesco.org/Index.aspx?DataSetCode=EDULIT_DS&popupcustomise=true&lang=en#

较快发展水平。2006年我国学前教师数量为952 120名,至2007年突破100万,之后每年以平均2%的速度增长,至2013年实现全国学前教师1 655 336的发展规模,成为各国中学前教师规模最大的国家。

根据联合国教科文组织2013年公布的数据,"一带一路"沿线的主要国家和世界平均水平相比存在较大差距,呈现出明显的"两极分化"状态。具体如下,首先,2004年以来,较多国家学前教师数量低于世界平均水平,包括不丹、文莱、伊拉克、伊朗、约旦、蒙古、叙利亚、斯洛文尼亚、爱沙尼亚、斯洛伐克、捷克、匈牙利、埃及等。其中,匈牙利学前教师数量整体较为稳定,变化不大,其数量在2004年至2007年间一直高于世界平均水平,2007年至2013年则低于世界平均水平;埃及作为非洲重要国家,其学前教师数量持续上升,从2004年的19 425名增长至2013年的38 511名,学前教师数量不断接近世界平均水平。其次,哈萨克斯坦、尼泊尔、土耳其等国先后在2007年、2010年超过世界平均水平。哈萨克斯坦在2004年学前教师数量为25 229名,至2007年增长到31 087名,此后开始高于世界平均水平,到2013年达到75 049名;土耳其在2004年有学前教师19 122名,至2010年增长至42 716名,开始超过世界平均水平;尼泊尔同样作为学前教师持续增长的国家之一,从2010年开始高于世界平均水平,达到38 057名。最后,较多国家学前教师数量一直高于世界平均水平,包括越南、泰国、印度尼西亚、德国、俄罗斯、印度、中国等。其中,俄罗斯、印度和中国学前教师规模较大,俄罗斯从2004年至2013年的十年间,学前教师数量基本稳定在60万以上,2012年高出世界平均水平15%;印度从2004年至2006年增长至738 260名,和同年世界平均水平相比高出24%;而中国作为"一带一路"沿线学前教师数量最多的国家,2006年共有952 120名,高出世界平均水平32%,此后每年高出世界平均水平30%—40%,成为高出世界平均水平最多的国家之一。

(二)"一带一路"沿线国家学前教师待遇占学前教育总投入比例呈现下降趋势,中国处于中等水平

"一带一路"沿线国家学前教师待遇占学前教育总投入比例呈现波浪式发展,总体表现出逐步下降的趋势。如图3-7所示,约旦从2003年84.20%提升至2005年的91.01%,从2006年开始逐年下降,至2011年为34.53%,整体减少了49.67%;印度尼西亚从2007年开始,其学前教师待遇所占比重整体处于下降状态,2007年,学前教师待遇所占比重为66.03%,到2009年提升至66.57%,此后又回落至51.10%,减少了14.93%;斯洛文尼亚在2003年的数据表明,其学前教师待遇所占比重为73.97%,此后一直处于波动状态,至2010年回升至67.50%,2011年又略有下降,整体减少了9.2%;马来西亚在2003年的数据显示,其学前教师待遇所占比重为75.58%,至2010年增长至83.09%,随后又降至73.17%,所占比重减少了2.41%。

在各国下降的态势下,也有个别国家呈现出上升的趋势。如哈萨克斯坦从2004年4.86%的比重增长至2011年49.57%,总体增长了44.71%,实现了较大幅度的增长;土耳其在2004年学前教师待遇所占比重为71.46%,至2010年回落至69.08%,随后又增长至74.58%,从2004年至2011年增长了3.12%;以色列从2003年的66.14%提升至2004年的70.84%,随后又降至65.9%,到2012年又回升至71.24%,整体上增长了

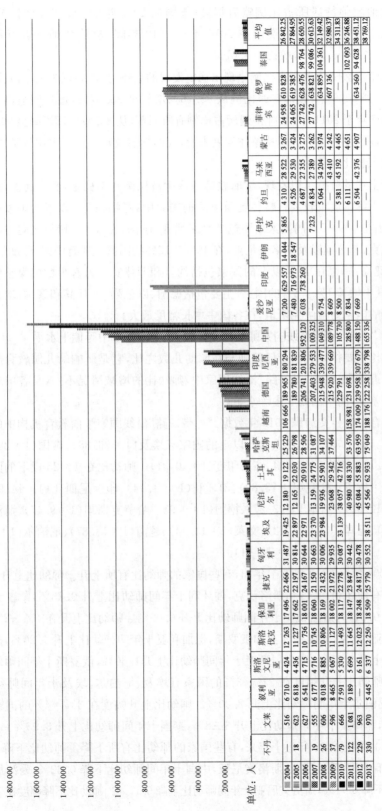

图 3-6 2004—2013 年中国与"一带一路"沿线国家学前教师数量

数据来源：UNESCO Institute for Statistics. Data centre [DB/OL]. [2015-09-18] http://data.uis.unesco.org/Index.aspx?queryid=120.

注：世界平均教师数量水平由联合国教科文组织数据库中世界教师总体数量除以世界国家和地区数量得出。

5.1%,学前教师待遇所占比例略有提高;德国从2009年的58.89%增长至2011年69.03%,增长了10.14%;泰国在2010年至2012年间,学前教师待遇所占比重从97.84%增长至98.91%,增长了1.07%。

我国学前教师待遇所占比例呈现出稳定发展的趋势,具体表现为两个阶段性发展。从2002年到2006年,教师待遇比例从65.76%增长至85.87%,增速明显高于其他国家,从2006年至2011年,教师待遇所占比例有所回落,从85.87%逐渐降至50.67%,由此形成"峰状"发展态势。但从整体发展来看,我国学前教师待遇所占比例基本稳定,且和其他国家相比处于中等水平。

基于上述的分析可以发现,学前教师待遇所占比例并不稳定,变化起伏较大,多数国家整体下降幅度也较大。整体比重下降的国家中,降幅在1%以下的国家有印度和蒙古;降幅在1%—5%的国家主要包括马来西亚、越南;在5%—10%之间的国家主要有斯洛伐克、匈牙利以及斯洛文尼亚;在10%—15%的国家主要有中国、印度尼西亚、保加利亚、捷克;降幅在15%以上的国家包括约旦和菲律宾。另有少数国家整体比重有所增长,其中增长1%—5%的国家,主要包括德国、以色列、土耳其和泰国;增长幅度在10%以上的国家为哈萨克斯坦,在各国中增长幅度最大。

(三)"一带一路"沿线国家师幼比差异较大,中国处于中等偏上水平

师幼比主要指幼儿园专任教师与在园幼儿数之比,它是影响幼儿园教育质量的关键因素。近年来,在"一带一路"沿线国家中,师幼比的增减情况不一,且各国之间呈现出较大的差异,而中国处于中等水平。

据联合国教科文组织2013年数据,"一带一路"沿线国家学前教育机构中的师幼比差别较大。其中,师幼比在1∶25以上的国家有埃及(1∶26.88)、泰国(1∶28.87)、蒙古(1∶27.18)、菲律宾(1∶34.65)、印度(1∶40.31)。师幼比在1∶25以下的国家有保加利亚(1∶12.7)、捷克(1∶13.89)、匈牙利(1∶11.14)、印度尼西亚(1∶14.93)、斯洛伐克(1∶12.63)、中国(1∶22.27)、德国(1∶9.93)、哈萨克斯坦(1∶9.47)、斯洛文尼亚(1∶9.19)、土耳其(1∶17.13)、文莱(1∶13.44)、越南(1∶18.87)、尼泊尔(1∶23.11)、不丹(1∶11.62)、叙利亚(1∶15.91)。

从2004年至2013年的十年间,有些国家的师幼比有所上升。师幼比上升在1%以内的国家有匈牙利、蒙古和斯洛伐克,匈牙利十年间师幼比上升0.73%,蒙古十年间师幼比上升0.21%,斯洛伐克十年间师幼比上升0.09%。师幼比上升在1%—2%的国家有保加利亚、捷克、印度尼西亚和俄罗斯,保加利亚十年间师幼比上升1.20%,捷克十年间师幼比上升1.05%,印度尼西亚十年间师幼比上升1.60%,俄罗斯十年间师幼比上升1.75%。师幼比上升幅度在2%—3%的国家有埃及、尼泊尔,埃及十年间师幼比上升2.69%,尼泊尔十年间师幼比上升2.00%。师幼比上升幅度在3%—4%的国家有菲律宾和泰国,菲律宾十年间师幼比上升3.28%,泰国十年间师幼比上升3.93%。

从2004年至2013年近十年来,有些国家的师幼比有所下降。师幼比下降在1%以内的国家有中国、爱沙尼亚、斯洛文尼亚,中国十年间师幼比下降0.62%,爱沙尼亚十年间师幼比下降0.71%,斯洛文尼亚十年间师幼比下降0.17%。师幼比下降幅度在1%—2%

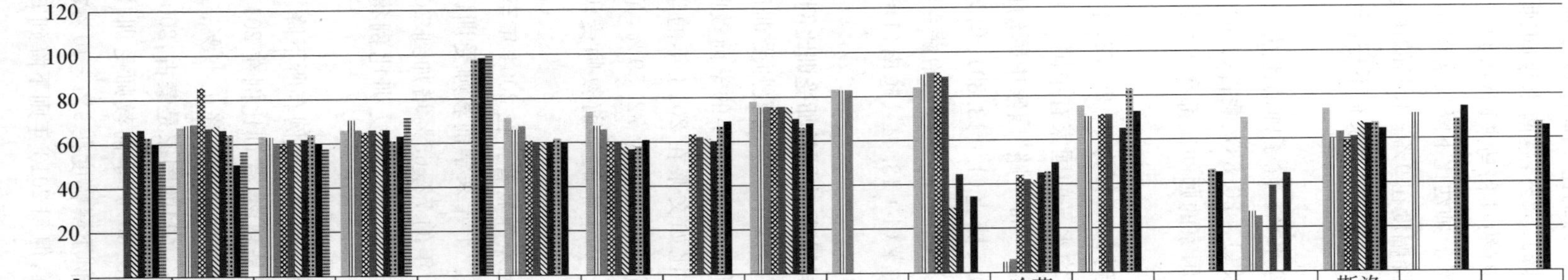

	印度尼西亚	中国	斯洛伐克	以色列	泰国	保加利亚	捷克	德国	匈牙利	印度	约旦	哈萨克斯坦	马来西亚	蒙古	菲律宾	斯洛文尼亚	土耳其	越南
2003	—	67.59	63.62	66.14	—	71.48	74.03	—	78.18	83.52	84.20	—	75.58	—	70.07	73.97	—	—
2004	—	68.63	63.19	70.84	—	65.95	67.28	—	75.56	83.13	90.25	4.86	70.65	—	27.06	60.22	71.46	—
2005	—	68.98	60.23	65.90	—	67.58	66.00	—	75.90	83.13	91.01	6.38	71.82	—	25.63	63.42	—	—
2006	—	85.87	60.36	65.14	—	61.04	59.36	63.70	75.27	—	90.76	43.76	71.72	—	—	58.63	—	—
2007	66.03	67.28	61.93	66.25	—	60.44	60.62	62.29	75.84	—	89.28	42.41	—	—	38.03	60.92	—	—
2008	65.90	68.15	60.23	65.60	—	59.11	57.90	61.15	75.23	—	29.31	41.62	65.40	—	—	67.79	—	—
2009	66.57	66.19	61.94	66.41	—	60.01	57.27	58.89	70.09	—	44.66	44.89	83.09	—	44.54	67.07	—	—
2010	62.93	64.44	63.76	60.97	97.84	61.84	57.55	67.10	66.41	—	—	45.49	73.17	46.60	—	67.50	69.08	67.84
2011	60.43	50.67	60.52	63.08	98.26	60.06	61.08	69.03	68.52	—	34.53	49.57	—	45.64	—	64.77	74.58	66.12
2012	51.10	56.48	57.67	71.24	98.91	—	—	—	—	—	—	—	—	—	—	—	—	—

图 3－7 2003—2012 年中国与"一带一路"沿线国家学前教师待遇占学前教育总投入比例

数据来源：UNESCO Institute for Statistics. Data centre [DB/OL]. [2015－09－18] http://data.uis.unesco.org/Index.aspx?queryid＝120.

的国家有德国、哈萨克斯坦、土耳其和越南,德国十年间师幼比下降1.85%,哈萨克斯坦十年间师幼比下降1.17%,土耳其十年间师幼比下降1.62%,越南十年间师幼比下降1.52%。十年间师幼比下降幅度在3%—4%的国家有约旦和马来西亚,约旦十年间师幼比下降3.43%,马来西亚十年间师幼比下降3.13%。师幼比下降幅度在5%—6%的国家有叙利亚,十年间师幼比下降5.90%。师幼比下降幅度在9%—10%的国家有文莱,十年间师幼比下降9.58%。师幼比下降幅度在11%—12%的国家有不丹,十年间师幼比下降11.49%。

中国的师幼比在与其他各国的比较中,处于中等水平。除了师幼比在1:25以上的国家,如菲律宾(1:34.65)、泰国(1:28.87)、埃及(1:26.88)、蒙古(1:27.18),中国(1:22.27)仅次于尼泊尔(1:23.11)。相比其他国家的师幼比都在1:20以下,中国的师幼比相对较高。

师幼比世界平均水平在2004年时为1:20.53,到2013年为1:20.78,十年来的比例变化不大。"一带一路"国家中师幼比高于世界平均水平的国家有中国(1:22.27)、埃及(1:26.88)、尼泊尔(1:23.11)、泰国(1:28)。"一带一路"国家中师幼比低于世界平均水平师幼比的国家有保加利亚(1:12.70)、捷克(1:13.89)、匈牙利(1:11.14)、印度尼西亚(1:14.93)、斯洛伐克(1:12.63)、德国(1:9.93)、哈萨克斯坦(1:9.47)、斯洛文尼亚(1:9.19)、土耳其(1:17.13)、文莱(1:13.44)、越南(1:18.87)、不丹(1:11.62)、叙利亚(1:15.91)。

(四)"一带一路"沿线国家学前教师受训比例差异显著,中国教师受训比例相对较低

据联合国教科文组织2013年数据,"一带一路"沿线国家学前教师受训比情况差异显著。有的国家学前教师受训比例较低,比如叙利亚在2013年的学前教师受训比例为34.55%。有的国家学前教师受训比例较高,比如文莱在2013年的学前教师受训比例为63.20%,埃及在2013年的学前教师受训比例为72.59%,尼泊尔在2013年的学前教师受训比例为86.70%,越南在2013年的学前教师受训比例为97.10%。

在"一带一路"沿线国家中,学前教师受训比情况差异显著。在2004年至2013年的十年间,有些国家的学前教师受训比例有所上升。十年来学前教师受训比例上升幅度在14%—15%之间的国家是尼泊尔,从2008年的72.65%增加到2013年的86.70%,十年间学前教师受训比例上升14.05%,学前教师受训比例得到较大提升。

在2004年至2013年的十年间,有些国家的学前教师受训比例有所下降。十年来学前教师受训比例下降幅度在1%—2%之间的国家是越南,受训比例在2011年时是98.51%,到2013年时降为97.10%,十年间学前教师受训比例下降1.41%,下降幅度较小。十年来学前教师受训比例下降幅度在6%—7%之间的国家是蒙古,2004年的学前教师受训比例是100%,到2012年时下降到了93.60%,学前教师受训比例下降6.40%,下降幅度相对较大。十年来学前教师受训比例下降幅度在9%—10%之间的国家是文莱,在2010年的学前教师受训比例是72.97%,但到2013年则下降到63.20%,

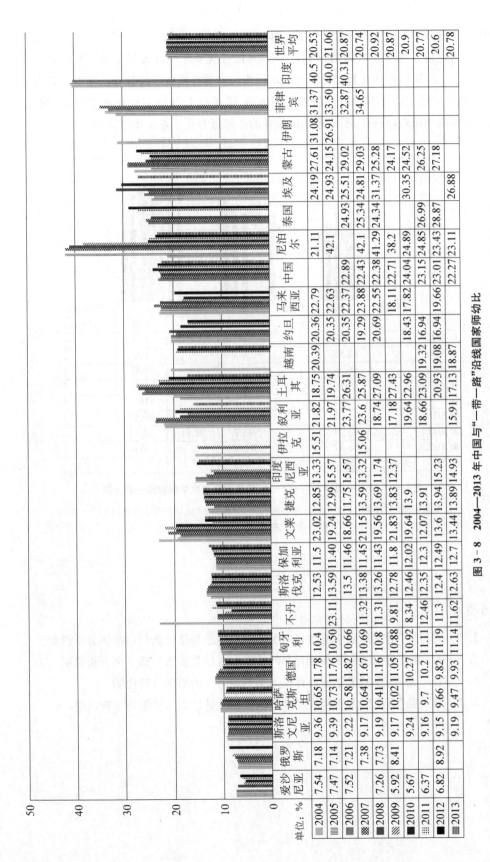

图 3-8 2004—2013 年中国与"一带一路"沿线国家师幼比

数据来源：UNESCO Institute for Statistics. Data centre [DB/OL]. [2015-09-18] http://data.uis.unesco.org/Index.aspx?queryid=120.

十年间学前教师受训比例下降9.78%,下降幅度较大。

中国比较重视学前教师的培训,2010年《国务院关于当前发展学前教育的若干意见》正式发布,把加强幼儿教师的培养和培训作为实现有质量学前教育的重要保障性条件,明确提出建立幼儿园园长和教师培训体系,满足幼儿教师多样化的学习和发展需求。创新培训模式,为有志于从事学前教育的非师范专业毕业生提供培训。

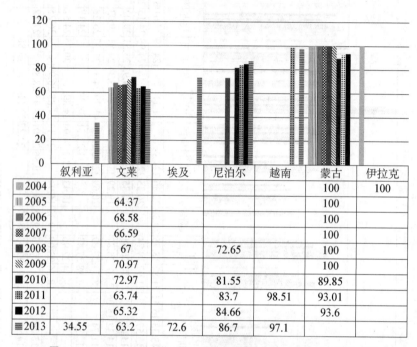

图3-9 2004—2013年"一带一路"沿线部分国家学前教师受训比例

数据来源:UNESCO Institute for Statistics. Data centre [DB/OL]. [2015-09-18] http://data.uis.unesco.org/Index.aspx?queryid=120.

思考题

1. "一带一路"沿线国家学前教育入园率的总体趋势是什么?请举例分析说明。
2. "一带一路"沿线国家学前教育办园特点和格局是什么?请举例分析说明。
3. "一带一路"沿线国家学前教育投入水平如何?请举例分析说明。
4. "一带一路"沿线国家学前教育师资队伍特征是什么?请举例分析说明。

第四章 OECD 成员国的学前教育

学习目标

1. 了解 OECD 成员国学前教育的性质与价值。
2. 认识 OECD 成员国学前教育的普及情况。
3. 知道 OECD 成员国学前教育的办园情况。
4. 熟悉 OECD 成员国学前教育的投入情况。
5. 了解 OECD 成员国学前教育的教师队伍情况。

内容脉络

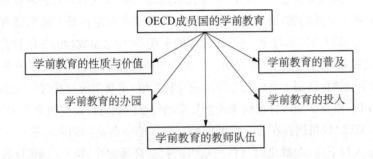

世界经济合作与发展组织(Organization for Economic Cooperation and Development,以下简称OECD)现有34个成员国,其国民生产总值占全世界的三分之二,大多数OECD成员国也是世界上的富有国家。[①] 纵观OECD学前教育发展历程,各成员国始终从各自所处时代的政治、经济和文化背景出发,充分考虑社会变迁、人口变化等因素对学前教育的影响,其学前教育与保育政策体现着不同时代所赋予的特殊意义。20世纪70年代,OECD以补偿教育为切入点,开始应对当时在学前教育和保育领域面临的新机遇和新挑战;到20世纪80年代,OECD从关注"处于危机中的儿童"的需求入手,强调各成员国应关注学前教育的重要意义、妇女利益、家长作用、文化多元性、教职工培训、服务模式和经济效益等问题;20世纪90年代末期起,OECD比以往任何时候都更加关注学前教育领域的具体问题,诸如为学前教育与保育服务制定指导方针和课程标准等;21世纪以来,OECD力图通过全方位、多角度的审视,对什么是成功的学前教育与保育政策及其构成要素正式表明了自身立场——强调学前教育作为终身学习奠基阶段的重要意义,明确学前教育区别于其他教育阶段的独特价值,重视学前教育对幼儿做好入学准备的关键作用,以及学前教育在解决纷繁复杂的社会问题时所发挥的重要作用。

可以认为,OECD成员国存在着一些共同特征并面临一些共同问题。第一,OECD各成员国均处于人口下降、老龄化以及移民众多的社会环境之中;第二,OECD各成员国的全球化、知识经济、多元文化以及信息通信技术处于高速发展时期;第三,学前教育与保育政策涉及包括教育在内的众多社会问题,如儿童贫困、家庭福祉、性别平等、劳动力问题、儿童的多样化需求、与学校的衔接、教育者的职业教育和专业发展等;第四,OECD成员国都已认识到学前教育应当促进儿童全方位的学习和发展,关注儿童的特殊需要,保障儿童的安全与健康,保证儿童多样化的受益人群等。本部分将对34个OECD成员国学前教育与保育状况做深入系统的比较研究。

一、学前教育的性质与价值

(一)学前教育的性质

随着世界各国教育改革不断深入,将学前教育纳入社会公共服务体系正逐渐成为各国的一种共识。一些OECD成员国正在以立法的形式明确学前教育的社会公共服务性质。如英国颁布的《2006年儿童保育法》明确规定了学前教育的公共服务特性;美国颁布的《2000年目标:美国教育法》(American 2000: An Education Strategy)明确规定,政府应保证所有儿童都能够接受高质量的适合个体发展需要的学前教育。为了很好地实现学前教育的公共服务目标,大多数OECD成员国将学前教育包括在国家学制体系中,将其纳入义务教育的范畴,由政府来提供免费的普及性教育,如:英国、法国、爱尔兰、芬兰、荷兰、比利时、匈牙利、丹麦、捷克、意大利、波兰、加拿大。未将学前教育纳入国家学制体系中的国家只有澳大利亚和印度。印度在2002年颁布的《印度第86次

---

① 本文中的"学前教育"指的是幼儿园教育。本文将要利用"Education at a Glance 2011 - OECD INDICATORS"以及OECD和联合国教科文组织(UNESCO)在线数据库的有关资料,总结OECD成员国学前教育的发展,同时针对一些比较典型的指标与我国进行比较分析。

宪法修正案》中规定:"早期儿童保育和教育是政府应该为儿童提供的服务,但并非每个儿童的法定权利"[①],因此印度的国家教育体系从基础教育阶段的6岁开始,不包括学前教育。澳大利亚的教育体系实行分权制管理,每个州在办学体制、机构类型、入园年龄等方面存在差异,而且学前教育都没有正式纳入国家学制体系中。

OECD大部分发达国家的学前教育属于义务教育。具体而言,瑞典、丹麦与芬兰的学前教育不属于义务教育,它们的义务教育始于7岁;英国和荷兰的义务教育始于5岁;德国、墨西哥等多数OECD国家从3岁开始对全体儿童实施义务教育。针对每个国家自身的情况,义务教育阶段的免费情况有所不同。丹麦、德国、芬兰、比利时、法国、卢森堡、葡萄牙、墨西哥等国家免除学前教育阶段(3岁—6岁共三年)的一切费用;爱尔兰和荷兰提供两年的免费教育;澳大利亚、美国、韩国、加拿大和奥地利只提供一年的免费教育;英国的学前教育在规定的时间范围内免费,如英国规定3岁以上儿童每学期可接受20小时免费教育。

综上,OECD国家学前教育的性质可以划分为三种模式:其一,学前教育具有公共产品性质,已经被纳入国家学制系统并作为义务教育的组成部分与奠基阶段,并实行一定形式的免费措施,如美国、英国等;其二,学前教育具有准公共产品性质,在一定程度上被纳入国家学制体系但独立于义务教育系统来推行,政府补助与家长交费相结合,不直接实行学前教育免费,如日本等;其三,学前教育不具有公共产品性质,如澳大利亚、印度等。前两种为主要的模式。

与此同时,无论实行哪种模式的国家,均重视且越来越重视学前教育事业的公益性和普及性,学前教育在国家教育体系中的地位越来越重要。

(二) 学前教育的价值

学前教育对于个体发展、家庭和睦、社会和谐和国家进步的重要作用正越来越多地受到OECD各国政府的高度重视。在《强势开端Ⅱ》中,OECD国家把学前教育的目的归纳为:(1)促进妇女工作和就业;(2)使妇女在平等的基础上实现工作和家庭和谐;(3)解决OECD国家面临的人口出生率下降和老龄化带来的挑战;(4)帮助处境不利儿童获得平等的受教育机会;(5)把学前教育作为公共产品来对待。

在参与调查的24个OECD国家中,有17个国家的儿童贫困率在上升,有10个国家的儿童贫困率超过了10%,它们是:荷兰、德国、奥地利、加拿大、英国、葡萄牙、爱尔兰等。墨西哥和美国的儿童贫困率甚至超过了20%。导致家庭贫困的因素是多方面的,但调查发现,儿童早期教育是其中很重要的因素。单亲母亲为了照顾孩子,无法外出工作,只能靠社会救济金维持生活。良好的学前教育为儿童提供健康护理、教育等方面的服务,帮助儿童为入学做准备,帮助家庭劳动力回归就业市场,促进社会公平,减少贫穷,意义重大。

二、学前教育的普及情况比较

基于对学前教育重要的个体发展价值和社会发展价值的认识,OECD各成员国非

---

① Sub Group Report Early Childhood Education in the Eleventh Five Year Plan (2007 - 2012). http://wcd. Nic. In/,2017.6.10

常重视学前教育的普及和发展,将其作为促进个体发展、社会进步、人力资源早期开发与综合国力提升的重要保障。从学前教育覆盖的幼儿年龄范围看,多数成员国已经实现了始于 3 岁的学前教育,且部分国家实现了某些年龄范围的免费公共学前教育,个别国家将学前教育服务幼儿年龄上延至 2.5 岁,甚至 0 岁;从学前教育普及率来看,26 个国家的毛入园率在 80%以上,其中 8 个国家超过了 100%。

(一)学前教育普及起始年龄

OECD 成员国认识到学前教育与保育不仅可以为终身学习奠定基础,而且对确保学习机会公平至关重要。基于此,大部分成员国已经实现了始于 3 岁的学前教育普及。

在大多数 OECD 成员国及伙伴国中,儿童正式入学普遍始于 5 岁和 6 岁。其中,许多成员国的 3 岁—4 岁儿童接受了学前教育或者参加了早期课程的学习。在有据可查的 32 个 OECD 成员国中,27 个国家(占 84.4%)学前教育的起始年龄是 3 岁,5 个国家(占 15.6%)是 4 岁。可以看出,3 岁是绝大多数 OECD 成员国学前教育普及的起始年龄。其中,OECD 成员国中 19 个欧盟成员国中 4 岁以下儿童接受学前教育与保育服务的比例大大高于其他非欧盟成员国。欧盟成员国 3 岁—4 岁儿童入园率为 80%,而非欧盟成员国仅为 57%。

综合分析可以看出,在 OECD 成员国中,欧洲国家的公立学前教育机构相对于非欧洲国家,发展得更为完善。在欧洲,3 岁—6 岁年龄段学前教育的全面普及理念已被普遍接受,大多数国家的所有儿童均可在入学前享受至少两年的免费公共学前教育服务。表 4-1 中仅除爱尔兰和荷兰之外,所列国家均将 3 岁以上儿童视为享受免费学前教育服务的法定受益人群,甚至部分国家还将其年龄上延至 3 岁以下。而在非欧洲的 OECD 成员国中,诸如澳大利亚、韩国和美国部分州,尽管儿童的入园年龄通常是 4 岁,但享受免费学前教育的年龄却一般起始于儿童 5 岁。[1] 值得注意的是,国际学生评估项目的分析还发现,在大多数国家,接受过至少一年学前教育的学生往往比那些没有接受过学前教育的学生的成绩更好,即使在考虑了学生的社会经济背景之后同样如此。国际学生评估项目的研究还表明,在学前教育时间越长、学前教育中师幼比越小、学前教育阶段生均公共支出越高的学校体系中,学前教育的接受率和学业成绩之间的相关性越强。

表 4-1　OECD 部分成员国学前教育与保育服务涵盖年龄范围及免费情况

国家	法定受益人群	免费/收费
澳大利亚	法定受益人群未涵盖学前教育阶段的儿童,但是多数州为 4 岁—5 岁儿童提供免费或接近免费的学前教育服务。	4 岁—6 岁免费
奥地利	法定受益人群涵盖 3 岁—6 岁幼儿园阶段的儿童。	3 岁—6 岁收费
比利时	法定受益人群涵盖 2.5 岁—6 岁学前教育阶段的儿童。	2.5 岁—6 岁免费

---

[1] OECD (2006): *Starting Strong II: Early Childhood Education and Care*, OECD Publishing, pp.73-99

续 表

国家	法定受益人群	免费/收费
加拿大	不同省份之间法定受益人群涵盖的年龄范围不同,大多数起始年龄为5岁或6岁。	4岁—6岁免费
捷克	法定受益人群未涵盖3岁—6岁学前阶段的儿童,但学前教育仍获得广泛普及,特别是针对5岁幼儿的学前教育。	3岁—4岁收费 4岁—6岁免费
丹麦	87%的城市保证所有1岁—5岁儿童享有入园学位,法定受益人群涵盖中心学校和小学的免费学前班学位。	1岁—5岁收费
芬兰	法定受益人群涵盖从出生起的幼儿,包括以中心或以家庭为基础的学前教育机构; 法定受益人群涵盖中心学校和小学的免费学前班学位。	6岁—7岁免费
法国	法定受益人群未涵盖3岁以下幼儿,但受监督和资助的学前教育机构普遍存在。35%的2岁幼儿和超过90%的3岁幼儿接受免费学前教育,法定受益人群涵盖3岁以上以学校为基础的学前教育阶段的幼儿。	3岁—6岁免费
德国	法定受益人群涵盖3岁以上幼儿。	3岁—6岁收费
匈牙利	法定受益人群涵盖那些年龄为6个月以上且父母为双职工的幼儿。但实际情况是学前教育的全面普及起始于3岁。	0岁—6岁免费
爱尔兰	法定受益人群涵盖4岁以上以学校为基础的学前教育阶段的儿童。	4岁—6岁免费
意大利	法定受益人群涵盖3岁以上以学校为基础的学前教育阶段的儿童。	3岁—6岁公立系统免费
韩国	法定受益人群未涵盖0岁—5岁幼儿,但从2006年起,来自低收入家庭(20%的覆盖率)的4岁幼儿被纳入法定学前教育受益人群; 法定受益人群涵盖5岁以上幼儿,但供不应求,2004年仅覆盖20%的5岁幼儿,2005年为30%,2006年达到50%。	5岁—6岁免费
墨西哥	2009年起,3岁以上幼儿可在以学校为基础的中心享受免费义务教育。	3岁—6岁免费
荷兰	法定受益人群未涵盖4岁以下幼儿,但弱势儿童享有较高补贴; 法定受益人群涵盖4岁以上幼儿的学校教育。	4岁—6岁免费
挪威	法定受益人群未涵盖任何年龄段幼儿;但4岁以上幼儿的入园率已达到80%,一旦实现全面普及,法定权利将被引入。	0岁—6岁收费
葡萄牙	法定受益人群涵盖4岁以上幼儿。	4岁—6岁免费
瑞典	对于正在工作或学习的父母,法律规定为其12个月以上的幼儿提供相应保育教育服务; 免费学前教育法定受益人群由起初的3岁双语幼儿逐步扩大至所有5岁和4岁幼儿; 免费学前教育法定受益人群涵盖所有6岁—7岁幼儿。	3岁—7岁免费

续 表

国家	法定受益人群	免费/收费
英国	在义务教育开始之前,所有3岁—4岁幼儿享有全面免费的非全日制学前教育。	3岁—5岁免费
美国	大多数学区向所有5岁幼儿提供免费幼儿班,作为小学附属的一部分。 有两个州(佐治亚州和纽约州)为所有4岁幼儿普及学前教育,在多数州弱势儿童享有受学前教育的权利。	5岁—6岁免费

数据来源:OECD. Starting Strong Ⅱ:Early Childhood Education and Care [M]. OECD Publishing, 2006:80-81.

同时,面向更低龄儿童的早期教育还不够普及。在一些国家,3岁及以下儿童的早期教育需求远超过了供给,即使是在育儿假较长的国家也是如此。在比利时、法国、冰岛、意大利、挪威和西班牙,3岁儿童的早期教育入学率最高。在支持育儿假的公共资金有限的国家,许多在职的家长或者到私人市场中寻求解决办法,或者依靠家人、朋友和邻居等非正式照管方式,家长的支付能力明显地影响着优质服务的获得。①

(二) 学前入园率

OECD各成员国均认同学前教育对个体发展和社会发展的价值,将其作为促进个体发展、社会进步、人力资源早期开发与综合国力提升的重要保障,因此普遍非常重视学前教育的普及和发展。

多数OECD成员国已经实现了始于3岁的学前教育,个别国家将接受学前教育服务的幼儿年龄提前至2.5岁甚至0岁,且部分国家实现了某些年龄范围的免费公共学前教育。2005年与2012年数据显示,OECD成员国3岁儿童的入园率已经从2005年的64%上升到2012年的70%,2012年14个国家的入园率在80%以上,其中10个国家超过了90%。与之相比,中国虽然经过了学前教育"三年行动计划"的推进,入园率从2005年的41%增长到2012年的65%,②但是依旧低于OECD成员国入园率70%的平均水平,中国学前教育普及率与后者相比仍有较大差距。

图4-1显示除土耳其的毛入园率低于我国外,其他均高于我国。近年来,我国学前教育发展迅速,入园率稳步提升,但是,与OECD成员国相比还存在着明显的差距,需要进一步提升普及学前教育水平。

在大多数位于欧洲的OECD成员国,所有儿童均可在上小学前享受至少2年的免费公共学前教育服务。除爱尔兰和荷兰外,各国均实现了3岁以上儿童的法定免费学

---

① OECD (2013):"Education at a Glance 2013:OECD Indicators", http://www.oecd.org/general/searchresults/?q=Education at a Glance 2013:OECD Indicators&cx=012432601748511391518:xzeadub0b0a&cof=FORID:11&ie=UTF-8,检索日期2014-01-15
② 根据全国教育事业发展简明统计分析中国学前三年毛入园率2005年为41.4%,2012年为64.5%,本章中国学前教育入园率数据与其他国家一致,四舍五入采用整数制

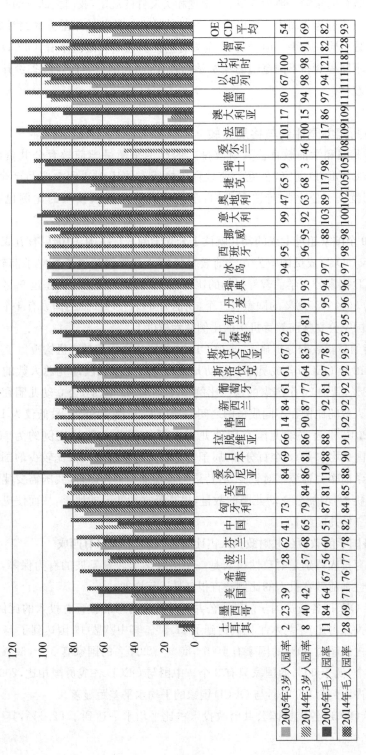

图 4-1 2005—2012 年中国与部分 OECD 成员国 3 岁儿童入园率和毛入园率

数据来源：
1. OECD. Education at a glance: OECD indicators 2014[M]. Paris: OECD, 2014.
2. UNESCO Institute for Statistics. Data centre [DB/OL]. [2014-07-18] http://stats.uis.unesco.org/unesco/TableViewer/document.aspx?ReportId=143&IF_Language=eng.
3. 全国教育事业发展简明统计分析：2008—2012 [R].北京：教育部发展规划司.
4. 中国学前教育发展战略研究课题组. 中国学前教育发展战略研究[M].北京：教育科学出版社，2010.

前教育,甚至部分国家还将其年龄上延至3岁以下。而在欧洲以外的OECD成员国,儿童享受免费教育的年龄一般为5岁。[①] 根据相关文件的规定,我国大部分幼儿园招收幼儿的年龄起点普遍为3周岁。可以看出,在学前教育入学起始年龄方面,我国与OECD成员国大致处于同一水平。但是,从学前教育的免费程度和范围来看,OECD很多成员国都实现了不同程度和不同范围的免费学前教育,而我国只有极少数省份开始了学前一年的免费教育。

三、幼儿园办园体制与格局比较

公立幼儿园和学前教育公共财政投入的比例是衡量学前教育公共资源的核心指标。在多数OECD国家,公立学前教育机构所占的比例达到六成乃至全部,大部分幼儿也都就读于公立学前教育机构,学前教育公共财政投入的比例也占到六成以上。

(一) 20个国家超过七成的幼儿就读于公立学前教育机构,中国只有五成

2008年,OECD成员国中公立学前教育机构所占比例超过了私立学前教育机构。有7个OECD国家公立学前教育机构的比例在80%以上,其中比例超过90%的国家有4个,比例为80%—89.9%的国家有3个,比例为60%—79.9%的国家有4个。也就是说,有11个国家公立学前教育机构的比例在六成以上。

2012年的最新数据分析显示,多数OECD国家公立学前教育机构覆盖了超过65%的幼儿。2012年OECD各成员国公立幼儿园在园幼儿占在园幼儿总人数的比例的平均水平为68%,其中20个国家的这一比例超过了70%。但是,公立幼儿园在园幼儿占在园幼儿总人数的比例在不同成员国之间差异很大,最高为98%,最低仅为1%。相比之下,中国2012年公立幼儿园在园幼儿占在园幼儿总人数的比例约为50%,低于OECD成员国平均水平18个百分点,属于公立幼儿园在园幼儿占比较少的国家。这说明我国公共学前教育资源相对较少,有待进一步增加。具体而言,我国需要建立更多公立学前教育机构,增加公立幼儿园的数量,提高公立幼儿园的比重,从而使更多的幼儿能够接受公立幼儿园教育。

(二) 各国学前教育公共财政投入占比超过八成,中国只有四成

学前教育投入特别是财政性投入是一个国家学前教育发展的有力保障,OECD各成员国财政性学前教育投入的比例一直很高且逐年增加。

2008年OECD各成员国学前教育公共财政投入占学前教育总投入的比例(以下简称公共财政投入占比)平均水平比例达到了81.5%,其中欧盟19国达到了87.8%。公共财政投入占比超过90%的国家有10个,80%—89.9%的国家有5个,60%—79.9%的国家有8个,低于60%的国家只有3个。中国与OECD各成员国相比,2008年公共财政投入所占比例为66.9%,与OECD国家的平均水平差距显著。

2010年OECD各成员国公共财政投入占比平均水平达到了82.1%,其中欧盟19

---

① OECD: *Starting Strong II: early childhood education and care*, Paris: OECD, 2006

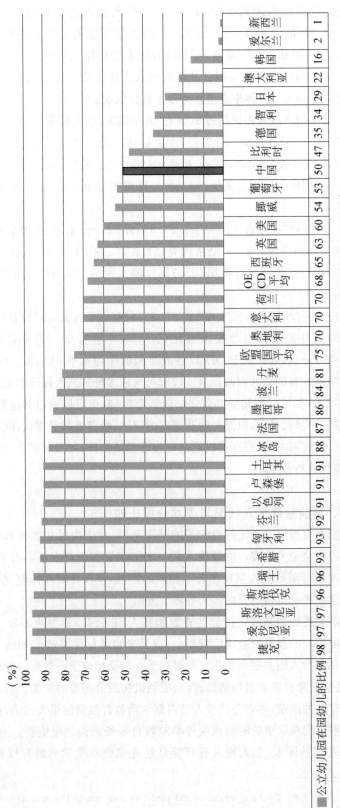

图 4-2 2012年中国与部分欧盟国家及部分OECD成员国公立幼儿园在园幼儿的比例（%）

数据来源：OECD. Education at a glance: OECD indicators 2014[M]. Paris: OECD, 2014.

国的公共资源比例达到了88.7%。公共财政投入占比超过90%的国家有10个，80%—89.9%的国家有5个，60%—79.9%的国家有7个。中国的这一比例为33.6%，与2008年相比有所降低，与OECD国家仍有较大差距。

2011年OECD各成员国公共财政投入占比平均水平达到了91.4%，其中欧盟19国达到了93.9%。具体来说主要有以下几种情况：

1. 公共财政投入占比超过90%有18个国家，包括瑞典(100%)、葡萄牙(99.9%)、芬兰(99.3%)、爱沙尼亚(98.9%)、卢森堡(97.9%)、丹麦(97.2%)、冰岛(96.3%)、比利时(96.2%)、意大利(96.2%)、奥地利(95.9%)、爱尔兰(95.8%)、波兰(93.9%)、日本(93%)、法国(91.8%)、美国(91.6%)、斯洛文尼亚(91.1%)、西班牙(91.1%)、捷克(90.9%)。

2. 公共财政投入占比为80%—89.9%有12个国家，包括加拿大(89.7%)、以色列(89.5%)、新西兰(88.8%)、斯洛伐克(88.6%)、瑞士(88.3%)、德国(87.9%)、土耳其(86.8%)、荷兰(86.8%)、英国(85.7%)、澳大利亚(83.6%)、墨西哥(82.6%)、韩国(80.7%)。

3. 公共财政投入占比为60%—79.9%只有1个国家，即智利(78.3%)。

2011年中国公共财政投入占比已从2008年的66.9%降低至40.8%，降低了26.1%个百分点，远远低于OECD各成员国的平均水平91.4%。因此，中国需要不断加大对学前教育的公共财政投入。政府可采取多种方式来保证和增加对学前教育的公共财政投入，如可以直接举办公立学前教育机构；也可以通过其他渠道，如对私立学前教育机构的奖励、补助，以及对幼儿家庭的津贴、税费抵扣等方式，间接实现对学前教育的投资。与此同时，政府还可以通过税收等经济杠杆，加强对非公立学前教育机构的引导、管理与扶持力度。

四、学前教育投入状况与成本分担比较

学前教育投资是奠定终身学习的坚实基础，对于确保儿童将来在学校可以获得公平的学习机会至关重要。财政投入是一个国家学前教育发展的有力保障，OECD各成员国学前教育财政投入呈现出各不相同的特点，体现在财政体制、投入总量，以及对不同性质学前教育机构的资助方式等多个方面。

学前教育经费来源包括公共资源和私人(非公共)资源两部分。[1] 其中，公共资源包括国际组织的援助资金或信贷资金，以及来自各国中央政府和地方政府财政性经费投入。私人投入则主要指幼儿父母对其子女接受相应学前教育服务所花费的家庭经费支出，还包括来自独立机构诸如教会、福利机构或公司等的捐助。对于那些已经实现学前教育普及的国家，尽管公共投入已占据学前教育经费的很大比重，但是私人投入对于支持一些家庭获取更长时间或额外学前教育服务来说仍很重要。当然，对于那些学前教育欠发达的国家，私人投入有可能是幼儿家庭享受学前教育权利的唯一经费保障

---

[1] Kamerman: "Early childhood education and care: An overview of the developments in OECD countries", *International Journal of Education Research*, vol. 33, 2000. pp. 7-30

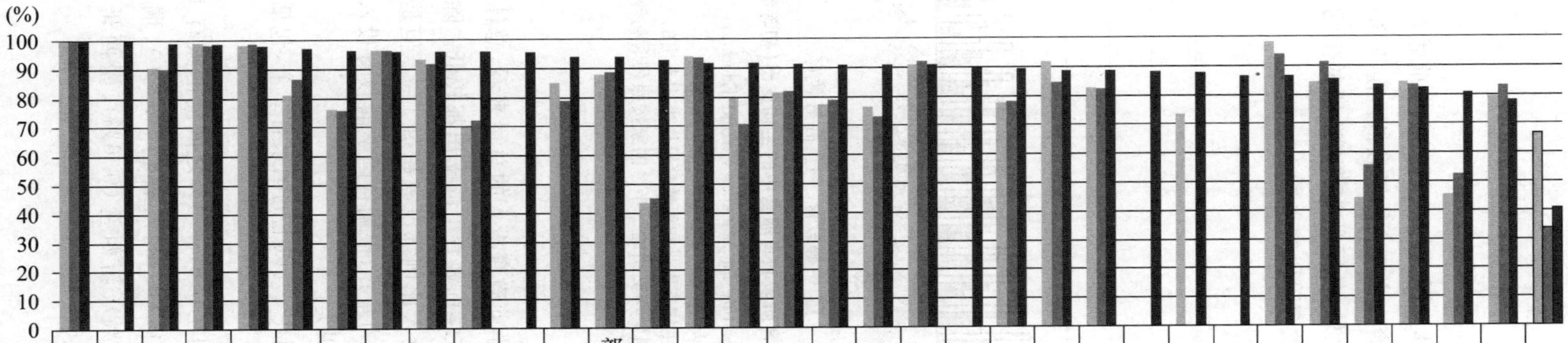

	瑞典	葡萄牙	芬兰	爱沙尼亚	卢森堡	丹麦	冰岛	比利时	意大利	奥地利	爱尔兰	波兰	部分欧盟国家平均	日本	法国	美国	OECD平均	斯洛文尼亚	西班牙	捷克	加拿大	以色列	新西兰	斯洛伐克	瑞士	德国	土耳其	荷兰	英国	澳大利亚	墨西哥	韩国	智利	中国
2008	100	—	90.5	99	98.2	81.2	76.4	96.5	93.3	70.2	—	85.2	87.8	43.5	94	79.8	81.5	77.5	76.7	91.6	91.1	77.8	91.6	82.9	—	73.5	—	98.4	84.5	44.5	84.3	45.5	79.5	66.9
2010	100	—	90.1	98.5	98.8	86.7	75.7	96.4	91.8	72.2	—	79	88.7	45.2	93.7	70.9	82.1	79.1	73.2	92	—	78.3	84.8	82.3	—	—	—	94.2	91.4	55.8	83.6	52.5	83.1	33.6
2011	100	99.9	99.3	98.9	97.9	97.7	96.3	96.2	95.3	95.2	95.9	93.9	93.9	93.9	91.8	91.6	91.4	91.1	91.1	90.9	89.9	89.5	88.3	88.6	88.7	87.9	86.8	86.8	85.7	83.6	82.6	80.7	78.3	40.8

图 4-3 2008—2011 年中国与部分 OECD 成员国学前教育公共财政投入占比（%）

数据来源：1. OECD. Education at a glance: OECD indicators [M]. Paris: OECD, 2012 – 2014.
2. 中国教育经费统计年鉴 1998—2012. [M]. 北京：中国统计出版社.1998—2013.

来源。

(一) 学前教育经费支出

1. 总体投入少

从学前教育投入的总量来看,总体来说,OECD 各国在学前教育上的支出都不超过其 GDP 的 1%,相对于其他水平的教育支出而言水平较低。由下图可直观地看出,除了德国、英国、匈牙利等少数几个国家之外,各国学前教育阶段的生均支出低于或远远低于初等、中等和高等教育等其他各级教育阶段的水平。①

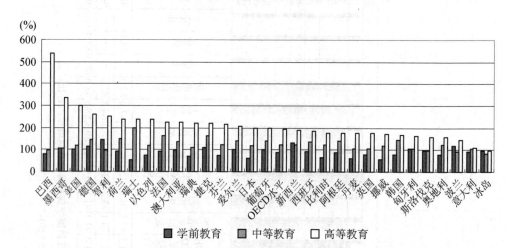

图 4-4 2008 年教育机构在各教育阶段教育服务中的生均支出(初等教育=100)

数据来源:OECD Argentina: UNESCO Institute for Statistics (World Education Indicators Programme). [EB/OL]. [2012-7-17] http://www.OECD.org/edu/eag2011

注:高等教育指数 300 意为高等教育机构生均支出是初等教育机构生均支出的 3 倍;学前教育机构指数 50 意为学前教育机构生均支出是初等教育机构生均支出的一半。国家按照相对初等教育的高等教育机构生均支出降序排列。

2. 各国投入差异显著

2011 年的最新数据分析显示,从学前教育投入的总量来看,总体来说,相对于与其他水平的教育支出而言,OECD 各国在学前教育上的支出都较低。除了丹麦(1.4%)和冰岛(1%),其他 OECD 国家的学前投入比例都没有超过 1%。但是,OECD 各国教育机构在学前教育阶段的支出具有显著的差异,根据各国学前教育投入占 GDP 的比重不同,可以将各 OECD 成员国分为以下四类:

(1) 学前教育经费占 GDP 的比例在 1%以上的国家有 2 个,包括丹麦(1.4%)和冰岛(1%)。

(2) 学前教育经费占 GDP 的比例在 0.6%—1%之间的国家有 13 个,包括西班牙(0.9%)、斯洛文尼亚(0.8%)、卢森堡(0.8%)、智利(0.8%)、瑞典(0.7%)、波兰(0.7%)、以色列(0.7%)、法国(0.7%)、新西兰(0.6%)、墨西哥(0.6%)、匈牙利(0.6%)、德国(0.6%)、奥地利(0.6%)。

---

① OECD: *Starting Strong II: Early Childhood Education and Care*, OECD Publishing, 2000

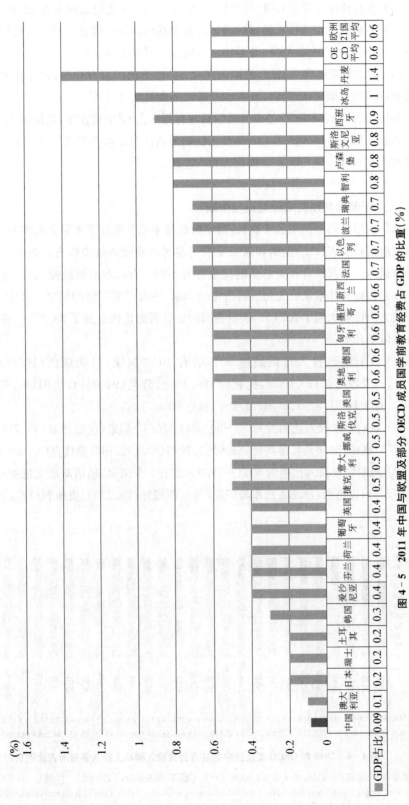

图 4-5 2011 年中国与欧盟及部分 OECD 成员国学前教育经费占 GDP 的比重(%)

数据来源：OECD. Education at a glance: OECD indicators 2014[M]. Paris: OECD, 2014.

(3) 学前教育经费占 GDP 的比例在 0.3%—0.6%之间的国家有 10 个,包括美国(0.5%)、斯洛伐克(0.5%)、挪威(0.5%)、意大利(0.5%)、捷克(0.5%)、英国(0.4%)、葡萄牙(0.4%)、荷兰(0.4%)、芬兰(0.4%)、爱沙尼亚(0.4%)。

(4) 学前教育经费占 GDP 的比例在 0.3%以下的国家有 5 个,包括韩国(0.3%)、土耳其(0.2%)、瑞士(0.2%)、日本(0.2%)、澳大利亚(0.1%)。

相比而言,较之 OECD 各成员国学前教育投入占 GDP 的比重,我国 2011 年学前教育经费投入仅占 GDP 的 0.09%,与投入比例最高的丹麦相差 15 倍,与 OECD 平均水平相差达到 6.66 倍,与 OECD 各国仍有很大差距。

(二) 学前教育经费来源渠道与构成

从学前教育的经费来源来看,各国学前教育事业发展经费来源呈现多元化的特点,即由政府财政投入、社会捐赠和家长交费等多种经费投入渠道构成。而主要区别在于各部分投入占学前教育经费总量的比重各有不同。有以政府财政投入为主的国家,也有以社会力量及儿童家庭支付学费为主的国家,还有二者均势的国家。其中,OECD 各国公共支出比例达到了 82.1%,欧盟各国的公共资源比例达到了 88.7%。具体来说主要分为以下几类:

(1) 政府财政投入比例超过 90%的有 10 个国家,包括瑞典(100%)、卢森堡(98.8%)、爱沙尼亚(98.5%)、比利时(96.4%)、荷兰(94.2%)、法国(93.7%)、捷克(92%)、意大利(91.8%)、英国(91.4%)和芬兰(90.1%)。

(2) 政府财政投入比例为 80%—89.9%的有 6 个国家,包括丹麦(86.7%)、新西兰(84.8%)、挪威(84.6%)、墨西哥(83.6%)、智利(83.1%)和斯洛伐克(82.3%)。

(3) 政府财政投入比例为 60%—79.9%的有 7 个国家,包括斯洛文尼亚(79.1%)、波兰(79%)、以色列(78.3%)、冰岛(75.7%)、西班牙(73.2%)、奥地利(72.2%)和美国(70.9%)。

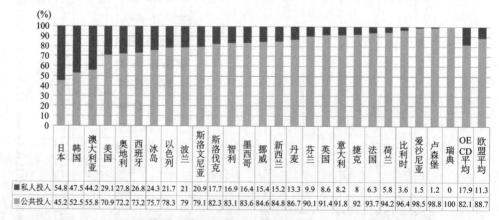

图 4-6　2010 年 OECD 成员国学前教育公共投入和私人投入各自所占比例(%)

数据来源:OECD. Education at a Glance 2013:OECD Indicators [EB/OL]. [2014-01-15] http://www.oecd.org/general/searchresults/? q=Education at a Glance 2013:OECD Indicators&cx=012432601748511391518:xzeadub0b0a&cof=FORID:11&ie=UTF-8.

(4) 政府财政投入低于60%的国家只有澳大利亚(55.8%)、韩国(52.5%)和日本(45.2%)三国。

根据公共支出与私人支出所占比例的不同,可以把DECD各国的学前教育经费来源渠道结构划分为以下三类:

1. 政府财政投入为主

在瑞典、芬兰、法国、荷兰、英国等欧洲国家,政府是学前教育成本的主要承担者,公共投入占学前教育投入的90%以上,而在社会福利保障最为完善的个别国家内,学前教育投入则完全由政府负担。

2. 政府、家庭与社会投入并重,渠道多样

在美国、澳大利亚、奥地利等国家,学前教育中的公共支出一般占学前教育总支出的70%左右。政府公共支出虽然依然是整个学前教育支出中的主要部分,但是私人部门对学前教育的作用明显加大,政府与社会、市场共同创建和支撑起了整个国家的学前教育体系。

3. 以市场和社会投入为主,多方筹集

日本和韩国的公共支出分别占学前教育总支出的45.2%和52.5%,远远低于上述欧美国家的比例,是一种典型的以市场和社会投入为主的财政支出结构。在这类国家中,政府对学前教育的财政投入占国民生产总值的比例一般较小,如日本的学前教育总支出占GDP的0.2%,韩国占0.3%,所以政府比较注意利用民间资金创办托幼机构。

表4-2 2004年部分国家学前教育机构公私负担的相对比例

国家	公共资源(%)	私人资源(%)	私人资源	
			家庭花费(%)	私人机构和团体(%)
澳大利亚	69.3	30.7	30.0	0.7
法国	95.8	4.2	4.2	N/a
日本	50.0	50.0	43.1	6.8
韩国	37.9	62.1	59.6	2.5
英国	94.9	5.1	5.1	N/a
美国	75.4	24.6	—	—
OECD平均水平	80.0	20.0	—	—
EU19平均水平	87.9	12.1	—	—

数据来源:OECD. Education at a Glance 2007: OECD INDICATORS, 2007, p. 220.

需要明确的是,政府保证和增加对学前教育的财政投入,并不等于由政府直接举办所有学前教育机构。国家在举办公立学前教育机构的同时,可以通过其他渠道,如对私立学前教育机构的奖励、补助,以及对幼儿家庭的津贴、税费抵扣等方式,间接实现对学

前教育投资。与此同时,一国政府还可以通过财政税收等经济杠杆,加强对非公立学前教育机构的引导、管理与扶持力度。

(三) 学前预算占教育总预算比例

在公共经费由精英教育转向大众普及教育的国际教育发展趋势中,加大对学前教育的公共投入,加大学前教育经费占公共投入的比例,已成为一种普遍做法。由图4-7可以看出,OECD成员国总体来说在学前教育方面的投入是巨大的。但各成员国的学前教育公共经费在整个公共投入中所占的份额存在显著差异。其中,爱尔兰、澳大利亚、土耳其和日本对学前教育阶段的投入约占总公共投入的0.2%;而卢森堡、丹麦、墨西哥和智利等国,对学前教育阶段的公共投入占教育经费总预算比例均超过1.5%,处于较高水平。相比而言,中国学前教育财政经费投入占公共投入的比重则相对极低。

(四) 生均经费

生均经费是衡量学前教育投入的重要指标。如图4-8显示,2010年OECD成员国学前教育平均年生均教育经费为5 643美元,其中欧盟国家的平均年生均教育经费更是高达6 261美元。相比而言,2010年中国幼儿园的年生均经费支出仅为人民币803.4元,与OECD平均相比差异巨大,与欧盟国家平均水平差距更大,投入最少的墨西哥也比中国高。

近几年,随着各国政府对学前教育重视程度的日益提升,OECD各成员国学前教育阶段生均经费呈显著增加趋势。增幅最大的3个国家是冰岛、新西兰和意大利,分别增加了3 200美元、2 653美元和2 048美元;韩国、美国、西班牙、瑞典、挪威、斯洛伐克和丹麦等9个国家增加了1 000美元以上,其中前7个国家增加的数量都高于OECD各国1 328美元的平均水平。但2010年有多数国家年生均经费呈下降趋势。中国2005年生均经费为人民币479.8元,2008年为803.4元,基数微小,增量也不大。

五、幼儿园教师队伍的状况比较

学前教育师资建设对于各国学前教育质量的保障和学前教育事业的发展至关重要。下面对OECD各成员国幼儿园教师人数、师幼比、教师待遇、资质水平要求与资格制度进行比较研究和分析,希望对我国建设高质量的、可持续发展的学前教育师资队伍提供有益参考。

(一) 教师队伍的人数变化

OECD各成员国在持续加大对学前教育投入的同时,也重视学前教师队伍的人才储备。联合国教科文组织的数据统计显示,2010年至2011年间,绝大多数OECD成员国内的学前教师绝对人数均有所增长。例如,英国学前教师人数由2010年的64 282人增长至2011年的68 637人;西班牙由于人口较多,其学前教师人数更是由2010年的148 808人增长至2011年的155 608人。同样,由于中国人口基数大,仅2010年至2011年间,幼儿园教师总人数就增加了180 070人,到2011年我国幼儿园教师人数已达到了1 285 800人。

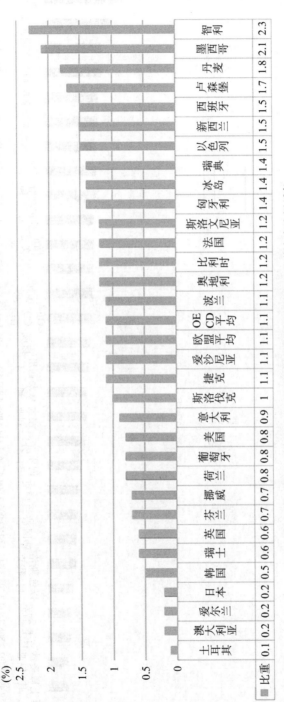

图 4-7 2010 年部分 OECD 成员国学前教育预算占总公共支出比例(%)

数据来源：OECD. Education at a Glance 2013: OECD Indicators. [EB/OL]. [2014-01-15] http://www.oecd.org/general/searchresults/?q=Education at a Glance 2013: OECD Indicators&cx=012432601748511391518: xzeadub0b0a8.cof=FORID: 11&ie=UTF-8.

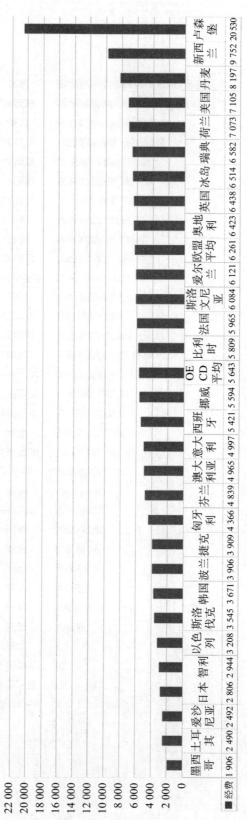

图 4-8 2010 年部分 OECD 成员国学前教育生均经费投入比较（单位：美元）

数据来源：OECD. Education at a Glance 2013: OECD Indicators [EB/OL]. [2014-01-15] http://www.oecd.org/general/searchresults/?q=Education at a Glance 2013: OECD Indicators&cx=012432601748511391518: xzeadub0b0a&cof=FORID: 11&ie=UTF-8.

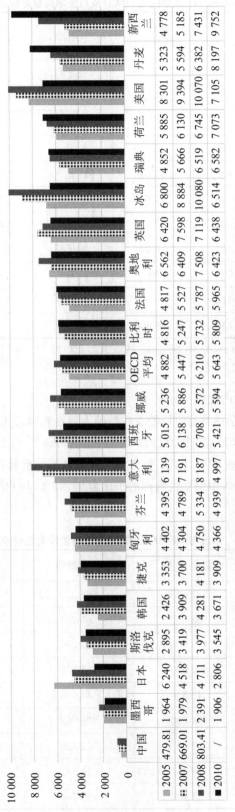

图 4-9 2005—2010 年中国与部分 OECD 成员国学前教育年生均经费趋势图（单位：美元）

数据来源：2005 年数据：OECD. Education at a Glance 2008; OECD [EB/OL]. [2012-07-20] http://www.OECD.org/edu/eag2008.
2007 年数据：OECD. Education at a Glance 2010; OECD [EB/OL]. [2013-01-17] http://www.OECD.org/edu/eag2010.
2008 年数据：OECD. Education at a Glance 2011; OECD [EB/OL]. [2013-01-17] http://www.OECD.org/edu/eag2011. 2012-07-20
2010 年数据：OECD. Education at a Glance 2013; OECD Indicators. [EB/OL]. [2014-01-15] http://www.oecd.org/general/searchresults/?q=Education at a Glance
2013；OECD Indicators&cx=012432601748511391518: xzeadub0b0a&cof=FORID: 11&ie=UTF-8.

注：中国单位为人民币，其他国家为美元；中国数据来源于《中国教育经费统计年鉴》

表4-3　2010—2011年中国与OECD成员国学前教育阶段教师人数变化

国家	2010年教师人数	2011年教师人数	国家	2010年教师人数	2011年教师人数
冰岛	2 089	2 532	匈牙利	30 087	30 442
斯洛文尼亚	5 330	5 699	比利时	31 194	31 978
爱沙尼亚	8 500	7 834	智利	52 621	57 404
新西兰	9 798	10 393	英国	64 282	68 637
斯洛伐克	11 493	11 645	日本	108 896	109 663
芬兰	14 198	14 961	法国	125 396	127 613
葡萄牙	17 531	17 499	西班牙	148 808	155 608
奥地利	19 353	19 941	墨西哥	182 054	184 550
捷克	22 778	23 847	德国	229 791	231 698
土耳其	42 716	48 330	美国	540 597	601 900
中国	1 105 730	1 285 800			

数据来源：UNESCO Institute for Statistics [EB/OL]. [2013-01-16] http://stats.uis.unesco.org/unesco/TableViewer/tableView.aspx.

(二) 女性教师所占比例

OECD所有国家学前教育阶段的女性教师人数占教师总人数的比重都很大，除法国之外，其余所有OECD成员国女性教师所占比例均高于90%，其中韩国、捷克、斯洛伐克和匈牙利更是高达99%以上。整个OECD成员国学前教育阶段的女性教师占比的平均水平为96.86%，中国女性教师的占比为97.03%，与OECD成员国的女性教师占比的平均水平相当。

表4-4　中国与OECD成员国学前教育阶段女性教师所占比例

国家	教师总数	女性教师	女性教师所占比例
法国	127 613	105 320	82.53%
英国	68 637	65 205	95.00%
西班牙	155 608	147 230	94.62%
美国	601 900	565 572	93.96%
土耳其	48 330	44 916	92.94%
墨西哥	184 550	176 962	95.89%
冰岛	2 532	2 426	95.81%
芬兰	14 961	14 542	97.20%
智利	57 404	56 740	98.84%

续　表

国家	教师总数	女性教师	女性教师所占比例
保加利亚	18 147	18 121	99.86%
爱沙尼亚	7 834	7 809	99.68%
斯洛文尼亚	5 699	5 570	97.74%
葡萄牙	17 499	17 281	98.75%
比利时	31 978	31 160	97.44%
德国	231 698	225 449	97.30%
波兰	72 130	70 804	98.16%
新西兰	10 393	10 183	97.98%
奥地利	19 941	19 700	98.79%
韩国	71 973	71 424	99.24%
捷克	23 847	23 762	99.64%
匈牙利	30 442	30 367	99.75%
斯洛伐克	11 645	11 622	99.80%
OECD 平均	/	/	96.86%
中国	1 285 800	1 247 617	97.03%

数据来源：UNESCO Institute for Statistics. [EB/OL]. [2013-01-16] http://stats.uis.unesco.org/unesco/TableViewer/tableView.aspx

(三) 师幼比

学前教育阶段的师幼比指的是相关教学人员（教师和助教）与幼儿人数的比值，是反映学前教育质量的重要指标之一。

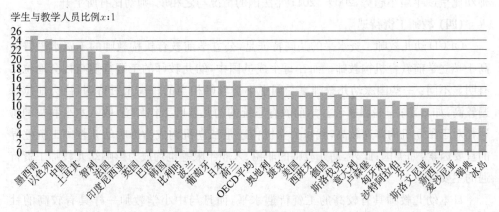

图 4-10　2010 年中国和 OECD 31 个成员国学前教育阶段学生与教学人员比例

数据来源：OECD. Argentina and Indonesia：UNESCO Institute for Statistics（World Education Indicators Programme）. [EB/OL]. www.oecd.org/edu/eag.htm.

表 4-5　2011 年 OECD 31 个成员国学前教育阶段师幼比总体情况

师幼比	国家数	百分比	师幼比	国家数	百分比
1∶6 至 1∶10	6	19%	1∶21 至 1∶29	6	19%
1∶11 至 1∶15	13	42%	1∶16 至 1∶20	6	19%

2011 年,共有 31 个 OECD 成员国报告了学前教育教师的数量和与之相应的师幼比,总体情况如表 4-5 所示,师幼比在 1∶20 以下的国家占多数,比例达 80% 以上。同年,我国师幼比为 1∶23,与 OECD 多数国家仍存在较大差距。

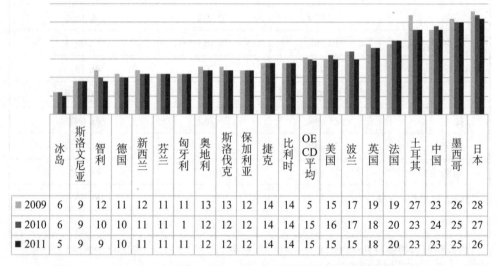

图 4-11　2009—2011 年中国与部分 OECD 成员国学前教育师幼比变化趋势(1∶x)

数据来源：UNESCO Institute for Statistics. [EB/OL]. [2014-01-16] http://stats.uis.unesco.org/unesco/TableViewer/document.aspx?ReportId=136&IF_Language=eng&BR_Topic=0.

从近几年 OECD 成员国学前教育阶段师幼比的发展趋势来看,多数 OECD 成员国师幼比呈逐年缩小趋势,2009—2011 年法国的情况与之相反,师幼比有所上升。

(四) 教师工资待遇

OECD 幼儿教师工资水平的共同特征是,公立学前教育机构教师的工资水平普遍高于私立学前教育机构教师。而在每个成员国中,幼儿教师的工资待遇与社会地位又有明显不同:一些国家幼儿教师享受同中小学教师相当的较高工资待遇,社会地位普遍较高,如日本;一些国家公立学前教育系统的幼儿教师工作环境、收入水平和福利待遇相对于私立机构普遍较高,就职公立机构还是私立机构成为影响幼儿教师工资差异的首要因素,如美国;此外,幼儿教师的职位、入职年限等也均成为影响幼儿教师工资待遇的主要因素。

日本幼儿教师具有较高的工资待遇水平,而且与中小学教师一样具有较高的社会地位。日本政府为提高学前教育教师队伍的质量,鼓励更多的优秀人才从事学前教育工作,近年来大幅度提高幼儿园教师的工资待遇,并对志愿任教的学生实行奖励制度。例如国立和公立幼儿园的教师工资比一般国家公务员高出20%左右,而保育士的待遇也在不断增长。具体来看,日本国立和公立幼儿教师工资待遇同样普遍高于私立机构的幼儿教师,详见表4-6。总体上讲,日本幼儿教师由于其具有同中小学教师同等的身份、地位,特别是作为教育公务员的法定身份与特殊优惠待遇,使得幼儿教师职业成为本国具有较高社会地位与社会声望的职业,也因此具有较高的竞争性。

表4-6 日本不同类型幼儿教师月工资待遇及其比例(单位%)

类别	总计	10万日元以下	10—15万日元	15—20万日元	20—25万日元	25—30万日元	30—35万日元	35—40万日元	40—45万日元	45万日元以上	平均每月工资(1 000日元)
总计	100.0	3.9	7.4	46.7	18.3	6.3	4.4	5.3	4.6	3.0	221.1
国立	100.0	4.6	0.3	2.4	11.6	14.4	15.9	29.7	17.1	4.0	325.6
公立	100.0	5.6	2.6	14.6	12.8	10.7	11.0	20.8	19.6	2.2	297.3
私立	100.0	3.5	8.6	54.5	19.6	5.3	2.7	1.6	1.0	3.2	202.9

数据来源:文部科学省.平成22年度学校教员统计调查[R/OL].[2011-9-17] http://www.e-stat.go.jp/SG1/estat/List.do?bid=000001033684&cycode=0.

与日本情况相同的还有法国。由于法国幼儿教师的准公务员身份,中央财政直接拨付幼儿教师工资,其工资待遇非常有保障,社会地位也较高。

美国公立学前教育系统的幼儿教师工作环境、收入水平和福利待遇相对较高。以华盛顿州为例,2005年幼儿园教师平均年薪为45 250美元,而且有逐年增长的趋势,学前班教师平均年薪明显低于此,为25 150美元。[1] 这与美国劳工部2007年对全美的统计数据也基本吻合。根据美国劳工部2011年发布的最新数据,2010年美国幼儿园教师的年平均工资为51 550美元,学前班教师的年平均工资为29 200美元。[2] 然而美国幼儿教师在工资待遇方面的问题在于,幼儿园教师与保育中心保育员的工资差距过大,特别是美国私立系统中儿童保育员的工资非常低。此外,美国"提前开端"项目教师的工资水平正在逐步增加,已与学前班教师工资水平基本相当。在"提前开端"项目中,教师的工资水平与其学历层次、职位密切相关。表4-7显示,2009—2010年,"提前开端"项目中,拥有CDA证书教师的工资为22 385美元,拥有助教(Associate Degree)证书教师的工资为26 000美元,有本科学历教师的工资则为29 494美元。[3]

---

[1] 成丽媛等:《美国幼儿教师资格及其认证方式简介》,《学前教育研究》2007年第12期。
[2] http://www.bls.gov/news.release/ocwage.htm,检索日期2011-9-16。
[3] U.S. Department of Health and Human Services. Head Start Program Information Report for the 2009-2010 Program Year, National Level Survey Summary Report, http://www.nhsa.org/files/static_page_files/48BADE30-1D09-3519-ADED347C39FA16A4/Basic_Head_Start_Facts_rev02212011.pdf,检索日期:2010-9-16。

表4-7 2009—2010年"提前开端"项目不同资质教师的工资待遇　　单位：美元

资质	平均工资	资质	平均工资
有CDA证书的教师	22 385	获得研究生学位的教师	35 766
获得副学士学位的教师	26 004	助教	17 584
获得学士学位的教师	29 494		

数据来源：National Institute for Early Education Research. The State of Preschool, 2010. p. 244.

在英国,学前工作者的工资水平有一定的地区差异性,与各地方的经济发展水平、消费水平等因素密切相关。例如,伦敦地区的学前工作者的收入就相对较高。若再具体到某一地区内,员工工资水平则与教育保育机构的类型和具体的工作小时数直接相关。另外,员工工资水平与其自身的能力同样紧密相连,一般来说,某一员工所持有的资格证书级别越高,工作经验越丰富,其享受到的工资待遇也就越高。近年来,随着英国不断提升对儿童学前教育保育事业的重视程度,学前工作者的工资水平相应有了明显的提高。在所有儿童保育机构中,提供全天保育的儿童中心员工比其他类型的保育机构员工工资都高,平均工资达到每小时10.9英镑。其次为校外保育员工,包括假期俱乐部和课后俱乐部员工,其平均工资分别为每小时9英镑和8.3英镑。全天保育机构和时段性保育机构的员工工资则最低,分别为每小时8英镑和7.8英镑。整体对比来讲,2010年英国普通雇佣人员平均每小时的薪金水平为14.65英镑,相比而言,各类学前保育机构工作者的工资水平还处于比较低的水平。①

表4-8　英国儿童保育机构工作者的平均时薪(单位：英镑)

	全天保育	儿童中心的全天保育	时段性保育	课后俱乐部	假期俱乐部
高级管理者	10.80	16.30	9.60	11.20	11.90
保育指导员	8.30	11.50	8.00	8.60	9.30
其他支薪儿童保育员	6.60	8.40	6.70	6.70	7.80
保育机构员工全体	8.00	10.90	7.80	8.30	9.00

数据来源：Department for Education. Childcare and Early Years Providers Survey 2010, 2011. p. 103.

当然以上国家学前教师工资不能代表OECD其余所有国家。一些国家相对来说能保证学前教师拥有较高的工资。比如在西班牙,学前教师的工资约为小学教师工资的90%,而西班牙小学教师工资则稍超出人均国内生产总值。与此相反的是墨西哥学前教师的工资比较低,为了增加收入,许多教师采取双班轮流制的方法,也有些教师找了教育领域之外的第二份职业。

---

① http://www.statistics.gov.uk/downloads/theme_labour/ashe-2010/2010-all-employees.pdf/(Table 1.6a)

(五) 教师资格认证

比较研究显示,将幼儿教师纳入国家统一的教师资系列是一些国家的共同做法,并对有效提高幼儿教师的资质水平、提升学前教育教学质量起到了实质性的作用。大多数的 OECD 国家并未提供过有关学前教育阶段满足最低培训的教师比例数据。但不能否认的是 OECD 高质量学前教育有赖于通过教师教育和培训使其幼儿教师拥有专门化的知识基础。

为确保幼儿教师的质量,日本政府制定了一系列法律法规,并分别建立幼儿园教师和保育所保育士的许可证(即资格证书)制度。按日本有关法律的规定,凡是教师必须持有教师许可证。按照《教员许可法》、《教员许可法施行令》等法律的规定,第一,不论国、公、私立与否,凡幼儿园教员均需具备幼儿园教员许可证。第二,幼儿园教员许可证分普通许可证和临时许可证两种。普通许可证分三类,第一类是幼儿园教员专修许可证,一般能发给硕士学位的毕业生;第二类是幼儿园教员一级许可证,发给学士(本科学历)学位的毕业生;第三类是幼儿园教员的二级许可证,发给接受 2 年以上高等教育的毕业生。持有普通许可证的幼儿教师为教谕,且一旦获得该许可证,终身有效,并全国通用。持临时许可证的幼儿教师为助教谕,在特别情况下可以通过教育职员考试获得该资格。该许可证有效期为三年(有特殊需要时可以延长),且只能在所授予的地区使用。第三,许可证的授予权统归都道府县教育委员会和知事所有。第四,为获得教师许可证,教师必须在文部大臣指定的培养机构或大学修完规定的课程,获得相应的学分,并通过身份、教学能力和健康状况的考核。课程大致分为两种:一种是在大学学完 4 年课程并获得至少 124 个学分,可获一级普通许可证;另一种则是在短期大学学完 2 年课程并获得至少 62 个学分,可获二级普通许可证。对于保育所保育士而言,保育士资格取得有两个途径:一是从厚生劳动省所指定的保育士养成学校或养成所毕业;二是在各都道府县所举办的保育士考试中获得及格。可以报考保育士考试的人员包括:高等学校毕业者,在儿童福祉机构从事儿童保护工作三年以上者,以及依据厚生劳动省大臣所订定的基准,由都道、府县知事确认者。

美国公立、私立学前教育系统和"提前开端"项目系统并存的局面,使得其幼儿教师的资格认证也较他国更显多元化。美国公立幼儿园教师可取得幼儿教育教师资格证书或小学教师资格证书或二者兼具。据美国教育部的统计数据显示,1998 年至 1999 年期间,在美国公立幼儿园的教师中,10 900 位教师拥有本科学历(61%),5 700 位教师拥有硕士学历(32%),而拥有博士学历和教育专门技能的教师有 12 000 位(7%)。在这些教师当中,54%的人获得了幼儿教育的教师资格证书,而 88%拥有小学的教师资格证书。[1] 而在"提前开端"项目中,90%的教师拥有 CDA 证书、幼儿教育的教师资格证书或者学士学位。[2] 2005 年,69%的"提前开端"教师有至少 2 年的学院学位,32.8%的教师

---

[1] Walston, J. T., and West, J.: Full-day and Half-day Kindergarten in the United States: Findings from the Early Childhood Longitudinal Study, Kindergarten Class of 1998 - 99 (NCES 2004 - 078). U. S. Department of Education, National Center for Education Statistics. Washington, DC: U. S. Government Printing Office, 2004. p.7

[2] OECD. *OECD Country Note. Early Childhood Education and Care Policy in The United States of America*, 2000. p.30

拥有专科学位,31.5%有学士学位,4.7%有研究生学位,22%获得了CDA证书。此外,在只获得CDA证书的"提前开端"教师人群中,有将近50%的人正在攻读学位,①获得专科学位的"提前开端"教师里,有20%的教师在攻读学士学位。②

  英国学前教育和保育领域的资格证书结构比较复杂,课程管理局(Qualifications and Curriculum Authority,QCA)的网站上列出的与儿童发展相关的证书共计77类。③各类证书并非按照一定的计划发展而来,而是随着社会需求的变化而不断发展形成。总的来说,与儿童早期教育和保育工作相关的资格证书共分以下三类:全国职业资格证书(National Vocational Qualification,简称NVQ)、基础学位(Foundation Degree)和儿童早期研究学位(幼儿教育学学位)(Early Childhood Studies Degree),其证书获取途径各不相同。各类证书类型各有其优势所在,互相竞争的同时,又互为补充,相互促进,最终呈现出一个多样化的证书结构体系。这些证书或学位课程在经过专业认可后,形成了不同的资格证书等级,从而方便政府及托幼机构的管理人员据此组织相应的聘用工作。

  瑞典近期通过了为缩小小学教师和各种学前教育工作者之间差距而进行的学前教育教师培训制度改革,其中包括幼儿园老师、小学老师以及业余教员。之前幼儿园老师和业余教员只需接受三年的大学教育,而小学老师则需接受三年半的大学教育。通过改革,目前这些不同类别的教师都将接受相同时间的大学教育,即共计三年半的学习时间。

  德国培养学前儿童教师的机构主要是:技术学院、大学和培训机构。技术学院担负着培养学前教师的主要责任。未来的教师中学或职业学校毕业后,获得一年以上的工作经验,再在技术学院进修三年,而从大学毕业的学前教师所占的比例较小。这些大学生在校的前三年,主要是学习学前教育基本理论,进行深入的专题研究,后一年需要参加学前教育实践活动。培训学院主要培养学前教师助手,培训时间灵活多样,根据具体情况,对学生进行1—3年的培训,毕业后在学前教育机构担当教师的助手一职。此外,德国还通过其他形式来培养保教工作者。在重视对未来的教师进行职前教育的同时,还强调教师的在职进修,以提高师资队伍的水平,增强教师的适应能力。德国每一类学校的教师都必须要受过高等教育,而且还专门受过从事教育工作的培训。只有通过所学专业和教育学两种国家考试,才能取得教师资格,被国家聘为终身职员。由此可见,德国对幼儿教育工作者的要求是相当严格的,因而幼教师资力量雄厚。④

  在OECD其他国家,比如法国,幼儿教师必须通过国家级别的考试,而这种考试只针对那些已获得准入凭证的教师开放,比如要求规定只有拥有三年制高等教育文凭者才可以参加此类考试⑤。在比利时、丹麦、德国、希腊、爱尔兰、卢森堡、葡萄牙和芬兰等

---

① Biennial Report to Congress: *The Status of Children in Head Start Programs*,2005
② McCormick Tribune Center for Early Childhood Leadership: National-Louis University, Head Start Programs and Teaching Staff in 2005. p. 1
③ Owen. Training and workforce issues in the early years. In Pugh, G., Duffy, B. *Contemporary issues in the early years* (4th Edition). London: Paul Chapman Publishing, 2006 pp. 183-193
④ 陶金玲:《德国学前教育特色之二:管理与师资》,《国外幼教》2007年第2期
⑤ OECD Directorate for Education: Early childhood education and care policy: Country Note for France. Paris: OECD, 2004

国,学前教师被要求在中学毕业后再完成至少三年的继续教育。而在西班牙,学前教师则需要至少获得学士学位。①

思考题

1. OECD 成员国学前教育的性质可以划分为哪几种模式?
2. OECD 成员国的学前教育普及情况如何?请从学前教育普及起始年龄、学前入园率两个方面举例说明。
3. OECD 成员国的学前教育经费支出有哪几个较为突出的特点?请作简要概括及分析。
4. OECD 各成员国幼儿教师人数、师幼比、教师待遇等各有哪些特点?
5. OECD 成员国对幼儿教师的资质水平要求与资格制度大致如何?请以美、日、英为例进行分析。

---

① OECD/UNESCO. Policy Review Report: Early Childhood Care and Education in Brazil. Paris: OECD/UNESCO, 2005.

第五章 九个人口大国的学前教育

学习目标

1. 了解九个人口大国学前教育的性质与价值。
2. 认识九个人口大国学前教育的普及情况。
3. 知道九个人口大国学前教育的办园情况。
4. 熟悉九个人口大国学前教育的投入情况。
5. 了解九个人口大国学前教育的教师队伍情况。

内容脉络

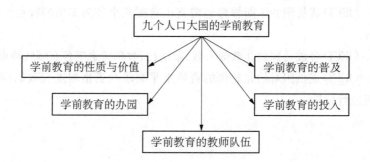

1993年,联合国教科文组织将九个文盲率最高、人口数量最多的国家作为世界全民教育发展的"特别优先对象",并在印度首都新德里举行"九个人口大国全民教育高峰会议",①自此形成了一个促进全球全民教育和南南合作的有力团体。九个人口大国包括孟加拉国、巴西、中国、埃及、印度、印度尼西亚、墨西哥、尼日利亚和巴基斯坦。九国的人口占世界人口总数的60%,同时成人文盲人口占世界总数的三分之二,并拥有全球超过一半的辍学儿童,九国的教育系统也因此面临着相似的挑战。② 九个人口大国存在着一些共同的特征和问题,包括强大的人口压力、大量的偏远地区人群、庞大的教育系统、相对低水平的中央政府教育经费投入、在降低成人文盲上的持久问题等。本章对九个人口大国的学前教育基本现状进行系统描述、比较,同时体现中国在九个人口大国中学前教育的相对发展水平。

一、学前教育的性质与价值
(一)巴西学前教育的性质和价值
1. 学前教育是非义务教育,同时也是基础教育的第一阶段

巴西1996年的教育法把学前教育作为基础教育第一阶段,并明确服务的对象为0到6岁儿童。法律规定日托中心和学前学校是分别为0岁—3岁和4岁—6岁儿童提供学前教育的机构,并说明日托中心和学前学校都应当作为教育机构,当然这并不是强制性的。同时,法律规定所有类型的早期儿童服务都应当被整合到教育体系中,并且儿童的保育和教育政策应互相协调,并由相关的教育部门负责制定。③

2. 接受学前教育是宪法赋予儿童的权利,市政当局负责提供学前教育

在巴西,6岁以下儿童接受学前教育是宪法赋予儿童的权利。宪法规定为早期儿童提供教育的职责应由市政当局来承担。在学前教育的两种办学机构中,大部分的学前学校和日托中心都是由市政府负责开办的,虽然近些年来私立学前学校和日托中心的数量有所上升,但公立学前教育机构仍占据大部分。

3. 学前教育具有较强的公益性

巴西的学前教育具有较强的公益性,政府努力拓宽学前教育的入学途径,尽力使更多的儿童能够接受学前教育。巴西政府针对贫困地区儿童和处境不利儿童制定了多项措施,通过提供收费低廉的学前教育机构来提高贫困地区儿童的入学率,同时制定了相关法律来保障弱势儿童能够进入学前教育机构中。巴西政府发展学前教育的一个重要目的就在于通过为弱势儿童群体及其家庭提供必要的资助和扶持,进而保障学前教育的覆盖率,使更多的儿童接受学前教育。

4. 学前教育能确保教育起点公平

巴西国家教育政策的一个目标就是保证所有的弱势儿童都可以进入常规的学前教育机构中(Regular ECD Institutions)。巴西法律规定所有儿童都应当被常规学校

---
① http://www.360doc.com/content/09/0611/16/161254_3857082.shtml,检索日期2012-7-16
② http://www.unesco.org/en/education-for-all-international-coordination/themes/international-cooperation/e-9-initiative/,检索日期2012-7-16
③ UNESCO. (2007): Policy Review Report: Early Childhood Care and Education In Brazil. p.15

(Mainstream Schools)接受。因此,共有 108 596 名弱势儿童进入日托中心和学前学校,但其中 78%的儿童进入特殊学校(2004)。[①]

虽然巴西 1996 年的教育法规定,日托中心由教育部管理,但联邦政府社会部门仍为日托中心提供资助,以保证弱势群体儿童也可以接受学前教育。同时,在经济条件差的地区,巴西政府创建了许多针对贫困家庭的、收费较低的早期儿童服务机构。因此,从学前教育的入学率来看,巴西最穷的东北地区 0 岁—6 岁儿童的入学率为 39%,仅略低于最富的东南地区,而该地区 4 岁—6 岁儿童的入学率则为全国最高。

5. 学前教育能促进儿童身心全面健康发展

在巴西联邦政府制定的学前学校教育指导方针中,对学前教育的教育目的规定如下:为儿童的身体、情感、认知和社会性发展提供合适的环境;促进儿童对知识和经验的运用,激发儿童对自然转变过程和有活力的社会生活的兴趣;努力保证儿童将在团结、自由、相互合作和尊重的价值观念下进行社会交往,建立社会关系。

从巴西联邦政府学前学校的教育指导方针中可以看出,巴西在 4 岁—6 岁儿童的学前教育上重视儿童身心的全面健康发展,重视培养儿童对自然、对知识的兴趣,重视儿童价值观的形成,为儿童的终身发展和学习奠定良好的基础。

(二) 印度尼西亚学前教育的性质与价值

1. 学前教育不属于正规教育制度的组成部分

在印度尼西亚,正规教育由 6 年小学教育(SD)、3 年初中教育(SMP)、3 年高中教育(SLTA)和 4 年高等教育组成。其中,9 年的小学和初中教育属于免费的基础义务教育。儿童一般从 7 岁开始接受正规教育。印度尼西亚《2003 年国家教育制度法》(*National Education System Law 2003*)第 26 款第 3 条规定,非正规教育包括生活技能教育、学前教育、识字教育等,学前教育既不属于正规教育体制的组成部分,也不属于基础教育的一部分。但该法第 28 款第 2 条又提到:学前教育是基础教育的准备阶段,它可以有正规、非正规和非正式三种组织形式。[②] 由此可见,法律条款对学前教育在正规教育制度中的定位存在分歧,或许可以对法律条款的规定进行这样的理解,即学前教育不属于正规教育体制的组成部分,但其开展可以采取正规、非正规与非正式三种形式。

2. 学前教育普遍向家庭收取学费

在印度尼西亚,不管是公立还是私立学前教育机构,都会收取一定量的学费。在以公立为主的综合服务中心中,家长在每一学段要付 Rp. 500。在由基督教儿童基金所开办的儿童中心中,家长需通过贡献食物、时间和劳动(比如帮助喂养孩子、修建房屋等)为儿童中心提供帮助,同时,还需交纳 Rp. 2 500 到 Rp. 7 500 不等的学费。[③]

根据 IEA(International Association for the Evaluation of Educational Achievement)学前教育项目(Pre-primary Education Project)的调查,印度尼西亚 97%的城市幼儿园

[①] IBE. (2006). *Country Profile commissioned for the EFA Global Monitoring Report 2007*, Strong Foundations: Early Childhood Care and Education
[②] UNESCO. *The background report of Indonesia*, 2004. p. 19
[③] UNESCO. *The background report of Indonesia*, 2004. p. 33

和71%的农村幼儿园都会收取学费。① 除了常规费用外,73%的城市幼儿园和64%的农村幼儿园收取额外的课本和学习材料费。IEA 2001年的儿童保育和教育调查显示,在印度尼西亚大约65%工作的父母平均每月要为接受学前教育机构服务的儿童付Rp.36,000(或$4)的学费。除此之外,28%的城市家长和32%的农村家长为学前教育机构提供慈善帮助,如为孩子提供午餐。

3. 为儿童提供教育和保育服务,并向家长普及育儿知识

(1) 教育功能:为儿童入小学做准备,重视学习技能的培养

印度尼西亚国家教育部课程发展中心(Curriculum Development Centre of the Ministry of National Education, MONE)为5岁儿童制定了较为具体的国家课程,大多数幼儿园、伊斯兰教幼儿园和游戏小组都根据这一国家课程来组织自己的活动,重视儿童认知、情感、行为、社会性和语言发展,尤其重视儿童读写能力的培养,为儿童的终身学习奠定基础。

原则上说,游戏小组主要应让幼儿进行游戏活动,但它们也常常和幼儿园一样,实施学习活动项目(Learning Activity Programmes, PKB),强调儿童读写技能的获得,为入小学做准备。

(2) 看护儿童,并向儿童和家长提供健康、营养和教育等方面的相关知识

儿童中心(TPA)主要为工作的父母提供服务,保育与教育并举。在农村地区,儿童中心的主要功能是提供儿童看护,城市中的儿童中心也有教育的功能。

综合服务中心(Posyandu)为母亲和儿童提供健康(如免疫)和营养(如提供食物)服务,监测儿童的健康和营养状况,为怀孕的母亲提供产前服务,同时,为家长提供儿童心理发展的教育并重视开展为儿童入学做准备的相关活动。母亲培训中心(BKB)为家长和家庭提供儿童发展教育,重视儿童的健康、营养和心理,并为家长在儿童进入正规学校的准备方面提供培训(Family Development Programmes for School Readiness)。

印度尼西亚的学前教育不仅关注儿童自身的保育和教育,同时也有大量的家长服务项目,充分发挥了学前教育的社会服务功能。但同时也应该注意到其非义务性学前教育(0岁—6岁)、8年义务初等教育(7岁—14岁)②和3年非义务性中等教育(15岁—17岁)。③

(三) 巴基斯坦学前教育的性质与价值

作为教育社会化进程的组成部分,巴基斯坦学前教育由公立学校提供,学前教育班级叫做Kachi。根据1998年至2010年国家教育政策,Kachi是小学内的正式班级。《国家行动计划2001—2005》(National Plan of Action for EFA 2001-2005)承认了由Kachi这一形式来承担巴基斯坦的学前教育,为3岁—5岁的儿童提供教育,学制为两年,3岁—4岁入学。其教学情况和小学很相似。巴基斯坦政府也正努力将学前教育融入小学教育(Primary Education)之中,政府同时鼓励私立学校在它们的小学内提供

---

① UNESCO. (2004). *The background report of Indonesia*, 2004. p.33
② 初等教育(educação fundamental)包括4年小学教育和4年初中教育。FUNDEB把义务教育的年限扩展到9年,包括最后一年的学前教育(6岁)
③ UNESCO. Policy Review Report: Early Childhood Care and Education In Brazil, 2007. p.13

学前教育服务。

在巴基斯坦,学前教育能够促进幼儿做好入学准备已经成为社会的共识。一方面,它为儿童适应小学教育的要求提供了可能;另一方面,它对提高和保持小学的入学率起着积极作用。国家教育方针支持儿童的全面发展,特别是关注儿童的身体健康、心理与社会性发展,致力于减少对于阅读、写字和数学等方面内容的讲授。政府也在继续完善公立幼儿园的设施,学前教育事业在巴基斯坦国家范围内继续扩大。

巴基斯坦的学前教育主要基于福禄倍尔的理论。学前教育重点关注儿童在学校环境中的人格特质和社会性发展,儿童通过与同龄人的互动而学习。对于3岁—5岁的幼儿而言,学前教育可以发展他们的审美、社会性和交往能力。

(四) 印度学前教育的性质与价值

1. 5岁—6岁学前教育被纳入到学制体系之中,成为基础教育的有机组成部分

由于印度教育基本法缺位,于1986年颁布、1992年修订的《国家教育政策》(*National Policy on Education*)中关于印度学制构成的提法成为印度学前教育在学制系统中定位的重要依据。印度在《国家教育政策》中题为"国家教育体系"(National System of Education)的部分明确将印度学校教育制度界定为"10+2+3"结构,其中"10"包括八年初等教育和两年中等教育阶段,初等教育阶段又包括五年小学和三年高级小学。① 从提法上来看,学前教育(3岁—6岁)显然并没有被包括在正规学制系统之内。也就是说,尽管《国家教育政策》中也指出学前教育是初等教育以及印度人力资源发展的重要支持与给养,但学前教育至今尚未纳入印度正规学制系统,更没有成为基础教育的一个组成部分与奠基阶段。但从印度教育部(Department of Education)网站上公布的印度学制系统图来看,印度政府已然将5岁—6岁的学前班教育(pre-primary)纳入学制体系之中,作为各级教育组织的第一阶段。② 因此,在印度,5岁—6岁年龄阶段的学前教育被正式纳入到国家教育体系之中,成为基础教育的有机组成部分。

2. 学前教育不属于义务教育,但弱势群体项目实施免费

印度并没有将学前教育纳入到义务教育范畴。印度《宪法》承诺"向所有14岁以下儿童提供免费和强制的义务教育"③。起初,印度《宪法》并未规定享受义务教育儿童的年龄下限,因此学前儿童教育服务也被包含在《宪法》所承诺的免费义务教育范围内。但在2002年12月,印度《第86次宪法修正案》明确将0岁—14岁分为两个年龄阶段,并在第21A条中规定接受义务教育是6岁—14岁儿童的基本权利。《宪法》第45条则规定:"国家应竭尽所能为所有6岁以下的儿童提供早期儿童保育和教育。"④ 与此同时,《宪法》第45条也规定:"早期儿童保育与教育是国家应该为儿童提供的服务,但并非是

---

① Government of India、Department of Education、Ministry of Human Resource Development: *National Policy on Education* 1986, *As modified in* 1992 *with National Policy on* 1968. p.7
② Government of India、Department of Education、Ministry of Human Resource Development, http://www.education.nic.in/strchar1.htm. 检索日期: 2011-12-12
③ 《Sub group report early childhood education in the eleventh five year plan (2007-2012)》. http://wcd.nic.in/. 检索日期: 2011-2-15
④ Working group on development of children for the eleventh five year plan (2007-2012)—A Report. http://wcd.nic.in/. 检索日期: 2011-11-15

每个儿童的法定权利。"而且,由学制图可知,印度义务教育仅涵盖 6 岁—11 岁的初级小学阶段和 11 岁—14 岁的高级小学阶段,共八年,并不包括学前班教育(含 5 岁—6 岁)。[①] 这样来说,印度儿童并非强制参与学前教育,也就意味着印度的学前教育不具备义务教育的性质。

印度学前教育虽然并不属于义务教育,但是政府却实施了弱势群体项目免费的政策,向 0 岁—6 岁处境不利儿童及其家庭提供包括教育、健康、营养等方面的综合性服务。比如,印度中央政府以大型学前教育项目为依托实体和实施渠道,大力推进面向弱势群体的免费综合发展型学前保教项目——儿童综合发展服务计划项目(Integrated Child Development Services,ICDS),参与该项目的儿童及其家庭可以免费获得印度政府提供的相关综合性服务,包括学前教育与保育、营养与健康、心理、生理及社会和谐发展等服务。

3. 学前教育具有促进儿童发展和推动普及义务教育的双重功效

自独立以来,印度一直强调改善儿童福祉,特别是 20 世纪 80 年代首次在全国的发展计划中提出要加强对学前教育的关注。对于那些父母是文盲的家庭来说,学前教育更具有教育的双重重要作用:一方面,学前教育直接影响儿童的综合发展,包括健康、营养、认知、情感与社会性等多个方面;另一方面,学前教育也是普及初等教育的潜在推动力。而后者又具有两个方面的重要功能:其一,学前儿童与其尚未成年的照顾者(通常是女童)同时在早期儿童教育中心的经历将会使儿童更加容易和顺利地融入未来的学校生活,从而进一步有效预防儿童在小学头两三年辍学,对提高基础教育的完成率具有重要作用;其二,学前教育使幼儿熟悉建构游戏的理念,发展受欢迎的行为模式,形成良好的情绪情感与交往模式,而这些正是印度贫穷家庭和文盲家庭中迫切需要的元素。[②]

4. 学前教育旨在确保儿童正常的生存、成长和发展

2005 年印度的国家儿童行动计划将早期儿童保育和教育的目标界定为:普及早期儿童服务来确保儿童的身体、社会、情感和认知的发展;确保所有 3 岁以下的幼儿能够有机会获得保育、保护和发展;确保所有 3 岁—6 岁的儿童能够获得综合保育和发展以及学前的学习机会;向农村和城市地区的家长提供日托中心和托儿所机构。[③]

由此可知,印度不同于其他发达国家,很多学龄前儿童仍然面临着严峻的生存问题,这也是印度政府将儿童的基本生存和健康成长置于重要地位的原因,在此基础上进一步实现儿童的身体、智力和社会性全面发展是现阶段早期儿童保育和教育的目标。因而印度大多数国家计划和政策方案都是首先从健康角度来关注儿童的某方面发展。

5. 通过学前教育计划补偿处境不利儿童的正常发展

印度政府通过实施大型的国家学前教育计划来履行其在宪法中对所有儿童作出的竭尽全力提供学前教育的承诺。以儿童综合发展服务计划为例,印度中央政府于 1975

---

① Government of India、Department of Education、Ministry of Human Resource Development: http://www.education.nic.in/strchar1.htm. 检索日期 2011-12-12
② Ministry of Women and Child Development: Retrieved July 16th 2009. http://wcd.nic.in/
③ National Plan of Action for Children 2005. Retrieved July 14th, 2009. http://wcd.nic.in/

年 10 月 2 日在 33 个社区发展区域（Community Development Blocks）正式启动儿童综合发展服务计划，以综合的方式为学前儿童提供服务，以确保生活在农村、部落民族和贫民窟地区的儿童正常的成长和发展。该计划截止到 2007 年 12 月 31 日已经发展到 6 036 个项目。① 而今，该计划已成为世界上最大的早期儿童发展项目之一。② 该计划旨在提高 6 岁以下儿童的营养与健康状况；为儿童的心理、生理与社会的和谐发展打下良好的基础；减少死亡率、发病率、营养不良率与辍学率；在政策制定与实施上达成各部门的有效合作，以促成儿童的全面发展；通过营养与健康教育，提高母亲满足儿童的正常营养与健康需要的能力。③

6. 通过学前教育计划为工作母亲提供儿童托育服务

2006 年 1 月开始，印度开始实施"拉吉夫·甘地国家托儿所计划"，为有工作的母亲提供儿童托育服务。计划的全称是"为在职母亲提供的拉吉夫甘地全国托儿所计划"（Rajiv Gandhi National Crèche Scheme for the Children of Working Mothers）。该托儿所计划由中央社会福利董事会（Central Social Welfare Board）和两个国家级的志愿机构——印度儿童福利委员会（Indian Council for Child Welfare）和 BAJSS④（Bharatiya Adim Jati Sevak Sangh）共同实施。托儿所计划为在职母亲或其他需要帮助的母亲（其家中月收入加起来不足 12 000 卢比）⑤的 0 岁—6 岁孩子提供全面的日托服务。该计划通过为 0 岁—6 岁的儿童提供包括营养补充、急诊和意外事故救助等服务，为在职母亲解决子女照顾问题起到了重要的作用。

7. 通过发展学前教育促进教育公平的实现

印度政府非常重视弱势儿童的发展，2005 年出台"国家儿童行动计划"确保所有的儿童都享有平等的发展权利。该计划所秉持的行动原则包括：把儿童看作是财富，是有人权的人；解决由于性别、等级、种族、民族、宗教和法律地位等歧视而产生的问题，从而保证平等；给那些处境最不利的、穷人中最贫困的以及获得最少服务的儿童以最优先的政策以及行动干预；认识到儿童的生长阶段和生活环境都是各不相同的，让所有的儿童能够有机会充分地实现他们的权利，满足他们每一种情况下不同的需要。⑥ 从这些政府文件中能够体会到印度政府对于儿童的关心和重视，并在多个相互影响、相互依存的方面保护和支持儿童的发展与公平教育权利的享有。

---

① Ministry of Women and Child Development, Government of India: Annual Report 2007－2008. Retrieved July 16th, 2009 from http://wcd.nic.in/，检索日期 2017－06－05
② Ministry of Women and Child Development ICDS. Retrieved Feb. 15th, 2009 from http://wcd.nic.in/icds.htm.
③ 《Integrated Child Development Service》Retrieved from Feb. 15th, 2009 from http://icds.gov.in/，检索日期 2017－06－05
④ BAJSS 的设立是作为国家层面的联盟组织，不同地区的为社会原因而工作的机构成为该组织的成员。BAJSS 的主要目的是为印度的 Adimjati（即原始和原住民部落）的社会、经济和教育进步而努力，其理念是让他们在本国的生活中获得自己作为平等的公民的法律地位，这些目标将通过像托儿所计划这样的项目来实现。http://bajss.org/，检索日期 2010－7－10
⑤ 2006 年 1 月修正的方案中关于进入托儿所的条件由原来的每家每月收入不足 1 800 卢比增加到了月收入不足 12 000 卢比的家庭都可以申请。Ministry of Women and Child Development, Government of India [EB/OL]. Retrieved from July 25th, 2009 from http://wcd.nic.in/，检索日期 2017－06－05
⑥ National Plan of Action for Children 2005. Retrieved from July 16th, http://wcd.nic.in/，检索日期 2009－5－5

(五) 墨西哥学前教育的性质与价值

墨西哥的义务基础教育包括学前教育、小学和初中三个阶段，儿童接受义务教育的年龄是 3 岁到 15 岁。在墨西哥国家教师联合会(National Teacher's Union, SNTE)的强烈建议下，墨西哥于 2002 年 11 月颁布了《学前教育义务法》(*The Law of Obligatory Pre-schooling*)。在这部法律中，不仅各州有义务为 3 岁—6 岁儿童提供学前教育，同时，家长也有义务保证儿童能够进入到公立或私立的学前教育机构中。这部法律也在时间上为各个年龄段的儿童达到百分之百的入学率设定了目标：2004—2005 年，5 岁儿童的入学率应达到 100%；2005 年至 2006 年，4 岁儿童的入学率应达到 100%；2008—2009 年，3 岁儿童的入学率应达到 100%。0 岁—3 岁儿童的教育也应该属于教育体系，但并不是基础教育的一部分。①

墨西哥传统的学前教育是为了满足 3 岁—5 岁儿童的需要，适龄儿童可以接受免费的学前教育。现在新的政令已经将 0 岁—3 岁儿童纳入公立幼儿园系统中。

1. 为儿童提供保育和教育，保障儿童的健康和发展

墨西哥于 19 世纪晚期开始关注幼儿的发展。正如其他国家一样，墨西哥的幼儿项目分为以教育和保育为目的这两种类型，而儿童保育主要是基于社会福利。在 0 岁—3 岁儿童的开端教育中，许多工作人员来自健康、营养、心理及其他领域，他们与来自教育领域的学前教育人员一起为儿童提供保育和教育服务。

2. 发挥社会服务作用

在墨西哥，0 岁—3 岁儿童的开端教育可分为两类，即直接服务于儿童自身的早期服务和通过服务于儿童家长间接为儿童提供的服务，比如国家教育促进委员会—非正式开端教育项目(CONAFE-PRODEI, CONAFE is the National Council for Educational Promotion, PRODEI is the Programme for Non-formal Initial Education)，国家成人教育局(National Institute for Adult Education, INEA)运作的儿童服务项目以及包含于正规的、直接服务于儿童项目中的给家长所做的讲座(generally under the form of giving talks to parents)等，这些间接的学前教育项目通过为儿童家长服务，发挥了幼儿保育和教育的社会服务功能。

3. 为弱势儿童群体提供服务，保障社会公平

如上文所述，墨西哥很多学前服务项目是针对处境不利儿童的。国家教育促进委员会的补偿学前教育体系主要是为居住在少于 500 人的村庄中的儿童提供学前教育。土著学前学校为土著居民服务，主要设于农村地区并由教育部下属的地方办公室管理。由国家家庭综合发展局(National System for Integral Development of Families)或家庭福利部(DIF, the Department of Family Welfare)管理的学前项目是为母亲不享受社会安全保障的儿童(0 岁—6 岁)提供服务的。社会保障部(Social Development, SEDESOL)则为移民工人的孩子提供早期保育和教育服务。墨西哥也有一部分私立学前学校，为不同社会经济地位的家庭提供服务。

---

① OECD: *Starting Strong* Ⅱ: *Early Childhood Education and Care*, Annex E, 2006. pp.379-380

(六) 埃及学前教育的性质与价值

埃及学前教育学制为两年,为4岁—6岁儿童提供学前教育。尽管埃及的学前教育尚不属于义务教育的范畴,但无论是埃及教育部还是广大家长都越来越意识到学前教育的重要性。随之而来的是更多的幼儿园出现,以及入园率逐渐提升至与小学入学率相同水平。

1. 致力于幼儿的综合发展,以帮助他们做好入学准备

埃及学前教育的目标是:成就孩子的综合发展并为他们入学做好准备。具体包含五个方面:第一,让幼儿获得综合、全面的发展,包括智力、身体、情绪、社会伦理与宗教等,同时考虑个体差异;第二,通过个体或团体活动,发展语言能力的同时,发展数学、科学技能,增强智力和创造力;第三,引入适宜、健康的社会价值观、目标和原则;第四,满足幼儿成长的需要和要求;第五,让儿童做好进入正式学校学习的准备。

2. 通过学前教育未来规划与各种早期儿童项目促进幼儿发展

ECD(Early Childhood Development)是一项影响范围很广的干预项目,旨在确保每个孩子都能在学校中取得成功,并实现自己的潜能。相比后期投资的困难和昂贵,早期教育的投入是非常直接且有效的。在埃及,随着越来越多的女性参加工作,有初生婴儿的家庭确实需要额外的帮助和支持,ECD变得越来越重要。

学习能力的形成以及学习对个体大脑结构的塑造在0岁—6岁非常关键。认识到这一点后,埃及一方面致力于寻求国际支持来投资其早期教育事业;另一方面在降低初生儿和幼儿的死亡率方面也做了战略性的投资。在世界银行的支持下,埃及政府发展了以4岁—5岁儿童为对象的早期儿童国家项目,该项目覆盖了埃及18个省。早期儿童发展国家联盟(The National Union for Early Childhood Development)通过尼罗河项目(Nile Project)——埃及最大的非政府组织项目——针对0岁—6岁的贫困儿童,在720个社区、14个省中提供服务。[①]

早期儿童教育增强项目(Early Childhood Education Enhancement Project,ECEEP)的发展目标是支持埃及提高学前教育质量,让4岁—5岁的幼儿,特别是处境不利幼儿,做好入学准备。[②]

(七) 孟加拉国学前教育的性质与价值

在孟加拉国,绝大多数的城市和一些地区政府为3岁—5岁的孩子提供学前教育服务,但是孟加拉国的学前教育并没有被纳入正规的教育系统。孟加拉国存在着诸如贫困、文盲、较低的人均收入和快速的人口增长率等社会问题,这些都阻碍着整个社会的发展。因此,政府开始重视教育。在2005年6月的国家行动计划中,孟加拉国政府提出儿童早期发展与教育应成为政府积极干预的领域之一。

政府承诺通过学前教育改善儿童的身体健康、营养、生活环境等。目前大多数学前

[①] Roger Neugebauer: Early childhood trends around the world. Global Trends in ECE. Exchange, May/June, 2007
[②] Early Childhood Education Enhancement Project (ECEEP), http://web.worldbank.org/external/projects/main?pagePK=64312881&piPK=64778419&theSitePK=3535340&Projectid=P082952,检索日期 2017-6-1

活动都在政府机构的监管下进行,同时,也有一些非政府组织和社区服务组织参与其中。

在孟加拉国,早期儿童发展(ECD)和早期儿童教育(ECE)以及其他支持性活动没有被很好地重视与建立。有一些小学内设有婴儿班,也有一些私立幼儿园设立游戏小组和托幼小组,但没有资料证明它们对于儿童发展所产生的影响。虽然在小学设立婴儿班这一形式已被政府认可,但是这样的教育形式没有得到适当地管理和系统地监管。教学用具也并非通过科学化过程设计。教学缺乏管理,没有能够帮助儿童做好必要的幼小衔接。

(八)尼日利亚学前教育的性质与价值

2004年尼日利亚全国基础教育行动改革提出:尼日利亚基础教育由3年学前教育、6年小学教育与3年初中教育共同构成。尼日利亚幼儿园入园年龄为3岁,学制三年,早期儿童教育和学前教育是为学前儿童或尚未达到小学入学年龄的儿童所设。6岁进入小学开始九年制义务教育。尼日利亚的学前教育是基础教育的一部分,政府致力于将它变成一个整体性、综合性的项目,其内容同时覆盖教育、健康、食物与营养等各方面。

国家的教育政策中明确提出政府对学前教育的目标与责任:政府应促进培养一定数量且有资格的学前教育教师;致力于开发适合儿童的课程;监管和控制各类办学机构质量,将学前教育并入现有公立学校中。

在尼日利亚的政府文件中明确规定,尼日利亚学前教育的目的是:使孩子从家庭到进入学校生活之间的过渡尽可能地平稳;为日后小学的学习做好准备;即使在父母工作时,孩子们同样可以得到足够的关爱与管理;循循善诱地对孩子进行社会准则教育;通过对自然、美术、音乐、游戏的接触培养孩子的好奇精神与创造力;培养孩子的合作精神与团体意识;养成良好的生活习惯与健康习惯;在玩中学习初级的数字、字母、颜色、形状等。

在2006年国家行动计划中也提出了到2015年早期儿童关爱与发展教育的目标:提高0岁—5岁儿童入学率,争取参与项目的儿童入学率由18%提高至70%;到2010年,50%的家长都能充分认识到预防艾滋病的重要性,到2015年70%的家长都知道如何预防和应对儿童艾滋病;减少30%儿童出生时的发展迟滞与先天残疾;到2010年国家预算的3%用于幼儿保育与教育(ECCE)项目。

二、学前教育的普及情况比较

(一)学前儿童入园率

近年来,九个人口大国致力于提高学前教育普及程度,不断扩大学前教育规模,具体体现在各国学前儿童毛入园率均有不同程度的增长,在园儿童数均呈现出明显的增长态势。从毛入园率和适龄儿童受教育率两项来看,中国学前教育普及程度在九个国家中逐渐处于中上水平。

据联合国教科文组织数据,九个人口大国学前儿童毛入园率差距显著。从下图可以看出,除巴基斯坦数据未获得之外,其他几个国家中,2007—2010年墨西哥学前儿童毛入园率最高,孟加拉、尼日利亚、埃及三个国家的学前儿童毛入园率相对较低,中国、印度尼西亚、印度、巴西学前儿童毛入园率处于中等水平。2011年最新数据显示,各国学前儿童的毛入园率都有所提升,墨西哥仍然稳居最高水平,中国涨幅明显,从之前的47%增长到60%以上,在九个国家中处于中上水平。

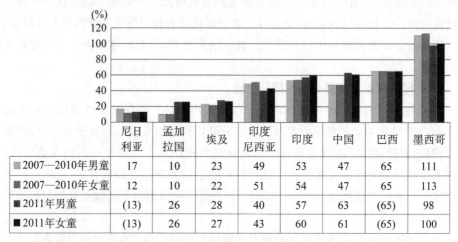

	尼日利亚	孟加拉国	埃及	印度尼西亚	印度	中国	巴西	墨西哥
2007—2010年男童	17	10	23	49	53	47	65	111
2007—2010年女童	12	10	22	51	54	47	65	113
2011年男童	(13)	26	28	40	57	63	(65)	98
2011年女童	(13)	26	27	43	60	61	(65)	100

图5-1 2007—2010年、2011年九个人口大国学前毛入园率对比(单位%)

数据来源:1. UNICEF. Statistics and Monitoring [EB/OL]. [2014-1-13] http://www.unicef.org/infobycountry

2. UNESCO. Education [EB/OL]. [2014-01-13]. http://data.uis.unesco.org/Index.aspx?DataSetCode=EDULIT_DS#

注:2011尼日利亚为2010年数据,巴西为2007年数据。

1999年到2009年各国学前儿童毛入园率都有不同程度的增长。从下表可知,在九个人口大国中,墨西哥学前儿童入园率增长最快,增长了38%;其次是印度、印度尼西亚、中国和埃及,分别增长了36%、26%、11%和10%;孟加拉国入园率从1999年的18%下降到2009年的10%。巴基斯坦、巴西2009年的数据暂无。2009年至2011年三年间,各国学前教育儿童毛入园率整体仍处于增长趋势,其中墨西哥仍然处于最高水平;孟加拉国、中国的增长速度较快,增长超过了15%,其中中国由2009年的47%增长到62%,超过印度上升到中上水平;印度、埃及仍在不断地增长,印度尼西亚和尼日利亚有所下降。

表5-1 1999、2009和2011年九个人口大国学前儿童入园率

国家	1999年	2009年	2011年
墨西哥	74%	112%	99%
印度	18%	54%	58%
印度尼西亚	24%	50%	42%
中国	36%	47%	62%
埃及	10%	20%	27%

续 表

国家	1999 年	2009 年	2011 年
孟加拉国	18%	10%	26%
巴基斯坦	62%	/	49%*
巴西	58%	/	36%(3 岁) 57%(4 岁)
尼日利亚	/	15%	13%

数据来源：1. UNESCO Institute for Statistics. Global Education Digest 2011：Comparing Education Statistics Across the World [R]，UNESCO Institute for Statistics，Montreal，2011：92－100.
2. UNESCO. Education [EB/OL]. [2014－1－13] http://data. uis. unesco. org/Index. aspx? DataSetCode＝EDULIT_DS#.

注：* 巴基斯坦为2005年入园率数据。

(二) 学前机构数量

中国的学前机构数量在九个人口大国中处于前列。2009年至2010年印度学前教育机构为67 822所[①]。与印度相比，2010年中国的学前教育机构数量是印度的2.2倍。

(三) 在园儿童数

根据2009年九个人口大国的相关统计数据，对各国适龄入园儿童总人数、在园儿童数，以及在园儿童数占适龄儿童数的百分比等几项进行比较分析发现，适龄儿童数超过千万的四个国家是印度、中国、尼日利亚和巴西。四国中，巴西和印度的在园儿童数比例，即学前受教育率均高于我国。中国在园儿童总数占适龄儿童总人数的比例在九个国家中处于中等水平，印度比中国高4个百分点，巴西比我国高17个百分点，而墨西哥比中国高54个百分点。2009年至2011年三年间，九个国家在园儿童数普遍增长，在园儿童占适龄儿童数的比例除墨西哥外，都呈现出增长趋势，尤其是孟加拉国和中国的增幅较大，中国由原来的49%增长到62%，超过了印度的在园儿童比例。

表5-2 2009年和2011年九个人口大国在园儿童数及其占适龄儿童数比例

国家	适龄入园儿童数(人)		在园儿童数(人)		在园儿童数占适龄儿童数的比例(%)	
	2009 年	2011 年	2009 年	2011 年	2009 年	2011 年
墨西哥	4 499 714	4 682 285	4 645 464	4 652 294	103.00%	99.35%
巴西	10 222 468	10 222 468	6 810 379	7 003 802	66.60%	68.51%
印度	75 240 521	73 724 341	40 294 884	42 859 013	53.56%	58.13%
中国	50 513 137	48 000 122	24 749 600	29 766 695	49.00%	62.01%
印度尼西亚	8 799 778	9 769 332	4 203 300	4 055 035	47.80%	41.51%

---

① Ministry of Human Resource Development，Government of India：Tables of Statistics of School Education，http://www.mhrd.gov.in/statistics_data? tid_2＝156，检索日期 2012－07－09

续 表

国家	适龄入园儿童数(人)		在园儿童数(人)		在园儿童数占适龄儿童数的比例(%)	
	2009年	2011年	2009年	2011年	2009年	2011年
埃及	3 427 762	3 332 148	813 934	911 779	23.80%	27.36%
尼日利亚	14 220 861	15 512 868	1 904 611	2 020 668	13.40%	13.03%
孟加拉国	9 330 430	9 296 688	1 066 978	2 375 955	11.40%	25.56%
巴基斯坦	7 770 791	8 008 501	/	/	/	/

数据来源：1. UNESCO Institute for Statistics. [EB/OL]. [2012-7-21] http://stats.uis.unesco.org/unesco/tableviewer/document.aspx?ReportId=143.
2. UNESCO insititute for statistics. [EB/OL]. [2014-1-14] http://www.uis.unesco.org/DataCentre/Pages/country-profile.aspx?code=MEX&regioncode=40520.
注：各国适龄入园儿童的年龄段不同，如2011年数据中，墨西哥为4岁—5岁，巴西为4岁—6岁，印度尼西亚为5岁—6岁。

从各国近年来在园儿童数变化情况来看，中国和其他大多数国家一样，都呈现出增长趋势。但2006年之后，中国在园儿童数呈较快增长趋势，增长幅度远远大于其他国家，从2006年的21 790 290名增长为2011年的29 766 695名，而其他八国增幅不大。

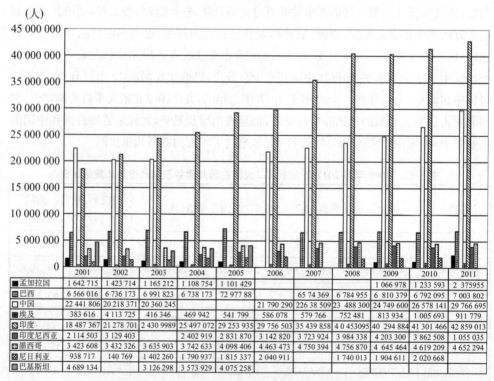

	2001	2002	2003	2004	2005	2006	2007	2008	2009	2010	2011
孟加拉国	1 642 715	1 423 714	1 165 212	1 108 754	1 101 429				1 066 978	1 233 593	2 375955
巴西	6 566 016	6 736 173	6 991 823	6 738 173	72 977 88		65 74 369	6 784 955	6 810 379	6 792 095	7 003 802
中国	22 441 806	20 218 371	20 360 245			21 790 290		226 38 509	23 488 300	24 749 600	26 578 141	29 766 695
埃及	383 616	4 113 725	416 346	469 942	541 799	586 078	579 766	752 481	813 934	1 005 693	911 779
印度	18 487 367	21 278 701	2 430 9989	25 497 072	29 253 935	29 756 503	35 439 858	4 0 453095	40 294 884	41 301 466	42 859 013
印度尼西亚	2 114 503	3 129 403		2 402 919	2 831 870	3 142 820	3 723 924	3 984 338	4 203 300	3 862 508	1 055 035
墨西哥	3 423 608	3 432 326	3 635 903	3 742 633	4 098 406	4 463 473	4 750 394	4 756 870	4 645 464	4 619 209	4 652 294
尼日利亚	938 717	140 769	1 402 260	1 790 937	1 815 337	2 040 911		1 740 013	1 904 611	2 020 668	
巴基斯坦	4 689 134		3 126 298	3 573 929	4 075 258						

图 5-2　2001—2011年九个人口大国在园儿童数比较

数据来源：UNESCO. Education [EB/OL]. [2014-1-13] http://data.uis.unesco.org/Index.aspx?DataSetCode=EDULIT_DS#.

三、幼儿园办园体制与格局比较

作为社会公共服务机构,公立幼儿园的发展水平可以代表一个国家创建公共学前教育体系的力度,以及该国儿童享受普惠性学前教育的情况。通过对九个人口大国的比较发现,各国的公立园数量居多,占学前教育机构总数的绝大比例,且儿童在公办园接受教育的比例较高有上升趋势。近三年,中国的公共学前教育受到高度重视,迅速发展。

(一) 公办/民办幼儿园数量

2010年,中国共有幼儿园150 420所。其中,民办幼儿园102 289所,占68%。① 相比而言,印度公立园所占比例为73.90%,墨西哥的公立园所占比例为90%(图5-3)。

印度州和市的学前教育机构(State and municipal establishments)有43 288所,占77%;针对学前班儿童的州和市的学前教育机构(State and municipal establishments for children of preschool and early primary age)有1 684所,占3%;一般的州和市教育机构(General State and municipal education establishments)有9 895所,占17%;其他类型的州和市的机构(Other State and municipal establishments)有775所,占1%;非州立的教育机构(Non-state education establishments)有1 037所,占2%。②

目前,孟加拉国有49 000所幼儿园,其中99.35%是公立幼儿园,私立幼儿园数量不到1%。③

2005年,巴西的托儿所共有32 296所,其中,公立机构有17 086所,占52.9%;私立机构有15 210所,占47.1%。幼儿园共有105 616所,其中,公立机构有79 324所,占75.1%;私立机构有26 292所,占24.9%。④

2006年至2007年,埃及有6 688所幼儿学校,19 131个班级,其中政府办园班级数为12 898,私人办园班级数为6 233。⑤

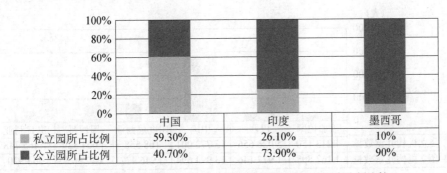

图5-3 2011年墨西哥、印度、中国各类学前教育机构所占比例比较

---

① 中华人民共和国教育部:教育统计数据.http://www.moe.gov.cn/publicfiles/business/htmlfiles/moe/s6200/201201/129614.html,检索日期2012-07-12
② Early Childhood Education Country Report: Status and Development of the Preschool Education System in the Russian Federation, p.9
③ http://en.wikipedia.org/wiki/Education_in_Indonesia,检索日期2012-7-20
④ Fernanda da R. Becker. Early Childhood Education in Brazil: The obstacles to a successfulexperience. http://www.umanizales.edu.co/revistacinde/vol5/Art1.pdf,检索日期2012-07-11
⑤ Arab Republic of Egypt Ministry of Education. (2008). The Development of Education 2004-2008 A National Report. Cairo. p.133

(二) 公办/民办幼儿园在园儿童数

2009年孟加拉国公办幼儿园在园儿童人数为591 670人,私立幼儿园在园儿童人数为475 308人。私立幼儿园入园儿童占入园儿童总数的比例约为45%。

2009年,印度尼西亚公办幼儿园在园儿童人数为63 490人,私立幼儿园在园儿童人数为4 139 810人,私立幼儿园入园儿童占入园儿童总数的比例为98.49%。

2009年中国公办幼儿园在园儿童人数为14 929 262人,私立幼儿园在园儿童人数为9 820 338人,私立幼儿园入园儿童占入园儿童总数的比例为40%。

2009年,巴西公立幼儿园在园儿童数为5 000 939人,私立幼儿园在园幼儿人数为1 809 440人。私立幼儿园入园儿童数占入园儿童总数的比例为27%。

2007年,埃及公立幼儿园儿童人数为407 206人,私立幼儿园在园幼儿人数为172 560人。私立幼儿园入园儿童数占入园儿童总数的比例为30%。

2009年,墨西哥公立幼儿园在园儿童数为3 967 285人,私立幼儿园在园儿童数为678 179人。私立幼儿园入园儿童数占入园儿童总数的比例为15%。

2009年,尼日利亚公立幼儿园在园儿童数为1 490 088人,私立幼儿园在园儿童数为414 523人。私立幼儿园入园儿童数占入园儿童总数的比例为22%。

近期的数据表明,巴基斯坦一共有780万3岁—4岁的学前教育适龄儿童,其中有710万儿童进入学前学校学习,毛入学率为94%。在入园儿童中,有56%进入了政府部门设立的Katchi班学习,38%的学前儿童进入私立机构学习。①

通过对几个人口大国的比较,中国的在园儿童总数最高,远远超过其他国家,中国公立幼儿园在园儿童的比例处于中等偏下的水平,低于墨西哥(86%)、尼日利亚(73%)、巴西(72%)和埃及(70%),仅高于孟加拉国(51%)和印度尼西亚(3%)。

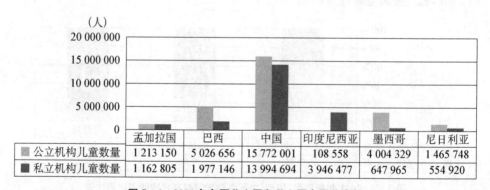

图5-4 2011年各国公立园和私立园在园儿童数

四、学前教育投入状况与成本分担比较

(一) 学前教育经费总量

目前关于学前教育经费总量的数据不足,根据各国人口数和人均GDP数量以及学前教育经费投入占人均GDP的比例,大致算出以下数据:墨西哥学前教育经费总量约

---

① ECE Policy Review: Policies, Profile and Programs in Early Childhood Education (ECE) in Pakistan (2008). p. 14

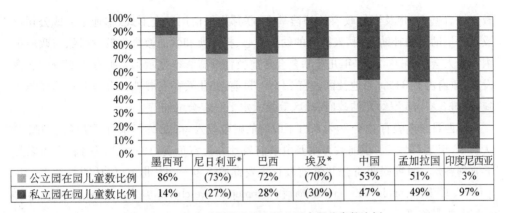

图 5-5　2011 年各国公立园和私立园在园儿童数比例

数据来源：UNESCO. Education [EB/OL]. [2014-01-13] http://data.uis.unesco.org/Index.aspx?DataSetCode=EDULIT_DS#

* 其中尼日利亚是 2010 年的数据，埃及是 2007 年的数据。

为 8 715 355.27 美元，巴西学前教育经费总量约为 8 719 525.19 美元，印度尼西亚学前教育经费总量约为 311 232.62 美元，孟加拉国、巴基斯坦、尼日利亚、埃及不详。印度方面，2007 年至 2008 年度，政府对儿童综合发展服务计划的财政预算是 3 108.03 千万卢比，此外，政府预计拨付的营养补充的经费原本预计为 1 800 千万卢比，实际预算则是 2 062.31 千万卢比。在 2007—2008 年，政府对托儿所计划做了 10 亿卢比的财政计划，其中，1 亿提供给欠发达的东北部地区，9 亿给其他各邦。

1998 年至 2007 年的十年中，我国各类学前教育经费的绝对投入量基本呈缓慢增长趋势。其中，学前教育经费的总投入量、国家财政性学前教育经费、预算内学前教育经费和生均预算内学前教育经费在 2001、2005 和 2007 年三个年份增长较多。2007 年全国学前教育总投入达 157.14 亿元。[1]

（二）学前教育经费来源渠道和构成

孟加拉国学前教育经费显示，国家用于教育上的公共花费占国内生产总值的 2.5%（2005 年），占政府花费的 14.2%，公共花费中有 2% 用于孟加拉国学前教育。[2]

巴基斯坦的公立投入方面，尽管学前教育是政府教育政策中的组成部分（1998 年至 2010），但在每年的教育预算中学前教育并没有获得任何具体的预算。在 2001 年到 2003 年，为了促进重点省区利用"种子基金"继续其创新项目（Innovative Programs, ECE），政府将资金下放到各省区，通过教育改革向四个省区发放了 7 380 万卢比。私立部门投入上显示信德省投入 9 800 万卢比，旁遮普邦 7 400 万卢比，俾路支省 1 000 万卢比及每个西北边境省 700 万卢比。[3]

尼日利亚学前教育经费主要来自于尼日利亚联邦政府干预基金项目中的普及基础

---

[1] 中国学前教育发展战略研究课题组著：《中国学前教育发展战略研究》，北京：教育科学出版社 2010 年版，第 26 页
[2] http://stats.uis.unesco.org/unesco/TableViewer/document.aspx?ReportId=121&IF_Language=eng&BR_Country=500，检索日期 2009-2-10
[3] ECE Policy Review | Policies Profile & Programs of ECE in Pakistan. Pdf. p27-31

教育综合基金、州及当地政府的补偿基金、联邦担保信用基金形式，本地个人或公司以及国际捐助者的补助金，私人拥有的幼儿中心、托儿所和学前教育学校、社区、非政府组织和个人会费等。① 2003年儿童基金会学前教育设施清单显示私人拥有大部分的教育设施，政府占有34%，当地社区占有21%。目前，幼儿教育发展项目有政府法律保障实施，针对3岁—5岁幼儿的政府、社区等投入水平一定会增加。②

墨西哥学前教育经费80%来自于政府的财政投入，将近19%来自于家长的馈赠。③从1948年至1992年，学前教育主要由学前教育办公室负责，1992年，教育权力由联邦下放到各州。目前墨西哥公共学前教育主要涵盖3岁—5岁儿童，包括四种类型：the general、CENDI、indigenous (indigena)和community preschools，其中general preschools提供最多的服务。④

埃及方面，尽管保险和社会事务部对学前教育进行监管，但大部分的幼儿园都是由非政府机构和私人运营。2001年，生均投资约300美元，是家长投资的25%。⑤ 近年来政府希望把学前教育两年(4岁—6岁)纳入基本义务教育阶段，但目前政府资金的缺失，放任私有部门管理幼儿教育，导致入园贵现象。今后应增加政府投入，最大程度利用社区资源，鼓励社区参与投入项目基金，增加对贫困家庭的补助。⑥

巴西方面，大部分教育支出都来自公共部门，最近几年来，巴西联邦、州和市政当局在学前教育上的投资比例有所变化。市政当局在学前教育上的投资比例由1995年的80%增加到2002年的92.5%，而同期州和联邦政府的投资比例则分别由19.7%和0.4%下降为7.4%和0.1%。由市、州与联邦政府在学前教育上的经费支出比例及变化可以看出，市政当局的财政投入是学前教育的主要经费来源，而联邦政府对学前教育的投资则极为有限。有限的联邦学前教育经费大部分也并不是直接由教育部投入到学前教育中的，教育部在2002年投入到学前教育中的经费仅占全部联邦学前教育经费的2.5%，与2000年的学前教育投入相比下降的比例超过了50%。大部分的联邦教育经费是由社会部门投入到学前教育中的。

印度尼西亚的早期学前教育主要由家庭承担，不属于基础教育的组成部分。⑦ 印度尼西亚的幼儿园教育(Kindergarten Education)主要由政府、专业机构和社会共同监督。目前，99.43%的幼儿园由社会组织举办，只有0.57%是由政府举办。⑧

印度的儿童早期保育和教育事业主要是政府职责，公立学前教育覆盖的人群占据主体。如儿童综合发展服务项目在20世纪70年代实施之初由中央政府统一规划、统一预算，由各省政府组织实施并提供营养补充方面的经费与资源，其余全部

---

① Country profile prepared for the Education for All Global Monitoring Report 2007. Strong Foundations: Early Childhood Care and Education. p.3
② Nigeria Early Childhood Care and Education (ECCE) programmes (2006). pdf. p5
③ 中国学前教育发展战略研究课题组著：《中国学前教育发展战略研究》，北京：教育科学出版社2010年版，第42页
④ Early Childhood Education in Mexico: Expansion, Quality Information and Cultural Reform. pdf. p8
⑤ Financing early childhood care and education: an international review. pdf. p.6
⑥ The Development of Education in Egypt 2004-2008 A National Report. pdf. pp.23-26
⑦ Financing early childhood care and education: an international review. pdf. p.9
⑧ Early Childhood Care and Education in Indonesia: Current Practice and Future Policy Directions. pdf. p.32

经费均由印度中央政府财政支持。从 2005 年至 2006 年财政年度开始,该项目又进一步加强中央财政的支付力度,原来全部由省政府解决的营养经费与资源改为由省政府负担其中的 50%,其余改由印度政府财政支付。[1] 除了政府投入之外,该项目还得到了国际关怀协会[2]、世界银行、联合国儿童基金会等国际组织的支持。[3] 印度政府致力于逐步扩大儿童综合发展服务计划,并把重点放在质量的提高上。第八个五年计划(1992 年—1993 年至 1996 年—1997 年)时对该计划的投资是 2 601.28 千万卢比,到第十个五年计划时的投资已经达到 11 684.5 千万卢比。[4] 截至 2008 年 3 月 1 日,印度政府向儿童综合发展服务计划的拨款(不包含营养补充)已经达到 2 824.28 千万卢比。

中国学前教育经费主要来源于国家财政性学前教育经费(主要包括预算内学前教育经费,另外还包括各级政府征用于学前教育的税费、国营企事业单位拨款、校办产业收入与社会服务等收入)、社会和公民个人办学经费、家长投入的保教费、社区(居委会、村委会)补助的学前教育经费以及社会捐资助学等途径。学前教育经费来源的主体包括政府、幼儿家长、幼儿园主办方、企事业单位、社区以及民间团体与个人。[5]

(三) 财政性学前教育经费占财政性教育经费的比例

根据联合国教科文组织的资料显示,2010 年孟加拉国、巴基斯坦、尼日利亚学前教育经费数据缺乏。在墨西哥、巴西、印度尼西亚、印度、中国这几个国家中,墨西哥学前教育投入占教育总投入的比例最高,从 2001 年来一直保持在 10% 左右;其次,投入比例较高的是巴西,从 2004 年至 2010 年保持在 7%—8% 之间;印度尼西亚的投入比例是最低的,一直维持在 0.7% 左右,2011 年较之前有所增长,达到 0.9%;另外投入比例较低的是印度和中国,印度从 2003 年以来的投入比例在 1.1%—1.5% 之间,中国 1997 年到 2009 年期间这一比例一直在 1.1%—1.48% 之间,与印度的投入比例大致相同,但在 2010 年中国有一个骤然性的提高,达到了 3.72%,这可以说是一个质的飞跃。[6]

---

[1] Government of India, Department of Women and Child Development. http://wcd.nic.in/,检索日期 2010-7-16
[2] CARE 创建于 1945 年,是一个致力于对抗全球贫困的人道主义组织机构。该机构创建之初的英文全称为"Cooperative for American Remittances to Europe",即"美国汇款到欧洲合作社";今天,该组织机构的服务已扩展至全世界 60 个国家,这一名字就改为"为协助和抚慰全世界而合作",即国际关怀协会(Cooperative for Assistance and Relief Everywhere, Inc)
[3] Kapil, U. (2002). Integrated Child Development Services (ICDS) Scheme:"A program for holistic development of children in India", *Indian Journal of Pediatrics*, Vol.96
[4] Ministry of Women and Child Development, Government of India [EB/OL]. Retrieved from July 16th, 2009. from http://wcd.nic.in/. 该数字与妇女儿童发展部 2007—08 年度报告的财政预算数字略有出入,本文选用了妇女儿童发展部官方网站公布的数字。并附上年度报告上的数字:比第八个五年计划 2 271.28 千万卢比的政府拨款,第九个五年计划的拨款金额就达到了 4 556.52 千万卢比,第十个五年计划的拨款是 10 391.75千万卢比
[5] 中国学前教育发展战略研究课题组著:《中国学前教育发展战略研究》,北京:教育科学出版社 2010 年版,第 27 页
[6] 刘占兰:《中国学前教育发展报告 2012》,北京:教育科学出版社 2013 年版,第 28 页

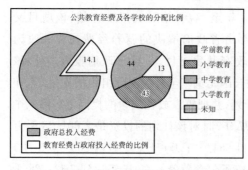

图 5-6 孟加拉国财政性学前教育经费占财政性教育经费的比例

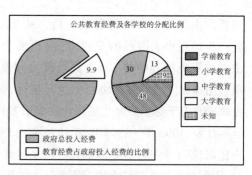

图 5-7 巴基斯坦财政性学前教育经费占财政性教育经费的比例

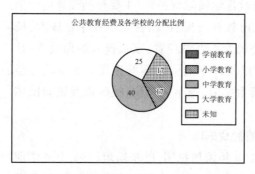

图 5-8 尼日利亚财政性学前教育经费占财政性教育经费的比例

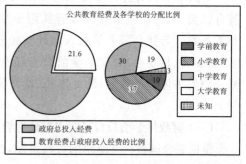

图 5-9 墨西哥财政性学前教育经费占财政性教育经费的比例

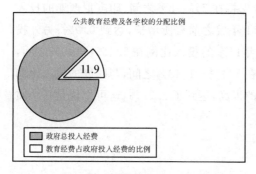

图 5-10 埃及财政性学前教育经费占财政性教育经费的比例

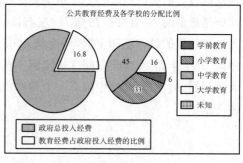

图 5-11 巴西财政性学前教育经费占财政性教育经费的比例

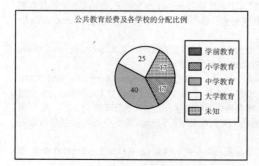

图 5-12 印度尼西亚财政性学前教育经费占财政性教育经费的比例

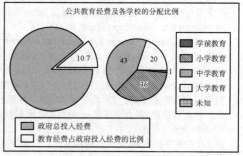

图 5-13 印度财政性学前教育经费占财政性教育经费的比例

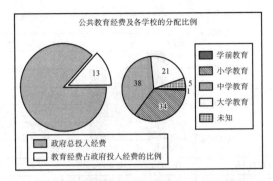

图 5-14 中国财政性学前教育经费占财政性教育经费的比例

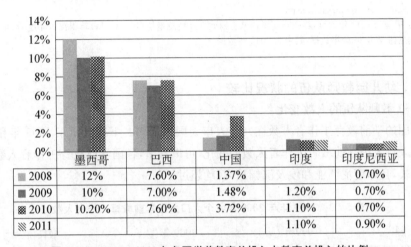

图 5-15 2008—2011 年各国学前教育总投入占教育总投入的比例

数据来源：UNESCO Institute for Statistics. [EB/OL]. [2014-1-10] http://stats.uis.unesco.org/unesco/TableViewer/document.aspx? ReportId = 143&IF_Language=eng.

World Data Bank. Education [EB/OL]. [2014-1-16] http://databank.worldbank.org/data/views/reports/tableview.aspx.

《中国教育经费统计年鉴》

(四) 财政性学前教育经费占 GDP 的比例

联合国教科文组织的资料显示，2010 年印度尼西亚、巴西、墨西哥、中国这几个国家中，墨西哥的学前教育经费、财政性学前教育经费占 GDP 的比例最高，2010 年为 0.6% 和 0.5%。从财政性学前教育经费纵向来看，墨西哥从 2000 年至 2010 年财政性学前教育经费占 GDP 的比例一直在 0.5% 到 0.6% 之间。巴西从 2004 年来财政性学前教育经费占 GDP 的比例一直在 0.4% 左右。对于我国来说，从 2000 年至 2009 年近十年间财政性学前教育经费占 GDP 的比例一直处在 0.03%—0.05% 之间的较低比例，2011 年，我国财政性学前教育经费占 GDP 的比例为 0.09%，较以往有所增长，但距离墨西哥、巴西等国家仍有较大差距。

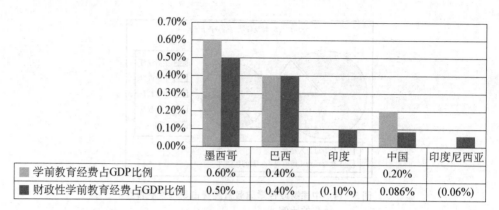

图 5-16 2010 年各国学前教育经费、财政性学前教育经费占 GDP 比例

数据来源：UNESCO Institute for Statistics [EB/OL]. [2014-01-16] http://stats.uis.unesco.org/unesco/TableViewer/dimView.aspx.

注：中国为 2011 年数据，根据当年学前教育财政性经费总量与 GDP 总量核算得出。印度为 2003 年数据，印度尼西亚为 2008 年数据，其余为 2010 年数据。

五、幼儿园教师队伍的状况比较

（一）教师队伍的人数变化

中国的学前教育工作者人数在九个人口大国中最多。下表显示了 1999 年和 2009 年九个人口大国学前教育工作者人数的变化，可以看出，各国学前教育工作者人数基本为正增长，且印度尼西亚和埃及涨幅最大，均超过了 100%。

表 5-3　1999 年与 2009 年九个人口大国学前教育工作者人数

国家	1999 年（人）	2009 年（人）	增长百分比
印度尼西亚	117 546	339 669	190%
埃及	13 673	32 809	140%
中国	875 427	1 089 778	24.5%
巴西	303 560	374 715	23.4%
墨西哥	150 064	179 694	19.7%
孟加拉国	67 504	61 568（2002 年）	/
印度	/	738 260（2006 年）	/
巴基斯坦	/	86 444（2004 年）	/
尼日利亚	/	60 189（2008 年）	/

数据来源：UNESCO Institute for Statistics [EB/OL]. http://stats.uis.unesco.org/unesco/tableviewer/document.aspx?ReportId=143, 2012-07-21.

从 2011 年各国学前教育工作者人数以及女性工作者所占的比例来看，除孟加拉国和巴基斯坦由于缺新数据低于 50% 以外，在学前教育机构中，女性工作者占据绝对比重。在九个人口大国中，中国、印度、埃及、印尼、巴西、墨西哥六个国家的学前教育工作者女性所占比例超过90%。

表5-4 2011年九个人口大国学前教育工作者人数及女性工作者所占比例

国家	2011年总人数(人)	女性人数(人)	女性所占比例
印度	738 260(2006年)	738 260	100%
埃及	386 962	378 421	98%
中国	1 285 800	1 247 617	97%
印度尼西亚	386 962	378 421	98%
巴西	409 130	397 087	97%
墨西哥	184 550	176 962	96%
尼日利亚	60 189(2008年)	39 005	65%
巴基斯坦	86 444(2004年)	39 066	45%
孟加拉国	61 568(2002年)	21 155	34%

数据来源：UNESCO Institute for Statistics [EB/OL]. [2014-01-16] http://stats.uis.unesco.org/unesco/tableviewer/document.aspx?ReportId=143.
注：因印度、尼日利亚、巴基斯坦、孟加拉国的数据没有更新到2011年，采用旧数据。

(二) 教师的学历状况

九个人口大国都有规定的最低学历水平(见下表)。总的来看，所有国家的学前教育教师最低学历水平均需在中等教育水平以上。但是不同国家各有不同。尽管各个国家有最低学历水平的规定，但是现实中的状况并未完好地达到规定的水准。

表5-5 九个人口大国规定的学前教育教师最低学历

国家	类型	规定的最低学历水平
埃及	招纳4岁—6岁儿童的幼儿园	四年制的相关本科学位(如学前教育、社会工作、心理学、教育学等)
	招纳3个月至5岁儿童的保育园	具备高中学历或同等学历，并且参加过相关的短期培训
中国		具备幼儿师范学校毕业及以上学历
印度尼西亚	专职幼儿教师(Professional educator)	至少需要拥有两年制幼儿教师培训学院的证书
	半正式的幼儿教育者(Semi-professional educators)	至少需要拥有高中毕业证书并且接受过相关培训，同时还需获得早期儿童教育证书
巴西		高等或中等教育水平
墨西哥		四年制的大学教育学历
孟加拉国		中等教育学历

续 表

国家	类型	规定的最低学历水平
印度		接受过至少一年的大学教育 ICDS 项目的教师需要具备基本的教育水平(读到七年级)
巴基斯坦	招纳4岁—6岁儿童的学前班及 Kachi	具备高中以上学历及获得一年相关培训证书。
尼日利亚		(数据缺失)

巴基斯坦对学前教育(主要指招纳4岁—6岁儿童的学前班及 Kachi),规定入职教师必须有高中以上学历及一年相关培训证书。

印度尼西亚从事早期儿童教育的人员可分为两类,即专职幼儿教师(Professional educator)和半正式的幼儿教育者(Semi-professional educators)。专职幼儿教师至少需要拥有两年制幼儿教师培训学院的证书,而半正式的幼儿教育者则至少需要拥有高中毕业证书并且接受过相关培训,同时还需获得早期儿童教育证书。目前,计划到2014年,幼儿教师必须有至少三年的学士学位。①

2006—2007年,埃及幼儿教师中受过教育的有17 397人,未受过教育的有5 973人。② 埃及政府对于幼儿园教师的入职资格规定如下:对于招纳4岁—6岁儿童的幼儿园,教师必须有四年制的相关本科学位(如学前教育、社会工作、心理学、教育学等等);对于招纳3个月至5岁儿童的保育园,教师必须有高中学历或同等学历,并且参加过相关的短期培训。③

表 5-6 埃及学前教育教师受教育状况　　　　　(单位:人)

学前教师	2006—2007 年		
	受过教育	未受过教育	总和
	17 397	5 973	23 370

数据来源:Arab Republic of Egypt Ministry of Education. The Development of Education in Egypt [R]. 2004-2008

印度规定学前教育教师最低入职学历水平为接受过至少一年的大学教育。④ ICDS 项目的教师需要具备基本的教育水平,即读到七年级。

巴西1996年国家教育指南和框架中提出0岁—10岁儿童的所有教师必须毕业于高等教育机构或者是中等师范院校,并且 PNE(National Plan of Education)设定了到2011年这些教师中有70%能够拥有高等教育学历水平的目标。

---

① Indonesia: Boost for preschool education. http://www.oxfordbusinessgroup.com/economic _ updates/indonesia-boost-preschool-education,检索日期 2010-12-01
② Arab Repubic of Egypt Ministry of Education The Development of Education in Egypt (2004-2008) A National Report, http://www.ibe.unesco.org/National_Reports/ICE_2008/Egypt_NR 08. pdf,检索日期 2017-6-12
③ UNESCO (2004). Early Childhood Care and Education in E-9 Countries: Status and Outlook
④ UNESCO (2006). Policy Review Report: Early Childhood Care and Education in Brazil

2003年,在巴西学前学校中,拥有中等教育和高等教育学历的教师占96.5%,拥有高等教育学历的教师从1999年的22%上升到了2003年的31%。

2002年,巴西仅有22.5%从事早期教育的教师拥有大学本科学位[1]。尽管《国家教育指导方针与基础法》(Law of Guidelines and Bases for National Education, LDBEN)已明确规定,在其颁布的十年之内,日托中心和幼儿园的受聘人员都应该具有大学本科学历。然而,事与愿违,2002年之后,学前教师中拥有大学本科学历人数的比例变化不大。正如Craidy(2001)指出,大多数幼教机构在雇佣教师时,难以满足教师的最低要求,所以这些幼教机构只能雇佣没有本科学历或教师资格证的雇员。[2] 而且仅有的拥有本科学历的幼儿教师还缺乏足够的实践训练。Kramer(2002)认为,这是由于巴西的大多数教师培训项目不够专业,并没有为幼儿教师提供完成工作所必需的技能训练。[3]

巴西公立与私立学前学校中教师的学历水平相差不大,均有约65%的教师拥有中等教育毕业证书,31%的教师拥有高等教育毕业证书。

2003年巴西学校调查(School Census)的日托中心中,71%的教师拥有中等教育学历,拥有高等教育学历的教师从1999年的9.5%上升为2003年的18%。巴西日托中心教师的学历水平在不断地提高。[4] 在日托中心,公立与私立机构中教师的学历水平也相差很小。[5]

中国2010年幼儿园共有专任教师1 144 225名,其中研究生学历教师1 151名,本科学历教师135 921名,专科学历教师552 880名,高中学历教师414 547名,高中以下学历教师39 729名。[6] 各级学历幼儿教师所占比例如下图所示。

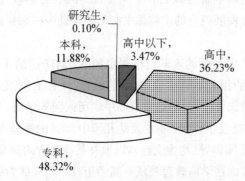

图5-17 2010年中国各级学历幼儿教师所占比例

---

[1] Brazilian National Institute of Geography and Statistics. 2006. Relatório Annual do Instituto Brasileiro de Geografiae Estatística [Annual report by the Brazilian Institute for Geography and Statistics]
[2] Craidy, C. M. 2001. Aeducaçãoinfantilee as novasdefinições da legislação [Early childhood education and the new legislation]. In EducaçãoInfantil [Early childhood education], ed. C. Craidy and G. E. Kaercher, 23-47. Porto Alegre, Brazil: ArtesMédicas
[3] Kramer, S. 2002. Formação de profissionais de educaçãoinfantil: questões e tensões. [The education of professionals for early childhood education: Questions and tensions]. In Encontros e desencontrosemeducaçãoinfantil [Agreements and disagreements in early childhood education], ed. M. L. A. Machado, 117-32. São Paulo, Brazil: Cortez
[4] UNESCO. Policy Review Report: Early Childhood Care and Education In Brazil, 2007. p.25
[5] UNESCO. Policy Review Report: Early Childhood Care and Education In Brazil, 2007. p.29
[6] 中华人民共和国教育部: 2010年教育统计数据. http://www.moe.edu.cn/publicfiles/business/htmlfiles/moe/s6200/201201/129536.html,检索日期2012-07-18

(三) 教师资格认证

孟加拉国政府要求政府所招 60% 的新教师必须为女性，新教师的入职资格是女性拥有中等学校资格证(SSC)，男性拥有高级中学资格证(HSC)。

巴基斯坦联邦规定，早期儿童教育工作者需具备中等教育以上学历和一年的培训资格证书，但各省有不同的水平要求。[1]

印度规定，早期教育教师资格证书的获得需接受时长一学年、150 个教学日的高等教育。[2]

尼日利亚在儿童早期教育中心工作的看护者(caregiver)大部分不具有资格，大约 85% 左右的看护者不具有基础任职资格，超过 50% 的看护者未接受过正式的教育。在职前培训中容纳早期儿童教育课程是尼日利亚提升教师资格的尝试之一。[3]

墨西哥对于 0 岁—3 岁学前儿童教育人员和 3 岁—6 岁学前儿童教育教师的职业资格有不同的规定。墨西哥早期保育和教育服务具有多学科的特性(multi-disciplinary nature)，儿童服务中心通常都有获得从业资格的医生、营养师和心理学家。然而，大部分提供 3 岁以下儿童直接服务的人员并没有接受过职业培训，他们的受教育水平也参差不齐，既有未完成小学教育的人员，也有完成了高等教育和职业学习的人员。最近，为了提高 0 岁—3 岁幼儿教师的专业水准，一项 0 岁—3 岁幼儿教师培训课程开始在一些州展开。虽然为 0 岁—3 岁早期服务的工作人员提供培训可以弥补教师学历资格上的差异，但也引起了开端教育和学前教育教师培训分离的问题。[4] 墨西哥规定获得学前教育教师资格需具备四年制的学士学位。[5] 2002 年的《普通教育法》的补充细则中也说到："秘书处会为职业发展项目的实施提供必需的帮助……来保证教育质量的平等并颁发资格证书。"

埃及政府对于幼儿园教师的入职资格规定如下：对于招纳 4 岁—6 岁儿童的幼儿园，教师必须有四年制的相关本科学位(如学前教育、社会工作、心理学、教育学等)；对于招纳 3 个月至 5 岁的保育园，教师必须有高中学历或同等学历，并且参加过相关的短期培训。[6] 根据统计数据显示，2007 年埃及幼儿园中 99% 的教师为女性，同时埃及教育部招收了 20 000 名幼儿园领导(均为女性)，以填补某些地方的幼儿园教师紧缺状况，同时在招收教师时优先考虑在学前教育领域有高学历者。教育部为那些没有资格证的教师组织转业和复职培训，使他们能在幼儿园工作并获得教师资格证。

印度尼西亚从事早期儿童教育的人员可分为两类，即专职幼儿教师(Professional educator)和半正式的幼儿教育者(Semi-professional educators)。其中专职幼儿教师至少需要拥有两年制幼儿教师培训学院的证书，而半正式的幼儿教育者则至少需要拥有高中毕业证书并且接受过相关培训，同时还需获得早期儿童教育证书。幼儿园和小学

---

[1] UNESCO. Early Childhood Care and Education in E-9 Countries: Status and Outlook, 2004. p.28
[2] UNESCO. Early Childhood Care and Education in E-9 Countries: Status and Outlook, 2004. p.32
[3] Education International: Early Childhood Education: A Global ScenarioA report on A study conducted by the EducationInternational ECE Task Force, 2010. p.68
[4] OECD. Starting Strong II: Early Childhood Education and Care, Annex E, 2006. p.378
[5] UNESCO. Early Childhood Care and Education in E-9 Countries: Status and Outlook, 2004
[6] UNESCO. Early Childhood Care and Education in E-9 Countries: Status and Outlook, 2004

教育理事会还计划通过使幼儿园教师获得两年制教师培训学院(D2-PGTK)幼儿教育专业的文凭来提高幼儿园教师的资格水平,并通过一些专业化的培训课程来提高幼儿园管理者的资格水平。

现有的数据显示,印度尼西亚幼儿教师中符合从业资格要求,即获得两年制教师培训学院幼儿教育专业毕业证书的教师仅占6%,大部分幼儿教师为高中或中等教师培训学校的毕业生。幼儿教师的现实学历状况与其对幼儿教师的资格要求存在着一定的差距。[①]

印度尼西亚学前教育教师的资格要求具体如下表所示。

表5-7 印度尼西亚学前教育教师资格状况[②]

	资格要求	现实状况
幼儿园 (TK)	持有两年制教师培训学院幼儿教育专业毕业证书(D2-PGTK)	普通高中(SLTA)或中等教师培训学校(SPG)中专业为幼儿教育的毕业生占51%; 普通高中(SLTA)或中等教师培训学校(SPG)中非幼儿教育专业的毕业生占10%; 四年制大学(SI)中不同专业的毕业生占30%; 两年制教师培训学院(D2-PGTK)的毕业生占6%; 四年制大学(SI)中幼儿教育专业的毕业生占4.1%。
伊斯兰教幼儿园 (RA)	持有两年制教师培训学院幼儿教育专业毕业证书(D2-PGTK)	
游戏小组 (KB)	持有两年制教师培训学院幼儿教育专业毕业证书(D2-PGTK)	大部分是中职幼儿园教师教育专业的毕业生
儿童看护中心(TPA)	持有两年制教师培训学院幼儿教育专业毕业证书(D2-PGTK)[③] 儿童看护工作人员:持有高中毕业证书并接受过儿童照料培训(SPG)	大部分是小学或初中毕业生;服务于中产家庭的儿童中心,其员工为高中或高中以上学历; 儿童看护人员已完成高中教育并接受过儿童照料培训。
综合服务中心 (Posyandu)	持有两年制教师培训学院幼儿教育专业毕业证书(D2-PGTK) 儿童看护工作人员:持有高中毕业证书并接受过儿童照料培训(SPG)	

母亲中心(BKB)的很多工作人员是小学毕业生,然而,也有一些员工接受过大学教育或初中/高中教育(SMP/SMA)。母亲中心的工作人员要学习如何培训家长,如何运

---

① UNESCO. *The background report of Indonesia*, 2004.
② UNESCO. *The background report of Indonesia*, 2004. p.28
③ 注:这仅仅是对教师的要求。保育员仅需获得初中毕业证书或接受过儿童看护方面的特殊培训

用学习材料和玩具,同时也要掌握监测儿童成长的方法和技能并做记录。[1]

针对大部分幼儿教师不能满足政府要求的资格水平这一问题,一个可行的解决方案就是恢复"中间人员"(intermediary cadre),即原来印度尼西亚教育制度中的幼儿园教师助教制度。幼儿园教师助教需要拥有高中水平的毕业证书(SLTA),同时其专业应为学前教育。2005年51%的幼儿园教师已经达到这一学历水平,这为幼儿园教师助教制度的实施奠定了良好的现实基础,使其具有较强可行性。更为重要的是,助教与接受过系统培训的合格教师一起工作有助于提高学前教育的质量。

(四) 师幼比

师幼比是衡量早期儿童教育质量的重要指标之一。九个人口大国学前教育机构中的师幼比有所差别,以 2009 年 E-9 部分国家的师幼比状况为例,墨西哥为 1∶26,埃及为 1∶25,巴西为 1∶18,印尼为 1∶12,中国为 1∶23,而 2009 年世界各国平均师幼比为 1∶25。可以看出,埃及师幼比水平同于世界平均水平,墨西哥略低于世界平均水平,中国略高于世界平均水平,巴西和印尼的师幼比相对较高。除上述国家外,2002 年孟加拉国学前教育师幼比为 1∶23,[2]2004 年巴基斯坦早期教育机构的师幼比为 1∶43,[3]2006 年印度早期教育机构师幼比为 1∶40,[4]2008 年尼日利亚早期教育机构师幼比为 1∶29。

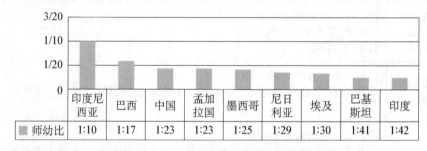

图 5-18 九个人口大国学前教育机构师幼比

数据来源:UNESCO Institute for Statistics [EB/OL]. [2014-01-16] http://stats.uis.unesco.org/unesco/tableviewer/document.aspx?ReportId=143.

注:孟加拉国数据为 2002 年,巴基斯坦数据为 2004 年,尼日利亚数据为 2008 年,其他数据均为 2011 年。

(五) 教师工资待遇

在巴西,幼儿教育职业是社会声望和薪酬待遇最低的行业之一。很多人认为,早期儿童保育与教育是女性的职业,而且几乎无需任何资格或条件。按照巴西教育部的调查,2002 年公立幼儿园中的全职幼儿教师的平均薪资比当地官员的工资或全国平均工

---

[1] UNESCO. A Natinal Case Study on Early Childhood: INDONESIA, 2003. p.52
[2] UNESCO. Institute for Statistics, Data, Centre, http://stats.uis.unesco.org/unesco/TableViewer/document.aspx?ReportId=136&IF_Language=eng&BR_Topic=0,检索日期 2017-06-09
[3] UNESCO Institute for Statistics, Data, Centre, http://stats.uis.unesco.org/unesco/TableViewer/document.aspx?ReportId=136&IF_Language=eng&BR_Topic=0,检索日期 2017-06-09
[4] UNESCO Institute for Statistics, Data, Centre, http://stats.uis.unesco.org/unesco/TableViewer/document.aspx?ReportId=136&IF_Language=eng&BR_Topic=0,检索日期 2017-06-09

资 146.56 美元/月低二十倍。①

此外,巴西早期教育教师的工资与他们的资格水平和工作年限有关。在城市地区和联邦管辖地区,教师的工资是农村地区教师工资的两倍。私立学前教育机构中早期教育教师的工资相对较低,尤其是在贫困地区或者是在教师领国家最低工资的社区学校。城市富裕地区教师工资是最低工资的 6—12 倍,与学校的费用以及每个教师所教学生人数有关。②

印度尼西亚不同类型的学前教育机构教师的工资分别通过不同的渠道获得。公立幼儿园教师由国家教育部(MONE)负责发放工资。母亲中心(BKB)的幼儿教师由母亲中心为其提供报酬,同时,国家计划生育委员会(BKKBN)为其开展的家长教育项目提供物质支持,如玩具和印刷资料。一些在母亲中心工作的志愿者没有任何酬劳,开展教育项目所需的材料也是利用社区捐献的物资自行制作的。③

印度在儿童综合发展项目的建立之初,儿童综合发展中心工作人员的酬金是:非录取者每月 100 卢比,录取者每月 150 卢比,儿童综合发展中心助手每月 35 卢比。政府在不断增长酬金,到了 2002 年,录取工作人员的酬金是每月 1 000 卢比,非录取工作人员是 938 卢比,助手是 500 卢比。而从 2008 年 4 月起,员工的酬金水平又有了大幅度增加,儿童综合发展中心助手的酬金是每月 750 卢比,非录取工作人员月酬金为 1 438 卢比,有五年经验的非录取工作人员酬金是 1 469 卢比,有十年经验的非录取工作人员和录取人员一样为 1 500 卢比,有五年和十年经验的录取工作人员的月酬金分别是 1 531 卢比和1 563卢比。④

墨西哥早期教育教师的工资相对较低,而且许多教师是两轮班工作或者在教育之外还承担额外的工作。⑤

尼日利亚公立早期教育机构工作的教师与小学教育教师的工资相同。而在私立早期教育中心工作的教师则面临待遇低和工作条件差的问题。⑥

(六) 教师在职培训

由于孟加拉国的学前教育还未列入正规教育系统,关于教师培养与培训的相关资料甚少。但孟加拉国培养和培训其他级别教师的机构有许多。比如全国有 54 个公立的小学教师培训机构,为在职的小学教师提供一年有证书的课程培训;有 11 所公立的

---

① Gomes, C. A. Financiamento daeducaçãoinfantilou a cordaarrebentado ladomaisfraco [Investement inearly childhood education, or the ropealways breaks on the weaker side]. InFinanciamento da EducaçãoInfantil: Perspectivasem debate [Investment in earlychildhood: Debating perspectives], ed. R. C. Coelho and A. Barreto, 28 – 46. Brasília: United Nations Educational, Scientific, and Cultural Organization Brasil, 2004
② Education International. Early Childhood Education: A Global Scenario: A report on A study conducted by the Education International ECE Task Force, 2010. pp. 32 – 33
③ UNESCO. The background report of Indonesia, 2004. p. 29
④ Government of India, Ministry of Women and Child Development: Integrated Child Development Services (ICDS) Scheme-Revision of rates of honoraria of Anganwadi Workers and Helpers. http://wcd.nic.in/univ_icds/univ_icds2.pdf,检索日期 2017 – 4 – 22
⑤ Education International. Early Childhood Education: A Global Scenario: a report on a study conducted by the Education International ECE Task Force, 2010. p. 54.
⑥ Education International. Early Childhood Education: A Global Scenario: a report on a study conducted by the Education International ECE Task Force, 2010. p. 68.

师范院校提供学制一年的学习,并授予学士学位;54所私立院校提供一年的课程学习,培养中学教师,授予硕士学位。① 根据UNESCO Dhaka的研究,学前教育教师比初等教育教师要更年轻。而这些教师中参加过任何早期儿童保育和教育培训的比例低于20%,仅仅有大约13%—14%的教师能够认清早期儿童保育和教育的概念和目标,尽管62%的教师认为他们对于早期儿童保育和教育持有积极的态度。②

关于巴基斯坦学前教育师资培训情况的资料甚少。根据2008年巴基斯坦国家教育发展报告中我们只可得知:在巴基斯坦,有90个基础教育学院提供教师培训,帮助学员拿到小学教师资格证与证书;有16个学院为中学教师提供教育培训,学员通过学习获得学士学位;同时有9所大学的教育系培养硕士学位水平的教师。全国只有4个机构提供教师在职培训。除了这些,伊斯兰堡的大学也提供综合性的远程教师培训项目。所有这些机构每年大约共招收10 000人,提供约7 000种不同的课程。③

尼日利亚政府在对学前教育采取的干预措施中,对于幼儿教师的专业发展亦有一些鼓励性和促进性举措,包括为全国的幼儿教师提供培训研讨会与培训项目,鼓励一些大学为幼儿教师提供职前培训。2006年,早期儿童关爱与发展已经成为尼日利亚师范类学校的核心课程。在职业企业机构和创新企业机构项目下,尼日利亚技术教育国家委员会第一次开设了早期儿童关爱与发展管理者培训项目,通过两年的课程学习可获得在早期儿童关爱与管理领域的国家创新文凭(National Innovation Diploma),两年的学习主要培养管理者怎样有效办学。到2004年,尼日利亚国家开放大学(National Open University of Nigeria)开设了两个专业点,分别是学前教育本科与小学教育本科,现在分别招收了350名和650名学生。④

墨西哥3岁—6岁儿童的教育工作者普遍面临着缺少专业培训的问题。⑤ 墨西哥在幼儿教师实施新课程和适应新修订的教育目标时为教师提供正式的培训课程和研讨会或工作坊式的培训。政府已经向教育促进者咨询了如何通过对教育实践的自我评价和反思来提升工作。目前已建立网页来帮助教师就教育数据找到相关话题的材料以及交流教育实践和建议。此外,政府正努力向所有的儿童保育工作者提供安全的策略,不仅仅关注保育,还关注教育元素。政府正在为儿童保育工作者制订新的专业发展计划,将更多的教育目标引入关注保育的培训中。⑥ 墨西哥还强调确保专业发展课程有效性和课程内容的质量。政府重视向教师征求他们所希望的有用的培训课程。⑦

埃及政府在幼儿教师培训方面的举措有国内培训中心与院校展开合作组织培训项

---

① http://www.ibe.unesco.org/fileadmin/user_upload/archive/Countries/WDE/2006/ASIA_and_the_PACIFIC/Bangladesh/Bangladesh.pdf,检索日期2009-2-10
② 2006 Bangladesh_Early Childhood Care and Education (ECCE) programmes.
③ Ministry of Education Pakistan. *National Report On The Development Of Education*. Islamabad, November, 2008.
④ The Federal Ministry of Education Nigeria. *The Development of Education National Report of Nigeria*. For the Forty-Eighth Session of the International Conference on Education. November, 2008. pp.25-28.
⑤ Education International. *Early Childhood Education: A Global Scenario: a report on a study conducted by the Education International ECE Task Force*, 2010. p.54.
⑥ OECD. *Starting Strong III: A Quality Toolbox for Early Childhood Education and Care*, OECD, 2010. p.203.
⑦ OECD. *Starting Strong III: A Quality Toolbox for Early Childhood Education and Care*, OECD, 2012. p.210.

目。教师在职培训不仅包括面对面的培训,还包括出国接受培训。如,从 1993 年起,埃及政府每年派 400 名教师到发达国家进行培训,学习现代的教育方法与先进的教育科学技术。2000 年,这个数字已经上升到每年 1 355 人。培养幼儿园女教师的两个院校分别在开罗和亚历山大港。同时,学生还能在全国 9 所大学的院系中学习,学制四年,学生毕业后得到理学士学位。各教育院校也正在为非专业的幼儿园教师提供职前培训发展项目,大学的学院同时发展在职培训项目。公立幼儿园要求新教师至少需要学士学位,或有关于学前教育的专业背景。国家已经成立了两个中心为幼儿园教师提供培训的机会及为幼儿准备合适的教育媒介。[1]

巴西许多幼儿没有机会接受早期教育,同样,许多幼儿教师也没有机会获得更高的教育或继续教育培训。这种情况使得早期儿童教育更像一个社会问题,而非教育问题。这种恶性循环长此以往难以打破。巴西现在的教师培训体系中并没有针对 0 岁—3 岁儿童教师的培训,在其教师培训专业设置中也没有介绍 0 岁—3 岁儿童是如何成长和学习的专业课程。许多培训教师的中等教育学校并不提供 0 岁—3 岁儿童的教育实习。即使在大学中,0 岁—3 岁儿童的教师专业学习也不存在。因此,可以说,在巴西的教师培训体系中,日托中心的师资培训是缺失的。

印度尼西亚现行的幼儿教师培训制度是两年制的高中后教育,主要由三所教师培训学院开设。同时,开放大学和一些私立大学也提供这类教育。除了两年制教师培训学院外,雅加达州大学还开设有早期儿童教育专业的本科生(Strata 1)和研究生(Strata 2)课程。[2] 同时,教育部还开展一些培训项目来提高幼儿教师和幼儿园园长的知识水平和技能,培训的内容主要包括三个方面:学校管理(如课程、评估、学校和课堂组织)、创建学习模式和教学实践培训。[3] 幼儿园和小学教育理事会(The Directorate of Kindergarten and Primary Education,PADU)也试图通过建立一个职业发展体系来加强和完善幼儿园教师和管理者的教育和培训。2001 年,幼儿园和小学教育理事会与学前教育论坛和学前教育联盟合作,通过出资举办幼儿教师讲习班为儿童中心(TPA)和游戏小组(KB)的教师提供在职培训(in-service training)。到 2004 年,已有 10 个全国性的幼儿教师讲习班建立起来。在讲习班中接受过培训的幼儿教师转而又在当地建立起新的讲习班。然而对非正式的幼儿教育者来说,印度尼西亚并没有一个系统的培训体系为其提供所需的教育和训练。幼儿园和小学教育理事会为这些幼儿工作者提供五天的培训课程,但因为培训时间太短,实际上收效甚微。[4]

印度为改进服务质量而培训员工,并持续不断地进行人员的能力建设是儿童综合发展项目成功的重要因素。儿童综合发展服务计划提供服务的水平很大程度上取决于计划工作人员的技术水平,工作人员的培训大部分由国家出资提供,此外还有一些国际

---

[1] UNESCO International Bureau of Education (IBE). *Country profile prepared for the Education for All Global Monitoring Report 2007 Strong Foundations:Egypt Early Childhood Care and Education Early Childhood Care and Education (ECCE) programmes* Geneva,(Switzerland),2006.
[2] UNESCO. A Natinal Case Study on Early Childhood:INDONESIA, 2003. p.51
[3] UNESCO. A Natinal Case Study on Early Childhood:INDONESIA, 2003. p.51
[4] UNESCO. *The background report of Indonesia*, 2004. p.31

组织和国内非政府组织对工作人员进行培训。对应各种各样的 ECE 项目和动议,就有各种各样的 ECE 培训正在流行,常见的有以下几种:①

1. 职前课程:由不同的邦所有和私人所有的机构运营。如,综合学前以及小学教师培训(Integrated Pre Primary and Primary Teacher's Training)、保育所/学前教师培训(Nursery/Pre Primary Teacher's Training)、儿童保育和教育职业培训(Vocational Training in Child Care and Education)等都是由邦所有和私人所有的机构运营的。

2. 早期儿童教育文凭/证书课程:由远程学习中心,如甘地国立开放大学(Indira Gandhi National Open University)以及印度开放式学校教育研究院(National Institute of Open Schooling)等其他邦一级的专门开放大学提供。

3. 基于培训投入的专业早期儿童教育干预:全国教师教育委员会(NCTE)是一个法定机构,已经为学前学校和托儿所教师教育项目(Pre-School and Nursery Teacher Education Programmes)制定了规范和标准。这些标准旨在对教育的质量起到积极作用。除了为早期儿童保育和教育的教师教育制定规范和标准之外,全国教师教育委员会还承担鉴定学前和托儿所教师培训课程是否合格的任务。当前,共有 124 个经过 NCTE 承认的学前和托儿所教师培训课程,吸纳了 5 938 名学生参与学习。

NCTE 提供的早期儿童教育的文凭包括:早期儿童保育和教育证书(CECCE)、早期儿童保育和教育以及早期基础教育文凭(DECCE& EPEd)、早期保育和教育以及基础教育文凭(DECCE& PEd)及早期保育和教育硕士文凭(PGDECCE)。

思考题

1. 请对比梳理九个人口大国学前教育的性质和价值。
2. 九个人口大国的学前教育普及情况如何?请从学前儿童入园率、学前机构数量、在园儿童数这三个方面说明。
3. 九个人口大国在学前教育投入上存在哪些不足?请思考问题存在的原因。
4. 请描述九个人口大国幼儿园教师队伍的人数变化及学历状况。
5. 九个人口大国的幼儿教师工资待遇、在职培训情况如何?请举例分析说明。

---

① Working Group on Development of Children for the Eleventh Five Year Plan (2007 - 2012), A Report, http://wcd.nic.in,检索日期 2017 - 06 - 10

第三部分

主要国家的学前教育比较研究

　　国别教育研究是学前比较教育的重要组成部分,通过分析世界不同国家的学前教育发展,可以洞悉世界学前教育的发展现状与趋势。本部分将从政治经济特色和地域分布出发,选择世界上比较有代表性的发达国家和发展中国家为例,探讨世界主要国家的学前教育发展。

学习目标

1. 知道美国学前教育的历史背景。
2. 了解美国学前教育的性质地位。
3. 认识美国学前教育的办园体制。
4. 知道美国学前教育的管理体制。
5. 熟悉美国学前教育的投入体制。
6. 了解美国学前教育的师资建设。

内容脉络

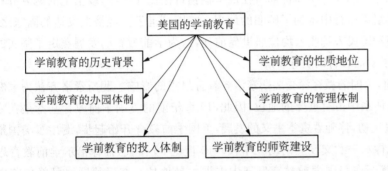

第六章

美国的学前教育

作为发达国家领头军的美国,其教育的发展令世界瞩目。近年来,随着经济的发展、政治格局的变化以及全球化对教育造成的巨大影响,美国的学前教育也发生了一些变化,呈现出许多新的特点。本章将对美国学前教育的发展背景与现状进行系统梳理,以探究美国学前教育的发展经验。

一、美国学前教育的历史背景

美国位于北美洲中部,西临太平洋,东濒大西洋,国土面积约为963万平方公里。截至2008年初,美国总人口约为3亿315万,其中白人占75%,拉美裔、黑人、亚裔等在总人口中也占据相当比重。其"民族大熔炉"的特点深刻地影响着美国教育的发展。美国实行联邦制,下设50个州和首都所在地华盛顿哥伦比亚特区,政治上的地方分权在教育体制及其组织运行中得到了鲜明的体现。美国是世界上经济最发达的国家之一,国民生产总值和国民人均收入均位居世界前列,这为学前教育的发展奠定了坚实的经济基础,促进了学前教育的迅速发展。

19世纪前,美国的教育深受裴斯泰洛齐教育思想的影响。裴斯泰洛齐认为家庭教育在整个教育体系中占有重要的地位,因此,19世纪前的美国学前教育基本是在家庭中进行。19世纪初,伴随着资本主义的发展,美国学前教育开始起步,诞生了美国最早的学前教育机构——欧文设立的幼儿学校。19世纪50年代,福禄倍尔学前教育思想传入美国,并逐渐在美国学前教育发展中占据主导地位。在以德国移民舒尔茨夫人(Margarete Schurz)为代表的一批热衷于福禄倍尔学前教育思想的实践者的宣传下,美国很快掀起了兴办幼儿园的运动。19世纪70年代后,美国慈善幼儿园建立并得到了迅速发展。慈善幼儿园主要是由个人、教会及各种社会团体开办的,招收的主要对象是贫困家庭的儿童。① 美国社会人士把幼儿园教育当成贫民救济事业,从人道主义出发,以保护未成年的幼儿不受到社会不良风气的影响。1870年,由社会慈善团体开设的第一家慈善幼儿园在美国纽约设立。1880年以后,一大批的免费慈善幼儿园几乎遍布美国大中城市。19世纪末,美国幼儿园开始逐步探索出与美国社会生活条件和要求相适应的学前教育。为了加强幼儿园的公共教育性质,美国把学前教育作为公共教育制度中的一部分,这一时期的美国公立幼儿园一般常设于公立初等学校,保证它在公立学校制度中的地位。从最初的幼儿学校,到19世纪中期的福禄倍尔式幼儿园,再到70年代出现的"慈善幼儿园"和"公立幼儿园运动",美国学前教育得到迅速发展。

20世纪是美国学前教育不断本土化,并且得到长足发展的时期。20世纪初,美国学前教育基本确立了以公立幼儿园为主体,私立幼儿园和慈善幼儿园并行的办园体制。从20世纪上半期的进步主义幼儿园运动的兴起、"蒙台梭利热"和保育学校的传入,到20世纪中期以后的重智力开发和学前教育机会均等运动,政府加大对补偿性学前教育的投入,再到80年代后政府的进一步干预,美国学前教育出现了整体改革,获得了更进一步发展。

---

① 周采、杨汉麟著:《外国学前教育史》,北京:北京师范大学出版社1999版,第124页

二、美国学前教育的性质地位

与许多国家不同,美国实行地方分权制,各州所规定的初等教育入学年龄各不相同。在美国,义务教育的入学年龄一般为6岁,各州具体情况有所不同,多在5岁—7岁之间不等。① 相应地,学前教育的起止年龄及学前教育的性质也有所差异。但总的来说,美国的学前教育是指为3岁—5岁幼儿提供的早期教育和保育服务,内容涵盖教育与社会福利等各方面。

学前教育属于美国学制系统的组成部分,基本上为三年,主要分为幼儿园(kindergarten)和保育学校(nursery school)两个层次,招收儿童的年龄段有所不同。美国是典型的联邦制国家,依据美国宪法规定,各州政府可自行推动各项教育措施。全美各州也都颁布了州法规作为该州教育行政的最高准则,各地方所推行的教育方案也常因各地方教育行政机关的组织结构及规模大小而异,②因而各州和地方学前教育事业发展及其属性地位的实际情况不可一概而论。虽然美国各州学前教育起止年龄各有不同,但全国都统一将义务教育前一年的教育视作基础教育的第一阶段,也即初等教育和义务教育的起始阶段。

在美国,进入初等学校前一年的教育叫做幼儿园教育,③是公立教育系统的组成部分。幼儿园接收5岁儿童,旨在为儿童入学做好准备。美国对幼儿园的儿童实行免费义务教育。美国各州也有一些实施学前教育的公共托幼机构,时间为1年至2年不等,每周为幼儿提供两天或更多时间的免费教育。④ 近年来,随着国家对学前教育投入力度的加大,美国学前教育的免费范围逐渐扩大至国家投资的托儿所(pre-kindergarten)教育,即向上延伸至4岁幼儿。⑤

此外,美国政府还向弱势群体儿童提供提前开端计划、早期提前开端计划等免费的学前教育项目,旨在帮助处境不利儿童在入学前接受必要的入学准备。这两个面向处境不利幼儿群体的补偿教育计划由联邦政府负责经费投入,符合项目准入资格的2岁—5岁幼儿均可接受免费教育。

自20世纪80年代末90年代初开始,面对教育发展状况与社会需求的巨大反差,以及学前教育巨大价值的不断凸显,美国联邦政府日益重视为学前教育的发展提供法律、财政、师资等各方面的支持。因此,发展学前教育被列入历届联邦政府的教育计划中,并体现在国家教育目标之中。2000年,美国教育部公布了《教育研究国家重点》,这是国家教育研究政策委员会与教育研究改进局根据国会的要求,经过三年调查研究后制定的。其目的在于适应21世纪的需要,大幅度地提高教育水平,迎接新的挑战与机遇。在制订《教育研究国家重点》过程中有关部门广泛地征询意见,多次组织讨论(先后召开了50次讨论会,参加者有家长、教师、企业界人士、学生与研究人员),并经过认真

---

① Cleveland G & Krashinsky M: Financing ECEC Services in OECD Countries, 2003, p.88. http://www.oecd.org/edu/earlychildhood,检索日期 2008-7-21
② 林宝山著:《美国教育制度及改革动向》,台北:五南图书出版公司1991年版,第13、15页
③ 本文中将美国的 kindergarten 译为幼儿园,主要面向5岁儿童;将 pre-kindergarten 译为托儿所,主要面向3岁—4岁儿童;将 preschool 译为学前班。因译文与中文习惯用法有出入,故特此说明。——笔者注
④ 蔡迎旗:《幼儿教育财政投入与政策》,北京:教育科学出版社2007年版,第215页
⑤ OECD: Starting Strong Ⅱ: Early Childhood Education and Care, Annex E, 2006. p.427

审议,最后提炼出七项教育研究国家重点。第一项重点就是"改善幼年儿童的学习与发展,使所有孩子都能入幼儿园,以便为入学做好准备,并能在初等与中等学校学习取得良好成绩"。文件强调指出:"要记住这点:如果国家让儿童早期失去了机会,那么以后对大孩子的教育投资就不可能达到预期的效果;如果忽略了五岁前孩子的学习与教育,那就无法提供教育改革合适的道路图。"文件还提出学前教育是须着重研究的问题,如孩子是如何发展与学习的,教育幼儿最有效的方法是什么,高质量的幼儿保育与教育内涵是什么,家庭与社区如何更好地支持幼儿学习。

三、美国学前教育的办园体制

(一)美国学前儿童及学前入学总体状况

在美国,学前教育已基本普及。从下图可以看出,近40年来,美国3岁—5岁幼儿接受学前教育的人数呈现递增趋势。1970年仅有495.5万人,在90年代中期有一次大的飞跃,1995年人数达到773.9万人,到2009年达到807.6万人,约为1970的1.63倍。学前教育入学率也在不断增长,在世界范围内都名列前茅。

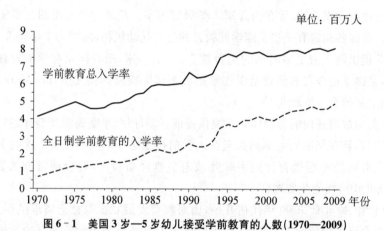

图6-1 美国3岁—5岁幼儿接受学前教育的人数(1970—2009)

资料来源:U. S. Department of Education. *Digest of Education Statistics* [R]., 2010: p. 66.

表6-1 美国3岁—5岁幼儿学前教育入学率

年份	接受学前教育的人数(千人)	占该年龄段幼儿比例(%)	年份	接受学前教育的人数(千人)	占该年龄段幼儿比例(%)
1965年	3 407	27.1	1985年	5 865	54.6
1970年	4 104	37.5	1990年	6 659	59.4
1975年	4 955	48.7	1995年	7 739	61.8
1980年	4 878	52.5	2000年	7 592	64.0

续 表

年份	接受学前教育的人数(千人)	占该年龄段幼儿比例(%)	年份	接受学前教育的人数(千人)	占该年龄段幼儿比例(%)
2005 年	7 801	64.3	2008 年	7 928	63.0
2006 年	8 010	65.7	2009 年	8 076	63.5
2007 年	8 056	65.4			

资料来源：U. S. Department of Education. *Digest of Education Statistics* [R].，2010：p. 89.

分年龄段来看,5 岁幼儿是美国学前教育入学幼儿的主力军。从下表可以看出,自 20 世纪 80 年代以来,5 岁幼儿接受学前教育的比例一直维持在 85% 左右。较高的学前教育入学率与美国政府对学前教育"免费义务教育"的定性有着极大的关系,正是政府从法律法规和资金等各方面进行大力推动,才使美国学前教育得以普及。

表 6-2　美国 5 岁幼儿学前教育入学率

年份	接受学前教育的人数(千人)	占该年龄段幼儿比例(%)	年份	接受学前教育的人数(千人)	占该年龄段幼儿比例(%)
1965 年	2 521	60.6	2000 年	3 495	87.6
1970 年	2 643	69.3	2005 年	3 418	86.4
1975 年	2 854	81.3	2006 年	3 476	85.9
1980 年	2 598	84.7	2007 年	3 565	87.1
1985 年	3 065	86.5	2008 年	3 470	83.9
1990 年	3 367	88.8	2009 年	3 601	86.1
1995 年	3 697	87.5			

资料来源：U. S. Department of Education. *Digest of Education Statistics* [R].，2010：p. 89.

与 5 岁幼儿相比,3 岁和 4 岁幼儿接受学前教育的状况还不尽人意。虽然在近 40 多年来这两个年龄段的幼儿接受学前教育的比例均有大幅度的增长,但其绝对比例仍处于较低水平,尤其是 3 岁幼儿接受学前教育的比例仍不足该年龄段所有幼儿的一半。

表 6-3　美国 4 岁幼儿学前教育入学率

年份	接受学前教育的人数(千人)	占该年龄段幼儿比例(%)	年份	接受学前教育的人数(千人)	占该年龄段幼儿比例(%)
1965 年	683	16.1	1980 年	1 423	46.3
1970 年	1 007	27.8	1985 年	1 766	49.1
1975 年	1 418	40.5	1990 年	2 087	56.1

续 表

年份	接受学前教育的人数(千人)	占该年龄段幼儿比例(%)	年份	接受学前教育的人数(千人)	占该年龄段幼儿比例(%)
1995 年	2 553	61.6	2007 年	2 774	67.8
2000 年	2 556	64.9	2008 年	2 804	66.1
2005 年	2 668	66.2	2009 年	2 698	64.6
2006 年	2 817	68.8			

资料来源：U. S. Department of Education. *Digest of Education Statistics* [R], 2010：p. 89.

表 6-4 美国 3 岁幼儿学前教育入学率

年份	接受学前教育的人数(千人)	占该年龄段幼儿比例(%)	年份	接受学前教育的人数(千人)	占该年龄段幼儿比例(%)
1965 年	203	4.9	2000 年	1 541	39.2
1970 年	454	12.9	2005 年	1 715	41.3
1975 年	683	21.5	2006 年	1 716	42.4
1980 年	857	27.3	2007 年	1 717	41.5
1985 年	1 035	28.8	2008 年	1 655	39.4
1990 年	1 205	32.6	2009 年	1 776	40.7
1995 年	1 489	35.9			

资料来源：U. S. Department of Education. *Digest of Education Statistics* [R], 2010：p. 89.

分种族来看，西班牙裔儿童学前教育的入学率仍不及白人儿童和黑人儿童，无论是男孩还是女孩。以 2009 年为例，3 岁和 4 岁儿童中，白人儿童的入学率达到 55.5%，黑人儿童为 58.5%，而西班牙裔儿童仅为 41.9%。从不同性别来看也是如此，西班牙裔儿童学前教育的入学率远低于白人儿童和黑人儿童。

表 6-5 2009 年美国各种族幼儿学前教育入学率

年龄 \ 种族	白人(%)	黑人(%)	西班牙裔(%)
3 岁和 4 岁	55.5	58.5	41.9

资料来源：U. S. Department of Education. *Digest of Education Statistics* [R], 2010：p. 21.

表 6-6 2009 年美国各种族不同性别幼儿学前教育入学率

年龄 \ 性别	男			女		
	白人(%)	黑人(%)	西班牙裔(%)	白人(%)	黑人(%)	西班牙裔(%)
3 岁和 4 岁	54.9	58.1	39.4	56.2	58.8	44.4

资料来源：U. S. Department of Education. *Digest of Education Statistics* [R], 2010：p. 21.

(二) 美国学前教育机构的主要类型

美国在学前教育办学机制上并没有全国一致的政策框架,50个州也没有建立起相对一致的学前教育服务,这使得美国学前教育呈现出机构种类繁多,不同的州乃至不同的学区各具特色。从运作机制来看,可以将这些学前教育机构分为三个系统:公立系统、私立系统和提前开端系统。

公立学前教育系统在这里主要是指幼儿园和托儿所项目,它们主要由州政府和地方政府提供资金支持。(1) 幼儿园。美国将幼儿园教育置于优先发展的地位。1986年密西西比州首次开始为所有5岁儿童开办幼儿园,随后美国50个州均先后将幼儿园纳入到公立学校系统,并由此建立了K-12(即幼儿园至高中)的学制体系。虽然各州对幼儿入园年龄要求各有不同,但幼儿园通常招收5岁—6岁儿童(部分也招收3岁—4岁甚至3岁以下的幼儿)。幼儿园分为全日制和半日制两种类型,美国对幼儿园全日制和半日制的区分并没有统一的标准,一些州以幼儿每天在园的时间为标准来区分,一些州则以幼儿一学年在园的时间为标准来区分,而且,各州对全日制和半日制幼儿园开放时间的要求也存在很大的差异。比如,阿拉巴马州、路易斯安那州和奥克拉荷马州要求全日制幼儿园每天开放6小时,威斯康辛州要求全日制幼儿园每学年的开放时间为1050小时,而佛罗里达州仅要求每年开放720小时。各州对半日制幼儿园的定义也不同,从每天2小时(阿拉斯加州、伊利诺伊州、佛蒙特州)到4小时(田纳西州)的开放时间不等,每年的开放时间从165小时(北达科他州)到577小时(密苏里州)不等。[①] 20世纪90年代以前,美国的幼儿园多以半日制为主。90年代以后,由于双职工家庭数量的增加和参加学前班项目的幼儿比例增加,全日制幼儿园受到更多家长的欢迎,很多半日制幼儿园为了适应市场的需要纷纷转向全日制。2003年,全日制幼儿园的入园率已从1977年的28%增加到65%。[②] (2) 托儿所。从上个世纪80年代开始,各州开始开展普及学前班或托儿所(universal preschool 或 universal pre-kindergarten)的运动,州办托儿所项目是为0岁至义务教育入学前儿童提供进入幼儿园前一年或两年的学前教育机构。按照幼儿在所时间长短划分,可以分为以下三类:幼儿在所时限为半年(1月至7个月),幼儿在所时限为一个学年(8月至10个月),幼儿在所时限为一年(11月至12个月)。就每日教保时间而言,托儿所可分为半天制(1.50小时至4.99小时)、一学日制(5.00小时至7.99小时)以及全日制(8小时以上)三种类型。同公立幼儿园一样,托儿所的经费也主要由州政府支出,此外也包括各州提供的少量贫困家庭的暂时补助(Temporary Assistance for Needy Families,简称TANF)资金。[③]

私立学前教育系统是由学前教育服务提供者运营和管理的机构体系,以市场需求为导向,由社会福利部门和教育部门分别管理。私立学前教育系统在美国学前教育办

[①] Kristic Kauerz, "State Kindergarten Policies: Straddling Early Learning and Early Elementary School", *Young Children on the Web*, 2005(3)

[②] "Half-day vs. Full-day Kindergarten: Which is the Best Choice for Your Child?" http://voices.yahoo.com/half-day-vs-full-day-kindergarten-which-best-189806.html,检索日期 2016-12-17

[③] National Institute for Early Education Research, *The State of Preschool: 2006 State Preschool Yearbook*, 2006. p.5

学体制中占有重要地位,早在1990年,学前教育提供者中就有90%来自私人部门。私立学前教育系统服务于0岁至义务教育前的幼儿,私立学前教育机构的形式多样、各具特色。其主要形式包括:(1)日托中心(Day Care Center),服务对象为0岁—2岁婴儿或3岁—5岁幼儿,有的也接收学龄儿童;(2)部分时段的保育学校和学前班(Part-day Nursery School and Pre-school);(3)居家保育(Family Child Care Homes and Group Home Providers),这种形式在规模方面有大、小之分,分别为2个保姆照顾12个幼儿和1位保姆照顾2—4个幼儿;(4)安亲班(School-age Programs),其服务时间为儿童上学前、放学后或者学校假期,目的在于配合家长的托儿需要,帮助上班、参加培训以及上学的家长,为儿童提供保育服务。

传统的提前开端项目旨在帮助3岁—5岁来自贫困家庭的幼儿,此外还有"早期提前开端"项目,服务于0岁—3岁来自低收入家庭的幼儿。该体系主管部门为健康与人类服务部门(Department of Health and Human Services)。《提前开端法》规定,提前开端的主要目标是"为低收入儿童及其家庭提供健康、教育、营养、社会等基于家庭需要的服务,促进儿童的社会性发展和认知发展,从而提高其入学准备"[1]。提前开端项目有中心式、居家式和混合式三种形式。其中,中心式是最主要的一种开办形式,在托儿之家为幼儿提供服务;居家式是在幼儿家中进行,家庭访问员每周到幼儿家中进行授课并提供综合性服务;混合式是结合当地需要设计的服务形式,由家庭访问员在托儿之家为幼儿提供服务。

四、美国学前教育的管理体制

美国的教育权属于各州政府及地方教育当局。随着国际形势的发展,美国联邦政府对学前教育的干预程度不断加强,通过一系列方式实现对学前教育的宏观调控,使得地方教育行政权受到影响。[2] 主要表现在:(1)通过出台学前教育相关立法来确定工作的重点,制订学前教育改革的方向和规划,以强化政府在学前教育事业发展中的职责。如通过颁布《2000年目标:美国教育法》(Goals 2000: Educate America Act)确定美国教育的首要目标为"保障所有儿童都接受学前教育"[3],通过《不让一个儿童落后法案》(No Child Left Behind Act)明确联邦政府要转变在教育中的作用,着力改变弱势儿童群体在受教育状况方面的不利处境"。[4] (2)大幅增加对学前教育的资助,并通过立法规定资助的范围、重点及分配形式。如奥巴马政府颁布的《0岁—5岁教育计划》(Zero to Five Plan)规定每年由联邦政府拨款100亿美元,资助各州普及学前教育[5]。(3)设立专门机构以加强联邦政府与州政府间的有效协作,如奥巴马政府特别设立总统直接领导的专门领导机构——总统早期学习委员会,将学前教育直接置于总统领导管理范围之内,强化了联邦政府在各州学前教育发展中的作用,提高促进并加强联邦政府与州

---

[1] Biennial Report to Congress. The Status of Children in Head Start Programs, 2005. p. 1
[2] 林宝山著:《美国教育制度及改革动向》,台北:五南图书出版公司1991年版,第7页
[3] Goals 2000: Educate America Act http://loc.gov/bss/d103/d1031aws.html,检索日期2016-07-10
[4] No Child Left Behind Act of 2001, http://www2.ed.gov/nclb/overview/intro/guide/index.html
[5] Zero to Five Plan, http://l.barackobama.com/issues/pdf/PreK-12EducationFactSheet.pdf/

政府间的有效协作,有效地解决了美国教育分权带来的问题,进而推动了美国学前教育事业的整体发展。4.扩展学前教育项目,发起学前教育改革动议,支持学前教育研究等方式来影响学前教育的发展。如联邦政府直接管理的学前教育项目(如"提前开端"项目)也为推动全国学前教育的发展起到了重要作用。这些都充分体现了美国联邦政府对学前教育事业发展的重视。

根据美国宪法的规定,凡是宪法未授予联邦、也未禁止各州行使的权力,均保留给各州和各州人民行使。因此,教育成为美国各州的责任,教育行政最突出的特征就是地方分权管理。州级教育行政的责任和权力是州宪法、立法机关和法院赋予的,它与联邦教育行政不是直接的隶属关系,但会受到联邦教育政策的影响。近年来州政府对学前教育的管理仍不断加强,发挥着联邦学前教育政策实际执行者和学前教育改革发起者的双重作用。例如,州政府负责州内联邦学前教育法规、动议、项目的实施,并对联邦学前教育资金进行补充;每个州都在开展着丰富的实验,并积累着经验,如学前教育项目间的合作、州主导的托儿所教育、儿童保育质量分级策略等就是由州政府发起并推进的项目;各州还按照本地教育的实际情况,将各州划分为若干学区,学区是各州推行教育政策最基层的行政单位,负责协助各州管理并监督学校,维持公立学校系统的运作等。

美国学前教育服务分属不同的部门管理,学前教育项目类型多样,经费来源也十分多元。而美国政府意识到,要确保所有儿童获得高质量的早期服务,就需要家庭、学校、社区、州的共同协作,需要得到保健、教育、心理健康等多个服务团队对儿童的发展支持,需要早期保教服务前后连贯、目标一致。也就是说,只有各级管理者、各个部门、各类服务与项目以一种整合的方式来进行合作,才能确保所有儿童都能得到高质量的、适宜的早期服务,更加有效地促进所有儿童的最佳发展,为其今后学业和人生的成功奠定基础。例如,在入学准备问题上,美国各州正试图建立以州为领导的入学准备框架,整合家庭、学校、社区及州等关键因素,以有效促进所有儿童的入学准备及今后学业的成功。开端计划也一直强调为儿童提供综合的服务来支持儿童多方面的发展,并邀请教育界人士和非教育界人士共同参与项目运作。

五、美国学前教育的投入体制

在美国,政府财政投入、家长缴费和其它资源共同承担了学前教育的开支,只是在所占份额上存在差异和变化。在1999年,家庭投入曾占到美国学前教育经费来源的59%,联邦投入和各州政府的投入分别占27%和14%[1]。可以说,幼儿家长、联邦政府和州政府负担了当时的美国学前教育经费,且家庭投入在其中占据重要位置。近年来,随着美国政府日益注重对学前教育的财政投入及其保障,政府投入逐渐成为整个学前教育经费的主要来源。据《2010年全球教育摘要》(*Global Education Digest 2010*)的数据显示,2008年,公共资源占美国学前教育机构总开支的77.6%。[2] 公共资源主要指政

---

[1] OECD: *OECD country note*: *Early Childhood Education and Care Policy in the United States of America*, 2000. p.21
[2] UNESCO: Institute for Statistics: *Global Education Digest 2010*, Montrea: Canada, 2010

府投入,包括联邦政府和州政府两个层面。特别是2009年以来,随着奥巴马政府的上台执政,美国政府对学前教育财政投入的重视力度持续增强,采取了一系列措施从根本上保障学前教育财政投入的稳定性与力度。可以说,联邦政府和州政府稳定且呈上升趋势的财政投入为美国学前教育事业顺利发展提供了强有力的经费保障,对提升美国学前教育的地位、推进学前教育事业的普及与发展具有不可忽视的重要作用。

美国联邦政府从1965年拨款启动"提前开端计划"开始,便一直致力于推动学前教育的普及与发展,注重对学前教育的财政投入及其保障。根据克林顿政府的"幼儿教育五年计划",在1998—2003年的五年中,美国政府投资约200亿美元为超过200万的学前儿童提供服务。这一美国历史上最大一笔学前领域政府单项投资将使接受"早期提前开端计划"的婴儿和学步儿数量翻番,达到80 000名。[1] 布什政府在之后的《良好开端,聪明成长》(Good Start, Grow Smart)倡议中又提出,联邦政府和州政府将从2002年起每年至少拨款180亿美元,以帮助每一个幼儿家庭,特别是那些低收入家庭,来购买学前教育服务。这笔投资中联邦政府单独的拨款不少于140亿美元。[2] 2009年以来,随着奥巴马政府的上台执政,美国政府对学前教育财政投入的重视力度持续增强。奥巴马总统认为应该加强对学前教育的投资,在他提出的"0岁—5岁综合教育计划"(Zero to Five Plan)中,拟每年由联邦政府对幼儿及家长投资100亿美元,以为儿童提供整合性的早期保育和教育服务,并激励各州为儿童提供更多更好的早期教育。[3] 同时,为了从根本上保障学前教育财政投入的稳定性与力度,奥巴马政府还坚持将学前教育经费单列。2009年2月,奥巴马总统签署《美国复苏与再投资法案》(American Recovery and Reinvestment Act),提供50亿美元用于早期教育项目,包括"提前开端计划"、"早期提前开端计划"、儿童保育以及针对有特殊需要的儿童的项目。[4] 美国政府在白宫网站上公布了2012年财政预算,提出准备花费3.5亿美元建立一项全新的、竞争性的早期学习挑战基金(An Early Learning Challenge Fund),由教育部和卫生及公共服务部来管理,州政府将采取重大举措以提高早期教育的质量。[5]

州政府通过学校系统分配学前教育投入的大部分资金。其经费来源非常多样,包括各州从普通资金、营业税和特许权税等中获得的税赋收入。具体情况各州也有所不同。大部分州将对托儿所的资助作为州财政预算中教育预算的基准项目,或是将它作为州政府补助方案的一部分。有些州为学前教育和保育征收额外的税收,如征收酒、烟草或赌博的"过失税"(sin taxes)。而有独立税务当局的地方政府部门会征收额外的财

---

[1] White House Fact Sheet. President Clinton Announces Child Care Initiative. http://archive.hhs.gov/news/press/1998pres/980107.html,检索日期2016-8-11
[2] The White House-President George W. Bush. Good Start, Grow Smart: The Bush Administration's Early Childhood Initiative. http://georgewbush-whitehouse.archives.gov/infocus/earlychildhood/earlychildhood.html,检索日期2016-10-10
[3] Obama: B. Barack Obama and Joe Biden's Plan for Lifetime Success Though Education. http://www.nyspirc.org/pdf/Obama%20Education%20Plan%2012%2008.pdf,检索日期2011-7-19
[4] American Recovery and Reinvestment Act http://www.whitehouse.gov/issues/education,检索日期:2016-7-19
[5] Budget of the United States Government, Fiscal Year 2012. http://www.whitehouse.gov/omb/budget/Overview,检索日期2016-7-19

产税或营业税。此外,还有些州征收儿童保育费和联合支付费(co-payments),但是这些不是资金的主要来源。除了州政府的财政资助外,一些州也鼓励企业参与,资助企业员工子女的儿童保育。家庭也可以申请获得每个幼儿 1 000 美元的非返还税收抵扣(non-refundable tax credits)。[1] 而学区作为各类公立学校的设立者,负责实际经费运作以及预算。

虽然各级政府对学前教育的经费投入有明显的增长,但私人投入,尤其是家庭支出仍在美国学前教育经费投入中占据重要份额。如前所述,1995 年家庭投入曾占到 59%,联邦投入占 27%,各州政府投入占 14%。这也就意味着全美家长每年要投入到学前教育的资金达 3 000 亿美元,在学前教育上,每个家庭平均每年花费 4 000 美元。

但近年来,随着美国政府日益注重对学前教育的财政投入及其保障,政府投入逐渐成为整个学前教育经费的主要来源,私人支出的比例明显地降低。据 OECD 提供的数据,2008 年,公共资源占美国 3 岁及 3 岁以上儿童学前教育机构总开支的 79.8%,私人支出比例仅为 20.2%,虽然私人支出比例仍高于 OECD 国家的平均比例(18.5%)和欧盟 21 个成员国的平均比例(12.2%),但从纵向上看,美国学前教育机构的私人负担比例与十年前相比有了非常显著的降低,这大大减轻了美国家庭在子女学前教育方面的负担。

为保证财政投入能真正发挥效用并促进学前教育事业发展,奥巴马政府还注重保障机制的制度化建设,即健全财政运行机制。与以前申请——批准——拨付程序不同,此次奥巴马政府建立了财政经费申请、审核、拨付、执行、绩效评估、奖励与问责相结合的财政运行机制,[2]提出要严格评估联邦教育项目,并且划拨专项经费进行联邦教育项目的评价,尤其是《美国复苏与再投资法案》启动的投资。《美国复苏与再投资法案》设立的 40 亿"力争上游经费"(Race to the Top Fund)并不是所有的州都能获得,它主要是用于激励进行系统的和创新性改革的州。[3] 财政运行机制的建立体现了联邦政府对学前教育项目的管理和宏观调控,能够保障政府的财政投入发挥最大的价值,实现最佳的效益,同时也调动各州和学区积极投身教育改革,大力发展学前教育,共同实现国家学前教育事业发展的总体目标。

六、美国学前教育的师资建设

由于美国教育采用地方分权制度,州与地方学区拥有经营学校的最大权利。因此,各州和各学区教师(尤其是在公立学校)在相关的遴选、聘用、薪金与各种福利等具体情况方面,都依其所处学区与州的不同而存在差异。

美国各类学前教育机构的人员设置各有不同,通常包括园长、专任教师、保育员(包

---

[1] Belfield C R. Background paper prepared for the Education for All Global Monitoring Report, 2007, Strong foundations: early childhood care and education: Financing early childhood care and education: an international review, 2006. p. 13
[2] 孙美红,张芬:《美国奥巴马政府高质量普及学前教育的政策特点》,《学前教育研究》2010 年 9 期
[3] U. S. Department of Education: Fiscal Year 2010 Budget Summary and Background Information, http://www2. ed. gov/about/overview/budget/budget 10/summary/10summary. pdf,检索日期 2017 - 01 - 19

括保健医生)等几种类型。以"提前开端计划"为例,包括教师、助理教师、家访员、家庭幼儿保育员、儿童发展督学等职责不同的教职员工。从整体上看,"提前开端计划"拥有一支庞大的教职员工队伍;从不同类别教职员工所占的数量比例来看,在所有的教职工队伍中,专任教师占据绝大多数,按照教师、助理教师、儿童发展督学、家访员、家庭幼儿保育员和基于家庭的督学的顺序依次递减。此外,在"提前开端计划"等项目中,除教育工作者外,项目主管、执行主管、儿童发展与教育管理者、健康服务管理者、家庭和社区合作管理者等也成为了学前教育发展中不可缺少的部分。

教师任职资格是国家对专门从事教育教学工作人员的最基本要求。对任职资格进行严格要求和审查,是确保教育教学质量的重要手段,也是教师专业化的基础。由于公立学校、私立学前班、儿童保育中心和提前开端班这些机构和机构所服务儿童的多样化需求,他们的教师需要扮演不同的角色,从而使得目标复杂化。除此之外,全国没有针对幼儿园教师统一的州定或者国定标准和认证程序,因此,成为儿童保育和教育的教师在教育背景和经验方面有很大的差异性。[1]

相对于其他性质的学前教育系统,美国对幼儿园教师的任职资格要求是最严格的。50个州都要求幼儿园教师至少拥有学士学位,其中,有的州(阿拉巴马州、康涅狄格州、特拉华州、华盛顿哥伦比亚特区、肯塔基州、爱荷华州、路易斯安那州、马里兰州、马萨诸塞州、密苏里州、内华达州、北卡罗来纳州、俄亥俄州、罗德岛州、犹他州、弗吉尼亚州、威斯康辛州)还要求必须有早期儿童方面的课程或认证。[2]

公立学校的教师还必须具有各州政府颁发的教师资格证书。在教师完成了州政府所认可的教师教育项目之后,接受州政府的评价,并由州政府向满足特定标准的个体颁发教师资格证书。除了各州政府颁发的教师执照,以证明持有者达到了从事教学的最低标准外,还有专业协会颁布的教师资格证书。它以一种同行间进行专业评价的方式,来证明该证书持有者具有从事高水平专业活动的能力。全美专业教学标准委员会(National Board for Professional Teaching Standards,简称NBPTS)还鉴定并颁发高级教师资格证书,即主要负责制定K-12年级31个学科的教师资格标准,并组织相应的教师资格考试并颁发高级教师资格证书。[3] 不同的资格证书都设定了明确的审核标准,对一般的幼儿园教师而言,其设定的获得资格证书的标准是:理解幼儿;公平、公正且有多样化的视角;评价促进儿童的发展和学习;整合课程的知识;采用多种教学策略,实现有意义的学习;家庭和社区的合作;专业性的合作;反思性的行为。申请NBPTS教师资格证书的前提条件是必须已获得学士学位或持有州授予的教师资格证书或具有三年或三年以上的教学经验,对教师资格的评审认定和资格证书的颁发都由NBPTS下属的有关机构办理。但这种证书由教师自愿获取,并不取代各州颁发的证书。[4]

---

[1] Ackerman D. J. States' efforts in improving the qualifications of early care and education teachers, 2003. p.5.
[2] Ackerman D. J. States' efforts in improving the qualifications of early care and education teachers, 2003. pp.40-43.
[3] 李旭:《美国提高颁发教师资格证书的标准及其局限》,《比较教育研究》2003年第4期
[4] 李旭:《美国提高颁发教师资格证书的标准及其局限》,《比较教育研究》2003年第4期

州办托儿所对教师的任职资格要求明显低于幼儿园教师。除 11 个还没有州办托儿所项目的州之外,其他州的州办托儿所项目职前最低要求从拥有儿童发展助理证书到获得早期儿童认证的学士学位不等,仅有超过半数的州要求这些项目中的教师拥有早期教育或其他专业的学士学位,仅有 14 个州要求具有早期儿童认证的学士学位。

私立机构早期保育和教育教师的起点比那些在州办托儿所项目中任教的教师更多样化。国家的大部分地区私立儿童保育机构教师的入职要求比州办托儿所教师的要求要低。大多数州并不要求在社区早期保育和教育机构中开始任教的教师必须修过大学课程。在一些州,这些机构的教师甚至可能没有获得高中文凭就进入这个领域,尽管任职资格很重要,但"最低任职资格"可能只是意味着通过犯罪记录和/或虐待儿童记录检查,比如爱荷华州 2000 年早期保育和教育职业发展项目便提出了这样的要求。①

"提前开端计划"的幼儿园教师资格证书制度主要包括两方面内容:儿童发展助理证书制度,以及 2007 年出台的有关教师新要求的相关政策。CDA 制度创立于 1971 年,目的在于设立"提前开端计划"自己的专业学位和证书,并致力于提高其综合服务的质量。该证书由早期儿童专业认证委员会(Council for Early Childhood Professional Recognition)管理。目前,CDA 学位和证书计划在美国得到了广泛的认可,被列入了所有"提前开端计划"认证要求中。② CDA 的申请者要符合以下四个条件:18 周岁以上;获得高中或同等学历;有 480 小时学前教育工作经验;5 年内完成 120 小时的幼儿学前教育课程,包括 8 个 CDA 培训项目,每个不能少于 10 小时。该课程特别强调与婴儿/蹒跚学步儿或学前儿童相关的内容:保健与安全、身体与智力发展、社会性与情绪情感的发展、与家庭的关系、课程的设置与安排、专业化发展。此外,申请者还要达到 CDA 所要求的六大能力领域的能力标准,包括:建立并且保持一个安全健康的学习环境,发展幼儿身体和智力水平,支持幼儿社会性和情绪情感的发展并给予引导,与家庭建立积极有效的联系,确保项目的良性运行并能实现预期目标以及促进专业化的持续发展。目前,CDA 资格证书在各州的作用和地位有所不同。例如,在夏威夷州,CDA 是教师成为助教的标准之一;而在其他 18 个州,CDA 则是机构管理者的标准;在科罗拉多州,CDA 是主班教师的标准。③

除此之外,《2007 年改进提前开端法案》规定"提前开端"的教师应该达到以下几方面的要求。(1)计划和实施如下学习的经验:促进儿童智力及身体发展,包括通过发展儿童的读写和听音等能力、对语言的理解和应用、对复杂词汇的理解和运用、对书本的鉴赏、对数学和科学的理解、问题解决能力和学习方法来提高儿童的入学准备。(2)创设并保持安全、健康的学习型环境。(3)支持儿童社会性和情绪情感的发展。(4)鼓励幼儿家庭参与提前开端项目,并促进儿童与家长关系的发展。

在 1994 年颁布的《2000 年目标:美国教育法》中,明确地将"师范教育与专业发展"

---

① Ackerman D. J: *States' efforts in improving the qualifications of early care and education teachers*, 2003. p.6
② OECD: *OECD Country Note: Early Childhood Education and Care Policy in the United States of America*, 2000. p.29
③ 成丽媛等:《美国幼儿园教师资格及其认证方式简介》,《学前教育研究》2007 年第 12 期

列为八个教育目标中的第四个。也正是在这样的背景下,幼儿园教师的培训及其专业素质的提高成为美国学前教育最重要的部分之一。

近年来,美国政府不断立法保障学前教育师资培养。2001年颁布《不让一个儿童掉队法案》特别规定:所有公立学校班级必须配备高质量教师;州托儿所项目一般要求主教教师有副学士或学士学位;以活动中心为基础的"提前开端计划",要求到2003年9月底至少有半数教师必须有学前教育或相关领域的副学士学位、学士学位或更高级学位。① 2008年重新签发生效的《高等教育机会法案》(Higher Education Opportunity Act)对学前教育师资培养的重要性给予明确的法律规定,指出要加强不同阶段学前教育师资培养。法案提出将学前教育教师和学前教育项目纳入教师质量伙伴补助款和助学贷款减免计划中。补助款的使用不仅是为了提高学前教育新入职教师的准备和辅导,而且会提供给那些获得副学士学位和学士学位的学前教育教师一些补偿机制。② 2009年《美国复苏与再投资法案》规定将拿出1亿美元教师质量伙伴补助金用于解决教师短缺的问题以及提高教职工的现代化水平。这些补助金将通过补偿和其他形式被用于资助从事学前教育的职工。③

随着对幼儿园教师从业资格和专业素养要求的提升,幼儿园教师培训成为美国学前教育发展中的一个重要方面,并日益受到政府及托幼机构的重视。美国联邦政府针对5岁以下幼儿的保教人员受教育水平较低的实际情况,专门实施了两项在职保教人员接受专业训练的全国性措施:一个是联邦劳工部(U. S. Department of Labor)的学徒方案(Apprenticeship Program),另一个是教学方案(Teach Program)。④

在公立的学前教育机构中,例如幼儿园中,其教师必须在中学毕业后进入教育学院接受3—4年的专业培训,修得相应的学分并获得教师合格证,才可担任教师。而助理教师则要求两年制专科毕业,或接受在职训练,逐步达到专科毕业水平。就私立系统而言,目前大多数州要求私立机构在规定的期限内对其职员进行培训。例如,伊利诺斯州要求两门职前培训课程,明尼苏达州要求每年35学时的培训。培训形式包括职前培训、每年的在职培训、基本的定向培训(在承担所有职责之前的入职期)等。⑤

此外,各州也纷纷开始建立起全州范围内幼儿园教师培训体系,例如俄亥俄州建立了全州内协调一致的培训方案。该州的教育局儿童早期办公室引入了"阶梯式"(step by step)模式,并已经开始在一些郡、县推行。该模式的特点主要有:明确什么样的职员可以成为"教师",并在全美幼儿教育协会(National Association for the Education of Young Children,简称NAEYC)模式的指导下确立职业发展道路;明确教师资格基本标

---

① National Association for the Education of Young Children. HeadStart. http://www.naeyc.org/policy/federal/headstart.asp,检索日期2007-1-1
② NAEYC Summary of Early Childhood Educator/Program Provisions in The Higher Education Opportunity Act of 2008 Public Law, http://www.naeyc.org/files/naeyc/file/policy/federal/SummaryEcProvisionsHeoa.pdf,检索日期2011-11-19
③ The American Recovery and Reinvestment Act: Early Childhood Provisions, http://www.nwlc.org/sites/default/files/pdfs/ARRAFactSheet-ChildCareFinal.pdf,检索日期2011-11-19
④ 林秀锦著:《美国的早期保育与教育》,南京:江苏教育出版社2006年版,第175页
⑤ OECD: OECD Country Note: Early Childhood Education and Care Policy in the United States of America. 2000, p.30

准的核心组成部分；明确步入职业生涯的任何一个具体的阶段所需要的培训；使用记录保证教师发展的质量。[1] 而在课程设置方面，美国幼儿园教师的专业训练课程通常包括：一般大学文科的基础课、专业基础课、专业课和教育实习等。其中值得关注的是，美国幼儿园教师必须经过较长的实习时间，从而掌握幼儿园工作的全部经验。

"提前开端计划"有一个传统就是向各地提供教职员培训和技术支援，利用不同途径促进教师的专业成长和发展。也就是说，"提前开端计划"教师与教职员的培养是和入职培训及过程性的在职培训结合在一起进行的。该计划基于自身的需要对教师培训提出了具体的要求。"提前开端计划"一直秉承的理念之一就是想要提高学前教育的质量和水平，首先就要提高教师的质量和水平。因此"提前开端计划"提出了"提前开端计划补充性培训"（Head Start Supplementary Training，简称 HSST）和实行儿童发展助理证书制度。"提前开端计划补充性培训"始于 1967 年，被认为是一个与职业发展的要求同步发展的培训项目，是为提前开端计划教职员提供大学学习课程，以使学员取得从事教育的资格或学位，成为有资格教师的培训项目。

近年来，"提前开端项目"加大了投资力度，确保每间提前开端项目教室都有至少一名合格的教师。布什总统在 2002 年《良好开端，聪明成长》动议中提出一项针对提前开端项目教师的全国性培训计划项目。培训 5 万名提前开端项目教师，帮助他们获得早期阅读、词汇，以及语言技能发展方面的教学策略。2002 年，提前开端项目还召开了一次培训会议，讨论如何成功地引导教学理论和实践。各地提前开端项目教室在读写识字专家的指导和导师引导下学习早期读写识字的新教学策略。提前开端项目也在 2002 年建立了一个读写识字工作交流的网络平台，叫做 STEP-Net。支持教师教学工作的多种资源还包括软件管理系统（listserv）、网上论坛、网站以及"常见问题"解答（Frequently Asked Questions）。此外，工作坊、会议、专题研讨等各种形式的培养方式都是经过精心组织、筹划的，经常定期为家长和教职员开展。"提前开端计划"也有部分奖学金，用以激励教职员接受更高层次的正规教育。

思考题

1. 美国学前教育的性质体现在哪些方面？
2. 美国学前教育的办园类型有哪些？
3. 美国学前教育的管理机构及其职能是什么？
4. 美国学前教育的投入与分担情况如何？
5. 美国学前教育的师资建设方法有哪些？

---

[1] OECD: *OECD Country Note：Early Childhood Education and Care Policy in the United States of America*, 2000. p.47

第七章 英国的学前教育

学习目标

1. 知道英国学前教育的历史背景。
2. 了解英国学前教育的性质地位。
3. 认识英国学前教育的办园体制。
4. 知道英国学前教育的管理体制。
5. 熟悉英国学前教育的投入体制。
6. 了解英国学前教育的师资建设。

内容脉络

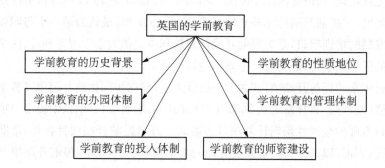

英国政府对学前教育的认识已跳出教育的狭隘范畴,不仅从教育机构和教育者的层面来思考对儿童的责任和早期教育对社会的影响,而且从儿童发展对社会影响的层面来审视国家和政府对儿童担负什么责任的问题,着力于为幼儿和家庭建立一个广泛的支持系统。本章将介绍英国学前教育体制的有关内容,重点关注英国早期教育与保育发展历程及当今的现状与挑战。

一、英国学前教育的历史背景

英国的学前教育从中世纪至今几百年的时间跨度产生了各式各样的学前教育观念和实践。从中世纪的基督教"禁欲"教育思想到文艺复兴的人文主义教育思想,再到一战前慈善幼儿学校运动的开展,英国学前教育直至二战前在政府的干预下有了良好的发展势头。二战之后由于政府与人民对学前教育的重视与支持,英国学前教育发展迅速。

中世纪的英国存在着两种相并存的儿童观:性恶论与预成论。"性恶论"是基督教"原罪论"学说分化的产物,鼓吹儿童是带着"原罪"来到了人世,儿童生来性恶,对儿童的约束和惩戒成为中世纪学前教育的重要特征。而与"性恶论"儿童观并存的"预成论",认为儿童是在卵子或精子内预先就存在的,而发育只是这种成体雏形的继续扩大。儿童与成人的区别仅仅是身体大小及知识的多少不同而已。因此儿童被看成是小大人,要求与成人有同样的言行举止,从而教育忽视儿童身心发展的节律性和阶段性。中世纪时期,教士就是教育者,基督教会的学前教育目的就是从小把儿童训练成为虔诚信仰上帝进而服从教会的"圣童"。

中世纪时期英国基督教会提倡的"原罪说"、"禁欲主义"对学前教育产生了重要影响,而伴随着文艺复兴的席卷而来,这种性恶论的儿童观遭到了人文主义教育家的强烈批判,主张尊重儿童、培养个性的儿童观以疾风暴雨之势,砸开了基督教神学的严密禁锢。

15世纪末16世纪初,英国的人文主义教育渐趋兴盛,表现在:(1)教育世俗化进程加快。(2)有关教育改革的思想十分活跃。相比较中世纪教会主张压制儿童的身心,人文主义新教育则提出儿童是正在成长发展的个体,应让儿童自然地、愉快地、健康地成长。人文主义主张变基督教阴森的学府为舒适的儿童乐园,尊重儿童的天性,强调教师的言传身教,反对压抑儿童的个性,主张减少体罚,甚至取消体罚。这些教育理念和方法相对于中世纪前期的教育无疑是一个重大进步,是后来英国学前教育发展的助推器,对后世的教育理论发展作出了铺石垫路的贡献。

工业革命前是英国学前教育发展的低谷时期,各种面向穷人子弟的教育机构的迅速发展成为英国教育领域中唯一的光明景象。而在此类教育机构中,数量最多的就是慈善学校。1680年,伦敦怀特查铂尔区出现了第一所由宗教慈善家捐办的免费招收穷人子弟入学的慈善学校。此后英国包括非国教派和国教派在内的宗教组织与个人纷纷捐资创办慈善学校。

工业革命至第一次世界大战前,幼儿学校兴起。罗伯特·欧文(Robert Owen,1771-1858年)是19世纪英国空想社会主义思想家和教育家,于1816年创办的新兰纳克幼儿学校,是英国也是世界上最早的学前教育机构。欧文的幼儿学校在世界学前教育史上占有重要的地位,它被认为是世界上第一所学前教育机构,开启了近代学前教育的先河,促进了英国各地幼儿园的逐步兴起与发展。怀尔德斯平(Samuel Widerspin,1792－1866年)也是幼儿学校运动的普及者,怀尔德斯平的幼儿学校理论,如不主张对幼儿进行"填鸭式"的教学,保护幼儿的兴趣和心灵不受伤害等是向英国幼儿学校的历史先驱——教会学校——提出的挑战,被公认为是英国幼儿学校运动领袖的他对幼儿学校的普及起到了很大的作用。19世纪五六十年代,一种为中产阶级以上家庭幼儿设立的学前教育机构——福禄倍尔幼儿园——被德国的洛安格夫妇引进英国,继而掀起了福禄倍尔运动热潮,福禄倍尔的著作和他的"恩物"因此在英国广为流传,并发展成为一种主导潮流。直至1870年,英国政府颁布了《初等教育法》(Elementary Education Act),第74条第1款规定:"入学儿童的最低年龄为5岁。"以后又进一步把5岁作为义务教育的最低年龄。1911年,麦克米伦姐妹(Margaret Mcmillan & Rachel Mcmillan)在戴普福特开设保育学校,招收被排斥在幼儿学校之外的5岁以下儿童,并明确提出了为幼儿提供适宜的环境、促进学龄前儿童身心健康发展的宗旨。在英国教育史上,麦克米伦姐妹是英国幼儿学校的先驱。

  第一次世界大战至第二次世界大战期间,英国学前教育得到初步发展。英国国会于1918年通过了《费舍法案》(Fisher Act),正式将保育学校纳入国民教育制度中,并把保育学校的设立和援助问题全部委托给地方教育当局。1924年首届上台执政的英国工党内阁任命以哈多爵士(Sir W. Hadow)为主席的调查委员会对英国初等教育进行调查。该委员会1933年发表的《关于幼儿学校以及保育学校的报告》(《哈多报告》)是推动幼儿教育理论和实践发展的重要文献。报告提倡大力增设麦克米伦式的保育学校、幼儿学校和幼儿部附设的保育班,建议成立以7岁以下幼儿为对象的独立幼儿学校,注重对6岁以下儿童开展户外体育、游戏等自然性活动和进行会话、唱歌、舞蹈、手工、图画等表现能力的训练,对于6岁以上的幼儿进行读、写、算的正规教育。《哈多报告》既遵循了幼儿发展的规律性,又注重了教学的传统性。因此它被认为是英国学前教育史上具有划时代意义的文献。此时期的英国学前教育思想还受到蒙台梭利的影响,逐步注重以儿童身心自由发展来取代传统幼儿学校中强调写算的正规教育和重视死记硬背的压抑性教学方法。1900年在一些幼儿学校开始了"做中学"、"设计教学法"的改革实验。1915年,英国召开"新教育理想协议会",提倡"尊重儿童个性,使其本性在自由的气氛中得到充分发展"的新教育精神。总的来说,此时期的学前教育在英国当局的支持干预下,发展迅速。

  第二次世界大战以来英国的学前教育由民间慈善事业主导转向了政府主导,政府对学前教育无论在投资力度上还是在监督指导力度上,都大大增强。如1944年,丘吉尔联合政府通过了一个重要的教育改革法令,即《巴特勒法案》(Butler Act)。该法案把保育学校或保育班的设置规定为地方教育行政当局不可推卸的义务,自此学前教育就处于国家和地方的双重管辖下,从而大大促进了学前教育的发展。1972年12月,教育科学大臣萨切尔发表《教育白皮书》,提出将"扩大幼儿教育"定为内阁将要实行的四项教育政策之一。打算十年内实现幼儿教育全部免费,并扩大5岁以下儿童的教育,奖励学前教育研究,给缺陷儿童提供更多的教育机会。

进入20世纪后半期,英国学前教育蓬勃发展,英国学前教育的机构出现多样化,比如幼儿学校、日托中心、联合日托中心、家庭保育、社区中心婴儿室、学前班、亲子小组、儿童保育中心等。为了解决4岁以下儿童的保教问题,1995年国家公布了7.3亿英镑的"幼儿凭证计划",对4岁儿童发放教育券,实行正规的学前一年免费教育。1997年在全国范围内实施该计划,推动了幼儿教育机构之间的公平竞争,提高办学质量。1995年9月,学前课程和评定当局主席罗恩·迪林爵士宣布了义务教育开始时5岁儿童应该达到的目标提案。提案规定,学前教育的提供者如果想要参加幼儿凭证计划,必须向督学证明他们所提供的教育能使5岁以下儿童达到国家规定的标准。标准包括五个方面:品德和情操教育、语言、识字和数学、对世界的了解和理解、创造性以及各方面具体的技能和技巧发展。然而由于此提案过于注重幼儿知识能力的培养,引起了许多的争议。英国也出现了玩具馆这样的儿童活动组织,英国玩具馆已发展到1 000多家,备有各式各样的高质量玩具,如智力玩具、车辆玩具、游戏材料、初级计算机等。玩具馆现今已为全国各地的11万个家庭提供过服务,给25万儿童带来过快乐,充分发挥了玩具这种学习工具在儿童成长中的作用,增长了儿童的知识,培养了儿童的交往能力,加强了儿童适应学校生活的能力。[①]

总的来说,历史上英国的学前教育在挫折中稳步发展,经过了思想上的不断蜕变,实践中的逐步探索,英国学前教育体系日趋成熟与完善。

二、英国学前教育的性质地位

英国学前教育的发展先后受到"社会福利国家"、"教育机会均等"以及"教育效能"等观念的影响。[②] 而近年来,随着学前教育相关研究成果、世界其他各国对学前教育的重视以及国内政策理念等因素的影响,英国政府和社会各界对学前教育事业的发展给予了高度重视,表现出前所未有的改革与发展力度。而这一趋势的形成首先源于英国政府和社会各界对学前教育性质的正确认识。

在英国,学前教育属于基础教育的组成部分[③],但并不完全属于义务教育的范畴。英国的义务教育开始于5岁,除北爱尔兰以外的其他地区,5岁及5岁以上儿童的教育属于义务教育,而在北爱尔兰地区,4岁以上儿童的教育就属于义务教育范畴。对于5岁—7岁的儿童则开设幼儿班和预备班,附属于小学内,被划为初等义务教育之列,是其学制系统的重要组成部分和奠基阶段[④]。一般而言,幼儿园针对5岁以下儿童,不在义务教育范围之内,但其基础性的地位和价值并没有被忽视。

英国正通过多种渠道和方式实行学前教育免费制度。首先,由于5岁—6岁的儿童教育属于英国义务教育范畴而实行免费,所以全体适龄幼儿均可享受免费学前教育的

---

① 陈文华:《中外学前教育史(第2版)》,北京:科学出版社2011年版,第226页
② 李奉儒:《英国教育:政策与制度》,嘉义:涛石文化事业有限公司2002版,第140页
③ 陈永明:《主要发达国家教育》,天津:天津教育出版社2006年版,第67页
④ "International Comparison of Education Statistical Indicators 2006 Edition", http://english.moe.gov.tw/ct. asp?xItem=7057&ctNode=815&mp=11,检索日期2010-12-26

权利。其次,英国近年出台了多项促进学前教育普及与质量提高的全国性学前教育政策,其中就包括了"在全国推行3岁—4岁免费学前教育"的政策。英国政府开始逐步介入向3岁—4岁儿童提供部分时段的免费学前教育保育服务。自1998年起,英格兰地区的所有4岁幼儿均可享受免费的学前教育服务。而从2004年4月起,该权利又进一步扩展至英格兰地区的所有3岁幼儿。目前,英格兰的每一个3岁—4岁儿童都有权利获得每年38周,每周15小时的免费学前教育。[①] 免费学前教育的供应者不仅包括公立机构,还包括部分私立机构和志愿团体。以上机构只要满足政府的相应规定,就可以获得来自当地政府的财政支持,以保证提供足够数量的法定时段免费学前教育保育学位数。再次,从2010年起,英国一些地区已开始将免费学前教育保育服务向3岁以下儿童扩展,特别是在贫困地区更是向上延伸至2岁儿童。正是由于学前教育相关免费制度的实施,尽管英国3岁—4岁学前教育并不属于义务教育范畴,但其3岁—4岁幼儿入园率已高达99%。[②]

尽管从立法意义上,英国目前尚未出现关于学前教育在学制系统中地位与作用的重新界定,但通过颁布政策文本的形式,明确了学前教育对儿童、家长以及社会发展的意义。促进不同机构实施不同类型学前教育的融合与贯通,从而形成有利于0岁—8岁幼儿全面发展与幸福生活的学前教育公共服务,并将该阶段教育作为英国公民终身学习的起点与重要奠基阶段,已经成为当前英国对学前教育地位和价值的进一步阐释。如2007年新成立的儿童、学校和家庭事务部出台的部门计划《儿童计划:塑造美好未来》(*The Children's Plan*:*Building Brighter Futures*,简称《儿童计划》)[③]也指出,尽管"政府不抚养儿童,家长负主要抚养责任",但"政府需要作出更多努力来支持家长和他们的家庭",从而进一步明确了政府在学前教育发展中所肩负的重要责任,凸显了学前教育的公共价值。又如2007年出台的《儿童早期基础阶段》[④]更是充分体现了0岁—5岁儿童所处基础阶段的重要价值。框架一开头就明确指出:"每个儿童都应获得最好的开端,应支持他们实现各自的潜能。儿童早期经验对于他们未来的生活将产生重要影响。"[⑤]

三、英国学前教育的办园体制

从英国儿童学前教育与保育服务的整体上讲,各类服务总的参与比重是随着儿童年龄的增长而不断提高的。若进行较为概括的叙述,英国各类学前教育保育机构所接受服务对象的基本情况是:儿童从出生到3岁之前的早期教育保育服务基本上由私立

---

① "Free Learning for Three and Four Year olds". http://www.direct.gov.uk/en/Parents/PreschooldevelopmentandlearninNurseriesPlaygroupsReceptionClasses/DG_10016103,检索时间 2016-7-12
② Department of Education and Skills;National Assembly for Wales;Scottish Executive;Northern Ireland Department of Education, http://www.dfes.gov.uk,检索时间 2017-4-12
③ 《儿童计划》是新成立的儿童、学校和家庭事务部下一个十年计划,它描述了该部门的6个部门战略目标(DSOs)和5个公共服务协议(PSAs),指明了该部门的责任。该计划同时也包含了2020年的目标
④ 2008年9月实施的关于5岁以下儿童学习、发展和照料新的政府框架
⑤ DCSF (2007):Statutory Framework for the Early Years Foundation Stage, http://www.standards.dcsf.gov.uk/eyfs/resources/downloads/statutory-framework.pdf,检索日期 2017-02-16

部门和家庭幼儿看护者提供;满3岁后,保育院或游戏组成为最常见的服务提供机构;到了3岁后半期,越来越多的儿童则开始在公立幼儿园或幼儿班接受早期教育;满4岁后,儿童开始转入公立小学或幼儿学校的预备班,只有一小部分幼儿仍会留在幼儿班;绝大部分的儿童从5岁起,便正式成为公立小学或幼儿学校第一学年的小学生。此部分将从学前教育保育服务类型、各类机构数量、性质归属、经费来源情况、收费水平、服务时长以及服务幼儿年龄等方面,详细说明以上各类英国学前教育和保育机构的基本情况。

英国学前机构类型多样,鉴于各类机构教育保育侧重点的差异,我们将其分为幼儿保育机构和学前教育机构两大部分,下面内容中的分析将一直采用这一分类方法。以下是其中一些主要机构的官方定义。

全天保育(Full Day Care):全天保育是指在一天中向0岁—8岁儿童提供连续4小时以上服务的日托机构,其中不包括在家庭住所获取该服务的情况。[1] 例如日托中心(Day Nurseries)、确保开端儿童中心(Sure Start Children's Centres)均提供此类全天保育服务。

时段性保育(Sessional Care):时段性保育是指向8岁以下儿童提供每周不超过5次时段活动的日托机构,且每次提供保育服务的时间一般不超过4小时。例如,提供儿童与同伴共同参与游戏和其他活动的学前游戏团体(Playgroups)。

校外保育(Out-of-school Care):校外保育服务是指在常规保育服务时段以外所提供的保育服务类型。提供此类服务的机构一般在儿童上学前后和假期等时间段内开放,主要为3岁—14岁儿童及16岁以下的特殊教育需求儿童提供安全、适宜的场所,以供他们游戏、与同伴交流,或完成家庭作业等。课后俱乐部(After school clubs)和假期俱乐部(Holiday clubs)是校外保育俱乐部最为重要的两种形式。一般来说,参与校外保育服务的学龄前儿童人数较少。

幼儿看护者(Childminders):幼儿看护者是指那些在自己家中提供幼儿看护服务的个人。依据所看护幼儿的年龄和对应人数,看护服务的成人幼儿比也各不相同。一般情况下,一个看护者最多允许照看3个5岁以下幼儿,其中可以包括他们自己的孩子。幼儿看护者的收费标准通常以小时计算,由幼儿家长支付。还有一些看护者可获得政府经费支持,从而提供部分时段的免费服务,这类看护者必须在标准局注册且获得地方当局质量保障网络的认可,以成为其成员为前提。幼儿看护者的服务时间安排比较灵活,可在一整年中提供全天任一时段的保育服务,所以每一个幼儿看护者的时间安排都有可能不同,家长可与看护者通过沟通协商。另外,所有为8岁以下儿童提供保育服务的看护者都必须通过当地社会服务机构的登记注册,并接受其督导,以确保他们符合照顾幼儿所应具备的基本条件。[2]

幼儿园(Nursery schools):幼儿园是由国家投入创立,由地方教育部门赋予其独立

---

[1] DfES: Full day care: National standards for under 8s day care and child minding, 2003, http://lx.iriss.org.uk/sites/default/files/resources/Full%20day%20care.pdf,检索日期 2016-8-20
[2] DfEE: Childminding: National standards for under eights day care and child minding, 2001, http://www.lbcma.org.uk/standards.pdf,检索日期 2016-8-20

运营权,向 3 岁—4 岁幼儿提供早期教育的学前教育机构。幼儿园向适龄幼儿免费开放,但通常仅在学年期间,每日的上午或下午提供 2—2.5 小时的学前教育服务,仅有部分机构提供全天服务。幼儿园的教职员工都由受过专业培训的幼儿园教师和保育员组成,师幼比大致为 1∶10。

幼儿班(Nursery Class):幼儿班同样由国家投入创立,附属于公立小学或幼儿学校,由地方教育部门赋予其运营权,向 3 岁—4 岁适龄幼儿提供免费的早期教育。幼儿班也仅在学年期间开放,分为上午和下午两个时间段,每个时间段 2—2.5 小时。幼儿班的教职员工构成与幼儿园一样,由受过专业培训的幼儿园教师和保育员担任,师幼比为 1∶13。

预备班(Reception Class or Class R):预备班由国家投入创立,由地方教育部门赋予其运营权,作为国立小学或幼儿学校的初级班级,向 4 岁—5 岁幼儿提供免费的早期教育服务。在一学年的三个学期里,预备班每天早上 9∶00 至下午 3∶30 向幼儿开放。预备班通常由经过培训的教师和获资格证书的课堂助理担任教师,师幼比为 1∶15,班级规模一般被限制在 30 名幼儿以内。

学前游戏团体(Preschool Playgroups):学前游戏团体一般为非营利团体,由志愿组织或家长举办,为 5 岁以下儿童提供游戏时间和早期教育服务。大多数的游戏团体招收 3 岁—5 岁儿童,也有一些可招收 2 岁儿童。游戏团体整个学年开放,一般提供半天服务,其具体服务时段在不同游戏团体中均有差别。

临时性保育(Crèche Day Care):指那些为 8 岁以下儿童提供临时性保育服务的机构。当幼儿家长参加某些特殊活动,如会议或展览,或参与一些有时间限制的活动,如购物或运动时,都可以寻找这类临时性保育机构。① 与其他保育机构相比,临时性保育机构随机性较大,但若每日服务时间超过 2 小时,会同样被要求进行注册。

表 7-1 不同类型学前教育保育服务机构情况一览表

机构名称	服务类型	服务时长	幼儿年龄	举办者性质
日托中心	为学龄前儿童提供全天或部分时段的保育、教育和游戏服务	8∶00—19∶00;整个学年开放	0 岁—5 岁	公立、私立、志愿团体兼有,其中私立为主
儿童中心	整合式服务	8∶00—18∶00;每周开放 5 天,一年开放 48 周	5 岁以下	公立为主
学前游戏团体	半日制或时段性服务,每时段 2—3 小时;整个学年开放		2 岁半到 5 岁	私立或志愿组织,非营利性机构

---

① DfES: Crèches: National standards for under 8s day care and childminding, 2003, http://www.canterbury.ac.uk/education/protected/eyps/docs/creches-nat-standards.pdf,检索日期 2016-8-20

续　表

机构名称	服务类型	服务时长	幼儿年龄	举办者性质
幼儿看护者	幼儿照看（由个人独立开办,服务场所通常在看护者自己家中）	服务时间较灵活,可与幼儿家长商定;一天最短服务时间为2小时;或为学龄儿童提供放学后和假期间的看护服务	从幼儿出生几个月到8岁以前	私立
幼儿园	为学龄前幼儿提供早期教育服务,拥有资质的教师占绝大多数比重	半天或全天服务(9:00—15:30)整个学年开放	3岁—4岁	公立、私立兼有
幼儿班		半天或全天服务(9:00—15:30)整个学年开放	3岁—4岁	全部为公立
预备班	向学龄前儿童提供他们奠基阶段最后一年的学前教育服务	半天或全天服务整个学年开放	4岁—5岁	公立、私立兼有,公立为主
校外保育	专为学龄儿童开设的活动中心,同时满足工作父母的实际需求;活动内容包括运动、戏剧、艺术、手工和音乐等		5岁以后	公立、私立、志愿团体兼有
临时性保育	为家长提供较短时段的临时性幼儿保育服务	一周内的任何时间,但所提供服务均为时段性服务	0岁—5岁	公立、私立兼有

四、英国学前教育的管理体制

(一) 强化中央和地方政府的职能,在合作中促进学前教育的健康发展

近年来英国的学前教育管理体制改革一方面"强化中央政府对学前教育事业发展的领导与管理职能"[1],通过制定和颁布一系列政策文本和法律法规来强化其在学前教育事业发展中的"宏观指导、规划、组织领导与协调方面的职责";另一方面,"凸显地方当局在儿童教育和保育中的地位与责任"[2],地方当局在中央政府的指导和监督下履行其职责、保障法规和政策的具体实施和效果。中央和地方在各司其职的基础上相互配合,充分发挥自身的优势来统领学前教育事业的发展。

而中央和地方合作关系的不断调整是当前英国学前教育行政管理的一个显著特

---

[1] 庞丽娟、刘小蕊:《英国学前教育管理体制改革政策及其立法》,《学前教育研究》2008年第1期
[2] 庞丽娟、刘小蕊:《英国学前教育管理体制改革政策及其立法》,《学前教育研究》2008年第1期

点,这也同时反映在学前教育领域。1997年工党执政后,开始全面提升公共服务质量。中央教育行政部门通过制定统一标准和直接拨款的方式加大对学前教育的管理力度,而地方当局更多是在国家统一框架中履行其职责。这在一定时期内对全面发展学前教育和提升质量起到了重要的作用,特别是对当时发展迟缓的英国学前教育起到了重要的推动作用,这也是英国学前教育可以在较短时间内获得快速发展的重要原因。而在学前教育获得稳定发展的基础上,为了更好地满足地方儿童和家长的需要,促进地方管理的积极性和灵活性,地方当局也随之被赋予了更多的自由和权利,开始以战略性的领导角色来统筹当地学前教育的发展。中央对确保开端项目的管理就很好地反映了这一点。确保开端项目先由中央直接拨款和管理,在逐步成熟的基础上由中央负责拨款、指导和监督,而由地方当局负责项目的资金分配和管理,这一模式值得我们进行思考和借鉴。

(二) 加强第三方督导,全面提升学前教育质量

从2001年起,教育标准局开始负责英格兰所有托幼机构的注册和督导工作,取代了地方当局对于教育机构的管理和督导职能。作为独立的第三方,教育标准局对学前教育机构的管理和督导,可以提高督导的透明度和保证标准的统一。同时,为了更好地提升学前教育质量和减少官僚主义,教育标准局在原有注册框架的基础上引入了早期基础阶段注册,从儿童发展的实际出发,整合了保育和教育督导;在督导方面,重视托幼机构的自我改进、合作、领导和管理能力,特别是对机构的自我评价能力给予高度重视,将其视为提升教育质量的内部动力。整合保育和教育、将自评和他评相结合等一系列新的督导举措,有利于促进学前教育质量的全面提升。

(三) 相关部门通力合作,共同促进学前儿童的良好发展

多部门负责学前儿童的发展可以说是英国学前教育一直具有的一个特征,英国的学前教育在很长一段时间内由教育部门和福利部门负责,不过这样的存在方式源于保教的分离。而当前英国学前教育的跨部门合作则从学前儿童的实际需要出发,致力于为儿童提供整合的服务,这种整合不仅是保教结合,而且将早期教育融入到整个儿童服务系统中。儿童、学校和家庭事务部的建立进一步密切学校、社会和家庭之间的联系,将影响儿童各个方面的政策统整起来,推动儿童及青少年有关政策的协调发展;地方当局负责包括教育在内的儿童服务,通过设立儿童信托来整合当地的儿童服务,并以制定协议的形式来保证合作的实效。"打破部门间的组织性障碍,并通过建立相应的机制来保障和推动部门间的协作与整合,既有助于充分利用多种资源实现管理目标,提高学前教育管理和服务的效益与效率,更有助于满足学前儿童在教育、保育、健康、安全等诸多方面发展的需要,进一步促进儿童全面、健康的发展。"[1]当前,教育行政部门正同健康、就业等部门通力合作,将早期教育融入到整个儿童早期服务中去,发挥着"整合力量"在儿童发展中的效用。

(四) 完善相关立法,明确各部门职责范围以保障其协调合作

《2002年教育法》、《2004年儿童法》和《2006年儿童保育法》等一系列法律的出台,

---

[1] 庞丽娟、刘小蕊:《英国学前教育管理体制改革政策及其立法》,《学前教育研究》2008年第1期

不仅建立健全了政府职能机构,明确了相关重要部门职能和相关责任人的重要职责,而且为部门间的协作和整合提供了法律上的支持。例如,《2004年儿童法》明确指出,每个地方当局都要任命一名儿童服务主管和一名儿童服务专员,来担负儿童教育和服务方面的职责;同时要求地方当局设立一个统整地方合作协议的职位。这也是儿童信托建立起来的法律基础。《2006年儿童保育法》则在《2004年儿童法》的基础上进一步明确了地方当局的职责以及在地方当局领导下的相关部门的合作事宜,"形成法律化、制度化的跨部门合作机制"[1]。完善的立法保证了各部门在学前教育事业发展中分工明确和协调合作,有利于促进学前教育事业的长足发展。

五、英国学前教育的投入体制

为学前教育的发展提供足够的物质保障,特别是充裕的财政投入,是衡量一个国家对学前教育重视程度的重要指标。近年来,英国正在不断加大对学前教育的财政投入,尤其是对学前教育实行预算单列,保证了学前教育经费来源的充足和稳定。正是基于强有力的财政支撑,英国学前教育才能在较短的时间内迅速发展起来。

(一) 单列学前教育拨款并将其纳入财政预算,为学前教育发展提供稳定经费来源

英国议会每年会就当年的政府预算及各项单列开支的具体金额,召开会议予以讨论,并以《拨款法》的法律形式最终颁布执行。[2] 通过翻阅2001年至今每一年的《拨款法》,可以发现一个明显的变化趋势:英国政府"学前教育单列预算经历了一个由无到有,由概要到详细,拨款数额由少到多的变化过程"[3]。《拨款法》规定的预算项目中与学前教育直接相关的预算项主要有三大部分:教育部预算、教师养老金计划预算、教育标准局预算,每个部分中有进一步细化的项目说明。其中对于学前教育的投入主要由儿童、学校和家庭部负责(原教育和技能部),主要包括三大项拨款,目的分别是"为每个人创造机会来发展他们的学习、实现每个人最大的潜能以及在教育标准和技能水平上达到优秀来创建一个充满经济竞争力和融合的社会"、"通过确保开端、早期教育供应和保育来促进婴儿和幼儿的身体、智力和社会性的发展"以及"借助儿童基金,通过帮助弱势儿童、青少年和他们的家庭,应对儿童贫困和社会排斥现象,以打破机会剥夺与弱势地位之间的恶性循环(主要针对5岁—13岁儿童)"[4]。其中和学前教育直接相关的第二项中,即包含之前分析的学校专用拨款和确保开端、儿童早期教育和保育拨款。

英国政府制定了多项旨在促进教育公平、保障全体儿童权利、发展并提高学前教育质量的专门拨款预算,且各专项拨款近年来呈现逐年递增的趋势。这不但反映出英国政府对学前教育事业的高度重视和政府责任的切实履行,也对英国学前教育事业持续、健康、快速发展起到了至关重要的推动作用,这一经验值得我们深思和借鉴。

---

[1] 沙莉、庞丽娟、刘小蕊:《英国学前教育立法保障政府职责的背景与特点研究》,《教育科学》2008年第2期
[2] 沙莉、庞丽娟、刘小蕊:《英国学前教育立法保障政府职责的背景与特点研究》,《教育科学》2008年第2期
[3] 沙莉、庞丽娟、刘小蕊:《英国学前教育立法保障政府职责的背景与特点研究》,《教育科学》2008年第2期
[4] 英国议会. *Appropriation (No.2) Act 2007*, http://www.opsi.gov.uk/acts/acts2007/pdf/ukpga_20070010_en.pdf,检索日期2008-8-12

(二)建立多元化的财政投入渠道,为学前教育经费的持续增加提供动力支持

除在已有学前教育财政拨款渠道内不断增加中央和地方政府对学前教育的经费投入外,英国还通过立法等途径,开辟了新的投入渠道,从而增加和保障了学前教育的财政投入。根据《2002年教育法》,英格兰国务大臣或威尔士国民议会可对任何为达成如下目的而制定各种规划或安排的相关机构和人员提供财政补助,上述目的的第二项即"在英国或其他地方提供和建议提供儿童保育或与之相关的服务项目"①。同时,英国政府对学前教育进行财政资助的多种途径,包括拨款、贷款、担保、资助项目运转已花费的设备项目,以及受资助人为项目运转而发生的其他费用等都作了明确规定。② 这无疑为学前教育的长足发展提供了动力支持。

英国政府对学前保育教育的投资渠道复杂多样,下图以流程图的方式对此进行了简单说明。

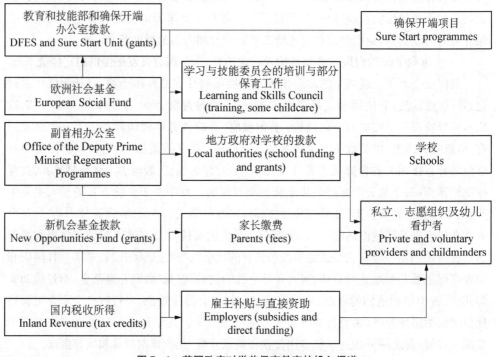

图 7-1 英国政府对学前保育教育的投入渠道

(三)完善学前教育经费监管制度,确保学前教育的健康发展

此外,英国学前教育不仅拥有稳定可靠的财政投入保障和多元化的投入渠道,还依法建立了相对完善的学前教育经费合理使用与监管的相关制度,如终止学前教育授权拨款制度、教育行政机关对学前教育机构的财务监督制度等。对学前教育财政投入进行监管,是保障政府学前教育的财政投入和专项经费足额按期下拨,并做到用到该用之处,避免出现挪作他用或滥用、侵吞等现象的重要保证。英国教育大臣每年划拨给公立

---

① 英国议会:*Education Act 2002*, http//www.opsi.gov.uk/acts.htm,检索日期 2008-7-20
② 英国议会:*Education Act 2002*, http//www.opsi.gov.uk/acts.htm,检索日期 2008-7-20

学校的款项,必须用于适宜活动,并严格遵守教育大臣的各项要求,且教育大臣有权终止对任何机构的财政拨款,终止理由包括学校管理机构任期内不能很好地履行职责等。英国政府还规定如果儿童保育服务提供者未达到地方当局要求,特别是当地方当局特别说明之后,其仍不能达到令人满意的程度时,地方当局就有权要求该机构偿还对其全部或部分的财政资助金额。这一方面确保了各级政府对学前教育财政投入的合理使用,保证其透明度;另一方面也加强了教育行政部门对各类学前教育机构财务运转情况的监管,有助于国家学前教育财政投入的合理分配及有效使用,保障学前教育财政投入的科学化、规范化和稳定化,促进学前教育健康发展。

(四) 学前教育经费投入偏向弱势群体,努力促进学前教育公平的实现

近年来,政府不断加强对贫困地区儿童、残疾儿童和少数民族儿童及其家庭的经费支持,以教育为主要依托来保障每个儿童获得最好的开端,并使家庭和社区从中获益。对弱势幼儿群体的关注政策、财政扶助已成为当前英国学前教育改革与发展中一个重要的关注点。为了保障财政投入的稳定和充足,"确保开端"等一系列旨在扶助弱势群体儿童享有平等的受教育权和促进教育起点公平的教育项目被列入了年度预算,且投入数额持续增加,有效保障了弱势幼儿的权益。同时,一系列针对特定人群(单亲家庭、低收入家庭、残疾儿童家庭等)的保育费用补助提高了保育的可获得性,确保每个儿童都能获得学前教育,从而促进每个儿童的良好发展。

六、英国学前教育的师资建设

英国学前教育与保育服务提供人员群体是一个职业类型多样、资质水平有所差异、专注领域各有不同的庞大群体,他们在英国不同的机构或居所内提供着各式各样的早期教育保育服务。

(一) 建立从业资格国家标准,确保儿童早期工作者员工质量

学前工作者从业标准代表了员工质量的基准线。当前,英国政府明确设立了学前工作者所应持有的与保教服务相关资格证书的等级标准。儿童学前教育和保育领域的资格证书结构比较复杂,作为全国证书框架的一部分,课程管理局(Qualifications and Curriculum Authority, QCA)的网站上列出的与儿童发展相关的证书共计 77 类。[1] 正如前文所提,英国与儿童学前保育教育服务相关的资格证书比较复杂,但通过对资格证书的等级标准进行统一定义,便可以明确学前工作者所应持有的与保教服务相关资格证书的等级标准。以上各类资格证书在经过资格鉴定及课程管理局认证后,被相应地分为以下八个等级,每个等级分别对三种类型的证书作了具体的级别划分[2]:

● **1 级**(基础级别)——中等教育普通证书(General Certificate of Secondary Education,简称 GCSE)的 D-G 等级,全国通用职业资格(General National Vocational Qualification,简称 GNVQ)基础级别,全国职业资格证书 1 级。

---

[1] Owen. S: "Training and workforce issues in the early years". *Contemporary issues in the early years* (4th Edition). London: Paul Chapman Publishing, p. 183-193

[2] Department for Education: *Childcare and Early Years Providers Survey 2010*, 2011. p. 107

- **2 级**(中等级别)——中等教育普通证书 A*—C 等级,全国通用职业资格中等级别,全国职业资格证书 2 级。
- **3 级**(高级级别)——普通教育高级证书(A-level),职业证书高级水平(高级普通教育职业证书),全国职业资格证书 3 级。
- **4 级**(更高级资格证书)——商业与技术教育委员会国家高等资格学历证书,国家职业资格证书 4 级(例如,4 级水平的幼儿早期教育实践结业证书)。
- **5 级**(更高级资格证书)——商业与技术教育委员会国家高等资格学历证书,国家职业资格证书 5 级(例如,高等教育和游戏工作学位证书)。
- **6 级**——荣誉学士学位(Honours degree)(例如,幼儿教育学学士学位)。
- **7 级**——硕士学位,教育学研究生文凭(PGCE),整合中心领导者全国专业资格证书(National Professional Qualification for Integrated Centre Leadership,简称 NPQICL)。
- **8 级**——博士学位。

儿童学前工作者从业标准代表了员工质量的基准线。2003 年,教育和技能部出台了《8 岁以下儿童日托和居家保姆全国标准》,[①]对每一类型的保育机构都设定了 14 项全国标准,其中就明确规定了不同种类员工所应具备证书的最低级别,并规定尚未达到这些标准的管理者"应当制订具体的行动计划,以安排如何达到资格要求"。此前,教育标准局同样依据《8 岁以下儿童日托和居家保姆全国标准》对所有托幼机构进行管理和督导。

但从 2008 年 9 月起,新实施的《儿童早期基础阶段》取代了先前的《8 岁以下儿童日托和居家保姆全国标准》,重新明确了各类服务于 0 岁—5 岁儿童的托幼机构员工所应具备的资格证书的最低等级,3 级资格证书成为当前政府期望努力达到的最低标准。在儿童工作者发展委员会(The Children's Workforce Development Council,CWDC)的网站可以查询到"儿童早期和游戏工作资格证书数据库"(Early Years & Playwork Qualifications Database),其中明确列出了各类证书等级所涵盖的具体证书类型及相应的学位。该数据库既是标准局儿童保育督导员判断每一个儿童早期和游戏供应者是否满足全国证书相关标准的依据,也是雇主和从业人员确定哪些资格证书适合各自托幼机构中特定人员的依据。从 2009 年 9 月起,儿童早期和游戏工作资格证书数据库被资格证书认定表(The Qualifications List)代替,所有的地方当局、雇主、从业人员和标准局儿童保育督导员都将使用这一新的资格认定表作为统一标准。多样并存的资格证书类型和统一的资格等级全国标准,为政府管理、机构员工聘用设立了法定依据,有力地保证了学前工作者团队的质量。

(二)明确学前工作者发展战略,努力建设一支高学历领导者团队

在幼儿阶段,儿童早期教育和保育质量是决定儿童发展成就的最重要因素,而高质量的员工队伍无疑是提升保教质量最有力的保障。所以,学前工作者培训及专业

[①] Department for Education and Employment: National standards for under eights day care and childminding, http://www.lbcma.org.uk/standards.pdf. 2003,检索时间 2016-8-10

发展理应成为英国政府给予关注和支持的重要方面,成为其实现《儿童计划》中所明确的"建立世界一流的儿童早期保育和教育体系"目标的重要推动力量之一。综观近年来英国政府在学前工作者培训和专业发展方面的作为,可以概括为以下几个方面:

1. 课程发展与教师培训并重,以提高早期保育与教育的质量

幼儿保育和学前教育工作者的培训与儿童早期课程的发展密切相关。2000年资格鉴定及课程管理局出台了《基础阶段课程指导》①,将其作为3岁—5岁儿童早期教育的课程指导方针,并纳入到国家课程体系中。为了确保指导方针的具体落实,在过去的几年中,基础阶段课程指导成为儿童早期工作者培训的重要方面,并取得了较为有效的成果。2007年,教育和技能部出台了《儿童早期基础阶段》,取代了《基础阶段课程指导》等多个质量和标准法定框架,建立起一个统一的和以游戏为基础的儿童早期学习和发展框架,全面统一保育和教育,成为0岁—5岁儿童全新的课程指导框架。从2007年3月起,政府通过大量的员工培训,全面支持启动这一框架的实施。与此同时,政府还开展了其它一系列的专业可持续发展项目,以支持幼儿保育和学前教育工作者员工团队的专业发展,诸如"语言交流和读写发展"、"每个儿童都是演说家"(Every Child a Talker)等方案。② 在这一过程中,全国教学战略(The National Strategy)组织在其中发挥了积极的作用。全国教学战略是一项针对儿童早期阶段、小学和中学教师、实践者和管理者的专业发展项目,是政府提升学校和托幼机构教学质量,以提升成就标准的主要途径之一。其中,全国教学战略儿童早期团队曾出版过多个教学范例指导材料,积极帮助托幼机构员工提升保育和早期教育质量。

2. 实施"儿童早期专业资格",鼓励学前教育工作者素质的提升

在全面提高学前工作者整体实力的基础上,托幼机构领导者学历和技能水平同样成为员工培训的一个核心关注点。政府相关的指导文件已经明确表示,希望保育机构中所有的保育指导员都具备等级3或以上的资格证书。除此之外,依据政府新的指导文件,儿童早期专业人员(Early Years Professional)将会在托幼机构实施高质量的早期教育和保育服务中发挥领导者的角色。具体来说,儿童早期专业人员是指那些具备儿童早期专业资格(Early Years Professional Status,简称EYPS)的人,其学历水平等同于研究生。儿童早期专业资格并不是一种证书,而是一种认可申请者具备作为从业者和专业领导者技能的资格。这一资格认定主要由儿童工作者发展委员会具体推行和实施。为了获得儿童早期专业资格,所有申请者都必须能够证明他们满足一套包含39项内容的全国专业标准、具体内容涉及0岁—5岁儿童发展的各个相关领

---

① 是由早期教育专家研讨制定出的基础阶段课程方针,它为3岁—5岁儿童的早期教育提供了清晰明确的"教"和"学"原则。基础阶段是全国课程中的第一部分,涵盖了六大学习领域,每一学习领域又包含了一系列的学习目标,明确了在基础阶段结束时,大多数儿童所期望达到的发展结果。六大学习领域分别是:个性、社会性和情感发展,交流、语言和读写,数学发展、知识和对世界的理解,身体发展,创造性发展。在2008年9月之前,标准局除了依据《8岁以下保育和居家保姆的全国标准》对托幼机构进行督导外,还要依据《基础阶段课程指导》对那些获得政府经费支持提供3岁—4岁儿童免费早期教育的机构进行督导。

② DCSF: 2020 Children and Young People's Workforce Strategy, http://publications.dcsf.gov.uk/eOrderingDownload/7977-DCSF-2020%20Children%20and%20Young%20People's%20Workforce%20Strategy-FINAL.pdf,检索时间 2016-8-19.

域的要求。①《儿童计划》、《创设更加美好的明天：儿童工作者下一步计划》(*Building Brighter Futures: Next Steps for the Children's Workforce*)、《2020年儿童和青少年工作全国战略》(*2020 Children and Young People's Workforce Strategy*)等政策文本多次重申了这一战略，即在2010年，每个提供早期教育的儿童中心都将至少具备一名儿童早期专业人员，而到2015年，这一目标将扩展到每一个全天保育机构，并确保那些贫困地区的保育机构可以至少具备2名儿童早期专业人员。目前，大约已有2500名学前工作者获得了儿童早期专业资格，正在接受培训的人员大致为2400名。② 在这一战略的指引下，英国政府还设立了一些专项财政拨款，并由儿童工作者发展委员会协助相关的培训事宜，共同努力建设一支高素质的学前工作者领导者团队。

3. 设立专项拨款，为学前工作者培训和专业发展提供财政支持

"大多数幼儿园教师社会地位低，薪水低，缺乏培训或培训不足"是目前不少国家学前教育领域的突出问题之一。③ 在这一背景下，鼓励学前工作者参与培训和政府必要的财政支持就显得格外重要。为了全面提升托幼机构领导者的专业素养，更有效地指导儿童早期教育和保育实践，英国政府先后设立转型基金、高学历领导者基金来支持学前工作者的专业发展。尽管，人们对目前政府财政投入的充足量提出质疑，但已有的财政投入，特别是专项拨款，无疑对提升学前工作者团队的质量起到了重要的推动作用。

"高学历领导者基金"(Graduate Leader Fund, GLF)是政府当前提高学前工作者质量的主要经费来源。高学历领导者基金取代了先前的转型基金，致力于全面提升托幼机构的管理者标准。具体来说，高学历领导者基金主要通过提供经费支持，来帮助私人运营的托幼机构聘用新的儿童早期专业人员或支持培养有经验的保育员工接受儿童早期专业资格的培训。具体的操作方法是基金直接向儿童早期教育和保育供应者提供经费补助，用以弥补由于雇用研究生学历的儿童早期专业人员所增加的工资开支。为确保经费投入的可持续性，政府的这一经费投入一直持续到2015年，以达到所有的全天保育机构都具备一名儿童早期专业人员的目标。

除了"高学历领导者基金"外，支持培训以及为更广泛学前工作者持续的专业发展提供支持的其他经费项目，同样包含在确保开端、儿童早期教育和保育拨款中有关"绩效、质量和融合"的投入项目中。这些经费将一并投入英国学前工作者培训和专业发展领域，以此建设一支高质量的学前工作者团队，并确保高质量的儿童学前教育保育服务的真正实现。

---

① Owen. S: "Training and workforce issues in the early years." In Pugh, G., Duffy, B. *Contemporary issues in the early years* (4th Edition). London: Paul Chapman Publishing 2006. p183—193
② DCSF: *2020 Children and Young People's Workforce Strategy*, http://publications.dcsf.gov.uk/eOrderingDownload/7977-DCSF-2020%20Children%20and%20Young%20People's%20Workforce%20Strategy-FINAL.pdf, 检索日期2012-8-19
③ 朱家雄主编：《国际视野下的学前教育》，上海：华东师范大学出版社2007版，第2页

思考题

1. 英国学前教育的性质体现在哪些方面?
2. 英国学前教育的办园类型有哪些?
3. 英国学前教育的管理机构及其职能是什么?
4. 英国学前教育的投入与分担情况如何?
5. 英国学前教育的师资建设方法有哪些?

第八章 荷兰的学前教育

学习目标

1. 知道荷兰学前教育的历史背景。
2. 了解荷兰学前教育的性质地位。
3. 认识荷兰学前教育的办园体制。
4. 知道荷兰学前教育的管理体制。
5. 熟悉荷兰学前教育的投入体制。
6. 了解荷兰学前教育的师资建设。

内容脉络

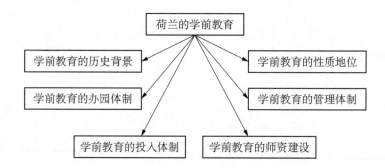

荷兰是世界上学前教育较为发达的国家之一，现已基本实现学前教育的普及。早在1956年，荷兰便颁布了《学前教育法》，用以规范本国学前教育的发展。经过长期的发展演变，学前教育在管理体制、经费分担、机构设置、课程教学、师资培训等方面，形成了现行的特色。本章拟对荷兰学前教育的历史沿革进行简要介绍，并分析其学前教育制度的基本特点，以了解荷兰学前教育的发展经验。

一、荷兰学前教育的历史背景

19世纪下半叶，荷兰建立了第一所幼儿学校（Nursery Schools），用以改善贫困家庭儿童的教育。该类学校的主要目标是预防儿童犯罪、培养幼儿的宗教行为，以及为母亲从事工作提供便利。此外，该时期还诞生了另一种学前教育机构——马特森学校（Matressen School），工作人员为单亲母亲，其主要任务也是为工作母亲提供便利。总体而言，19世纪的荷兰学前教育主要由私人组织承办，多为中产阶级和上层人士出于人道主义，以及基督教伦理道德而建立的。

进入20世纪后，荷兰的学前教育开始发生明显的变化，即政府开始加强对学前教育的干预。早期政府所开展的学前教育行动，主要是基于两个方面的原因，其一是考虑社会实际因素，如方便女性参加工作等；其二是出于道德因素考虑，如预防贫困家庭子女的道德问题。因此，荷兰早期的学前教育活动旨在对工作母亲的子女进行照顾，纠正儿童的反社会行为，以及培养儿童的基督教价值观。直到第二次世界大战前，该理念一直是荷兰学前教育的主要目标和功能。

进入20世纪60年代，荷兰学前教育的理念开始发生转变，不再仅仅主张对幼儿的照顾和纠正，而是更加提倡促进幼儿的发展。1956年荷兰颁布了《学前教育法》（Preschool Education Act），幼儿学校开始被授予法律地位。随着时间的推移，幼儿学校的教育观念也开始发生变化，逐渐趋向促进幼儿的发展。1974年，荷兰对《学前教育法》进行了修订，以前强调活动和材料的观念开始被强调幼儿的全面发展所替代。进入1985年，荷兰学前教育经历了一次重大的转变，政府为了保障儿童发展的连续性，将幼儿学校与小学进行整合，从而形成了一种新式风格的小学。政府规定幼儿学校的教育为免费制，幼儿满5岁时必须进入该校接受义务教育，而4岁幼儿也可以提前进入以接受教育。新式幼儿学校被赋予的主要任务为：基于裴斯泰洛齐、福禄倍尔和蒙台梭利的教育理念，通过游戏的方式来促进幼儿的学习，从而为幼儿进入小学奠定基础。

二、荷兰学前教育的性质地位

学前教育的健康发展，离不开制度的有力保障，而健全的法律则是完善学前教育制度的先决条件。因此，加强学前教育的法律建设，是促进学前教育健康发展的必要保证。当前，完善学前教育立法已经成为国际学前教育发展的一个重要趋势，而荷兰正是其中表现较为突出的国家之一。早在1956年，荷兰便制定了第一部《学前教育法》，并且在随后的时间里不断地对其进行修订。《学前教育法》赋予了学前教育以法律地位，使其成为整个教育系统的基础阶段。基于法律的明确规定，各级政府承担相应的职能。在教育部的统一领导下，各级政府通力合作，有效保障了本国学前教育的健康发展。

荷兰的学前教育较为发达，是世界上推行学前两年免费教育的少数国家之一。荷兰的学前教育主要是指4岁—6岁幼儿的教育，其教育机构主要为幼儿学校，一般附设在小学。国家规定幼儿满5岁时必须接受义务教育，即进入幼儿学校学习，但在通常情况下，幼儿满4岁时便可以进入该校以接受教育。通过长期的发展建设，荷兰学前教育取得了长足的进步，并已基本实现了学前教育的普及。发展至今，荷兰全国共建有七千多所小学，并且都附设有幼儿学校，家庭与学校之间的距离较近，幼儿可以选择就近入学。经过长期的发展建设，荷兰现已基本实现学前教育的普及，其中，全国5岁幼儿已经实现全部入学，而4岁幼儿的入学率也已经达到98%。

荷兰宪法规定，教育机构有权利决定自己的教育内容，因此，荷兰的教育系统不存在统一的课程标准。政府通过制定统一的教育目标，以规范各个教育机构的教育内容。其中，国家为5岁—12岁幼儿制定了具体的教育目标，而对5岁以下的幼儿则没有作出相应的规定。幼儿学校(4岁—6岁幼儿)的教育目标包括多个方面，如荷兰语、英语、数学、社会、生物、历史、艺术、运动等。学校需根据具体的教育目标，以制定相应的活动内容。

近年来，荷兰开发了一系列的学前教育方案，用以满足学前游戏小组及幼儿学校的需要。其中，以"发展刺激方案"(Development Stimulation Programmes)较为盛行。该方案以游戏为中心，鼓励幼儿对周围的世界进行探索，并侧重幼儿对语言和数学的学习。方案活动以主题的形式呈现，并强调为幼儿提供真实的情景，通过一段时间(数周)的活动，以促进幼儿的全面发展。主题活动的任务通常寓于每日活动之中，如故事阅读、饮食、身体锻炼、手工、自由游戏、户外活动等。

此外，荷兰学前教育的课程尤其重视幼儿语言能力的发展。教育部门认为语言能力发展的落后，对幼儿以后的学业会产生极其不利的影响。因此，教育部于2002年为幼儿教育工作者制定了专项的教育发展计划，用以提高教师的技能，以及促进幼儿语言的发展。

三、荷兰学前教育的办园体制

荷兰的学前教育机构形式多样，并以私立为主，其中约有2/3为私立。每种类型都有自己的目标、背景、经费系统以及管理结构。政府对公立和私立学前教育机构一视同仁，并且都会给予同等的财政资助。荷兰的学前教育服务共有三类，一是为0岁—6岁幼儿提供的普通教育服务，二是为特殊幼儿提供的干预服务，三是为具有某种特殊教育需要(special education needs)的幼儿所提供的服务。

荷兰学前教育的服务类型多样，充分满足了幼儿的各种需要。其中为幼儿提供学前教育的机构主要包括：幼儿学校，主要附设在小学，招收对象为4岁—6岁幼儿，开放时间为上午3.5个小时，下午2个小时，目的在于为儿童进入小学做好准备；游戏小组(Play Groups)，招收对象为2.5岁—4岁幼儿，幼儿每周访问两次，每次大约2—3小时，主要活动为与同龄儿童玩耍，以及参与规定的方案活动；校外看护(Out-of-school Care)，招收对象为4岁—12岁儿童，主要提供校外的看护服务；家庭日托(Family Day Care)，招收对象为0岁—12岁儿童，一般为全日制。

四、荷兰学前教育的管理体制

荷兰学前教育的管理体制共有三级，即中央、省及地方当局，各级政府权责明确，从而为荷兰学前教育的发展提供了有力的保障。中央共有三个政府部门负责管理幼儿事务，分别是：社会事务和就业部（Ministry for Social Affairs and Employment），卫生、福利和体育部（Ministry of Health, Welfare and Sport），教育、文化和科学部（Ministry of Education, Culture and Science）。其中，教育、文化和科学部负责管理整个教育系统，包括4岁以上儿童的入学，以及教育的平等和质量等等。而社会事务和就业部主要负责幼儿的保育工作，卫生、福利和体育部则负责幼儿的福利事务。

荷兰的小学教育主要由教育、文化和科学部负责，其中包括4岁—6岁幼儿的学前教育。虽然义务教育从幼儿5岁开始，但是直到幼儿6岁之前都属于学前教育阶段。教育、文化和科学部在学前教育方面主要担负以下责任：减小班级规模，提高教育质量；关注弱势儿童教育，组织制定相关政策，并开展弱势儿童教育项目；关注特殊幼儿教育，制定相关的政策及措施，以满足特殊幼儿的需要；鼓励家长参与学前教育，并制定相关的政策。

在省级层次上，荷兰共有12个行省和3个直辖市（阿姆斯特丹、鹿特丹、海牙），其在学前教育方面的主要职责为：制定区域的学前教育规划，并积极地加以资助；建立区域的学前教育管理机构；维护和支持区域的福利设施建设。而在地方当局层面，其主要职责为制定和执行学前教育政策。此外，学校也拥有一定的自主权，可以自由雇佣员工及选择教学材料和方法等。

五、荷兰学前教育的投入体制

教育与经济有着密不可分的联系，教育的健康发展离不开经济的强有力支持。学前教育是终身学习的开端，是国民教育体系的重要组成部分，是重要的社会公益事业。因此，加大政府的公共财政投入，保障学前教育的公益性质则显得尤为重要。随着世界各国对学前教育重要性的认识日益加深，加大政府财政投入已经成为世界各国用以发展本国学前教育的一项重要举措。荷兰非常重视本国学前教育的发展，政府的公共财政投入是学前教育经费的主要来源。其投入比例约占GDP的0.38%，约占教育总经费的7.5%，该投入比例已经居于世界领先水平，有效保障了本国学前教育的正常发展。此外，荷兰不仅重视对公立学前教育机构的资助，而且对私立学前教育机构也一视同仁。其中，荷兰约有2/3的学前教育机构为私立，但是政府对其投入却与公立均等，这点也值得我国思考和借鉴。

学前教育经费是促进学前教育发展的物质基础。荷兰非常重视本国学前教育的发展，为保障学前教育的健康运行，政府为学前教育提供了大量的财政支持，并建立了以公费为主、多方筹措的学前教育经费体制。荷兰每年用于学前教育的经费投入约占GDP的0.38%，其中约有96.7%来自公共财政，仅有3.3%来自私人（包括0.6%的父母捐赠）。学前教育经费约占整个教育经费的7.5%，共资助了整个教育阶段中10.6%的学生。

荷兰小学的教育经费主要由国家进行承担。由于幼儿学校附设在小学，因此，其经费也由政府承担。其中,无论是公立还是私立小学,它们受到政府的财政投入是均等的。法律规定学校可以向父母要求捐助,但必须是出于家长的自愿。通常情况下,每年的捐助金额在 100—150 欧元之间。如果父母不愿意支付,学校不可以强求,也不能拒绝其子女的入学。

六、荷兰学前教育的师资建设

幼儿教师是幼儿教育双边活动的一方,是整个教育活动的组织者和实施者,对幼儿身心的发展影响极大。因此,完善幼儿教师教育,提高幼儿教师素质,是确保学前教育质量的重要举措之一。荷兰的幼儿教师教育发展较早,其师资水平也较高。国家颁布有专门的法律,用以规范师资的培训。由于幼儿学校附设在小学,因此,其教师主要为受过专业培训的小学教师,并且都拥有 4 年的高等教育学历。国家为教师教育建立了专门的培训机构,并且为教师培训设置了合理的课程内容。其中,为了强调学前教育与小学教育的差异性,还特别增加了幼儿专业知识的教育。此外,荷兰还重视提高幼儿教师的社会地位,改善幼儿教师的待遇,以此来吸引优秀人才投身于学前教育事业,保障本国学前教育的健康发展。

荷兰的学前教育主要是指幼儿学校(4 岁—6 岁幼儿)的教育,但政府对 4 岁以下幼儿教育的师资规定较少,更多地对小学教师进行培训。政府为小学教师建立了完善的培训体系,并对其提出了严格的要求。国家规定小学教师需接受 4 年的高等教育,并由小学教师培训学院(Primary Teacher Training Colleges)进行培训。当通过教师培训学院的学习后,教师方能获得对 4 岁—12 岁儿童进行教育的资格。此外,为了突出学前教育的特殊性,国家在小学教师的培训计划中,加强了教师的幼儿专业知识学习。根据国家 2005 年颁布的《教师资格要求法》(*Education Staff Qualification Requirements Decree*)规定,小学教师的培训主要侧重培养以下能力,包括:人际交往能力、教学能力、相关学科教学能力、组织能力、合作能力(如同事、家庭和社区)、专业反思和发展能力等。其课程设置共有两个部分,其一为学科课程,包括儿童文学、语法、语言任务、拼写、数学等;其二为跨学科课程,包括信息和通讯技术、儿童发展和学习、设计教学活动、人格发展、社会、交流等。

思考题

1. 荷兰学前教育的性质体现在哪些方面?
2. 荷兰学前教育的办园类型有哪些?
3. 荷兰学前教育的管理机构及其职能是什么?
4. 荷兰学前教育的投入与分担情况如何?
5. 荷兰学前教育的师资建设方法有哪些?

学习目标

1. 知道爱尔兰学前教育的历史背景。
2. 了解爱尔兰学前教育的性质地位。
3. 认识爱尔兰学前教育的办园体制。
4. 知道爱尔兰学前教育的管理体制。
5. 熟悉爱尔兰学前教育的投入体制。
6. 了解爱尔兰学前教育的师资建设。

内容脉络

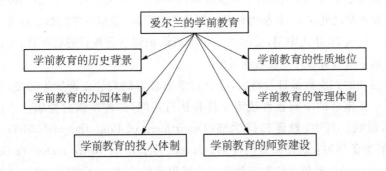

第九章 爱尔兰的学前教育

爱尔兰的学前教育主要是指4岁—6岁幼儿的教育,学前教育阶段实行免费制。经过长期的发展建设,爱尔兰学前教育在管理体制、机构设置、经费分担、课程、师资与培训等方面形成了现行的特点。本章拟对爱尔兰学前教育的政策背景进行简要介绍,并对现行的学前教育制度进行系统梳理,通过分析比较爱尔兰学前教育发展的政策举措,探究爱尔兰学前教育的经验。

一、爱尔兰学前教育的历史背景

爱尔兰是一个民主共和制的国家,其首都为都柏林,人口约450万,主要为爱尔兰人。与欧洲其他国家相比,爱尔兰开始重视学前教育的时间较短。在很长一段时间内,学前教育都被认为是家庭的责任,幼儿学校发展缓慢。20世纪七八十年代,当欧洲多数国家正在普及4岁幼儿教育,并努力普及3岁幼儿教育时,爱尔兰学前教育还几乎处于停滞的状态。进入90年代中期,爱尔兰开始重新认识到学前教育的重要性,并以极大的热情投入到学前教育事业的发展建设中。

随着从事劳动的妇女数量日益增加,社会对学前教育的观念逐渐发生转变,爱尔兰相续出台了一些重要的学前教育政策文件和执行策略,这些举措对爱尔兰学前教育产生了深远影响。其中,教育和科学部(Department of Education and Science)于1999年出台的《准备学习:幼儿教育白皮书》(*Ready to Learn: White Paper on Early Childhood Education*)对爱尔兰的学前教育有着里程碑的意义。《白皮书》规定了学前教育的发展目标:通过提供高质量的学前教育来促进幼儿的发展,并积极关注特殊幼儿的需要。为了贯彻《白皮书》的规定,《2000—2006年国家发展计划》(*National Development Plan, 2000-2006*)共拨款资金9 398万爱尔兰镑用于《白皮书》的执行。

《白皮书》为爱尔兰学前教育提供了许多有价值的建议,包括行动方向和机构建设。行动方向主要包括两个方面:开展学前教育基本行动,如评价学前教育质量、扩大教育研究、咨询教育专家等等;组织学前教育专项活动,以关注特殊儿童群体。机构建设也有两点:在教育和科学部内建立一个专门的早期发展小组(Early Years Development Unit),负责政策的制定以及与其他部委的协调工作;建立一个学前教育署(Early Childhood Education Agency),负责学前教育的管理和执行工作,如管理学前教育的供需,评价学前教育的发展质量,编制学前教育的课程和教材。

直至今天,虽然仍有一些《白皮书》的建议没有完成,但其主要的建议已被执行,如已经完成了学前教育署的基本组建,并开始处理学前教育方面的实际问题。此外,2001年还组建了早期儿童发展与教育中心(Centre for Early Childhood Development and Education),负责构建学前教育质量框架,为0岁—6岁特殊幼儿制定有针对性的干预措施,协助学前教育署的组建等等。

二、爱尔兰学前教育的性质地位

爱尔兰在学前教育课程方面有着详细的规定。由于幼儿班附设在小学,因此学前教育的课程被包含在小学课程标准里。1999年,政府对小学课程重新进行了修订,新的课程理念强调个性化的学习途径及教学方式,满足幼儿发展的需要;强调进行活动学习和多学科综合学习；强调知识与能力的平衡，重视计划和评价。新课程共有六大领域，包含了11门学科，具体为：语言（英语、爱尔兰语），数学，社会、环境和科学教育（历史、地理、科学），艺术教育（视觉艺术、音乐、戏剧），身体教育，社会、个人和健康教育。在国家颁布课程标准的同时，政府也强调课程的灵活性，允许学校根据个人和地区的需要，制定适宜的课程。

鉴于学前课程与小学课程的差异性，2009年，国家课程和评价委员会（National Council for Curriculum and Assessment）为0岁—6岁的幼儿制定了专门的课程标准——《早期儿童课程框架》（Early Childhood Curriculum Framework）。该框架为非强制性的，其中，学习目标主要由国家早期儿童发展和教育中心制定。新的课程框架共有四个领域，包括：健康（Well-being）、自我认同和归属感（Identity and Belonging）、交流（Communicating）、探索与思考（Exploring and Thinking）。课程框架还规定了早期学习与发展的原则，并对每个领域的目标和学习要求作出了详细说明。

特殊幼儿是指具有特殊背景的幼儿，既包括身体存在缺陷的幼儿，又包括来自弱势群体的幼儿。特殊幼儿是学前教育中的一个重要对象，关注特殊幼儿的教育是保证学前教育公平的重要内容。爱尔兰非常重视本国的特殊幼儿教育，为了满足特殊幼儿的需要，教育和科学部制定了专项的行动计划，具体包括"早期开端计划"（Early Start Programme），以及"迁徙者学前学校（Pre-Schools for Children from the Traveller Community）计划"。"早期开端计划"启动于1994年，主要针对教育系统中的特殊幼儿，这些幼儿被认为不能实现自己潜能的充分发展。该项计划已在40多所小学设立了相应班级，并为每个班级配备了一名教师和一名保育员，其课程主要强调幼儿的认知和语言的发展。迁徙者（traveller）是爱尔兰的一个弱势群体，他们生活水平低下，备受限制和歧视。为了让这些群体的孩子能够拥有一个公平的起点，政府于1984年开始资助建设迁徙者学前学校。至2001年，教育和科学部已经建立了48所迁徙者学前学校。这些学校主要由自愿团体（voluntary groups）、迁徙者扶持团体（traveller support groups）经营，教育和科学部向他们提供主要的经费，包括师资及交通的费用、设备和材料的补助。

三、爱尔兰学前教育的办园体制

爱尔兰义务教育的起止阶段为6岁—16岁，由于政府没有规定年满6岁才准入学，所以许多未满6岁的幼儿也进入小学接受教育。小学学制为八年，包括两年的幼儿班（infant classes），及六年的小学班。幼儿班招收4岁—6岁幼儿，其中，全国5岁幼儿的入学率已经达到99.9%，而4岁幼儿的入学率也已超过一半。

幼儿班的教育为全国普及免费的，共有三种服务形式：早上幼儿班（morning infant classes），招收4岁及5岁的幼儿；特殊学前教育班，招收有特殊需要的幼儿；专项试点幼儿班，主要招收具有弱势背景的3岁和4岁幼儿。幼儿班分初级班和高级班，分别招收4岁和5岁的幼儿，其开放时间从早上的9点至下午的2点，师生比为1∶29，幼儿最多为29人。班级配有受过培训的小学教师，在某些情况下，会配有一名助理人员。

除了幼儿班以外，爱尔兰还存在一些其他的学前教育机构，如游戏小组、学前学校、蒙台梭利学校、爱尔兰语学前学校，这些机构均由私人举办，招收对象为3岁—6岁幼儿。

四、爱尔兰学前教育的管理体制

爱尔兰拥有七个政府部门负责儿童和家庭事务，其中只有三个部门担负主要职责，它们分别是：儿童和健康部（Department of Health and Children）、公正、平等和法律改革部（the Department of Justice, Equality and Law Reform）及教育和科学部（Department of Education and Science）。儿童和健康部以及公正、平等和法律改革部负责3岁以下幼儿的保育及学校体系外的学前教育。教育和科学部负责4岁—6岁幼儿的学前教育，此外还管理一些特殊幼儿的教育事务。由于学前教育管理分散，2005年，爱尔兰政府建立了儿童部长办公室（Office of the Minister for Children），负责加强各部门之间的合作。此外，教育和科学部还在其下属方设立了一个早期教育政策组（Early Years Education Policy Unit），并将该机构安置在儿童部长办公室附近，以增进相互的合作。政策组的主要职责为协同儿童部长办公室，制定学前教育整体战略框架，并集中负责政策和法规的制定。

五、爱尔兰学前教育的投入体制

教育与经济有着密不可分的关系，一方面，教育可以促进经济的发展，另一方面，教育的发展也离不开经济的强有力支持。学前教育是终身学习的开端，是国民教育体系的重要组成部分，是重要的社会公益事业。因此，学前教育的发展亟需政府财政的鼎力支持。

爱尔兰非常重视本国学前教育的发展，学前教育实行全国免费制，其普及程度已经相当高，学前5岁幼儿入学率已经达到99.9%，而4岁幼儿入学人数也已超过一半。由于国家规定学前教育为免费教育，因此，政府对学前教育予以了大量的财政投入。爱尔兰政府用于学前教育的公共经费约占GDP的0.39%，而在整个教育经费中的比重也已超过8.5%，这种经费比例已经处于世界领先水平。正是拥有如此比重的财政投入，爱尔兰的免费学前教育制度才得以顺利推行，学前教育的普及才得到了重要保障。

爱尔兰的学前教育为免费制。幼儿班覆盖全国，并由政府提供经费，是学前教育中唯一由国家经费资助的教育机构。教育和科学部提供的主要经费包括日常项目和成本支出、教师的工资、个人津贴等。由于国家重视特殊群体的教育，因此，政府在财政上予以了极大的支持。对于弱势儿童以及迁徙者幼儿班的教师，国家将会发放较高的个人津贴；对于学习困难的学生或处于教育劣势的学校，国家还会发放额外的补贴金。除了这些津贴补助外，教育和科学部还对具体的专项行动计划予以资助，如特殊儿童教育、迁徙者幼儿教育，资助内容包括日常项目及成本开支、教师工资等。

六、爱尔兰学前教育的师资建设

幼儿教师是幼儿教育双边活动的一方，是整个教育活动的组织者和实施者，对幼儿身心的发展影响极大。因此，幼儿教师对学前教育的质量，起着至关重要的作用。加强幼儿教师队伍建设,已经成为提高学前教育质量的一项重要内容。

爱尔兰对学前教育的师资有着严格的要求,幼儿班教师需接受高等教育,并获得学士学位。国家设立了专门的培训机构——三年制高等学院,并对课程作出了相应规定,毕业后被授予学士学位。除了职前教育外,国家还就新课程及专项计划组织在职教师接受相关培训。爱尔兰幼儿班教师不但具有较高的素质,其社会地位及待遇也较高。教师的薪酬与小学教师相等,并由国家支付。

爱尔兰学前教育师资拥有较高的素质和待遇。幼儿班教师为受过培训的小学教师,并拥有学士学位。教师的工作时间相对较短,每天大约5小时。其工资水平较高,开始为23 096欧元每年,并逐渐上升至44 891欧元每年。

国家对教师要求严格,并重视对教师开展入职和在职教育。对于入职教育,幼儿班教师需接受国家规定的培训课程,并获得相应的资格证书。其培训机构主要为三年制的高等学院,共有五所,毕业时被授予学士学位,由国家指定的三所大学(利默里克大学、都柏林城市大学、圣三一学院)之一颁发。2002年,为改善当前的学制,全国教师协会(National Teachers' Association)开始建议将学习年限延长至四年,以加强学校教师教育,提高教师的质量。

在培训内容方面,不同学院的课程存在着差异,其课程主要包括:学术课程(如英语、法语、爱尔兰语、地理、历史、数学、生物科学、哲学、音乐),专业课程(如教育哲学、教育史、教育社会学、发展与教育心理学、课程研究),学科方法论和课堂实习(18周)。为加强幼儿班教师的专业水平,全国教师协会正计划改革课程内容,以突出幼儿专业知识的学习。

对于在职教师,教育和科学部根据新颁布的课程标准以及实施的专项计划(如"早期开端计划"、"迁徙者教育计划"),有针对性地组织教师参加在职培训。目前,为使教师适应新颁布的小学课程,在职教师每年需接受6天的培训。而专项计划的在职培训,也由在职发展小组(In-Career Development Unit)组织实施。

思考题

1. 爱尔兰学前教育的性质体现在哪些方面?
2. 爱尔兰学前教育的办园类型有哪些?
3. 爱尔兰学前教育的管理机构及其职能是什么?
4. 爱尔兰学前教育的投入与分担情况如何?
5. 爱尔兰学前教育的师资建设方法有哪些?

第十章 匈牙利的学前教育

学习目标

1. 知道匈牙利学前教育的历史背景。
2. 了解匈牙利学前教育的性质地位。
3. 认识匈牙利学前教育的办园体制。
4. 知道匈牙利学前教育的管理体制。
5. 熟悉匈牙利学前教育的投入体制。
6. 了解匈牙利学前教育的师资建设。

内容脉络

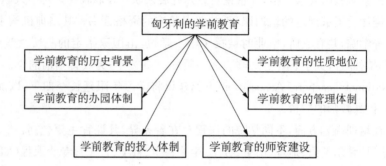

匈牙利学前教育发达,公立幼儿园体系独树一帜,幼儿园第三年为义务教育,幼儿园普及程度世界领先。经历长期的继承和发展,学前教育在管理体制、经费分担、机构设置、课程教学、师资培训等方面形成了现行的特色。本章拟对匈牙利学前教育的发展历程进行简要的概述,并对当前匈牙利的学前教育制度进行详细的说明,以了解匈牙利学前教育的发展经验。

一、匈牙利学前教育的历史背景

匈牙利位于欧洲中东部,首都为布达佩斯,属中等发达国家,世界经合组织(OECD)成员国。匈牙利于1989年脱离社会主义阵营,通过自由选举,成立了民主共和国。国家制度的变化对匈牙利社会各方面都产生了剧烈影响:政治方面,高度中央集权的管理体制开始改变,国家权力开始下放;经济方面,公有制经济开始向市场经济转变,私营经济开始迅速发展,其中服务业发展迅速;人口结构方面,拥有儿童的家庭数量开始逐渐减少,人口出现负增长的态势。这些因素的改变,给匈牙利的教育带来了重大影响,其中学前教育也产生了许多新的变化。

同欧洲的大多数国家一样,匈牙利的学前教育也出现在近代。1828年,匈牙利建立了第一所幼儿园,该园也是当时中欧地区诞生的第一所幼儿园。在19世纪上半叶,由于幼儿园被认为是进入正规学校前受教育的场所,因此,幼儿的教育被放在主导地位,而游戏则处于次要地位。1891年,匈牙利政府颁布了《幼儿园法》(*Kindergarten Act*),该法规定幼儿园不能只重幼儿认知的发展,而忽视了幼儿的其他方面,强调要促进幼儿的整体性发展。该法促使匈牙利学前教育理念发生了重大转变。随着学前教育理念的不断普及,匈牙利学前教育得到了不断的发展,1938年,全国幼儿入园率已经超过1/4。

随着社会主义制度的建立,匈牙利学前教育得到了迅速的发展。1948年,匈牙利幼儿园开始国有化,这一运动对匈牙利以后的学前教育发展产生了深远的影响。在政体发生转变后,大量的公立幼儿园开始诞生,而且越来越多的女性开始走进幼儿园,从事幼儿园教育工作。50年代末,学前教育理念又发生了重大转变,开始强调幼儿园为幼儿入小学做准备。在这种理念的指导下,幼儿园数量得到迅速增加,学前教育也得到了快速发展。1960年,全国幼儿入园率已超过1/3,至1965年,这项数字已经超过1/2,全国幼儿园总数已经达到3 227所。而进入1975年,入园率则已经达到2/3,并于1985年上升至92%。由此可见,社会主义时期的匈牙利学前教育发展迅速,并且基本实现了幼儿园的普及。

1989年后,随着匈牙利政治发生剧变,社会主义制度被资本主义制度所代替,幼儿园教育也开始发生显著的变化。剧变后,政府将幼儿园的经营管理权交付给了地方当局,而以前由国有企业举办的幼儿园则大部分都被关闭。现在匈牙利绝大部分的幼儿园都由地方政府经营,只有很少的一部分幼儿园由教会、私人以及中央政府开办。

1993年,政府颁布了《公共教育法》(*Public Education Act*),该法规定:幼儿园是公共教育体系的一个重要组成部分,它与初等教育和中等教育一样具有同等的地位;幼儿园第三年为义务教育,幼儿秋季满5周岁时必须入园接受教育。匈牙利法律规定儿童满6岁需接受初等义务教育,但在接受初等教育之前,所有的5岁儿童必须要接受一年的幼儿园教育。政府规定幼儿在这一年里,每天至少需要接受4个小时的指导,并且需要取得幼儿园资格证书。当满足这些条件后,幼儿才能够进入小学接受教育。

剧变后,随着社会的发展,匈牙利的人口结构发生了巨大的变化,其人口增长呈现出负增长的态势,这对匈牙利的学前教育也产生了重要影响。从1990年后,随着人口出生率的下降,幼儿园在园幼儿的数量开始呈现逐渐下降的趋势,而幼儿园的数量也开始有所减少。据数据显示,1999年,匈牙利共有365 704名幼儿在园,运营幼儿园共有4 643所。而至2009年,在园幼儿数则下降为328 000名,运营幼儿园数量减少为4 400所。

二、匈牙利学前教育的性质地位

法律法规建设对学前教育的发展具有重大作用,可以有效规范学前教育的发展,明确政府在学前教育中的职能,从而保障学前教育的科学发展。因此,加强学前教育立法始终是学前教育建设的重点内容。

匈牙利重视幼儿园法规建设,政府颁布了多项法律,用于规范和指导本国的学前教育。早在1891年,政府便颁布了专项的《幼儿园法》,规定本国学前教育的目标。1993年,政府颁布的《公共教育法》再次对学前教育作出了规定,并将5岁幼儿教育纳入义务教育,全面提升学前教育的地位。正是由于学前教育拥有健全的法律,使匈牙利政府有了明确的职能,政府在发展学前教育中的作用得到了充分发挥。虽然中央和地方政府在学前教育方面所承担的职能有所不同,但在共同促进本国学前教育发展的过程中起到了主导性的作用,如制定学前教育的政策措施、加强幼儿园的监督管理、颁布统一的国家课程标准、组织幼儿园教师进行培训等。在国家立法的督促下,匈牙利政府充分履行职能,保证了学前教育的高水平发展,并基本实现了本国学前教育的普及。

学前教育机构是学前教育的承担者,普及学前教育需大力建设学前教育机构。学前教育是终身学习的开端,是国民教育体系的重要组成部分,是重要的社会公益事业。因此,确保学前教育机构的公益性,是学前教育的发展趋势之一。匈牙利重视学前教育机构的公益性建设,在社会主义时期,政府开始将幼儿园收归国有,并建立了大批国立幼儿园,形成了以国立幼儿园为主体的机构体系。在国家制度发生改变后,政府并没有使幼儿园私营化,而是将幼儿园的具体经营交由地方政府管理,继续维持幼儿园的公立身份。虽然国家出现了一些私营的幼儿教育机构,但基本上是非营利性的,公立幼儿园仍然占据绝对主导地位。正是由于公立幼儿园的主导地位,确保了学前教育的公益性,保障了本国学前教育的普及。匈牙利公立幼儿园的主体地位,离不开其强大的财政支持。政府将学前教育规定为公共教育的第一阶段,并加大了对学前教育的财政投入,其总额约占GDP的0.79%,"幼儿教育公共经费在整个教育经费中所占份额超过了10%",已经达到世界领先水平。正是在如此之高的教育投入下,学前教育机构的公益性得到了有力保障。

与中欧、北欧的多数国家一样,匈牙利学前教育非常重视对幼儿的教育和保育。幼儿园的教育目标和内容,由政府部门教育行政机构统一制定,同时又注重让每个幼儿园形成自己的特色。学前教育的目标是：让3岁—7岁儿童在轻松、愉快的氛围下进行学习，促进儿童的和谐发展。其核心是促进幼儿自主性的发展，并为幼儿主动学习创造机会。幼儿园教师的工作重点为：传递本国文化价值观，并为幼儿入小学做准备。

国家为3岁—6岁幼儿制定了专门的课程标准——《全国幼儿园教育核心计划》(National Core Programme for Kindergarten Education)，该文件规定幼儿园必须要依据国家课程标准去组织自己的教学活动。虽然国家制定了统一的课程标准，但幼儿园也拥有一定的自主性，可以根据具体的情况，选择替代的幼儿园课程。2003年修订的《教育法》(Education Law)对此作出了进一步说明：幼儿园需要适应地方的具体情况，重新审查和调整自己的教学计划，并且需要组织家长参与课程的修订。

三、匈牙利学前教育的办园体制

为了满足家长的工作需要，匈牙利学前教育机构都是全日制的。幼儿园每天开放10小时，全年需营业50周。机构的具体营业时间由地方当局决定，通常情况下，当局会根据家庭的具体需求来设置开放时间，因此，学前教育机构之间会存在不同的差异。关于幼儿园的生师比例和幼儿数量，国家作出了具体规定：生师比为25∶2，幼儿最多为25名。

除了幼儿园外，匈牙利还存在其他形式的早教服务，如校外看护(Out-of-school Care)和夏令营(Summer Camps)。校外看护服务主要由小学提供，其对象主要为6岁—14岁儿童，开放时间为上学前和放学后两个阶段。据统计，在全国3 696所小学中，共有3 151所提供该种服务，而全国大约有40.6%的适龄儿童接受了该项服务。夏令营主要由地方学校举办，幼儿可以在不同的时间段参加，其活动时间约为1—2周。夏令营提供的服务包括日常的照护(Day Care)以及各种休闲活动。

在幼儿园普及程度方面，匈牙利拥有较高的入园率，目前全国已有87%的幼儿入园。其中不同的年龄段又呈现出不同的水平，具体而言，3岁—4岁幼儿的入园率为85%，4岁—5岁幼儿的入园率为91%，而5岁—6岁幼儿的入园率已经达到97%。

四、匈牙利学前教育的管理体制

匈牙利的学前教育管理分别由两个政府部门负责，其一是青年、家庭、社会事务和机会平等部(Ministry of Youth, Family, Social Affairs and Equal Opportunities)，负责3岁以下婴幼儿的保育工作；其二是教育部(Ministry of Education)，负责3岁—6岁儿童的幼儿园教育工作，该阶段的教育被认为是公共教育的第一阶段。

匈牙利社会制度发生转变后，其公共管理权开始下放，不同的层次拥有不同的职能。中央政府的主要职能包括：制定和颁布法律法规，构建国家课程文件，组建相关的监督系统，评价幼儿的发展水平，主持教师的教育及培训，并为地方教育提供资金资助。在地方政府层面，其主要职能包括：确保幼儿园的合法经营(如资金监督、政策管理、惩处管理等)，起草幼儿园教育行动框架，核准幼儿园的组织及经营法规，确定财务管理的权力及分配，评估幼儿园的教学计划。在学校层次，幼儿园也拥有较大的自主权，其主要职权包括：需合法经营，可以决定资金的具体使用，需依据国家课程标准制定本幼儿园的教学计划,选择合适的教学辅助和工具,选择合适的教学方式及评价工具。此外,匈牙利还十分注重吸纳社会教育机构的广泛参与,如国家公共教育研究院(Országos Közoktatási Intézet)、教育研究所(Oktatáskutató Intézet)、在职教师培训方法及信息中心(Pedagógus-továbbképzési Módszertani és Információs Központ)等,积极推进学前教育的改革和创新。

五、匈牙利学前教育的投入体制

匈牙利每年用于学前教育的支出约占 GDP 的 0.79%,而其中的大部分都由政府承担,约为 91.7%,家庭仅需承担 6.2%。学前教育经费被划拨成两个部分:其一是用于资助公立学前教育机构,约占总经费的 90%;其二是用于资助非营利的学前教育机构,如志愿团体和教会创办的幼儿园,这部分经费约占 10%。具体的经费分担体制为:中央政府支出 25—30% 的经费,而地方政府则需要承担 60% 的经费,剩余的 10—15% 则由家庭承担。家庭用于幼儿保育和幼儿园教育的支出,分别占人均国民生产总值的 8.2% 和 3.5%。由于国家对学前教育采取补贴的措施,因而有效地减轻了家长的负担,其中用于幼儿保育的补贴金约可减免家庭 10% 的早教支出,而幼儿教育补贴金稍高,约可减免家庭 12% 的早教支出。总的来说,由于政府的大力资助,幼儿园教育基本是免费的,家庭仅需承担幼儿的用餐费用。

六、匈牙利学前教育的师资建设

幼儿园教师是履行幼儿园教育工作职责的专业人员,需要经过严格的培养与培训,具有良好的职业道德,掌握系统的专业知识和专业技能。幼儿教师教育对提高幼儿园的教育质量有着至关重要的作用,加强幼儿教师教育,提高幼儿教师素质,这是学前教育发展的必要保障。

匈牙利拥有一支高素质的学前教师队伍,国家对幼儿园教师的资格有着明确规定,现在幼儿教师的学历要求已经被提升至本科水平。国家重视幼儿教师的培训,并建有一套完善的培训体系。幼儿教师教育拥有专门的培训机构——教师培训学院(Teacher Training College),培训课程既重理论知识,又重实践操作,有效保证了幼儿教师的质量。教师除了需要接受职前教育外,还需接受在职培训,并且每隔五年都需要重新审查和注册。

据统计,2006 年间匈牙利幼儿园共有 30 550 名教师,几乎全为女性,幼儿园里只存在极少数的男性教师。国家对幼儿园教师的工作时间进行了明确规定:每周需工作 32 小时。由于幼儿园每天需营业 10 个小时(早上 7 点至下午 5 点),所以教师工作都采用轮班制。在师资比例中,教师约占 2/3,且都接受过高等教育,其余 1/3 为教师助理,约有 60% 受过培训。

对于教师的入职教育,国家规定幼儿园教师必须要接受高等教育,并获得学士学位。教师与保育员的培训内容存在显著差异,保育员主要学习有关健康及医学方面的课程,很少接受心理学和教育学理论学习,而幼儿教师则需要接受系统的理论学习。除了入职教育外,幼儿园教师还需要接受在职教育,并且保证能够在五年的工作期间内获得相应的学分，以维持其工作身份的注册。近年来，由于受博洛尼亚进程（Bologna Process）的影响，政府开始提高学前教师的资格要求，学前师资培训的模式和部署正在慢慢发生改变。其重要方面是拟将教师培训学院与大学进行整合，以期提高幼儿园教师的培训质量。对于幼儿园助理的培训，虽然国家没有提出硬性要求，但是，如果助理愿意，他们可以申请接受培训，学习期限为 2 200 小时（理论学习占 40%，实践占 60%），结业后可以获得中级资格证书（secondary certificate）。

思考题

1. 匈牙利学前教育的性质体现在哪些方面？
2. 匈牙利学前教育的办园类型有哪些？
3. 匈牙利学前教育的管理机构及其职能是什么？
4. 匈牙利学前教育的投入与分担情况如何？
5. 匈牙利学前教育的师资建设方法有哪些？

第十一章 日本的学前教育

学习目标

1. 知道日本学前教育的历史背景。
2. 了解日本学前教育的性质地位。
3. 认识日本学前教育的办园体制。
4. 知道日本学前教育的管理体制。
5. 熟悉日本学前教育的投入体制。
6. 了解日本学前教育的师资建设。

内容脉络

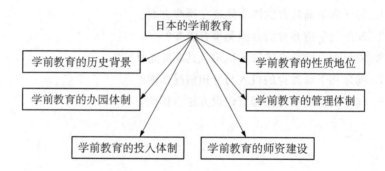

日本是位于东亚地区的一个岛国,坐落于太平洋之上,四面环海,位于几大板块交界处,多火山、地震。日本人口为1.27亿,国内生产总值位居世界第三位。在日本社会和经济的发展过程中,教育发挥着举足轻重的作用。日本学前教育从1876年第一所幼儿园创办算起,共经历了初步创立期、初步发展期、战时发展期、战后复兴期、平稳发展期这五大发展阶段。目前,日本学前教育的普及率与质量均处于世界领先地位,并且日本社会日益认识到学前教育在促进儿童个体和整个社会发展方面的重要功能,制定了多项计划促进学前教育的发展,并在学前教育方面形成了独具特色的发展体系。

一、日本学前教育的历史背景

日本是位于东亚地区的一个岛国,坐落于太平洋之上,临近中国、韩国、朝鲜等国家。日本国土面积为38万平方公里,四面环海,境内海岸绵延,位于几大板块交界处,多火山、地震。日本国内生产总值位居世界第三位,绝大多数人口居住在众多山谷间的狭小平原上。

在日本社会和经济的发展过程中,教育发挥着举足轻重的作用。日本教育善于吸收融合外来文化,并谨慎保存自身的传统文化,在外来文化与本土文化融合的基础上逐步形成了适合日本本国发展的教育模式。在实现现代化的过程中,日本形成了以追赶欧美发达国家为目标的"追赶型"的现代化教育模式。

日本近代教育发端于明治维新时期。日本学前教育从明治九年(1876年)第一所幼儿园创办算起,共经历了明治(1868—1912)、大正(1912—1926)、昭和(1926—1989)、平成(1989—至今)四个时代,依据日本学前教育在这四个时代呈现出的不同发展特点,可以将其发展历史划分为五个阶段。①初步创立期(1868—1913):这一时期随着和、汉、洋三种思想相互碰撞,黄道主义、儒家思想和欧美民主自由国家主义思想的交流,日本正规的学前教育萌生并逐渐受到重视,探索发展前进之路。②初步发展期(1914—1935):有了前一阶段的探索和积淀,日本学前教育在这一时期受到政府和民间较大重视,学前教育开始快速发展,幼儿园、保育所和入园幼儿数量增加迅速。③战时发展期(1936—1945):第二次世界大战期间的日本学前教育一方面发展迅速,且发展日益制度化,另一方面受到战争波及,带有浓重的皇国主义、军国主义色彩。④战后复兴期(1945—1955):第二次世界大战后日本学前教育从混乱状态中逐渐恢复,从各方面进行了改革。⑤平稳发展期(1956年—20世纪90年代):这一阶段日本颁布了较多的学前教育相关法令,制定了学前教育振兴计划,政府加大教育经费投入,在教育内容、师资等方面进行了一次次的修订,促进了日本学前教育的平稳发展。

1868年—1913年:学前教育的初步创立期。1868年,日本的明治维新推翻了德川幕府的封建统治,使日本由封建社会进入资本主义社会。明治时期,日本政府奉行"富国强民"、"殖产兴业"、"文明开化"三大政策,在政治、经济、军事和国民教育制度上进行了一系列的改革,并以教育改革作为实现日本近代化的基础。明治政府派遣大量学生到美、英、法、德等国家去学习,通过这种方式,西方的"文明开化"政策和自由主义教育思想传入日本。这一时期的日本"广求知识于世界",在教育改革中较为明显地表现出模仿欧美的迹象。从明治时期到第一次世界大战爆发之前为日本学前教育的初步创立期。明治维新以前,日本的学前儿童基本上是在家庭中接受教育。学前教育公共教育机构是从明治维新后发展起来的。在明治时期模仿欧美的大背景下,日本学前教育也开始模仿欧美国家,创办公共学前教育机构。1876 年在文部大辅田中不二麿(Tamaka Fujimaro)的建议下,日本正式创办了第一所学前教育机构——东京女子师范学校附属幼儿园。这所幼儿园以发展儿童潜能、培育儿童心灵、增进儿童健康、加强与他人的交往能力和形成纯熟良好的说话习惯为教育目标。明治维新后大工业的兴起客观上刺激了日本学前教育的发展,由于幼儿园收费昂贵等原因导致了为职业劳动者子女提供服务的保育所大量出现,从而开启了日本颇有特色的二元化学前教育制度。日本引进西方先进而系统的学前教育思想——福禄倍尔教育思想并传遍全国,提高了本国学前教育水平。在这一时期,日本还作出学前教育制度化的尝试。[1]

1914 年—1935 年:学前教育的初步发展期。日本学前教育在第一次世界大战期间得到了初步发展。自 1876 年 11 月在东京女子师范学校内开设第一所近代幼儿园以来,幼儿园数量不断增加。明治末期以来,日本采取了放宽幼儿教育政策的做法,1926 年文部省正式制定了《幼儿园令》和《幼儿园令施行细则》,由此促进了幼儿园的发展。同时,《幼儿园令》及其施行细则的制定是日本历史上第一次对学前教育进行单项立法,这两部法令使幼儿园的发展走上了制度化的轨道,在日本学前教育史上具有划时代的意义。在学前教育的教育思想方面,从明治后期开始,"教育敕语"的绝对主义教育思潮渗透到整个教育领域,它要求培养学生强烈的国民意识尤其是"义勇奉以扶翼天壤无穷之皇运"的道德精神。因而,从明治后期开始,尤其是 20 世纪 30 年代以后的学前教育也被笼罩上了日本军国主义精神。[2]

1936 年—1945 年:学前教育的战时发展期。第二次世界大战中,由于战争的影响,日本学前教育的发展遭受到严重的打击,大量学前教育机构被毁坏、倒闭或停办,大城市中的学前公共教育几乎濒于停顿状态。在教育思想方面,国家主义的色彩也渗透到日本学前教育中。学前教育中健康教育和锻炼得到强调,并且在 1937 年所颁布的《幼儿园教育纲要》中要求幼儿园发挥其在提升家庭教育质量方面的作用。在这一纲要的指导下,幼儿园的数量得到增多,同时实践者要求政府将幼儿园体系和托儿所体系整合在一起,并使之成为国家幼儿园体制,但是由于战争这些变化并未引起太多的注意。在这一阶段,国家教育内容,比如对皇家的崇拜、升国旗、唱国歌以及团队培训都被引入幼儿园每日活动中。在战争将要结束的时候,城区的幼儿园由于空袭而关闭或遭到严重的破坏,幼儿园和托儿所都变为了坐落于寺庙、圣坛、图书馆和学校中的战时日间保育中心。

1946 年—1955 年:学前教育的战后恢复期。这一时期,日本学前教育也在整个社会背景下摆脱了国家主义的控制,在战后废墟上很快得到复兴。学前教育机构不

---

[1] 周采,杨汉麟主编:《外国学前教育史》,北京:北京师范大学出版社 1999 年版,第 133 页
[2] 周采,杨汉麟主编:《外国学前教育史》,北京:北京师范大学出版社 1999 年版,第 251 页

仅数量增多,且增速显著。同时,日本政府制定了相关法律法规,从制度层面保障支持学前教育的发展。幼儿园作为新的教育制度中的一环,作为以全体国民的幼儿为服务对象的学校教育机关而开始了新的起航。托儿所也改称为保育所,由战前主要为贫困阶层的家庭托管孩子转变为对所有缺乏保育条件的家庭的孩子进行保育。[①]

1956年—20世纪90年代:学前教育的平稳发展期。日本在战后进行了一系列制度改革的基础上,1961年6月在参议院文教委员会通过了振兴幼儿园教育的决议,文部省加快振兴学前教育的步伐,制定并实施了幼儿园振兴计划。这一时期,日本政府采取多种措施鼓励增设幼儿园,幼儿园发展速度极快,保育所发展也非常迅速。日本学前教育的普及率得到大幅提高,并形成了自己独特的学前教育体系。

总的来说,日本学前教育从明治时期到20世纪90年代经历了初步创立期、初步发展期、战时发展期、战后恢复期、平稳发展期,每个阶段在承继上一阶段特点的基础上又表现出与时代特征相契合的发展特点。纵观日本学前教育的发展,从初创期只招收贵族家庭子女到今天的全民普及,由照搬国外模式到自成体系,从以往的模仿型教育内容到今天的自成风格的教育,从过去的落伍到今天的世界领先,其学前教育的发展值得我们深入思考与探析。

二、日本学前教育的性质地位

目前,日本学前教育的普及率与质量均处于世界领先地位。日本在一系列法令法规中明确指出了学前教育的性质与地位,并从多个方面认识到学前教育对于儿童个体和整个社会发展的多方面功能。日本在学前教育的办学体制方面采用公办、民办并举的举办模式,在学前教育的管理体制和财政体制方面采用中央与地方合作制,在学前教育师资方面,明确学前教育的师资资格要求并不断完善师资培养模式。可以说,目前日本在学前教育的办学体制、管理体制、财政体制、师资建设体制等方面均形成了独具特色的发展体系。

日本社会极为强调学前教育对人的一生发展所具有的重要作用,认为学前教育为儿童今后接受义务教育及其他教育奠定了基础。

《教育基本法》作为日本教育的根本大法,指出幼儿期的教育为人在一生中的人格形成奠定了重要的基础。这为学前教育的重要性及其在整个教育体系中的地位作出了界定,并进而成为一系列学前教育相关法律的制定以及学前教育改革的重要依据。而2006年文部科学省重新修订《学校教育法》时,特别将幼儿园教育置于初等教育之前,将其作为学校教育体系的第一环节,更是再度强调了学前教育的奠基性作用。

除了对学前教育的地位作出明确规定外,日本学前教育发展最突出的特点在于重视学前教育立法,严格按照相关法律对学前教育的发展实施科学管理。与其他国家相比,日本的学前教育立法具有以下几个突出特点:(1)法律体系内容完备,层次丰富;(2)法律稳定性和连贯性强;(3)不断完善,灵活有度。总之,日本完备健全的学前教育

[①] 李永连,李秀英:《当代日本幼儿教育》,太原:山西教育出版社1997年版,第3页

立法,成为了日本学前教育事业迅速发展的强有力支柱。

三、日本学前教育的办园体制

日本学前教育实行公立私立并举的办园体制,由中央政府、地方政府及各种法人举办。私立学前教育在整个学前教育体系中占有重要地位。日本学前教育机构主要分为幼儿园和保育所两种类型,目前,综合保育与教育功能的早期保教中心发展迅速。日本学前教育的普及率随儿童年龄不同而不同,整体来说,3岁—5岁儿童学前教育普及率较高,0岁—2岁儿童的学前教育普及率较低。

日本的幼儿园系统与保育所系统都采用公立私立并举的办园体制。日本幼儿园可以由中央政府、地方政府以及学校法人举办,保育所主要由地方政府和社会福利法人等各种法人举办,都分为公办与民办两种类型。日本民办学前教育系统在整个学前教育中占据重要地位。

1. 幼儿园:中央政府、地方政府、学校法人共同举办。日本《学校教育法》第二条规定:中央政府(包括国立大学法人)、地方政府(包括公共大学法人)以及私立学校法人可以建立学校,它们所建立的学校分别为国立学校、公立学校以及私立学校。这里的"学校"包括幼儿园、小学、初中、高中以及大学。① 据此,日本幼儿园可分为由中央政府举办的国立幼儿园,由地方政府举办的公立幼儿园以及由私人、学校法人或宗教法人等各种法人举办的私立幼儿园。从财政来源看,国立幼儿园由国家设立,所需经费由国家负担;公立幼儿园由地方行政机关(市、镇、村政府)设立,经费主要由地方政府支持;私立幼儿园由个人、学校法人及其他法人设立,经费由创办幼儿园的个人或团体承担。

2. 保育所:地方政府与各种法人共同举办。日本1947年制定并颁布了《儿童福利法》,将保育所分为公立和私立两种。公立保育所由都道府县和市町村政府举办,私立保育所主要由社会福利法人、公益法人(财团法人或社团法人)、宗教法人和个人举办。由于保育所属于社会福利机构,地方和国家政府对保育所的补助较大。

按照行政管理体系的不同,日本目前的学前教育机构主要有两大类,一类是根据文部科学省颁布的《学校教育法》所设立的幼儿园机构系统,属于教育系统,主要任务是对幼儿进行教育;另一类是依据厚生省颁布的《儿童福利法》设立的保育所机构系统,从历史上来讲属于社会福利系统,承担保育的职责。随着日本社会政治、经济、人口的发展变化,这两者承担的任务都发生了很大的变化。除此之外,为适应日本社会的发展,解决保育与教育长期分离的状况,从2006年起日本开始建立一种新型的综合学前教育机构——早期保教中心(也被称为认定儿童园),这一新型学前教育机构兼具保育与教育两大功能,目前正在快速发展中。

---

① Nagaki Koyama:"Educational Administration in Japan and the Role of Local Governments",http://www.clair.or.jp/j/forum/honyaku/hikaku/pdf/BunyabetsuNo9en.pdf. 2008,检索日期2016-12-01

表 11-1 三类学前教育机构列表

	幼儿园	保育所	早期保教中心
管理机构	文部科学省	厚生省	文部科学省和厚生省
法律基础	《学校教育法》第 77 条 第 22 条(2007 年)	《儿童福利法》第 39 条	地方政府所颁布的早期保教中心法律和规章条例
目标幼儿	3 岁—5 岁幼儿	0 岁—5 岁缺乏家庭照料的幼儿	0 岁—5 岁幼儿
入园要求	取决于家长或监护人,直接向幼儿园申请	家长或监护人选择一所保育所并向市政当局申请,市政当局决定是否接收。	家长直接向早期保教中心申请。市政当局对申请者进行调查,确定哪种情况属于缺乏照料
儿童照看和教育时间	一天 4 小时(标准服务),从 1997 年起,幼儿园开始推行"额外照料服务"	一天 8 小时(标准服务),经由市政府的通告,保育所可以进行更长时间的幼儿照料服务(11 小时之内)	根据儿童家庭状况,一天 4 小时或一天 8 小时(在标准状况下)
教育内容和方法标准	《幼儿园国家课程标准》(《幼儿园教育指导纲要》)	《保育所保育指南》	《幼儿园国家课程标准》;《保育所保育指南》
教师资格	符合《教员许可法》中关于获得幼儿园教师资格证书的规定	符合《儿童福利法施行令》中关于保育教师资格的规定	0 岁—2 岁:拥有保育教师资格;3 岁—5 岁:同时拥有幼儿园教师资格证书和保育教师资质(最佳状况),拥有两者之一(可行)
幼儿与教师的比率	最多 35:1 至少指定一名教师专门负责一个班级	0 岁为 3:1 1 岁—2 岁为 6:1 3 岁为 20:1 4 岁—5 岁为 30:1	0 岁为 3:1 1 岁—2 岁为 6:1 3 岁—5 岁根据不同的类型而定(整合式机构类型、幼儿园类型、保育所类型、地方自主决定的类型)
统计状况	入园幼儿数(2008):1 674 163 公立:19.4% 私立:80.6% 机构数量:13 626 公立:39.3% 私立:60.7%	入园幼儿数:2 118 352 公立:46.3% 私立:53.7% 机构数量:22 848 公立:47.8% 私立:52.2%	入园幼儿数:数据暂无 机构数量:229(2008)→762(2011) 公立 24.5%→19.6% 私立 75.5%→81.4%

资料来源:http://www.nier.go.jp/English/EducationInJapan/Education_in_Japan/Education_in_Japan_files/201109ECEC.pdf.

四、日本学前教育管理体制

日本在第二次世界大战前属于高度中央集权的国家,教育行政是中央集权制,实行敕令主义,文部省统辖全国的教育行政机构,而战后日本模仿美国制度,实行法律主义,废除过去的中央集权主义,在教育行政方面实行地方分权制,其主要特色是民主化、地方分权化以及教育行政从一般行政中独立出来。[①] 但是,过度地方分权的管理体制在一定程度上阻碍了国家教育政策的实施,因而,日本通过修改教育法令,增强了中央政府的教育行政权力。经过一系列改革措施,目前,日本形成了中央集权与地方自治相结合的教育管理体制,中央政府和地方政府对教育行政权力的分配较为均衡。依据日本宪法和《国家行政组织法》等法律规定,按照民主政治和地方自治的原则,日本现行的教育行政制度包括中央和地方两级教育管理系统,中央和地方的教育行政权力分属国家和地方政府,二者之间进行紧密合作。

(一)中央和地方教育行政机构的设置

日本的行政区划为一都(东京都)、一道(北海道)、二府(大阪府、京都府)和43个县。日本的都、道、府、县为一级行政机构,直属中央政府,但各都、道、府、县都拥有自治权。一级行政机构以下又设立市町村。日本都、道、府、县的办事机构均称为"厅",即"都厅"、"道厅"、"府厅"和"县厅",行政首长称为"知事"。每个都、道、府、县下设立若干市町村,其办事机构称为"役所",即"市役所"(市政府机关)、"町役所"(镇政府机关)、"村役所"(村政府机关)。市町村的行政首长称为"市长"、"町长"、"村长"。

日本中央政府的教育行政领导部门是文部科学省。2001年日本中央行政机构组织改革后,文部省改称文部科学省。根据《国家行政组织法》和《文部科学省设置法》规定,文部科学省是主管教育行政的中央教育行政机关,在内阁统辖下负责国家的教育、学术、文化、体育及宗教事务。其最高首长为文部大臣,由内阁总理大臣任命,文部科学省下设大臣官房、生涯学习局、初等中等教育局、教育助成局、高等教育局、学术教育局、体育局和文化厅等机构。同时还设有各种审议会,如中央教育审议会、教育课程审议会、保健体育审议会、教育职员养成审议会、学术审议会、社会教育审议会等。文部科学省下设的初等中等教育局中,专门成立了幼儿教育课统筹管理学前教育的相关事务。

日本地方教育行政机构为教育委员会,分为都道府县和市町村两级。教育委员会独立于地方行政机构,是直属于地方行政长官的教育行政专门机构。教育委员会分为都道府县、市町村及市町村联合型三种类型。[②] 教育委员会设教育长为行政主管,教育长之下设各事务局,处理各项日常教育事务。

日本的教育行政管理机构如下图所示:

[①] 陈永明:《主要发达国家教育》,天津:天津教育出版社2006年版,第70页
[②] 陈永明:《教育经费的国际比较》,天津:天津教育出版社2006年,第162页

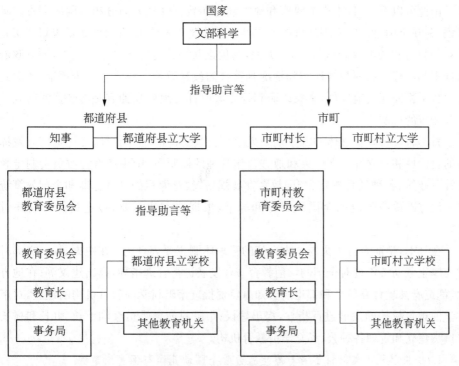

图 11-1 日本教育行政机构

资料来源：日本.文部科学省概要[M].2001：3.

（二）中央和地方教育行政机构的职责划分

日本《地方自治法》第1—2条规定了中央政府与地方政府职责划分的基本原则，即"地方政府应以提高居民的福祉为己任，为实现这一目的，地方政府应当在地方公共管理的自治和综合表现上采取广泛的措施"[1]。另一方面，为实现这一目标，法律还规定了中央政府的主要职责，即：a.致力于有关日本作为一个国家在国际社会中地位的事务；b.致力于制定应当在全国范围内标准化的国家活动或地方自治的基本准则；c.致力于国家层面或从国家视角出发的政策实施或项目实施事务；d.致力于应基本上依靠国家实施的事务，同时也要遵循与公民紧密联系的管理事务应尽可能地涉及地方政府的原则。虽然在与地方政府相关的准则制定和计划实施中需要中央政府与地方政府合理地分担职责，但仍必须完全行使地方政府的独立性和自治性。[2] 这些原则同样适用于教育管理领域。

修订版《教育基本法》第16条规定：教育管理应在对中央政府和地方政府职责进行适宜划分的条件下公平而适当地实施，并建立在中央政府和地方政府共同合作的基础之上。

---

[1] Nagaki Koyama：" Educational Administration in Japan and the Role of Local Governments". http://www.clair.or.jp/j/forum/honyaku/hikaku/pdf/BunyabetsuNo9en.pdf，检索日期2016-12-1
[2] Nagaki Koyama：" Educational Administration in Japan and the Role of Local Govements". http://www.grips.ac.jp/~coslog/activity/01/04/file/Bunyabetsu-9_en.pdf，检索日期2016-8-20

由此可以看出，日本中央政府和地方政府在教育管理方面分担不同的职责。具体来说，为在全国范围内实现教育机会均等和提升教育水平，中央政府必须规划和实施一系列与教育相关的综合政策；另一方面，为促进某一特定区域教育的发展，地方政府必须规划和实施一系列与当地实际情况相符合的教育政策。法令进一步规定，考虑到确保教育平稳而连贯地发展，中央政府和地方政府都必须要在拥有必需经费的基础上建立起相应的机制。①

日本教育行政管理体制既重视中央教育行政部门的统一领导，又注重充分发挥地方的自治性和独立性。在中央和地方合作管理的体制下，中央教育行政负责制定教育方针及政策、各种教育规定、全国教育发展规划、教育课程的最低标准和全国教育统计等。地方则遵照既定的全国性目标和标准，根据地方的需要，拟定具体计划并付诸实施。②

在日本，学前教育中央与地方合作的管理体制主要表现为：在中央层面，文部科学省与厚生劳动省负责对全国的学前教育事业发展进行管理指导，提出建议等；在地方层面，都道府县教育委员会和都道府县知事负责批准市町村学前教育机构的建立，对市町村学前教育机构的发展进行指导，提出建议；市町村教育委员会和市长、町长和村长主要负责建立和管理各种公、私立学前教育机构。

1. 中央层级：文部科学省与厚生省分管全国幼儿园与保育所事务

（1）文部科学省：统管全国幼儿园发展事务

日本《学校教育法》规定：意欲建立学校的实体必须遵循有关机构、组织等的建立标准，此标准由文部科学省大臣制定。③ 在学前教育方面，按照《学校教育法》第25条的规定，文部科学大臣应规定幼儿园的相关教育课程以及其他与保育内容相关的事项。

此外，文部科学省在学前教育方面的具体职责还表现在：

① 规划并筹备幼儿园教育的振兴计划并安排相关的援助和指导事宜。

② 安排幼儿园教育补助的相关事宜。

③ 制定幼儿园教育设定基准的相关事宜。

④ 负责学校保健（学校的保健教育及保健管理）、学校安全（学校的安全教育及安全管理）、学校供给饮食及灾害共济给付（学校管理下的儿童、学生等遭受伤害及其他灾害的互助受惠的相关事宜）。

⑤ 培养教职员，保持并提高教职员素养的相关事宜。

⑥ 规划和筹备私立学校行政制度，对相关行政组织及其日常运营的指导和建议的相关事宜。

⑦ 文部科学大臣对所辖学校法人进行认可和认定，并对其经营进行指导和建议的相关事宜。

---

① Nagaki Koyama：" Educational Administration in Japan and the Role of Local Governments"，http://www.clair.or.jp/j/forum/honyaku/hikaku/pdf/BunyabetsuNo9en.pdf，检索日期2016－12－01

② 陈永明：《主要发达国家教育》，天津：天津教育出版社2006年版，第72页

③ Nagaki Koyama：" Educational Administration in Japan and the Role of Local Governments"，http://www.clair.or.jp/j/forum/honyaku/hikaku/pdf/BunyabetsuNo9en.pdf，检索日期2016－12－21

⑧ 为振兴私立学校教育,向学校法人及其他私立学校设立者、地方公共团体和相关团体等提供赠款的相关事宜。

⑨ 负责私立学校教职员互助制度的相关事宜。①

(2) 厚生劳动省:负责保育所发展事务

除文部科学省之外,厚生劳动省也是对学前教育进行管理的主要中央行政机构之一,负责管理保育所系统,保障儿童福利的实现。厚生劳动省管理指导全国保育所的发展,并提出相关建议。

根据《厚生劳动省设置法》规定,厚生劳动省在学前教育方面主要负责以下三点事务:

① 关于儿童身心及其发展培育的事宜。

② 关于儿童的保育和养护,以及预防虐待儿童的发生事宜。

③ 关于儿童福利文化提高的事宜。②

此外厚生劳动省中,专门设立了雇佣平等和儿童家庭局,以便更加系统地管理保育和儿童福利事务。

2. 地方层级:教育委员会与地方政府长官分管公、私立幼儿园及保育所

在地方层级的学前教育行政管理中,各级教育委员会与各级地方政府长官分别承担不同的管理职责。各级教育委员会主要负责公立幼儿园系统,具体职责是:都道府县教育委员会审批公立幼儿园的开办,对公立幼儿园的发展进行指导,提出建议;市町村教育委员会负责公立幼儿园的建立和管理。各级地方政府长官主要负责私立幼儿园系统及保育所系统,具体职责为:都道府县知事对私立幼儿园、公私保育所的建立进行审批,同时还可以对公立保育所的建立和管理进行指导和提出发展建议;市长、町长、村长负责建立管理公立保育所;学校法人代表建立管理私立幼儿园;社会福利法人代表建立管理私立保育所。

(1) 都道府县及市町村教育委员会合作管理公立幼儿园系统

日本都道府县教育委员会主要致力于促进初等中等教育的发展,而市町村教育委员会则主要负责社会教育与学前教育。日本根据《关于地方教育行政的组织以及经营管理的法律》等有关法律规定,都道府县教育委员会主要职责是:发展基础教育,设置并管理都道府县立的中小学和社会教育机构;任免都道府县立的学校及其他教育机构的教职员和市町村立学校中县费负担的教职员;颁发中小学教师证书;给予市町村长及市町村教育委员会以指导、建议和援助;指挥监督市町村教育行政机关的运行,代替文部大臣对市町村教育行政机关行使措置要求权;决定都道府县立学校使用的教科书;举办都道府县教育人员的在职进修等。

---

① 《文部科学省设置法》,http://law.e-gov.go.jp/cgi-bin/idxselect.cgi?IDX_OPT=4&H_NAME=&H_NAME_YOMI=%82%a0&H_NO_GENGO=H&H_NO_YEAR=&H_NO_TYPE=2&H_NO_NO=&H_FILE_NAME=H11HO096&H_RYAKU=1&H_CTG=3&H_YOMI_GUN=1&H_CTG_GUN=1,检索日期2016-10-14

② 《厚生劳动省设置法》,http://law.e-gov.go.jp/cgi-bin/idxselect.cgi?IDX_OPT=4&H_NAME=&H_NAME_YOMI=%82%a0&H_NO_GENGO=H&H_NO_YEAR=&H_NO_TYPE=2&H_NO_NO=&H_FILE_NAME=H11HO097&H_RYAKU=1&H_CTG=3&H_YOMI_GUN=1&H_CTG_GUN=1,检索日期2016-10-14

具体到各级教育委员会学前教育的职责分配方面,都道府县与市町村教育委员会的分工与合作表现为:都道府县教育委员会与市町村教育委员会共同负责公立幼儿园的发展,都道府县教育委员会给予市町村教育委员会指导和建议,并负责审批市町村教育委员会开办的幼儿园;市町村教育委员会负责公立幼儿园的建立和管理事宜。值得注意的是,虽然都道府县教育委员会有权对市町村所设学校的管理和运行进行必要的约束和规定,但二者之间并不存在领导与被领导的上下级关系,而是建立了对等的关系。

(2) 各级地方政府长官负责私立幼儿园系统及保育所系统

日本私立幼儿园由学校法人负责建立和管理,并由都道府县知事负责审批。日本1949年所制定的《私立学校法》创立了法定实体"学校法人",并将其作为建立私立学校的负责人。日本《教育基本法》明确规定私立学校具有公共性质,同时,确认建立私立学校的权利应当被限制在一个特殊的法定实体"学校法人"上。根据这两部法律的规定,日本私立幼儿园由学校法人建立和管理。

日本法律规定必须由地方政府长官(知事或市长)管理如下事务:a. 关于大学的事务;b. 关于私立学校的事务;c. 关于兼并或处置教育财产的事务;d. 签订关于教育委员会协议的事务;e. 关于教育委员会预算实施的事务。① 日本《学校教育法》第28、44、49、62条都明确规定了都道府县知事在私立学校(除大学外)方面的管理权,同时,考虑到政府秘书处可能没有教育方面的专家,日本法律规定在私立学校管理方面,都道府县知事可以在认为有必要时从都道府县教育委员会那里寻求与学校教育相关的专业建议或援助(《地方教育管理法》第27-2款)。日本私立幼儿园和其他私立学校一样,受到所在地区都道府县知事的管辖,由都道府县知事负责审批私立幼儿园的建立。

在保育所系统的地方行政管理方面,都道府县层级主要由都道府县知事负责;在市町村层面,则由市町村长和社会福利法人代表分别负责公立保育所和私立保育所的建立和管理。都道府县知事负责对新建的公私立保育所进行审批,并对公立保育所进行指导,提出发展建议。保育所的建立和管理则主要由市町村层面负责。市町村长除了负责建立管理公立保育所外,还会对社会福利法人代表提供一定的经费支持,而社会福利法人则承担私立保育所的建立和管理事宜。

五、日本学前教育的投入体制

日本财政与教育行政一样也实行中央集权和地方分权相结合的体制。通过保障学前教育的经费投入,日本教育财政体制为学前教育的发展提供了坚实的基础。

(一) 日本学前教育经费的来源与构成

1. 学前教育经费来源:多种来源并举

日本教育经费的来源主要包括国家和地方政府(都道府县和市町村两级)的财政拨款、税收、地方债、学费收入和社会捐赠等。

---

① Nagaki Koyama, Educational Administration in Japan and the Role of Local Governments, http://www.clair.or.jp/j/forum/honyaku/hikaku/pdf/BunyabetsuNo9en.pdf,检索日期2016-12-21

日本教育经费遵循"设立者负担"的原则。按照《学校教育法》第 5 条的规定,学校的设立者管理其设立的学校,除法令中有特殊规定的情况外,应负担其学校的经费。[①] 因此,国立学校的经费由国家负担,成为国家财政预算的一部分;公立学校的经费由地方公共团体负担;私立学校经费由学校法人负担。具体到学前教育领域:

① 幼儿园方面。国立幼儿园的经费由国家负担,公立幼儿园由地方政府支持,私立幼儿园由设立幼儿园的学校法人(团体或个人)负责。

② 保育所方面。根据《儿童福利法》第 51 条的规定,市町村支付保育所维持最低标准所需的费用。但实际上国家、都道府县和市町村各自按照一定比例分担保育所的经费。基于《儿童福利法》第四章(费用)的规定:国家负担的部分为"国家负担金",都道府县负担"都道府县负担额",市町村则承担"市町村负担额"。在家长缴费之外,国家和地方政府负担其不足的经费,比例为:由市町村设立和管理的保育所,其不足部分国家负担 8/10,都道府县和市町村各负担 1/10;由都道府县设立和管理的保育所,其不足部分国家负担 8/10,都道府县负担 2/10。[②]

由于学前教育并不属于义务教育范畴,因此家长必须负担学费。在幼儿园中,家长缴费的多少视幼儿园性质而定。国立和公立幼儿园,由于国家和地方政府负担较多,因此家长缴费只占极少部分。而私立幼儿园中,家长缴费则占 2/3 以上。在保育所中,由于其儿童福利机构的性质,因此收费便宜,国家和地方的补贴较大。家长缴费数额则根据家庭收入的多少而定。

日本学前教育的经费来源,除国家和地方政府和其他办学主体的财政投入,以及家长负担的学前教育经费之外,还包括通过捐赠和补助等方式多方筹集而来的资金。特别是国家通过多种方式对各类学前教育机构进行了程度不同的资金资助。学前教育经费来源的多样化有助于提高日本学前教育的质量并不断完善学前教育发展的各项环境。

由于日本私立学前教育机构同样承担着提供公共学前教育服务的任务,按照《私立学校法》第 59 条的规定:"国家和地方公共团体应当重视振兴教育的必要性,遵照法律的规定,向学校法人和私立学校提供必要的资助"。[③] 因此日本相继颁布了《私立学校振兴助成法》《日本私立学校振兴财团法》等法律,国家和地方政府根据法律规定,通过财政补助性拨款扶持私立学校发展,免除向私立学校提供贷款、捐款和奖学金的财团和企业等的税负,鼓励私立学校通过多种渠道筹措资金。

2. 学前教育经费投入总体状况:占整体教育经费比重低

根据文部科学省的统计,2003 年—2007 年,日本公共教育支出占国内生产总值的比例保持在 4.5% 左右,占国民总收入的 6% 以上,但总体呈现出下降趋势。2007 年,日

[①] 文部科学省:《学校教育法》(最终改正:2007 年 6 月 27 日法律第 98 号),http://law.e-gov.go.jp/cgi-bin/strsearch.cgi,检索日期 2016 - 12 - 14
[②] 李永连、李秀英:《当代日本幼儿教育》太原:山西教育出版社 1997 年版,第 153 页
[③] 《私立学校法》(2007 年 6 月 27 日法律第 96 号),http://law.e-gov.go.jp/cgi-bin/idxselect.cgi?IDX_OPT=4&H_NAME=&H_NAME_YOMI=%82%a0&H_NO_GENGO=H&H_NO_YEAR=&H_NO_TYPE=2&H_NO_NO=&H_FILE_NAME=S24HO270&H_RYAKU=1&H_CTG=26&H_YOMI_GUN=1&H_CTG_GUN=1,检索日期 2016 - 10 - 21

本国内生产总值为 51 585.79 亿日元,国民总收入为 37 476.82 亿日元,公共教育支出占国内生产总值的 4.41%,占国民总收入的 6.07%。①

表 11-2　2003 年—2007 年日本公共教育支出占国内生产总值比例　单位(百万日元)

年份	公共教育支出(A)	国内生产总值(B)	A/B(%)	国民总收入(C)	A/C(%)	管理支出(D)	A/D(%)
2003	236 358	4 937 475	4.79	3 580 792	6.6	1 456 631	16.23
2004	228 769	4 984 906	4.59	3 638 976	6.29	1 476 685	15.49
2005	231 230	5 031 867	4.6	3 658 783	6.32	1 477 840	15.65
2006	224 633	5 109 247	4.4	3 735 911	6.01	1 426 633	15.75
2007	227 317	5 158 579	4.41	3 747 682	6.07	1 470 982	15.45

资料来源:文部科学省. http://www.mext.go.jp/english/statistics/2011-10-21.

日本在学前教育阶段的整体投入占公共教育支出的比例偏少,2003—2007 年间,幼儿园教育支出占公共教育支出的比例在 2.08%—2.16%之间,幼儿园教育支出占学校教育总支出的 2.60%—2.71%。2007 年,幼儿园教育支出占公共教育支出的 2.14%,占学校教育总支出的 2.67%,比例偏低。②

表 11-3　2003 年—2007 年幼儿园教育支出占公共教育支出比例　单位(万)

年份	公共教育支出(A)	学校教育总支出(E)	幼儿园教育支出(F)	F/A	F/E
2003	23 635 832	18 910 268	491 140	2.08%	2.60%
2004	22 876 910	18 175 168	492 292	2.15%	2.71%
2005	23 122 988	18 558 656	488 213	2.11%	2.63%
2006	22 463 347	18 123 006	485 102	2.16%	2.68%
2007	22 731 689	18 278 455	487 121	2.14%	2.67%

资料来源:文部科学省.[EB/OL].[2011-10-21] http://www.mext.go.jp/english/statistics/.

2004 年日本国内生产总值(GDP)为 4 983 280 亿日元③。同年全国教育经费总额为 296 668.70 亿日元,占 GDP 的 5.9%。学校教育费总计 249 650.85 亿日元,其中幼儿园教育费 10 261.92 亿日元,占全国教育经费的 3.5%,较 2003 年增长 240.91 亿日元,增幅为 2.4%。

2004 年国家、地方和学校法人分别负担的学前教育经费为:国家 179.84 亿日元,

---

① 文部科学省,http://www.mext.go.jp/english/statistics/,检索日期 2016-10-21
② 文部科学省,http://www.mext.go.jp/english/statistics/,检索日期 2016-10-21
③ 注:按当年财政年度统计值为标准。

地方 4 743.08 亿日元(包括地方公立学校 2 487.83 亿日元,都道府县 5.56 亿日元,市町村 2 482.27 亿日元),学校法人 5 339 亿日元,分别占幼儿园教育费总额的 1.8%、46.2%和 52.0%。① 因此,地方政府和学校法人是幼儿园教育经费的重要来源。

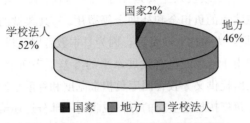

图 11-2 2004 年日本幼儿园经费构成图

此外,日本家庭负担的学前教育费用也占据了很大比例,约占全部学前教育经费的一半左右,远远高于美国、法国和德国等其他发达国家。这一方面说明日本家庭对儿童的学前教育十分重视,另一方面也表明国家在学前教育方面的经费投入仍有待加强。

表 11-4 各类学前教育机关相关支出公私负担比例(2004 年度)

国别	学前教育(3 岁以上儿童)(%)				
	2004				
	公共负担比例	私人负担			私人支持:补助
		家庭支出比例	其他私人支出比例	全部私人	
日本	**50.0**	43.1	6.8	**50.0**	—
OECD 国家平均	80.0	—	—	20.0	1.1

资料来源:OECD. *Education at a glance 2007* [R], 2008. p.220.

此外,日本 2004 年学前教育阶段(即 3 岁以上儿童)生均学校教育经费为 3 945 美元②,低于美国、英国、法国和德国等国家。由此可见,日本学前教育在经费投入上与其他发达国家尚有差距。

(二) 日本财政性学前教育经费投入状况

近几年,日本中央和地方政府对学前教育的财政投入不断加大,总体呈上升趋势。2003 年,公共支出占全部学前教育经费的 50.6%,而私人支出占 49.4%。③ 但总体而言,财政性学前教育经费和预算内学前教育经费在全国财政支出中的比重与其他教育阶段相比仍然偏低。以 2004 年为例,2004 年日本财政性学前教育经费投入占 GDP 的

---

① 文部科学省:《2007 年文部统计要览》http://www.mext.go.jp/b_menu/toukei/002/002b/19/182.xls,检索日期 2008-7-15
② 文部科学省:《教育指标的国际比较(2008 年版)》,http://www.mext.go.jp/b_menu/toukei/001/index40,检索日期 2011-12-12
③ OECD、OECD indicators 2006. http://www.oecd.org/document/34,检索日期 2011-12-15

0.2%,占全国财政性教育经费的 4.0%,远远低于同年初等教育和高等教育所占的比例。①

1. 中央财政性学前教育经费投入状况

日本中央政府的教育财政投入主要运用于两个方面:国立学校系统的经费,给都道府县、市町村及学校法人的负担金和补助金等费用。② 其典型的特色是,国家对地方政府和私立教育机构提供大量的财政资助。因为日本教育财政投入遵循"设立者负担"的原则,所以为了克服由于地区间经济发展水平的参差不齐而带来的教育财政投入上的差异,国家向地方政府提供义务教育国库负担金制度和补助金制度,并设立地方交付税制度(即国家把地方每年按规定上交的各种税收的一部分返还给地方,以弥补地方财政收支的不足),并且按照地方财政收入的实际情况返还数额不等的资金。此外中央政府还不断扩大和充实资助私立学校的制度,以纠正公立和私立学校之间的财政差别。③

就学前教育阶段而言,2005 年日本全国的一般性支出为 472 828 亿日元,较 2004 年减少 0.7%,文部省一般性经费会计额为 57 332 亿日元,较 2004 年减少 5.4%。当年与学前教育相关的国家预算总额为 545 亿日元,该项预算在 2006 年达到 570 亿日元,较 2005 年增加 2 亿日元,增幅为 4.7%。④ 在全国一般性支出和文部科学省的支出大幅削减的同时,日本的学前教育预算却仍能保持增长的趋势,体现出日本中央政府对于学前教育发展的重视和支持。

文部科学省 2008 年度关于减轻学前教育负担等学前教育振兴事宜的经费预算额达 2 039 596.1 万日元,较上一年度增加 82 354.5 万日元,主要运用于幼儿园入园奖励费补助(1 921 200 万日元,较上一年度增长 75 900 万日元)、为改进和充实学前教育所做的研究(7 596.1 万日元)和私立幼儿园设施维修费补助(110 800 万日元)。⑤

2. 地方财政性学前教育经费投入状况

地方教育经费主要来源于地方债、寄付金,此外还有国库补助金、都道府县支出金和市町村支出金等。2006 年日本全国地方教育费总额为 166 648 亿日元,较 2005 年减少 3 299 亿日元,增长率为-1.9%。而 2005 年较 2004 年减少 1.5%,地方教育费总额呈缓慢减少趋势。从表 11-5 和图 11-4 中可以看出,地方教育费中,以都道府县和市町村的支出金为主要来源。2006 年地方教育费中,国库辅助金呈急剧减少的趋势,2006 年较 2005 年减少了 17.9%,而地方债在地方教育费中的比例则有较大幅度的上升,2006 年较 2005 年增长了 14.5%,此外都道府县的教育财政投入也在不断增加。由此可见,近年来地方政府在学前教育方面的压力和责任正在逐渐增加。

---

① OECD、Education at a glance 2007,http://www.oecd.org/edu/39317423.pdf,检索日期 2016-8-20
② 陈永明主编:《教育经费的国际比较》,天津:天津教育出版社 2006 年版,第 165 页
③ 陈永明主编:《教育经费的国际比较》,天津:天津教育出版社 2006 年版,第 165—259 页
④ 文部科学省初等中等教育局幼儿教育课:《平成 18 年幼儿教育相关概算要求的概要》,http://www.mext.go.jp/a_menu/shotou/youji/gyosei/index.htm,检索日期 2016-12-16
⑤ 文部科学省初等中等教育局:《平成 20 年度预算额(方案)主要事项》,http://www.mext.go.jp/b_menu/houdou/20/01/08012109/007.pdf,检索日期 2016-12-17

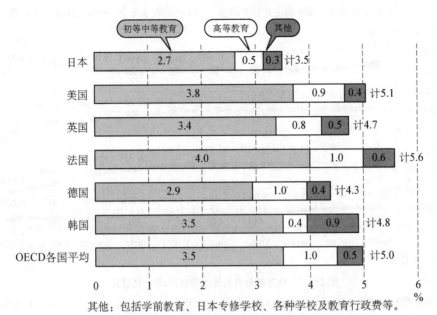

其他：包括学前教育、日本专修学校、各种学校及教育行政费等。

图 11-3　公共财政支出的学校教育费占 GDP 比例的国际比较（单位：%）

资料来源：文部科学省官方网站．[EB/OL]．[2011-12-26] http://www.mext.go.jp/b_menu/soshiki2/001/002/002.htm．

表 11-5　地方教育费的财政来源类别

区分	数额（单位：1 000 日元）		构成比（%）		较前一年增长率（%）	
	2006 年	2005 年	2006 年	2005 年	2006 年	2005 年
教育费总额	16 664 794 191	16 994 654 794	100.0	100.0	1.9	1.5
Ⅰ地方债·寄付金以外的公费	16 002 562 515	16 411 363 953	96.0	96.6	2.5	1.2
国库辅助金	1 194 053 772	2 330 800 405	11.5	13.7	17.9	16.7
都道府县支出金	8 823 792 483	8 556 650 225	52.9	50.3	3.1	4.8
市町村支出金	5 264 716 260	5 523 913 323	31.6	32.5	4.7	2.2
Ⅱ地方债	623 376 964	544 198 721	3.7	3.2	14.5	10.1
Ⅲ寄付金	38 854 712	39 092 120	0.2	0.2	0.6	5.7

资料来源：文部科学省．2007 年度地方教育费调查（中间报告）[R]．[htm. 2008-07-21] http://www.mext.go.jp/b_menu/toukei/001/005/08062508/003．

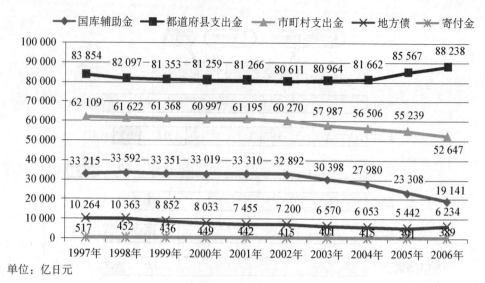

图 11-4 地方教育费财源的变化（单位：亿日元）

资料来源：文部科学省.2007年度地方教育费调查（中间报告）[R].[EB/OL].[2011-12-21] http://www.mext.go.jp/b_menu/toukei/001/005/08062508/003.htm

在地方教育费中，学校教育费占据了相当大的比例。2006年度，地方学校教育费总额超过了138 254亿日元，其中幼儿园经费约为2 397亿日元，占学校教育费的1.7%左右。由此可见，学前教育虽然主要由地方政府负责，但学前教育并不是地方教育费投入的重点。

表 11-6 地方教育费中的学校教育费

区分	数额（单位：1 000日元）		构成比（%）		较前一年增长率（%）	
	2006年	2005年	2006年	2005年	2006年	2005年
学前教育费	13 825 425 954	13 953 118 566	100.0	100.0	0.9	1.1
幼儿园	239 796 886	243 774 947	1.7	1.7	1.6	3.2

资料来源：文部科学省.2007年度地方教育费调查（中间报告）[R].[EB/OL].[2016-12-21] http://www.mext.go.jp/b_menu/toukei/001/005/08062508/003.htm

按照生均经费计算，地方教育费中2006年幼儿园生均学校教育费为700 544日元，较2005年增长0.3%，但在所有学校类型中，幼儿园生均学校教育经费数额最少。

（三）日本学前教育财政投入的重点

由以上数据可以看出，日本在学前教育方面的财政投入仍然存在不足。因此，除了重视加大经费投入外，日本通过多次制定幼儿园教育振兴计划等，使学前教育财政投入在以下几方面有所倾斜。

1. 减轻幼儿监护人的经济负担

自1972年开始，日本实施幼儿园入园奖励费补助金制度，减轻家长等幼儿监护人的经济负担。国家对实施减免保育费等"入园奖励事业"的地方公共团体进行相应的补贴,补贴率为 1/3。地方公共团体对入托儿童中经济困难的家庭进行补助,而国家则对这部分支出进行部分补贴。例如,2006 年文部科学省幼儿园入园奖励费补助预算达到一百八十四亿四千八百万日元,较 2005 年增加三亿三千四百万日元。[①]

同时,幼儿园入园奖励费的适用年龄范围也不断扩大,不仅仅面向 4 岁—5 岁的儿童,也开始覆盖 3 岁儿童。例如,2006 年开始实施的最新一次"幼儿园教育振兴行动计划"就计划向所有希望入园的年满 3 岁—5 岁的儿童提供优质的幼儿教育。

2. 缩短公立和私立幼儿园间家庭教育经费负担的差距

幼儿园入园奖励费补助金制度同样旨在缩短公立和私立幼儿园间幼儿监护人所负担的经费差距。通过该项制度,国家和地方政府对私立幼儿园减免入托费和保育费等进行了一定程度的补助。此外,日本政府也通过减免私立幼儿园的税负来间接支持其经费的筹措。

表 11 - 7　2005 年预算儿童监护人负担额预估(一年)

	公立幼儿园			私立幼儿园		
	第一个孩子	第二个孩子	第三个以后	第一个孩子	第二个孩子	第三个以后
最低生活保障家庭	50 006 000 日元	30 003 000 日元	10 001 000 日元	140 003 000 日元	80 005 000 日元	20 008 000 日元
年收入 290 000 日元以下				170 007 000 日元	100 005 000 日元	30 005 000 日元
年收入 360 000 日元以下				200 001 000	12 000	4 000
年收入 680 000 日元以下	70 007 000 日元(补助对象除外)			220 005 000 日元	130 005 000 日元	40 005 000 日元
年收入 680 000 日元以上				280 005 000 日元(补助对象除外)		

资料来源:文部科学省初等中等教育局幼儿教育课.[EB/OL].[2016-07-16] http://www.mext.go.jp/a_menu/shotou/youji/gyosei/index.htm.

3. 资助私立学前教育机构

为了进一步帮助学前教育的发展,日本自 2003 年起不断增加对推动保育发展的事业等方面的预算。2003 年资助私立学校的财政投入中,与学前教育相关的经费总额为 334 亿日元,较上一年增长 5 亿日元。其中,一般性补助为 253 亿日元。特殊补助则分

[①] 文部科学省初等中等教育局幼儿教育课,http://www.mext.go.jp/a_menu/shotou/youji/gyosei/index.htm,检索日期 2016-12-16

为：寄存保育推进事业48亿日元、幼儿园育儿支援活动的推进3亿日元、高中生保育体验推进9 000万日元、幼儿园特殊教育经费22亿日元以及教育改革推进事业6亿日元。①

4. 扶持幼儿园为家庭育儿提供支援

由于日本社会近年来少子化、核心家庭化以及更多女性进入社会工作等现象日益凸显，因此幼儿园为家庭育儿提供支援需求扩大。为此，自2001年开始，文部科学省对育儿交流、育儿咨询、未入园儿童的父母及其子女共同进入幼儿园以及寄托保育（即幼儿园正常教育时间外的特别保育）等育儿支援活动展开了进一步的调查研究，并且通过调整与保育相关的地方交付税等方式实施了一系列鼓励措施。

六、日本学前教育的师资建设

为了确保幼儿园教师的质量，日本制定了一系列法律法规，并分别建立幼儿园教师和保育所保育士的许可证（即资格证书）制度。按日本有关法律的规定，凡是教师必须持有教师许可证。

对幼儿园教师来讲，按《教员许可法》、《教员许可法施行令》等法律的规定：

(1) 不论国、公、私立与否，凡幼儿园教员均需具备幼儿园教员许可证。

(2) 幼儿园教员许可证分普通许可证和临时许可证两种。普通许可证分三类，第一类是幼儿园教员专修许可证，一般能发给硕士学位的毕业生；第二类是幼儿园教员一级许可证，发给学士学位（本科学历）毕业生；第三类是幼儿园教员的二级许可证，发给接受两年以上高等教育的毕业生。持有普通许可证的幼儿园教师为教谕，且一旦获得该许可证，终身有效，并全国通用。持临时许可证的幼儿园教师为助教谕，在特别情况下可以通过教育职员考试获得该资格。该许可证有效期为三年（有特殊需要时可以延长），且只能在所授予的地区使用。

(3) 许可证的授予权统归都道府县教育委员会和知事所有。

(4) 为获得教师许可证，教师必须在文部大臣指定的培养机构或大学修完规定的课程，获得相应的学分，并通过身份、教学能力和健康状况的考核。课程大致分为两种：一种是在大学学完四年课程并获得至少124个学分，可获一级普通许可证；另一种则是在短期大学学完两年课程并获得至少62个学分，可获二级普通许可证。

对于保育所保育士而言，保育士资格的取得有两个途径：a. 厚生劳动省所指定的保育士养成学校或养成所毕业；b. 在各都道府县所举办的保育士考试中获得及格。可以报考保育士考试的人员包括：高等学校毕业者；在儿童福祉机构从事儿童保护工作三年以上者；依据厚生劳动省大臣所订定的基准，由都道、府县知事确认者。

按照《教员许可法》的规定，幼儿园教师同中小学教师一样，必须在经文部大臣认定的教师培养机构中修习足够的学分才能获得从教的许可证。而为了促进幼儿园教师素质的持续提高，《教育公务员特例法》第四章对幼儿园教师的在职进修也进行了详细

---

① 文部科学省初等中等教育局幼儿教育课，http://www.mext.go.jp/a_menu/shotou/youji/gyosei/index.htm，检索日期 2016-12-16

规定。

就职前教育来看,日本承担学前教育师资培训的机构多种多样,主要分为大学和短期大学两种,此外还有大学院和专攻科以及指定教员培养机关(即国家指定的专修学校等)。

表 11-8　开设幼儿园教员许可证认定课程的学校数

区分	国立	公立	私立	合计
大学	49	3	61	113
短期大学	0	9	195	204
大学院	50	0	24	74
专攻科	0	0	8	8
指定养成机关	0	1	37	38

资料来源:文部科学省.文部科学省教职员课调查[R],2007.

从上表可以看出,大学和短期大学是培养学前教育师资的主力。但其他机构类型的出现能够灵活地满足当大学正规课程培养的师资出现不足时的需要。

为了不断提高学前教育师资的质量,日本按照《地方公务员法》、《教育公务员特例法》等与教师相关的法律建立了幼儿园教师在职进修制度。该法对教师在职进修的规定如下:

第 21 条(研修)第 1 款:教育公务员为完成其职责,应不断努力进行研究,提高自身素养。第 2 款:教育公务员的任命者应对教育公务员的研修提供必要的设备并给予奖励,制定与研修相关的计划等,努力促进其实施。

第 22 条(研修机会)第 1 款:应赋予教育公务员享受研修的机会。第 2 款:在不影响教学的情况下,经所属单位负责人同意,可离职进行研修。第 3 款:教育公务员根据任命权者的规定,可在职进行长期研修。①

此外,该法第 23 条和 24 条分别对初任教师和有十年教龄教师的研修进行了详细规定。

由此可见,在职进修不仅仅是幼儿园教师的权利,也是其应尽的义务。在职进修方式有脱产和不脱产进修两种方式。此外,主管部门和幼儿园教师所在机构应对幼儿园教师的在职进修提供帮助和支持。

保育所保育士的培养方式基本与幼儿园教师相同,以短期大学与指定教员养成机关为主。另外,根据《儿童福利法施行令》的规定,保育士可以通过国家资格考试拿到资格,凡是受过两年以上大学教育并修完 62 学分的,或者毕业于高等专业学校的,以及在保育所的工作经验达到国家规定时间的,都可以参加考试。

总的来讲,日本幼儿园教师的任用制度非常严格,培养制度,尤其是在职进修制度

---

① 文部科学省:《教育公务员特例法》(最终改正:2007 年 6 月 27 日法律第 98 号),http://law.e-gov.go.jp/cgi-bin/strsearch.cgi,检索日期 2016-12-12

非常完善,从而保证了幼儿园教师队伍素质的不断提高。

思考题

1. 日本学前教育的性质体现在哪些方面?
2. 日本学前教育的办园类型有哪些?
3. 日本学前教育的管理机构及其职能是什么?
4. 日本学前教育的投入与分担情况如何?
5. 日本学前教育的师资建设方法有哪些?

学习目标

1. 知道印度学前教育的历史背景。
2. 了解印度学前教育的性质地位。
3. 认识印度学前教育的办园体制。
4. 知道印度学前教育的管理体制。
5. 熟悉印度学前教育的投入体制。
6. 了解印度学前教育的师资建设。

内容脉络

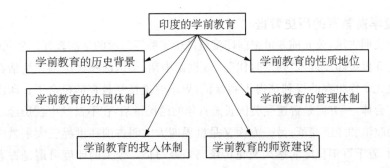

第十二章

印度的学前教育

印度,作为一个多民族、多语言、多宗教的发展中国家,同时也拥有世界上最多的儿童人口,是世界人口大国之一。印度国情复杂、经济基础薄弱,长期以来积贫积弱,学前儿童受教育状况堪忧,受教育不均等现象严重。但印度独立后,在教育领域取得了令世界瞩目的大发展,特别是近年来旨在改善生计和增加就业机会等政策的相继出台,"全面发展战略"也呼吁将新的重点放在教育上,印度教育朝向更快、更好、更全面的方向发展。值得一提的是,随着学前教育特殊价值与重要奠基功能的日益体现,印度政府及民众对学前教育的重视程度日益提高,印度学前教育也发生了巨大的变化,通过制定和颁布相关法律法规以及政策文本,不仅保障了本国学前儿童受教育机会和权利的平等,同时还保证了学前教育质量的公平,促进学前教育健康、稳定、持续地发展。

一、印度学前教育的历史背景

印度是个文明古国,公元前6世纪前印度就产生了婆罗门教的学前教育。公元前6世纪到公元前5世纪印度进入"列国时代"。18世纪中期,英国的殖民统治让生活在贫困地区的印度儿童连生存的权利都得不到保证,更不要说接受教育的机会了。印度是一个矛盾的综合体,一方面是曾遭受英国长逾百年的殖民统治,在不自觉中就历经了风起云涌的社会政治和经济变革;另一方面又是世界四大文明古国和世界三大宗教中的发源地之一,有着千百年积淀的悠久文化传统与宗教习俗。今天的印度可谓是古老传统与殖民化统治共同影响下的结果,印度的学前教育也正是这种独特而复杂的社会因素综合作用下的产物。

古代印度学前教育以公元前6世纪为分界线,可以分为婆罗门教的学前教育和佛教的学前教育,它们的教育目的都主张培养幼儿的宗教意识。其中,婆罗门教育是以维系种族压迫为核心目的;佛教教育则以主张吃苦修行、消极厌世、追求来生为基本特征。[1] 中世纪的印度学前教育以"伊斯兰教教育"为主,目的是为了宣传伊斯兰教的原则、法律和社会习俗,使受教育者最终成为伊斯兰教徒。印度伊斯兰教教育在穆斯林几百年的统治下发展得极为深入。近代印度主要是指沦为英国殖民地时期的印度,一般以1757年的普拉西战役为起点,到1947年印度独立为止。这一时期的印度教育发展,大致可分为四个阶段:殖民地初期的教育(1812年以前)、东西方教育争论时期(1813—1854年)、印度教育的西方化时期(1854—1904年)、民族教育的兴起和发展时期(1905—1947年)。[2] 1947年8月14日印度独立,社会福利部提出了发展学前教育的计划,印度政府开始通过多种措施大力推进儿童保育和教育工作。

二、印度学前教育的性质地位

印度虽然国情复杂,人口众多,经济相对落后,且学前教育真正的发展也是始于独立之后,但其政府对儿童、儿童发展以及学前教育的重视程度日益提高,对其重要性的认识也逐渐深化。早在1974年,印度就在《国家儿童政策》中明确提出:"儿童是极其重

---

[1] 陈文华主编:《学前教育史》,北京:科学出版社2011年版,第134页
[2] 冯增俊主编:《印度基础教育》,广州:广东教育出版社2007年版,第6—7页

要的国家财富。"而在 2005 年,印度又在《国家儿童行动计划》中将"儿童是一种财富并且是拥有人权的人"作为其学前教育方面的指导原则之一,这既充分体现出国家对儿童的重视程度,又表明了国家对儿童的重新认识,在重视其价值的同时肯定了儿童的权利。印度《宪法》以及国家计划都对学前教育的重要性有充分的认识。例如印度《宪法》规定:"国家应竭尽所能为所有六岁以前儿童提供早期儿童保育和教育。"[1]将学前教育通过国家根本大法的形式予以规定,这充分体现了政府对于学前教育重要性的认识。印度妇女儿童发展部第十个五年计划(2002—2007 年)报告指出:"儿童的发展是国家发展日程上的第一要务,这不是因为儿童是最脆弱的群体,而是因为他们是我们至高无上的财富,是我们国家未来的人力资源。"[2]印度政府的部门计划中将儿童的发展当作国家发展的第一要务足见政府对儿童以及儿童对国家影响的重视,这也代表了学前教育将被纳入今后印度政府五年内甚至更长期的工作重点和方向,成为政府常规工作日程中非常重要的一部分。而早在 1986 年,印度的"国家教育政策及其行动计划"就清楚地认识到了儿童发展的本质,并将早期儿童保育和教育作为人力资源发展和终身学习的关键基础。

印度并没有将学前教育纳入义务教育范畴。印度《宪法》承诺"向所有 14 岁以下儿童提供免费和强制的义务教育"。[3] 3 岁—6 岁年龄阶段的学前教育没有全部纳入到正规学校体系之中,而仅是将 5 岁—6 岁的学前班教育纳入到学制体系之中,作为基础教育的有机组成部分和奠基阶段。其学前教育并非强制,因此也不完全具备义务教育的性质。《宪法》第 45 条也规定:"早期儿童保育与教育是国家应该为儿童提供的服务,但并非是每个儿童的法定权利。"印度学前教育虽然并不属于义务教育,但是政府却实施了弱势群体项目免费的政策,向 0 岁—6 岁处境不利儿童及其家庭提供包括教育、健康、营养等方面的综合性服务。

三、印度学前教育的办园体制

最初,印度学前教育完全由私立机构和志愿机构负责,后来逐渐转向国家出资并提供部分的学前教育服务,正是这一转变使得千千万万处境不利的儿童获得了接受学前教育的机会。目前印度的幼儿教育是由国家、私人和第三部门机构(non-governmental)共同提供的。[4] 印度政府"五年计划"的发展历程表明学前教育由志愿和私立机构主办逐渐转向以公立机构为主体、三大部门共同提供早期儿童保育和教育服务的现状。在印度,学前教育是由三条不同的渠道提供的,主要包括公立机构、私立机构和第三部门,

---

[1] Working group on development of children for the eleventh five year plan (2007 - 2012) — A Report. http://wcd.nic.in/,检索日期[2016 - 8 - 19]
[2] "Sub group report early childhood education in the eleventh five year plan (2007 - 2012)", http://wcd.nic.in/,检索日期 2012 - 8 - 19
[3] "Sub group report early childhood education in the eleventh five year plan (2007 - 2012)." http://wcd.nic.in/,检索日期 2012 - 2 - 15
[4] Ministry of Women and Child Development: "Working Group on Development of Children for the Eleventh Five Year Plan (2007 - 2012) — A Report", *Sub Group Report: Early Childhood Education in the Eleventh Five Year Plan (2007 -2012)*, 9

也就是志愿和合作机构。其中,公立学前教育机构是印度提供学前教育的主体,主要包括儿童综合发展中心、拉吉夫·甘地托儿所中心、与基础教育衔接的早期儿童教育中心、"教育为所有"项目中心和中小学附设的学前班。在印度,公立学前教育机构或政府主导的学前教育机构以计划和项目为依托,将目标锁定在处境不利群体,特别是处于偏远农村地区和被边缘化的地区的处境不利儿童。私立机构指的是早期儿童教育中的收费或营利性机构,对印度学前教育发展起着非常重要的辅助和支持作用,主要是为了满足社会和经济地位较高家庭的需求,如家庭和日托之家,保育所,幼儿园以及附设在私立小学、初等学校和中等学校的学前班等。这些私立机构大部分都没有获得认可或经过正常渠道在当地政府进行注册登记。第三部门也就是志愿和合作机构,主要是由国家或国际援助机构、信托机构、宗教团体资助的早期儿童教育服务,服务的目标群体锁定于社会地位和经济地位落后地区的处境不利群体,尤其是对部落民族、移民劳工等生活较为困难的群体以及受到恶劣自然灾害(如洪水、地震等)影响的儿童发挥着重要的作用。

印度有超过1.5亿的学龄前儿童。尽管适龄儿童入园率在逐年增加,但真正能够进入学前教育机构的儿童数量仍然有限。统计数字显示,在公立学前教育机构中,3岁—6岁儿童入园率由1989—1990年的15%增加到1996—1997年的19.6%,到2004年则增长到20.95%。[①] 2005年,全国范围内参与学前教育的总人数是29 253 935人,学前教育的入园率为39%,儿童在学前教育机构的平均时间只有1.2年。[②] 这表明,印度只有五分之二的适龄儿童能够接受早期保育和教育服务,而其中一半左右获得的是公立机构的保育和教育,另一半则是在私立机构以及第三部门组织的机构中接受保育和教育服务,而且还随时面临着辍学的可能。1999年,印度学前班教育的毛入园率是18%,到2008年,毛入园率提高到47%,2012年提高至58%。[③]

表12-1 不同早期儿童保育和教育计划的覆盖面

项 目	机构数量	覆盖儿童数
儿童综合发展服务项目	767 680	2 400万
为职业母亲提供的拉吉夫·甘地全国托儿所计划	22 038	55万
学前班	38 533	约为20万(194 000)
非政府组织提供的早期儿童保育和教育服务	—	在300万—2 000万之间
私立机构	—	约为1 000万(2005年)

资料来源:Ministry of Women and Child Development. Sub group report early childhood education in the eleventh five year plan (2007 - 2012). [EB/OL]www. wcd. nic. in

---

① "Sub group report early childhood education in the eleventh five year plan (2007 - 2012)". http://wcd. nic. in/,检索日期2016 - 8 - 19
② UNESCO Institute for Statistics、Retrieved from July 14th, http://stats. uis. unesco. org/,检索日期2016 - 8 - 19
③ Education for All Global Monitoring Report 2015-Regional Overview:South and West Asia, p. 15

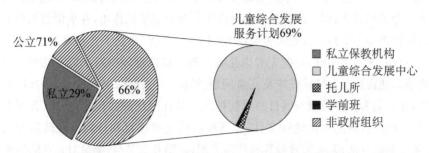

图 12-1 印度学前教育公立和私立的比例以及构成

上面的图表分别呈现出印度公立、私立和第三部门提供学前教育的数量、覆盖人数以及比例。由于第三部门提供的学前教育机构能覆盖的幼儿数在 300 万—2 000 万之间,变化量过大,难以在图中显示。上图中第一个圆显示出私立和公立机构覆盖人数的比例约为 3∶7,第二个圆是公立学前教育计划和机构的覆盖人数,其中七成是儿童综合发展服务项目覆盖的人群,2% 是托儿所计划,公立学校附设的学前班比例更小,不到1%。可见,公立的学前教育计划,尤其是其中的儿童综合发展服务项目,在印度学前教育中起着举足轻重的作用。

四、印度学前教育的管理体制

印度虽然是典型的联邦制国家,但近年来,其学前教育的管理也逐渐趋向中央集权化的发展。中央政府除了要通过制定相关法律法规保护儿童合法权益之外,还要与地方一级政府通力合作,与下级政府形成合力。可以说,印度政府在学前教育事业发展中的作用日益强化,对学前教育负有重大责任。妇女儿童发展部作为印度学前教育的主管部门在机构设置和职责划分方面都有明确的规定。又因为早期保育与教育通常情况下是由几个管理部门共同负责,这几个部门一般情况下包括教育部、社会事务部和卫生部。而正是由于早期保育与教育涉及保育、健康、营养和教育等诸多方面,牵涉几个部门之间的分工合作,由此也带来了诸如跨部门政策制定、执行与有效协调等方面的挑战,印度同样如此。

在 1986 年以前,印度关于妇女和儿童的问题是由社会福利部负责的。1985 年,印度成立了妇女儿童发展司(Department of Women and Child Development),该单位作为人力资源发展部下属的分支机构,开始为印度妇女和儿童的全面发展提供必要的支持。2006 年 1 月 30 日,妇女儿童发展司升级为妇女儿童发展部,全面负责印度妇女和儿童方面的相关事务。作为推进妇女和儿童发展的核心部门,该部需要做出计划,制定政策和设计项目,同时还需要制定或修正法案,引导和协调政府和非政府组织共同致力于妇女儿童发展领域。

此外,印度政府在国家施政最低纲领中表达了对儿童的关注,同时提出了妇女儿童发展部的使命。该纲领突出了政府将致力于保护儿童的权利,消除童工现象,确保学校的基础设施以及对女童给予更多的特殊照顾等。同时还承诺要普及儿童综合发展服务项目,在每一个居民区设置一个儿童综合发展便民服务点,并确保所有的儿童都能够参与进来。为了加强基础教育,最低纲领突出了非政府组织的作用,并承诺要为所有的非政府组织提供全力支持。计划委员会还为"十一五计划"建立了儿童发展工作组,印度政府的日程安排非常明确,要优先考虑儿童。施政最低纲领中对于妇女儿童发展部提出的政策和使命包括:与所有涉及儿童问题的部门/司合作;与邦政府/联邦区行政部门合作,在计划和实施政策和项目的时候把儿童放在最优先的位置;实施《儿童权利公约》和其他印度签署的国际法律文件;监测所有的儿童项目和计划以及政策和行动计划;实施儿童的立法;儿童财政预算和资源分配;鼓励儿童参与;测量对儿童的影响。①

以计划为依托是印度学前教育推进和普及的特色之一,印度学前教育主管部门与相关部门之间的合作机制也同样建立在学前教育计划的基础上,并以计划的基本宗旨与发展目标为导向。以儿童综合发展服务项目为例,除妇女儿童发展部以外,其他相关部门也负有共同合作的职责。下表将列举几个相关部门为学前教育领域所作出的努力。

表 12-2 各部门之间的协调和合作

部/司	协调和合作的领域
社会公平和授权部	• 通过儿童综合发展便民服务点工作人员在村一级扩大对弱势群体的服务。 • 通过国家研究所等来为儿童综合发展便民服务点工作人员培训中心设计特殊的培训课程。 • 准备参考材料,使儿童综合发展便民服务点的工作人员能够及早发现儿童残疾。 • 为参加儿童综合发展中心的儿童设计有针对性的过渡(referral slips)。 • 在人口密集地区协调参与服务和执行服务的问题,以及非歧视问题。 • 设置专业的青少年戒毒中心(specialized juvenile de-addiction centres)来挽救毒品成瘾的儿童。 • 为受小儿脑瘫和自闭症影响的儿童提供国家信托项目。 ……
劳动和雇用部	• 跟踪、执行并报告儿童劳动法规的实施情况。 • 与基础教育项目加强联系,确保基础教育让儿童能够脱离劳动。 • 在国家儿童劳动项目(NCLP)的指导下为女童建立特殊学校。 ……
健康和家庭福利部	• 在基础保健中心/社区健康中心/分中心/区医院设立单独的服务台,接诊儿童综合发展便民服务点的工作人员。 • 通过儿童综合发展便民服务点工作人员向儿童综合发展服务项目覆盖区域的孕期妇女提供分娩的成套用品箱(delivery kits)。 • 确定儿童综合发展便民服务点工作人员和辅助接生护士(ANM)做家访的日期和时间。 • 通过监管人员向儿童综合发展服务项目覆盖区域提供维生素。 ……

---

① National Commission for Enterprises in the Unorganized Sector: "Ministry of Small Scale Industries, Government of India", http://nceuis.nic.in/NCMP.htm,检索日期 2016-8-19

续　表

部/司	协调和合作的领域
农村发展部	• 为儿童综合发展中心建设规划出适当的农村发展经费。 • 在政府没有提供或出租的情况下,通过儿童综合发展中心提供公共卫生间及无烟炉灶等设施。 ……
村务委员部①	• 选择儿童综合发展便民服务点工作人员和助手,营养补充受益人的督导,提供场地和建筑,营养和健康教育,母亲和儿童日(Mother & Child Days)。 • 计划实施(包括采购、烹饪和分配食物)并监督和掌控儿童综合发展服务项目。 • 在村务委员协会(Panchayati Raj Institutes, PRIs)内部明确区分角色和责任,责任到人。 • 村务委员协会要确定和促进积极的方式来提升儿童综合发展服务项目中所有内容的质量,即营养、教育和健康。 • 通过向儿童综合发展中心提供建筑来支持计划。 • 确保少数民族等社区的弱势群体接受儿童综合发展服务。 • 村委会委员要监督、指导并与儿童综合发展中心合作,保证服务的透明度。 • 在社区中建立对儿童综合发展服务项目的认识。 • 在社区和最基层支持早期儿童教育计划的管理和监督。 ……
城市发展部	• 在社区中心为儿童综合发展中心提供场所。 • 在儿童综合发展中心安装花费低廉的技术设备、无烟炉灶、卫生厕所和过滤水系统等。 • 在儿童综合发展便民服务点安装手动泵(hand-pumps)并提供其他水源供给点。 ……
住房和城市扶贫部	• 在社区中心为儿童综合发展中心提供场地。 • 为流浪儿童提供短期的收容所。 ……
学校教育和扫盲部	• 使小学和儿童综合发展中心的时间安排同步,从而让女童能够从照顾弟妹的负担中解脱出来,进入小学学习。 • 尽可能在建立儿童综合发展中心时考虑小学的位置,加强儿童综合发展服务项目和小学之间的联系。 • 充分利用培训机构来培训员工。 • 在 SSA(Sarva Shiksha Abhiyan,提供给 6 岁—14 岁儿童的基础教育项目)的创新基金中划拨一部分作为儿童综合发展服务提供者进行早期儿童保育和教育技能培训的经费。 • 发展教师能力,帮助教师将儿童的兴趣放在首要位置。 • 为儿童提供综合的预防性课程,帮助儿童掌握处理危险和意外的知识和技能。 • 提供行为训练,并让儿童知道如何求助以及获得交流技能。 • 开展全纳教育并为有残疾的(包括智力残疾)的儿童提供有针对性的措施。 • 防止儿童暴力事件的发生,并对其监督和报告。

---

① 印度农村地方政府体系总体上可称为潘查亚特制度(Panchayati Raj)。潘查亚特也叫评议会,指的是由选举产生的农村地区各方面的代表组成的会议组织。它是印度农村基层民主的主要表现形式,是印度地方基层社区组织制度的显著特色。——徐玲州等编译:《印度孟加拉邦评议会及其选举制度》,北京:中国社会出版社 1994 年版——转引自郑前程:《印度地方财政述评,公共财政与乡村治理学术研讨会论文集(上卷)》,http://www.chinarural.org/newsinfo.asp?Newsid=15571,检索日期 2016-7-25

续　表

部/司	协调和合作的领域
	● 杜绝学校和教育机构中的体罚现象。 ……
法律和公正部	● 提高各级关于儿童权利的立法水平,建立适宜儿童的法律程序及有效的法律实施体系。 ● 在司法行政过程中监督适宜儿童的法律程序。 ……
信息和广播部	● 在社区中形成为儿童建立有利于其生存、发展和保护的环境的态度并实践。 ● 营造儿童权利和发展的大众意识。 ● 给儿童提供发言的机会和空间,让他们能够接近影响儿童生活的决策者和政治人员。 ……

资料来源:Working group on development of children for the eleventh five year plan (2007－2012). http://wcd. nic. in/. [EB/OL]. [2009－07－16].

五、印度学前教育的投入体制

在印度,因为其儿童早期保育与教育服务主要是政府职责,所以在投入方面也是以政府投入为主,其他渠道,诸如国际组织的援助等并重,共同负担印度的儿童早期保育与教育。

据印度妇女与儿童发展部的数据统计,印度公立机构占机构总数的71%,[1]而在这些公立学前教育机构中,政府的儿童综合发展服务项目占据主体地位,其数量占公立机构总数的69%,是印度受益范围和受益人群最为广泛的学前教育形式。具体来说,儿童综合发展服务项目在20世纪70年代实施之初由中央政府统一规划、统一预算,由各省政府组织实施并提供营养补充方面的经费与资源,其余全部经费均由印度中央政府财政支持。从2005—2006财政年度开始,该项目又进一步加强中央财政的支付力度,原来全部由省政府解决的营养经费与资源改为由省政府负担其中的50%,其余由印度政府财政支付。[2] 除了政府投入之外,该项目还得到了国际关怀协会[3]、世界银行、联合国儿童基金会等国际组织的支持。[4] 如国际关怀协会在20世纪80年代末向该项目提供了760万美元的资金,[5]世界银行的国际开发协会(International Development

---

[1] "Sub Group Report Early Childhood Education in the Eleventh Five Year Plan (2007－2012)", http://wcd. nic. in/,检索日期2016－6－16
[2] Government of India: Department of Women and Child Development, http://wcd. nic. in/,检索日期2016－7－16
[3] CARE创建于1945年,是一个致力于对抗全球贫困的人道主义组织机构。该机构创建之初的英文全称为"Cooperative for American Remittances to Europe",即"美国汇款到欧洲合作社";今天,该组织机构的服务已扩展至全世界60个国家,这一名字就改为"为协助和抚慰全世界而合作",即国际关怀协会(Cooperative for Assistance and Relief Everywhere, Inc)
[4] Kapil, U: "Integrated Child Development Services (ICDS) Scheme: A program for holistic development of children in India", Indian Journal of Pediatrics, 2002(69)
[5] CARE: Celebrating a 50 year partnership CARE India 1950－2000, 2000. http://www.careindia.org,检索日期2016－11－20

Association，IDA)在 1990—2006 年期间对该项目的援助超过 6.5 亿美元。[①] 可见，以政府主导的大型学前教育项目为主要形式的印度学前教育主要是由政府财政投入强力支撑，并在一定程度上接受来自其它渠道的援助。

印度政府将学前教育经费纳入其国家"五年计划"，将学前教育财政预算作为包括健康、保护、发展等在内的综合性预算项目"儿童财政预算"的一个重要组成部分单独列支。儿童财政预算"由儿童保护、儿童健康、儿童发展与儿童教育这四项子预算组成，其中儿童教育所占份额最大。以 2007—2008 财政年度为例，印度用于儿童教育的财政预算占儿童财政预算总额的 72%，是其他三项子预算总额的约 2.6 倍"。[②] 儿童财政预算中相当一部分主要用于印度学前教育项目的运转，其中最主要的公立学前教育项目即儿童综合发展服务项目和托儿所计划，这两个学前教育项目每个财政年度均有相应专门的中央财政预算。以 ICDS 为例，每年印度政府对儿童综合发展服务项目的财政预算又进一步细分为用于日常机构运转的经常性项目预算，以及用于基础设施建设、设备与家具购置及更新等非常规项目预算。印度政府每年对其托儿所计划也同样有详细的分项预算，以确保学前教育项目的正常运作和进一步拓展。将学前教育经费预算纳入国家年度财政预算，实行学前教育经费单项列支，有利于学前教育财政的长久稳定，有助于保障学前教育事业的长足发展。

妇女儿童发展部 2007—2008 年度报告中提及，儿童财政预算指的是在联邦财政预算总额中为儿童具体计划的总花费。所有"儿童预算"中的项目/计划被分为四大块：儿童发展、儿童健康、儿童教育和儿童保护。按照这样的分类，下表显示了近几年联邦预算中的儿童预算以及四个方面分别的预算。

表 12-3　联邦预算中的儿童预算：2003—2004 年到 2007—2008 年

	2003—2004 年修订预算	2004—2005 年修订预算	2005—2006 年修订预算	2006—2007 年预算估计	2006—2007 年修订预算	2007—2008 年预算估计
对于关于儿童发展的项目的预算拨款（单位：千万卢比）	2 166	2 291.39	3 947.91	4 859.38	4 864.55	5 654.63
分配给儿童发展的项目的拨款占联邦政府总支出的比例(%)	0.46	0.45	0.78	0.86	0.84	0.88
对于关于儿童健康的项目的预算拨款（单位：千万卢比）	1 266.96	1 576.71	2 806.72	3 133.54	2 649.33	3 301.53

---

① Central project management unit ICDS-IV project (IDA assisted) (2008-09 to 2012-13) a handbook, 2007, http://wcd.nic.in/，检索日期 2016-1-12
② Government of India、Department of Women and Child Development:《Annual Report, 2007-2008》http://wcd.nic.in/，检索日期 2016-9-16

续 表

	2003—2004年修订预算	2004—2005年修订预算	2005—2006年修订预算	2006—2007年预算估计	2006—2007年修订预算	2007—2008年预算估计
分配给儿童健康的项目的拨款占联邦政府总支出的比例(%)	0.27	0.31	0.55	0.56	0.46	0.52
对于关于儿童教育的项目的预算拨款(单位:千万卢比)	6 878.46	8 831.41	14 294.1	19 231.24	19 236.26	23 244.43
分配给儿童教育的项目的拨款占联邦政府总支出的比例(%)	1.45	1.75	2.81	3.41	3.31	3.63
对于关于儿童保护的项目的预算拨款(单位:千万卢比)	113.61	152.87	173.04	192.81	183.53	340.1
分配给儿童保护的项目的拨款占联邦政府总支出的比例(%)	0.024	0.030	0.034	0.034	0.032	0.053
分配给儿童的经费总量(单位:千万卢比)	10 425.03	13 092.38	21 597.82	27 416.97	26 933.67	32 540.7
联邦政府的财政预算支出总额(单位:千万卢比)	474 254	505 791	508 705	563 991	581 637	640 521
分配给儿童的经费总量占联邦政府财政预算支出总额的比例(%)	2.24	2.59	4.25	4.86	4.63	5.08

资料来源:Ministry of Women and Child Development, Government of India. Annual Report 2007-2008[R]. http://wcd.nic.in/. [2010-7-16].

近几年,印度对于儿童的财政投入显示出逐年增长的趋势,各个部分的投入在联邦总预算中的比例也在逐年递增。2007—2008年度,全国财政预算总额中关于儿童发展的投入由2006—2007年度的0.86%增加到0.88%,关于儿童健康的投入由上一年度的0.56%降低到了0.52%,对儿童教育的投入由上一年度的3.41%增加到了3.63%,对儿童保护的投入从上一年的0.034%增加到了0.053%。

六、印度学前教育的师资建设

幼儿园教师是一个国家发展学前教育、提升学前教育质量的关键。近年来,印度政府充分认识到优质的幼儿师资队伍是一国学前教育事业健康发展以及提升学前教育质量的必要条件和重要保障,因此,十分重视幼儿园教师的培养和培训,以及教师的专业发展。印度政府以多种学前教育项目为依托,建立并实施多级教师在职培训体系,通过教师的在职培训促进学前教育项目以及学前教育质量的提升。

当前,在儿童综合发展服务项目中,有近80万儿童综合发展便民服务工作者和相等数量的助手,总计超过150万妇女在以早期儿童教育为基础的儿童综合发展中心服务,惠及2 300万儿童。大多数时间,这些工作人员与其他正规的政府职员享受同等的待遇,但是,他们的工作条件却十分艰苦。由于在《第27项最低工资计划案》(27th Schedule of the Minimum Wages Act)中没有关于儿童保育工作人员/保育学校教师等职称的相关规定,因此这些工作人员的最低工资和工作条件并没有得到国家法律的规范和保障。私人机构和非政府组织中的情况也是如此,保育工作人员成了被剥削的、低收入的和没有安全保障的受害人群(victims of exploitatively low wages with no security of service)。学前机构教师和保育工作人员的工作环境十分艰苦的原因主要有三方面。首先,尽管早期儿童教育包含了生产性和再生产性的技术,但他们没有被看作是技术工人。其次,这些机构缺乏必需的经费。最后,政府没有能力对偏远地区的早期儿童教育的工作人员进行人力资源的培训。但这些困境将在十一五计划中得到改善。[1]

(一) 儿童综合发展服务项目的员工及培训

儿童综合发展服务项目的教职员工建设对整个项目质量的保障和发展至关重要。教职员工的身份、地位、待遇、学历水平和培训决定了项目提供服务的水平。儿童综合发展项目的团队包括五大类工作者:儿童综合发展中心助手、儿童综合发展中心工作人员、督导、儿童发展项目官员以及地区项目官员(District Programme Officers, DPOs)。儿童综合发展中心工作人员要在志愿或政府机构设置的培训中心之一参加为期三个月的培训方能上岗。其职责包括:非正式的学前教育,补充喂养,健康和营养教育,通过家访进行家长教育,社区支持和参与,以及基础的母亲和儿童健康介绍。政府每月会付给儿童综合发展中心工作人员和助手酬金(monthly honoraria)作为答谢,酬金的数额从100卢比到上千卢比不等,主要取决于员工的资格和经验,还跟他们的工作年限有关系。

印度中央政府为儿童综合发展项目设置了专门的国家培训行动计划,所有的邦/联邦属地都要向中央提交"邦培训行动计划"(State Training Action Plans, STRAPs)来论述当年的儿童综合发展项目工作人员培训计划。全国公共合作和儿童发展协会作为向儿童综合发展项目提供员工培训的最高机构,主要负责计划、组织、协调以及监督员工培训;建设培训机构培训学员的能力;为各个类别的计划工作者设计、修改教学进度,并使之标准化;为培训单位做准备,获取并分配包括视听教具在内的培训材料;向妇女儿童发展部就计划工作者培训提供技术支持和反馈。

除了官方以培训高级员工为主的项目之外,非政府组织提供的各类员工培训也在蓬勃发展。其培训的结构如下:第一,儿童综合发展项目工作人员培训中心用来培训儿童综合发展中心工作人员和助手;第二,中级培训中心负责培训督导儿童综合发展项目工作人员培训中心的教师培训者;第三,邦培训研究所(State Training Institutes, STIs)负责培训中级培训中心的培训者和儿童发展项目官员;第四,全国公共合作和儿

---

[1] "Sub group report early childhood education in the eleventh five year plan (2007 – 2012)", http://wcd.nic.in/,检索日期2016 - 8 - 19

童发展协会以及其地方中心负责培训儿童发展项目官员以及中级培训中心的培训者。

(二) 托儿所计划的员工培训

托儿所计划中的员工培训在指导托儿所员工工作的同时,也指导计划实施机构提供更好的服务,并在托儿所中心建立更加适合儿童成长的环境。每一个托儿所工作人员和助手都要接受短期培训。邦政府认证的培训机构按照在全国公共合作和儿童发展协会帮助下制定的培训模式提供培训,即每次为30名托儿所员工进行为期10天的培训。①

所有的托儿所工作人员和助手在进入机构之后都要接受短期培训。培训包括以下几个领域:儿童保育、健康—急救、心肺恢复(cardio pulmonary resuscitation)、应急事件处理和保健。经过培训之后的托儿所工作人员将起到以下几方面的作用:根据培训中的早期儿童教育指导,为3岁—6岁的儿童组织学前教育活动,为3岁以下儿童组织刺激性的活动;准备花费低廉的教学用具;教儿童养成良好的个人卫生习惯;为进入托儿所中心的儿童准备营养丰富的食物;保持托儿所中心以及周围干净整洁;动员家长参与免疫并获得健康指导,从而确保儿童的免疫;为儿童的睡眠和休息做适当的安排;确保以定期家访和母亲见面会的形式提升社区参与的兴趣;在社区中营造为儿童提供更好的保育的意识;每天都要做记录和登记;确保医生/健康工作人员每周来访。

(三) 按照学前教育项目结构建立多级教师在职培训体系

近年来,一系列教师在职培训项目对印度学前教育项目中幼儿园教师素质的提高起到了良好作用。这些项目有的来自于印度本国,有的来自于国际组织的援助。以儿童综合发展服务项目的教师在职培训项目为例,印度全国范围内儿童综合发展服务项目培训的结构如下:第一,安哥瓦迪(Anganwadi,印度著名儿童综合发展服务项目的主要组织形式,每个安哥瓦迪有1名教师、1名教师助手和1名保育员)工作人员培训中心负责培训安哥瓦迪工作人员和助手;第二,中级培训中心负责培训和督导安哥瓦迪工作人员培训中心的教师培训者;第三,邦培训研究所负责培训中级培训中心的培训者和儿童发展项目官员;第四,全国公共合作和儿童发展协会以及其地方中心负责培训儿童发展项目官员以及中级培训中心的培训者。截至2007年9月30日,全国共有31个中级培训中心正在运行,有500个安哥瓦迪工作人员培训中心正在运行,而其中80%是由NGO组织运作。

全国公共合作和儿童发展协会作为向儿童综合发展服务项目提供员工培训的最高机构,主要负责:计划、组织、协调以及监督员工培训;建设培训机构培训学员的能力;为各个类别的儿童综合发展服务项目员工设计、修改教学进度并使之标准化;为培训单位做准备,制作、获取并分配包括视听教具在内的培训材料;向妇女儿童发展部就儿童综合发展服务项目员工培训提供技术支持和反馈。

(四) 通过各类教师在职培训提高学前教育项目质量

因为意识到工作人员培训项目对儿童综合发展服务的重要性以及其对项目质量的积极影响,世界银行同意在1998—1999年开始的"五年计划"中向儿童综合发展服务培

---

① Ministry of Women and Child Development, Government of India: *Annual Report 2007-2008*, http://wcd.nic.in/,检索日期 2016-7-16

训项目的实施提供资金支持。名为"Udisha"的培训项目重点关注消除在职培训的遗留问题,并对所有的工作人员提供进修培训。Udisha 项目修订了财政规范,对儿童综合发展服务项目工作人员进行整合,修订培训的课程纲要并引进其他培训或创新培训。该项目有三个组成部分:第一种,常规培训——职业和进修;第二种,其他培训(提供创新的、针对区域的培训);第三种,信息、教育和交流等。该项目于 1999 年正式启动,为期五年,后延长了一年半,于 2007 年 3 月 31 日结束。该项目结束之后,儿童综合发展服务项目员工培训仍使用国内的资源继续进行。

Udisha 项目已经实现了其主要的目标,即清除在职培训的遗留问题。不同种类员工的职业培训的所有表现都达到了预期目标的 115%,而进修培训达到了 128%。目标修订后所有职业培训员工表现的达标率是 84%,进修培训达标率是 68%。在全国的 600 个安哥瓦迪培训中心、40 个中级培训中心和 NIPCCD 及其区域中心构成的全国培训网络中,共计 928 000 名儿童综合发展服务项目员工参加了 Udisha 培训项目,其中包括 366 000 名安哥瓦迪工作人员和 759 000 名其他人员,他们分别参加了在职培训和进修培训。据 NIPCCD 提供的儿童综合发展服务相关培训情况显示,NIPCCD 总部和区域中心为中级培训中心和安哥瓦迪培训中心的教师提供了 24 个技术培训项目,468 名教师参加了如下领域的培训:新生婴儿和幼儿疾病综合管理,儿童和妇女营养和健康近期发展,学习和行动参与技能,培训技能,有效监管技能,婴幼儿喂养(IYCF)和辅导,禁止买卖妇女儿童及预防艾滋病等辅导,情绪智力、交流和建议技术,营养和健康教育,禁止儿童结婚和妇女堕胎等。

此外,还有一些其他的儿童综合发展服务培训项目,如,在恰蒂斯加尔邦(Chhattisgarh)、拉贾斯坦邦(Rajasthan)和北方邦(Uttar Pradesh),安哥瓦迪工作人员的培训也是由地区移动培训小组(District Level Mobile Training Teams,MTTs)来完成的。此外,为了使新批准的安哥瓦迪中心能够正常运行,并清除新招收的安哥瓦迪工作人员在培训中遗留的问题,有的邦会开设短期的入门培训(Induction Training)。项目已经为这种入门培训制定了标准,该培训为期 6 个工作日,每一批的人数为 20 人。[①]

思考题

1. 印度学前教育的性质体现在哪些方面?
2. 印度学前教育的办园类型有哪些?
3. 印度学前教育的管理机构及其职能是什么?
4. 印度学前教育的投入与分担情况如何?
5. 印度学前教育的师资建设方法有哪些?

---

① 妇女儿童发展部官方网站,http://www.wcd.nic.in,检索日期 2009 - 7 - 25

第四部分

世界学前教育课程模式比较研究

自1903年在湖北武昌创办第一所幼儿园起,我国的学前教育已经走过了一百多个年头。在百年的发展历程中,西方幼儿园课程模式一直在影响我国的学前教育,并延续到今天的幼儿园教育中。20世纪初,受日本的影响,福禄倍尔、蒙台梭利教育传入我国,游戏成为我国蒙养院课程的重要组成部分。20世纪二三十年代,受美国以杜威为代表的实用主义教育流派的影响,活动课程成为当时我国学前教育课程思想的主流,陶行知、陈鹤琴、张雪门等老一辈教育专家结合中国实际提出了单元中心制课程、儿童生活课程等。20世纪中期新中国成立后,因受苏联教育影响,以凯洛夫和维果茨基理念为思想基础的分科教学课程模式在中国幼儿园大行其道。进入20世纪七八十年代,随着改革开放和西风东渐的步伐,欧美各种学前教育理论在我国开始传播和兴起,强调认知发展的高宽课程模式、强调自主活动的蒙台梭利教育法、注重儿童自主发展的瑞吉欧方案等也开始纷纷传入我国,并热热闹闹地在我国学前教育实践中开展起来。然而,任何一种学前教育课程模式的形成、发展都植根于一定的社会文化,且经历了漫长的过程,如果只是简单地"拿来",没有深入地研究与结合本民族的文化,在实践中还是免不了会走样。虽然有积极影响,但大多课程模式在国内发展受阻,要不就是"挂羊头卖狗肉",要不就是实在开展不下去了，最后悄无声息地消失，真是热热闹闹地开展，惨惨淡淡地收场。对比分析是了解事物本质的较好途径。本部分将从发展历程、理论基础、教育目标、课程内容、教育方法、教育评价六个方面对当今世界著名的十种学前教育课程模式——蒙台梭利课程模式、发展互动课程模式、直接教学模式、华德福课程模式、卡米—德弗里斯课程模式、高宽课程模式、光谱方案、瑞吉欧教育方案、创造性课程模式、发展适宜性课程模式进行比较分析，同时以此为基础，为我国未来的学前教育课程改革提供有益的思考。

第十三章 世界学前教育课程模式比较分析框架的思考与建构

学习目标

1. 掌握学前教育课程模式的结构体系。
2. 掌握社会、政治、经济和文化背景对学前教育课程模式的影响。

内容脉络

```
                  世界学前教育课程模式比较分析
                       框架的思考与建构
         ┌──────────────────┼──────────────────┐
    内部视角：学前教育课程    外部视角：学前教育课程    学前教育课程模式比较分析
    模式是一个结构体系        模式是历史的产物          框架的建立与案例模式的选择

  • 理论基础：哲学、心理学、  • 社会背景：不同的阶层、  • 学前教育课程模式比较
    社会学                     种族要求民权平等           分析框架的图示说明
  • 教育目的：儿童本体目的    • 政治背景：公共政策下    • 学前教育课程模式的选
    与社会本体目标的摆动       的"提前开端"项目          择缘由
  • 课程内容：不同教育目标    • 经济背景：经济发展力
    下的内容选择过程性原则     促高质量人才的培养
  • 教育方法：环境创设、教    • 文化背景：对实现个人
    师角色、活动组织           主义价值的不懈追求
  • 教育评价：评价方法的不
    断改进
```

学前教育在人的一生发展中起着极其重要的作用，"生活最重要的时期并非大学时代，而是人生之初，即从出生到6岁这一阶段。这是因为，这一时期正是人的潜能、其最伟大的工具本身开始形成之时，不仅仅是智能，人的所有心理能力亦然"[①]。因此学前教育日益成为各国教育改革的关注点，其中学前教育课程又成为学前教育改革的突破口。学前教育课程往往以各种哲学和心理学为基础，通过哲学家、学者、专家、教师的开发和实践而不断推陈出新，目的是希望通过提供优质的学前教育课程为儿童的发展奠定基础，但是学前教育的历史较其他小学、中学或大学的教育都要短，学前教育课程的发展仍处于人云亦云的"春秋战国"时代。然而，一些学前教育课程模式在实践中取得了良好的效果，加之学前教育日益成为各国政府教育改革的关注点，所以这些学前教育课程模式因其接受程度的大小逐步全球化，如蒙台梭利、高宽方案等课程模式在世界各地的幼儿园都可以看见。但是，作为特定时代和文化背景产物的学前教育课程模式在全球化过程中遭遇了"水土不服"，于是学前教育课程模式的本土化成为各国学前教育课程改革的关注点。我国的学前教育课程改革也经历着这样一种困境，无论是五六十年代学习苏联课程，还是八十年代学习西方学前教育课程，都没有真正地在国内落实，结果不是匆匆忙忙地结束，就是面目全非地收场，究其原因是我们尚未真正地认识学前教育课程模式。柏格森（Bergson H.）在《形而上学引论》中指出认识事物的两种方法：第一种的前提是围绕着对象转，第二种前提则是钻进对象。其实前者指的是外部研究，后者是内部研究。[②] 因此，本章试图从内部和外部对学前教育课程模式进行研究，一方面钻进学前教育课程模式对其内在结构进行研究，另一方面跳出学前教育课程模式对其外部因素进行研究，目的是真正地认识学前教育课程模式。

一、内部视角：学前教育课程模式是一个结构体系

学前教育课程模式是一个包含多种要素的理论框架和实践模板。课程模式提供了一个明确分类框架，有利于理清课程决定、文本和假设。[③] 有些专家认为模式研究尽管也许缺少理论必需的规则和原则，但是模式能够确定课程决定时必须考虑的基本因素以及表明这些因素的关系。[④]

现代课程领域中产生广泛影响的"泰勒原理"认为课程应分为教育目标、课程内容、教育方法以及教育评价四个基本的要素。"泰勒原理"一直是课程入门和探索的基本原理，正如胡森指出的那样："泰勒的课程基本原理已经对整个世界的课程专家产生影响。不管人们是否赞同'泰勒原理'，不管人们持有什么样的哲学观点，如果不探讨泰勒提出的四个基本问题，不可能全面地探讨课程问题。"[⑤]因此，下文分别从理论基础、

---

① [意]蒙台梭利著、王坚红译：《吸收性心智》，台北：桂冠图书公司1994年版，第12页
② 杜志强：《领悟课程研究》，重庆：西南师范大学博士论文，2006年5月
③ Posner, G. J.: *Analyzing the Curriculum* (3rd ed.)（影印版），西安：陕西师范大学出版社2005年版，第12页
④ Marsh, C. J.: *Key Concepts for Understanding Curriculum* (3rd ed.), NY: Routledge Falmer 2004年版，第200页
⑤ 泰勒著、施良方译：《课程与教学的基本原理》，北京：人民教育出版社1994年版

教育目标、课程内容、教育方法、教育评价五个方面来剖析学前教育课程模式的内在结构体系。

(一) 理论基础：哲学、心理学、社会学

朱家雄认为"当某种理论，或者几种理论综合称为一种指导思想，被作为制定某一个具体的教育计划或者教育方案的基础，并被用以处理该计划或者方案中的各种成分之间的各种关系，使之成为一个协调的总体而发挥整体的教育功能时，这个具体的教育计划或者教育方案就不同于一般的计划或者方案，而可以成为一种课程模式了"[①]。可见，理论是学前教育课程模式建立的出发点。理论基础的不同会带来课程主张的迥异。奥恩斯坦等人指出："建立一种确定课程知识领域的框架是重要的。基本的课程知识对于从事课程研究，做出有关课程理论和实践的决定非常必要。"[②]因此审视学前课程模式应该回到其出发点，也就是说，回到课程的基础。

所谓"课程的基础"，是指影响课程内容、课程目标、课程实施、课程评价的一些基本领域。考察课程的基础，实际上是要确定课程领域的外部界线，确定与课程最有关和最有效的信息来源，也就是说，要确定课程的基础学科有哪些。[③] 课程研究通常以某一理论作为基础，形成研究的基本方法和课程的基本观点，由此形成包括知识观、教学观在内的课程理论体系。从课程理论的发展历史来看，几乎每种课程理论都以某种特殊的哲学假设作为其出发点，哲学中的知识观、价值观和方法论对课程理论的形成有宏观的指导作用。另外，心理学、社会学等基础学科对课程理论的形成有直接的影响，从这些学科的某种理论出发会形成不同的课程观点，如从罗杰斯的人本主义心理学出发，强调课程内容的灵活性和自主性。课程领域充满了复杂的对话和多元的要素，但总的来说，如果将课程理论比作一座大厦的话，支撑这座大厦的三根巨大的支柱正是哲学、心理学和社会学。

(二) 教育目的：儿童本体目的与社会本体目的的摆动

教育目的是教育要达到的标准或效果，它规定着通过教育要把受教育者培养成什么样质量和规格的人。教育目的是教育工作的出发点和归宿，也是检验教育工作的尺度，所以教育目的对教育内容的确立、教育方法的选择和教育评价的开展具有指导作用。教育目的的提出是由一定社会的政治、经济、制度决定的，同时，也受制于一定的社会生产发展水平，反映了一定社会对人才培养的总要求。

人们对教育目的的选择和确立出于各自的利益和需要，因此教育目的的抉择和取舍中表现出不同的价值追求与价值意向。学前教育课程模式的教育目的虽受其理论基础思想所影响而有所不同，但归纳来看，可以分成两个显著不同的倾向：一是倾向于社会本位的目的，一是倾向于儿童本位的目的。

儿童本位的目的主张教育目的应当从儿童的本性出发，而不是从社会出发；教育的目的在于把儿童培养成人，充分发展儿童的个性，增进儿童的个人价值。社会本位的目

[①] 朱家雄、张萍萍、杨玲：《皮亚杰理论在早期教育中的运用》，上海：世界图书出版公司1998年版，第77页
[②] [美]奥恩斯坦等著、柯森译：《课程：基础、原理和问题》，南京：江苏教育出版社2002年版，第19页
[③] 施良方：《课程理论——课程的基础、原理与问题》，北京：教育科学出版社1996年版，第23页

的主张教育目的要根据社会需要来确定，儿童只是教育加工的原料，儿童的发展必须服从社会需要；教育的目的在于把儿童培养成符合社会准则的公民，使儿童实现社会化，保证社会生活的稳定与延续。

在教育目的的价值取向上陷入个人本位论和社会本位论"非此即彼"的两难困境，造成教育实践中教育价值取向的"钟摆"现象。[①] 从学前教育的历史发展来看，儿童个人本位和社会本位就如跷跷板的两端，总是一方高于另一方，而找不到使二者保持平衡的尺度。儿童本位和社会本位这两种价值取向完全是相对的，一个指向儿童个人的完善，一个指向社会的发展。然而，随着社会对儿童自主性的日益重视，儿童本位和社会本位日益融为一体。学前教育关注儿童主动发展不仅是儿童自我完善的要求，同时也是社会发展进步的需要。

(三) 课程内容：不同教育目标下的内容选择

课程内容是实现教育目的的基本材料和主要媒介，主要谈的是"教学生什么"的问题。一般认为，课程内容应该符合知识内在逻辑的要求，符合儿童心理发展的规律。由于教育目的的不同和人们对课程内容的理解不同，课程内容可以分成三种基本类型：一是课程即教材或材料，课程作为事先设计好，且不能改变的、固定式的内容，规定教师应该教什么和儿童应该学什么，其优点是知识和技能的系统性和可操作性强，使教师在教学过程中有据可依；二是课程即学习活动，课程作为儿童的学习活动，强调儿童在学习中的主动性，课程与生活的联系，其优点是让儿童在做中学，在参与活动的过程中去探索和发现；三是课程即儿童经验，课程作为儿童的学习经验，儿童是主动学习者，在与环境的互动中获得新的经验，其优点是儿童决定学习的内容，充分发挥儿童主动性的学习。

课程内容除了"教学生什么"这个核心问题之外，具体还涉及两个问题：(1) 课程内容的范围问题，即课程内容的广度和多样性，有的模式所包涵之内容可能很广，譬如：美学（绘画、音乐、舞蹈、戏剧等）、认知技巧（分类、序列、推理等）、基本概念（时间、空间、数字等）、学业（读、写、算）、社会—情绪技能（自我控制、成就动机）都包括在内；有的模式可能只强调其中几项技能。[②] (2) 课程内容的组织问题，即课程内容怎么安排。组织原则主要是指课程内容纵向之"继续性"与"程序性"（哪些学习内容在前，哪些在后）的安排和横向之"统整性"（指不同学习内容之间的互相联系以及统整的安排）。[③]

(四) 教育方法：环境创设、教师角色、活动组织

教育方法是整个教育过程的核心，即将课程内容变为儿童自身的知识或经验的过程，主要谈怎么教的问题。一般教学方法从不同的教学目的来看，有讲述法、讨论法、实验法、角色扮演等方法；若从师生关系来看，教师的角色可以从唯一主角的主导性到辅导者不同的介入程度，形成不同的教学方法；还可以从大团体教学、小组教学和个别教学方式来看各模式的主要教学方法。[④] 因此，教学方法可以从教学组织方法、教师角色

---

① 袁利平：《试论教育目的的价值取向：一种另类的视角》，《上海教育科研》2006年第3期
② 简楚瑛：《学前教育课程模式》，上海：华东师范大学出版社2005年版，第3页
③ 简楚瑛：《学前教育课程模式》，上海：华东师范大学出版社2005年版，第3页
④ 简楚瑛：《学前教育课程模式》，上海：华东师范大学出版社2005年版，第3页

和活动组织形式三个方面来考察。

对于教学组织方法来说,学前教育的教学组织方法较少使用讲述法、讨论法等方法,而是更多地通过环境为儿童提供教学,这是由儿童身心发展特点决定的。杜威最早注意到环境的重要性,他曾在《儿童与课程》一书中提到"教育者可以决定儿童的环境"来指导儿童;后来泰勒也提到,教师要"安排环境和构建情景向学生提供教育经验,以激发所期望的那类反应"①。在学前教育中,课程内容往往转化环境的学习条件,与环境融为一体。综上考虑,本文主要从环境创设、教师角色、活动组织三个方面来考察不同学前教育课程模式中教育方法的特点。

(五) 教育评价:评价方法的不断改进

泰勒在"八年研究"的《史密斯—泰勒报告》中首次提出了"教育评价"的概念,他认为"教育评价过程在本质上是确定课程和教学大纲实现教育目标的程度的过程"。之后,他在《教育评价概念的变化》中对该概念进行了修改,认为教育评价是"检验教育思想和计划的过程"。② 在教育评价的方法体系中,因为教育评价存在管理主义、功利主义、科学主义的倾向,量化评价一直占据中心地位。量化评价一方面由于其效果可测量,易于比较、易于控制,评价过程较为稳定,具有信度高的特点;另一方面评价结果容易满足人们对公平的诉求,也符合盛极一时的科学化的潮流,符合工业社会的效率原则。然而,严重的管理主义、功利主义、科学主义倾向造成评价中出现各种令人担忧的现象。20世纪70年代,随着"课程理解范式"的兴起,"量化评价"逐渐为"质性研究"所取代。出现解释评价模式、应答评价模式、自然主义探究模式等一系列评价理论与模式。以质的取向开展教育评价活动,主张评价者不仅应注重评价对象的行为,更应注重其行为背后所包含的特殊意义。其本质特点是强调在自然情境中展开评价活动,评价所获得的结果适用于特定的情境。总体而言,教育评价方法呈现质性评价和定量评价结合的趋势,体现人性化和民主性,以及以个体需求为导向的心理建构思想。

教育评价的发展历史始终以对教学的评价为发展主线。随着教育评价研究的深入,教育评价的范围逐步扩大,由最初单纯对教学的评价发展到对教师、学校、教育管理人员等的评价。但其评价的核心仍然是教学评价。③ 本文也主要关注不同学前教育课程模式中的教学评价。

学前教育课程模式是一个有机体,其理论基础与课程四要素——教育的目的、内容、方法和评价——环环相扣地形成一个稳定的对应关系,而管理资源则成为落实课程四要素的有力保证。换句话说,学前教育课程模式的理论基础、课程四要素和管理资源构成一个密不可分的结构体系,这也是学前教育课程模式在实践中能够取得最佳效果的原因之一。因此,本文学前教育课程模式的内部比较分析框架以理论基础、教育目的、教育内容、教育方法、教育评价、管理资源六个方面进行建构,试图呈现学前教育课程模式的内部结构。

---

① Ralph, W. T: *Basic Principle of Curriculum and Instruction*, Chicago: The University of Chicago Press 1949 年版,第 64 页
② Tyler, R. W: "Changing Concept of Education Evalution", *Journal of Education Research*. 1986 年第 10 期
③ 辛涛、李雪燕:《教育评价理论与实践的新进展》,《清华大学教育研究》2005 年第 6 期

案例 13-1

泰勒原理

"泰勒原理"被公认为课程开发原理最完美、最简洁、最清楚的阐述,达到了科学化课程开发理论发展的新的历史阶段。

"泰勒原理"的基本内容是围绕四个基本问题的讨论展开的:

第一,学校应该达到哪些教育目标?

(What educational purposes should the school seek to attain?)

第二,提供哪些教育经验才能实现这些目标?

(What educational experiences can be provided that are likely to attain these purposes?)

第三,怎样才能有效组织这些教育经验?

(How can these educational experiences be effectively organized?)

第四,我们怎样才能确定这些目标正在得到实现?

(How can we determine whether these purposes are being attained?)

围绕上述四个中心,泰勒提出了课程编制的四个步骤或阶段,可进一步归纳为"确定教育目标"、"选择教育经验"、"组织教育经验"、"评价教育计划",这就是"泰勒原理"的基本内容。

(一) 确定教育目标

教育目标是非常关键的。首先,要对教育目标做出明智的选择,这必须考虑学生的需要、当代社会生活、学科专家的建议等多方面的信息;其次,用教育哲学和学习理论对已选择出来的目标进行筛选;最后,陈述教育目标,每一个教育目标包括行为和内容两个方面,这样可以明确教育的职责。泰勒认为目标是有意识地想要达到的目的,也就是学校教职员工期望实现的结果。教育目标是选择材料、勾划内容、编制教学程序以及制定测验和考试的准则。泰勒的课程编制原理强调课程目标的主导作用。

(二) 选择学习经验

教育目标确定之后,面临的问题是要决定选择哪些学习经验,因为只有通过经验,才会产生学习,从而才有可能达到教育目标。"学习经验"并不等同于一门学科所涉及的内容,也不等同于所从事的活动,而是指学生与环境中外部条件的相互作用。泰勒提出了五条选择学习经验的原则:(1)为了达到某一目标,学生必须具有使他有机会实践这个目标所隐含的那种行为的经验;(2)学习经验必须使学生由于实践教育目标所隐含的那种行为而获得满足感;(3)学习经验所期望的反应,是在有关学生力所能及的范围之内的;(4)有许多特定的经验可用来达到同样的教育目标;(5)同样的学习经验往往会产生几种结果。在教学过程中,学生不是被动接受知识的容器,而是积极主动的参与者,教师要创设各种问题情境,用启发的方式,引导学生主动探究问题,培养学生的创造思维能力和批判思维能力,并帮助学生把新知识与原有知识进行有意义的建构。因此,所选的学习经验应有助于培养学生的思维技能,有助于获得信息,有助于形成社会态度,有助于培养学生的学习兴趣。

(三) 组织学习经验

在组织学习经验时,应遵守三个准则:连续性(continuity)、顺序性(sequence)

和整合性(integration)。连续性指直线式地陈述主要的课程要素;顺序性是强调每一后续经验以前面的经验为基础,同时又对有关内容加以深入、广泛地展开;整合性是指各种学习经验之间的横向关系,便于学生获得统一的观点,把自己的行为与所学的课程内容统一起来。

(四)评价结果

评价是查明学习经验实际上带来多少预期结果的过程。评价的目的,就是要全面地检验学习经验在实际上是否起作用,并指导教师引起所期望的那种结果。而评价的过程实质上是一个确定课程与教学实际达到目标的程度的过程。教育评价至少包括两次评估:一次在教育计划早期进行,另一次在后期进行,以便测量在这个期间发生的变化。对于评价结果,泰勒认为,不应该只是一个单一的分数或单一的描述性术语,而应该是反映学生目前状况的一个剖析图,评价本身就是让教师、学生和有关人士了解教学的成效。

二、外部视角:学前教育课程模式是历史的产物

西方现有的优质学前教育课程模式都经过历史的考验,如蒙台梭利发展至今已百年有余,高宽课程也有几十年的历史。美国教育史学家梅迪·那可斯丁(Nakosteen, M.)说过:"不了解过去,不仅现在毫无意义,将来也没有希望。"① 每一个学前教育课程模式都不是无源之水,而是不同时代不同时空文化背景下的特定产物。"课程不可避免地和社会背景联系在一起。宽广的历史、文化、经济和政治力量形成和决定着教与学的发展。这种影响是持续不断的,并且能够说明导致课程改革竞争和冲突性质的原因。"②蒙台梭利课程就是意大利20世纪初追求民主的时代产物,其他学前教育课程模式亦是如此。学前教育课程模式在20世纪60年代前处于各自发展的时期,随着美国"提前开端计划"等项目的开展进入了系统化变革的繁荣期,各个学前教育课程模式之间也开始了相互的借鉴的融合,如高宽方案在修改关键经验的过程中,就曾经纳入多元智力理论来丰富自己的课程模式。③ 因此,对学前教育课程模式的认识还应该从外部对学前教育课程模式产生系统化变革时期美国的社会、政治、经济、文化背景进行考察。

(一)社会背景:不同的阶层、种族要求民权平等

二战后,美国经济高速发展,积累了大量的社会财富。当时,很多美国人认为美国已经进入了富裕社会,美国经济学家约翰·肯尼斯·加尔布雷斯(Galbraith J. K.)在1958年出版的《丰裕社会》一书这样写道:"从一定意义上讲美国的贫困已经消除了,大量的人口已经不再贫困。"④然而,事实却并非如此,社会财富的快速积累导致"富者更富,穷者更穷",美国社会出现了一种奇怪的"富裕中的贫困"现象,出现了大批的贫困人

---

① Nakosteen, M.: *The History and Philosophy of Education*, The Ronald Company, 1965. p. 19
② Moon, B., & Murphy, P.: *Curriculum in Context*, London: Open University, 1999. p. 1
③ Hohmann, M., & Weikart, D. P. *Educating young children: Active learning practices for preschool and child care programs*, Ypsilanti, MI: The High/Scope Press 1995年版,第10页转引自李敏谊:《美国幼儿教育课程模式研究》,北京:北京师范大学博士论文2006年3月
④ John Kenneth Galbraith: *The Affluent Society*, Boston: Houghton Mifnin, 1958. p. 251

口,据劳联—产联①估计,1958年有4 150万贫困人口,占美国总人口的24%。② 从美国60年代贫困人口的结构来看,城市贫困人口是美国贫困人口的主体,农民是第二大贫困群体。黑人的贫困情况最为深重,最为集中,在美国任何一个城市,黑人贫民窟往往是贫困、体力劳动和疾病的中心,是美国不发达地区所具有的各种典型缺点的中心。此外,其他民族和种族的移民,尤其是拉美移民也在贫困中艰难求生,基本上与黑人处在同一水平。持续不断的移民为美国经济的发展作出了巨大贡献,但是移民无不受到"白种人优越"、"白种人利益至上"的种族主义的歧视和压迫。

对于贫困城市人口、农民、黑人和其他民族和种族的移民来说,其贫困的表现形式虽各有不同,但是最大的共性就是他们缺乏谋生的手段。虽然导致贫困的原因复杂,但是技术进步和受教育程度较低是导致他们贫困的主要原因。当一个社会越来越讲究技术规程和操作技术的时候,受益的往往是受到过良好教育的人。在美国,贫困人口因为没有钱或者因为肤色不同被挡在教育之外,因此他们只能从事最底层的体力劳动,靠着微薄的收入养家糊口。更重要的是,贫困不仅仅影响个人,而且特别容易导致家庭、群体贫困的恶性循环。当时众多儿童得不到适当的学前教育,进入小学一年级后面临适应的难题。通过经济机会局(Office of Economic Opportunity)的调查,美国三千万的贫困人群中,几乎有一半是儿童,大部分是12岁以下。正如经济机会局的主席萨金特·施赖弗(Shriver R. S.)所说的,要是什么也不能为儿童做的话,那么去谈论什么完全的反贫穷运动是非常愚蠢的。③ 于是,人们把希望寄托于学前教育,希望通过学前教育打破贫困链的恶性循环。

此外,贫困引起犯罪率上升、家庭破裂、道德水准下降等矛盾和冲突,阻碍了美国社会经济的进一步发展。为了解决贫困现象,总统林登·贝恩斯·约翰逊(Johnson L. B.)承继肯尼迪的"新边疆"计划和罗斯福未尽心愿的"伟大社会"计划,于1964年5月在密歇根大学的演讲中提出了一个使美国步入"一个伟大的社会"的全新计划。这个庞大的社会计划包罗万象,从创造美好城市环境到治理污染;从向贫穷开战,增加就业机会,到强化社会保险和救济;从普及教育到公民权利;从开发农村到修筑高速公路;从"抚育孤儿"计划到关爱老年等。"伟大社会"计划为不同的阶层、种族贫困人口要求民权平等的运动提供了一条全新的解决道路。

(二) 政治背景:公共政策下的"提前开端计划"项目

二次世界大战结束后,处于冷战中的美国和苏联开始了刀光剑影的太空争霸,美国和苏联都相信,谁有能力先将卫星和人类送入太空,谁就是超级大国。1958年,苏联将第一颗人造地球卫星"斯普特尼克"(Sputnik)送入太空。美国朝野为之震惊,开始质疑

---

① 美国劳工联合会—产业工会联合会(American Federation of Labor-Congress of Industrial Organizations)。劳联是1886年在龚帕斯(Samuel Gompers)领导下组织起来的一个松散的联合会。产联成立于1935年,由自劳联分裂出来的一个工会团体成立产业工会委员会。1938年改名"产业工会联合会"。产联和劳联一直为争夺美国劳工运动的领导权进行激烈地抗争。二战后日趋保守和反劳工的气氛促使产联和劳联结盟共同反对新法,1955年劳联与产联合并。劳联—产联的任务是为劳工运动组织力量,开展教育活动,在所属工会间调解管辖权限的纠纷,在政治上支持有利于劳工的立法。
② [美]迈克尔·哈林顿:《另一个美国:美国的贫困》,北京:世界知识出版社1963年版,第208—211页
③ 李晓红:《美国"先行计划"初探》,重庆:西南师范大学硕士论文,2006年,第9—10页

本国领先的科学技术地位受到了动摇,对科技地位的质疑更弥漫到对教育质量的质疑。同时,美国国内的政治环境也风起云涌,黑人运动的兴起,下层人民要求民主和受教育机会均等的呼吁,教育的种族矛盾和大城市"贫民窟"的教育问题成为人民群众关注的焦点。面对国内外政治环境对教育改革的要求,联邦政府于60年代开始意识到应该由政府为人民提供教育,通过教育解决诸多的社会问题。

在此政治背景下,为学前教育提供服务的"提前开端计划"项目等学前教育干预方案开始实施。"提前开端计划"项目的第一个夏季,就有652 000名儿童参加了2 500个中心的活动。由此可见,早期干预方案显著提高了接受学前教育的学前儿童的数量。学前教育干预方案的目的是使接受"提前开端计划"等项目的儿童更加接近正常儿童的水平。这里的"正常"通常是指符合中产阶级儿童的社会行为和学业表现。为了消除这些年幼的受害者未来遭受贫困的可能性,选择这种解决方法似乎是符合逻辑的。从政治上来说,这种解决方法也是可以接受的。"在维持美国经济体系结构的同时,努力消除贫困,于是经济剥夺被视为文化剥夺。这种早期经验范式被政策制定者所采纳。"[1]

"提前开端计划"项目是"向贫困宣战"的一部分,最初由经济计划办公室负责管理,被视为一项社区行动计划。当时,"提前开端计划"项目的操作更像是一个社区行动方案而不是一个学前教育方案。怀特和布卡(White and Buka)认为联邦政府最终把"提前开端计划"项目定位成一个教育方案(他们称之为"对这个方案进行暗中的政治简化"),可能使这个计划免于早逝,因为同一时期其他消除贫困的方案都是昙花一现。[2] "提前开端计划"项目在实施一年后就面临着经费削减而不得不为生存而战的困境。幸运的是,"提前开端计划"项目的发展在20世纪70年代后期有了转机,研究者们对于参与"提前开端计划"项目儿童发展的跟踪研究报告表明"提前开端计划"项目是一个成本效益好的、合算的项目,应得到支持和发展。1978年,总统詹姆斯·厄尔·卡特(Carter J. E.)上台之后,"提前开端计划"项目进入了一个向所有儿童开放的大扩展时期。

"提前开端计划"发展至今已发生了一些变化,但现行的目标与早年仍然有相同之处,总目标是提供综合性服务,以改进处境不利儿童的教育、社会和健康状况,为其在学校的成功做好准备。"提前开端计划"项目在美国早期儿童教育中占有非常重要的地位主要有以下原因:(1)由于贫穷儿童的生活得到补偿而引起民众的关注;(2)由于得到政府的资助和支持,社会科学研究者,尤其是心理学家,在儿童发展和学前教育方面投入了更多的精力,开展了更多的研究;(3)人们一致认为,学前教育对所有儿童都是有益的,尤其是对于那些家境贫寒的儿童的影响是至关重要的;(4)它积极地利用了综合的、家庭中心的取向,进而影响了早期儿童教育专家们去努力发掘家长在学前教育中的重要作用。[3] "提前开端计划"项目作为联邦政府公共政策的一个典型代表,对于学前教育课程模式的发展起着至关重要的作用。

---

[1] Goffin, S. G., & Wilson, C. S: *Curriculum Models and Early Childhood Education: Appraising the Relationship* (2nd ed.), Upper Saddle River, NJ: Prentice-Hall, Inc., 2001. p. 19
[2] Goffin, S. G., & Wilson, C. S: *Curriculum Models and Early Childhood Education: Appraising the Relationship* (2nd ed.), Upper Saddle River, NJ: Prentice-Hall, Inc., 2001. p. 19
[3] 周采:《美国先行计划的现状与趋势》,《比较教育研究》2001年第10期

(三) 经济背景：经济发展力促高质量人才的培养

二战期间以及战后，美国经济获得了极大的发展和繁荣。经济的发展为教育的改革提供了可能，学前教育在这段期间确实取得了长足的发展。同时，经济的发展对教育也提出了新的要求。20世纪六七十年代以来，现代化大工业生产的发展使得管理系统愈来愈复杂，生产技术愈来愈专门化，需要补充大量掌握新知识和新技术的工人和管理人员，而这些管理人员和新技术工人的培养和开发只有通过教育来获得。20世纪80年代以来席卷世界的新科技革命以不可遏制的力量冲击着美国社会。这场以微电子技术为核心的新技术革命使美国社会向以知识密集为主的信息社会发展，劳动方式和生产管理方式也随之发生了重大变化，信息社会对劳动者的科学文化技术水平提出了新的、更高的要求。

国际间以科技、经济为主的综合国力竞争日趋激烈，美国的绝对优势受到了挑战。"教育是美满的生活、进步和文明的社会、强大的经济和安全的国家的基础。"[①]大多数美国人认为教育是美国未来实力的主要支撑因素。要适应新技术革命对劳动者素质的要求，维护美国在国际竞争中的不败地位，教育显然承担着不可推卸的责任。但是，二战之后由于长期受进步主义教育运动和杜威的实用主义教育理论的影响，美国的教育实践很重视让学生动手做而不重视系统的学科知识的教学，因此教育质量普遍反映下降。从因为受到苏联第一颗人造地球卫星发射的刺激而颁布《国防教育法》起，美国的教育改革就一直以提高教育质量为中心，如60年代的结构主义运动乃至70年代的"回到基础"运动都注重加强学术、重视智力训练以提高教育质量。而到了80年代，美国在经济、科学与技术创新方面受到日益崛起的西欧及日本的挑战，在新的国际形势下，美国产生了强烈的危机意识，进一步提出要提高教育质量、为国家培养高水平人才的迫切要求，由此导致1983年的《国家处于危机之中，教育改革势在必行》、1989年的《全国教育目标》、1994年的《2000年目标》和2001年《不让一个儿童落后法案》的出台。可以看出，美国朝野对教育质量以及保证教育质量的评估体制的重视已经形成了一股席卷全国的运动，2002年由联邦教育部编制并发布的《美国教育部2002—2007年战略规划》更是把教育的使命确定为"在全国确保教育机会均等并推进教育卓越"[②]。凡此种种，均可见美国自20世纪60年代以来开展的课程改革的基本理念和追求就是提高教育质量，使全体美国学生的素质都得到进步和提高，成为美国经济发展的人才，从而达到维护美国世界霸主地位的目的。

(四) 文化背景：对实现个人主义价值的不懈追求

每个民族在不同时代的文化都离不开它的价值观念，这些价值观念随着时代的更替，在传递、嬗变和更新的同时构成了不同民族、地域的文化传统。个人主义价值观是美国文化中最为重要和最为核心的文化价值观，美国著名学者罗伯特·贝拉（Bellah R. N.）等在《心灵的习性》一书中提到："个人主义是美国文化的核心……我们相信个人尊

---

① 王英杰：《美国教育（世界教育大系丛书之一）》，长春：吉林教育出版社2000年版，第243页
② "U. S. Department of Education. U. S. DE Strategic Plan 2002 – 2007", http://www.ed.gov/pubs/straplan 2002 – 07/index.html, 索引日期 2009 – 05 – 16

严,乃至个人的神圣不可侵犯性。我们为自己而思考,为自己而判断,为自己而决策,按自己认为适当的方式而生活。违背这些权利的任何事情都是道德上的错误,都是亵渎神明的。对于我们自己,对于我们关心的一切人,对于我们的社会和整个世界,我们最高尚的愿望都是和个人主义息息相关的。"① 美国的个人主义价值观源于欧洲文化,特别是宗教改革中所形成的新教伦理。美国的早期移民大多为英国清教徒,他们恪守加尔文教义,信奉新教伦理,美国历史学家卡尔·戴格勒(Degler C.)就认为"个人主义是遗留给后代的清教主义的核心……如果说,今天美国人是个人主义者,那么,清教传统是个人主义的主要根源"②。

美国个人主义价值观的基本内核主要包括三个方面。第一,自由是个人主义价值观的核心。在美国人看来,自由是个人应有的作为人的最基本的权利,惠特曼(Whitman, W.)就曾激情地高声呐喊"不自由,毋宁死"。自由包含个性自主、人格独立、意志自由和行为自由等,其中核心是意志自由,即强调每个人都是自己意志活动的主人,不受他人的奴役和任意支配,个人可以在不同价值面前自主选择、自由主宰、自我负责。第二,平等是个人主义价值的一个重要内涵。"平等的概念贯穿美国的各种社会关系。每个人生来具有不可低估的价值,'毕竟,大家一样都是人'。"③每个人生而平等,都享有同等参与社会政治、经济、教育、文化等各领域的权利。美国文化语境中的平等,是一种机会平等,即"在起跑线上的平等",而不是过程和结果的"绝对平均","绝对平均"意味着强迫先进的退到后进的行列,或用政府干预的手段把后进的推到先进的行列,这样都会毁掉推动进步的动力,最终使进步止于停滞。第三,自主是个人主义价值观的另一个重要内涵。自主是对个性的尊重,"只有人的个性才是人的根本和不朽的因素。对这种个性的形成和发展的崇拜,就是一种神圣的自我主义"。④ 在美国社会,无论是家庭还是学校,都不会把儿童作为大人的附属物,不主张儿童对成年人的依赖,而把他们看作是独立存在、具有自由意志的自主个体,强调儿童对生活和未来的自主设计和规划,对活动的自我支配。

美国的个人主义价值观使得美国形成了与众不同的文化传统。首先,个人主义价值观使得美国人相信民主,因为民主是自由、平等、自主等个人天赋权利的确认和保障。其次,个人主义价值观使得美国人积极追求创新,因为只有创新才能保持、表现和张扬个体独立性和个人自我独特个性。最后,个人主义价值观使得美国人逐渐加强对合作的重视,因为最大的发展必须通过相互合作才能拓展思维并获取尽可能多的发展资源,从而实现自己更大的发展。这些文化传统深深地影响了美国的教育,尤其是教育的内容以及教学的组织形式。

学前教育课程模式在60年代的美国之所以快速发展,原因就在于美国当时特有的

---

① [美]罗伯特贝拉等著、翟宏彪等译:《心灵的习性—美国人生活中的个人主义和公共责任》,北京:生活·读书·新知三联书店1991年版,第214页
② 韩靖:《西方个人主义价值观研究浅析》,《哈尔滨学院学报》2004年第2期
③ [美]爱德华·斯图尔特、密尔顿·贝内特著、卫景宜译:《美国文化模式—跨文化视野中的分析》,天津:百花文艺出版社2000年版,第120页
④ [英]卢克斯著、阎克文译:《个人主义》,南京:江苏人民出版社2001年版,第63—64页

社会、政治、经济、文化背景蕴育了发展学前教育课程模式的土壤。但是,学前教育课程模式在60年代后发展缓慢,一方面是因为关于学前教育课程模式的研究表明没有一种模式比另一种模式更优秀,另一方面是随着时代的发展,美国的社会、政治、经济、文化背景都发生了相应的变化,对学前教育的关注从宏观转到了微观,如儿童读写能力的提高等。可以这样说,学前教育课程模式是特定历史发展的产物,课程模式在不同时期所呈现的内涵必然有所不同,这些内涵在经过不同时期的发展后形成了现在特有的结构,所以对每一个学前教育课程模式的比较研究不能剥离了课程模式的发展历程中社会、政治、经济、文化因素的考察,即从外部的影响要素考察其发展的脉络,在这样一个脉络中把握其发展的特色。

三、学前教育课程模式比较分析框架的建立与案例模式的选择

学前教育课程模式从内部来看是一个由理论基础、教育目的、教育内容、教育方法、教育评价组成的实践模板,从外部来看受到社会、政治、经济、文化的影响。本节试图从内外两个角度建构一个比较分析学前教育课程模式的框架。

(一) 学前教育课程模式比较分析框架

学前教育课程模式的比较分析框架分别从内外两个比较分析框架来建构。

内部比较分析框架的教学纬度包括基于理论基础上的课程目的、课程内容、课程方法、课程评价四个方面,它们的关系图如下。圆圈表示基于理论基础的目的、内容、方法、评价四者循环往复的过程。

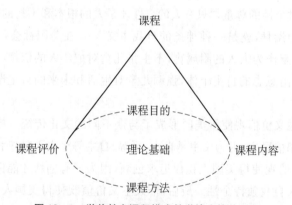

图13-1 学前教育课程模式教学纬度的关系图

其次,根据课程模式外部的四个视角建构学前教育课程模式的外部比较分析框架立体图。其中,两端未封闭的圆柱体表示两层意思:一是学前教育课程模式是一个不断发展的过程,有其特定的发展历程;二是影响学前教育课程模式的外部因素还有其他的方面。圆柱体中的四个圆圈表示影响学前教育课程模式的四个主要外部因素。这四个圆圈就像万花筒上可以转动的圆圈一样,表示从"社会"、"政治"、"经济"、"文化"四个不同的视角可以看到学前教育课程模式不同的侧面。

最后,根据上面学前教育课程模式的内外比较分析框架建构学前教育课程模式的比较分析框架展开图。图形的四个边角分别代表影响学前教育课程模式的四个外部因

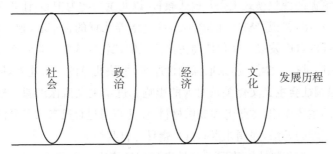

图 13-2 学前教育课程模式的外部比较分析框架

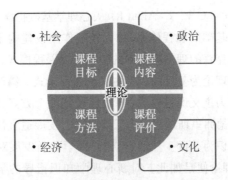

图 13-3 学前教育课程模式的比较分析框架

素:社会、政治、经济、文化,其中图形的中心代表着学前教育课程模式的五个内在要素,即基于理论基础的课程目标、内容、方法和评价。

综上,本书对学前教育课程模式的分析主要从发展历程、理论基础、教育目的、教育内容、教育方法、教育评价六个维度来建构,试图呈现学前教育课程模式的比较分析框架。

(二)学前教育课程模式的选择缘由

国外研究者在对十年来相关的学前教育出版物进行统计的基础上,发现有六种学前教育方案出现的频率最多,依次为:高宽课程模式、发展—互动教育方案、提前开端教育方案、蒙台梭利教育方案、瑞吉欧教育方案和华德福教育方案。[1] 根据劳伦斯·科尔伯格(Kohlberg L.)和罗谢尔·梅耶(Mayer R.)提出的三种教育哲学以及相对应的发展理论和课程模式来划分,本书十种课程模式在学前教育课程模式连续体的位置如下。

浪漫主义流派	文化传递主义流派	进步主义流派
发展—互动教育方案	蒙台梭利教育方案	提前开端教育方案
瑞吉欧教育方案	直接教学模式	高宽课程模式
华德福教育方案	创造性课程模式	卡米·德弗里斯课程模式
发展适宜性课程模式		光谱课程

图 13-4 学前教育课程模式连续体

---

[1] Walsh, B. A., & Petty, K.: "Frequency of Six Early Childhood Education Approaches: A 10-Year Content Analysis of Early Childhood Journal". *Early Childhood Education Journal*, Vol.34, No.5, 2007

浪漫主义流派的课程模式主张开放式教育，以儿童兴趣为中心，让儿童自由选择活动，强调游戏的作用，忽视严格的知识学习，注重培养儿童的自信心、独立性、创造性等内心品质和个性的自由发展。文化传递主义流派的课程模式要求教师制订严格的教学大纲，按大纲顺序进行教学活动，采取强制性原则，加快儿童的学习速度，提高儿童的学习能力，同时强调社会主义文化关系对人的影响。进步主义流派的课程模式重视儿童在认知过程中的主体作用，主张老师提供材料，让儿童通过自己参加各种活动去发现问题和探索解决问题的办法，强调儿童的自我指导与自我纪律。

结合上述十种课程模式对我国学前教育的理论或实践影响，本书将它们全部作为研究对象。

卡特伦和艾伦（Catron C. E. & Allen J.）从心理学基础把课程模式分为四类：第一种是以认知发展理论为基础的课程体系，称为相互作用或建构主义的课程模式。第二种是以弗洛伊德和埃里克森的理论为基础的精神动力课程模式。第三种是以传统的强调幼儿的成熟和发展的理论为基础的成熟主义的课程模式。第四种是以行为主义和社会学习理论为基础的行为主义课程模式。[①] 蒙台梭利教育方案、发展—互动课程模式、瑞吉欧教育方案、卡米-德弗里斯课程、高宽课程模式、发展适宜性实践模式等都以上述的一种或几种心理学知识为基础。然而，当代心理学的新发展对学前教育课程的影响亦日益显现，多元智能理论便是如此。对新心理学知识指导的学前教育课程方案的影响有助于研究如何根据理论基础开发和发展新的课程方案，因此，以多元智能理论为基础的光谱方案亦对世界学前教育课程改革产生了重要影响。十个学前教育课程模式是源自西方主流的学前教育课程模式，兼具理论思想和实践模式，经过了长时间的发展。此外，这十个学前教育课程模式对我国学前教育改革影响巨大。

综上，本书的比较分析将从发展历程、理论基础、课程目标、课程内容、课程方法和课程评价六个维度研究蒙台梭利教育方案、发展—互动课程模式、直接教学模式、华德福教学模式、高宽课程模式、卡米-德弗里斯课程模式、光谱方案、瑞吉欧教育方案、创造性课程模式、发展适宜性课程模式等十个学前教育课程模式。

思考题：

1. 简述学前教育课程模式的结构体系。
2. 简述社会、政治、经济和文化背景对学前教育课程模式的影响。

---

① ［美］卡特伦·艾伦著、王丽译：《学前儿童课程：一种创造性游戏模式》，北京：中国轻工业出版社 2002 年版，第 9—12 页

学习目标

1. 比较十种学前教育课程模式的发展历程。
2. 比较十种学前教育课程模式的理论基础。
3. 比较十种学前教育课程模式的课程目标。
4. 比较十种学前教育课程模式的课程内容。
5. 比较十种学前教育课程模式的课程方法。
6. 比较十种学前教育课程模式的课程评价。

内容脉络

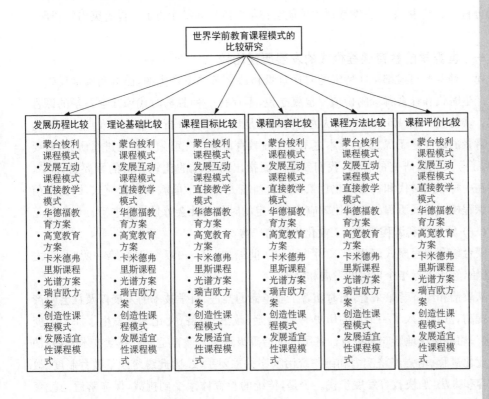

第十四章 世界学前教育课程模式的比较研究

本章将从发展历程、理论基础、课程目的、课程内容、课程方法和课程评价六个维度来对蒙台梭利教育方案、发展—互动课程模式、直接教学模式、华德福教学模式、高宽课程模式、卡米-德弗里斯课程模式、光谱方案、瑞吉欧教育方案、创造性课程模式、发展适宜性课程模式等十个学前教育课程模式进行比较分析。

需要说明两点,一是在对具体的学前教育课程模式进行比较时,外部因素并不单独列出来,因为每个课程模式的外部因素各不相同,各有侧重,而且是融入在其发展历程中的,因此本书对具体学前教育课程模式外部因素的比较主要是从发展历程来考察。二是比较分析框架带有比较强的理想主义色彩,并不是现实中的每一种学前教育方案都体现内外两个视角的各个维度及其每个纬度的各个方面。因此,对十种学前教育课程模式的分析与比较中,某个方案或课程可能会在某个维度或某个方面上没有突出的表现。

一、世界学前教育课程模式的发展历程比较

每一种课程模式都是在特定的时代背景和社会条件下产生的,而且明确地反映了其所产生时代和社会背景的价值。也就是说,不存在一种脱离时代和社会背景的课程模式。埃德蒙·金(Edward K.)认为背景研究是比较教育分析框架的出发点。他认为缺少背景的研究是无源之水,无本之木。比较教育研究首先必须对背景进行研究,只要"阐明了今天比较研究的背景,我们就能进而指出跨文化的比较分析的重要特征"[①]。不存在一种脱离时代和社会文化背景而适合所有儿童的学前教育课程模式,因而学前教育课程模式发展历程的分析比较应该在一定的时代和社会背景之下进行。

(一)蒙台梭利课程模式:工业化进程的产物

蒙台梭利课程模式诞生于19世纪末20世纪初。从1907年创办第一所"儿童之家"开始,经历了近半个世纪的发展和完善。

从政治和经济背景来看,当时随着工业革命的推进、科学技术的发展以及社会生产力的提高,世界进入了一个新的历史时期,社会、政治、经济、文化等都发生了深刻的变化,这一切都深深地影响着教育。各国的统治阶级意识到教育是促进科学技术发展、加快工业化进程、增强经济实力和维护统治秩序的重要手段,因此纷纷改革教育制度、教育内容和方法,加快教育发展步伐。于是,传统的教育体系受到挑战,保守落后的教育理论和方法不能适应时代的要求,欧美各国兴起了各种新的教育思潮。蒙台梭利是欧洲新教育运动的杰出教育家,在这股席卷全球的新教育浪潮中创办了以她自己名字命名的学前教育课程模式。

从文化上来看,意大利人所特有的公共社区观念使得家庭与家庭之间保持着亲密的关系,社区犹如大家庭一般,儿童在其中体验和理解合作与分享。意大利还是艺术与建筑珍品的故乡,因此蒙台梭利课程模式的教育内容有专门关于文化的内容。

(二)发展—互动课程模式:进步主义教育的产物

发展—互动课程模式是一种不断革新的教育方法,它的起源可以追溯到20世纪

---

① [英]埃德蒙·金著:《别国的学校和我们的学校——今日比较教育》,北京:人民教育出版社2001年版,第49页

初期进步主义教育的诞生,而源头是保育学校、幼儿学校的实践。这一课程模式名字的变迁反映了它的发展历程。1916 年,米切尔(Lucy. s. Mitchell)等人建立了教育实验局,支持利用进步主义教育哲学变革学前教育实践的学前教育方法和教师教育方法;1930 年,当教育实验局搬迁到银行街后,这种学前教育方法随之被称为银行街课程(Bank Street Approach);1950 年,教育实验局正式更名为银行街教育学院(Bank Street College of Education),银行街课程模式从官方角度被正式冠名。20 世纪 50 年代末期,银行街教育学院的教职员工试图把他们积累多年的实践性知识放置在一个理论框架之内,于是在 20 世纪 70 年代,银行街课程模式正式更名为发展—互动课程模式(Developmental-Interaction Approach)。

(三) 直接教学模式:国家科技竞争的产物

直接教学模式源于贝瑞特·恩格尔曼学前学校课程,是学术取向的学前教育课程。受 20 世纪 60 年代提高处境不利儿童学业成绩的社会取向的影响,如何在学前教育领域最优化地实现教育目标,为处境不利儿童开发出专属的课程模式,是贝瑞特·恩格尔曼课程模式的建立初衷。1967 年美国政府推出"坚持到底计划",有计划地对各种课程模式进行变革,不仅促使了多元化课程的出现,而且强化了各种课程模式的竞争性气氛,掀起了各种课程模式有效性的讨论。直接教学模式就是在此背景下迅速发展起来的。

(四) 华德福教育方案:欧洲国家新教育运动的产物

华德福课程模式(Waldorf Approaches)发源于 20 世纪中期的德国。埃米尔·莫尔特发现一名员工的孩子天资十分聪颖,但家境不好,无法接受高等教育,因此莫尔特提出办学的想法,从工厂利润中捐献了十万马克作为华德福学校的第一笔资金,并请著名的教育家鲁道夫·斯坦纳负责管理这所学校。1919 年 9 月 7 日,在斯图加特第一所华德福学校成立。1920 年,第一所华德福幼儿园由伊丽莎白·冯·格鲁勒丽斯建立,但因空间和资金紧张,幼儿园不久关闭。1926 年,华德福幼儿园在自由华德福学校内建立。从 1940 年开始,伊丽莎白在美国、中欧、法国等地建立华德福幼儿园。20 世纪七十年代,联合国邀请华德福教育代表参加国际教育会议,并在日内瓦举办的第四十四届国际教育年会特别安排了"斯坦纳教育特展"。在联合国教科文组织的支持下,华德福教育得到了迅速的发展。到 2000 年为止,全球一共有 63 个国家成立了 877 所完整的华德福学校、1 706 所幼儿园、549 家治疗教育机构及 60 所教师培训学校。[①]

(五) 高宽课程模式:教育民主化运动的产物

高宽课程模式的开发始于 1962 年,当时是海伊斯科普佩里(校名)学前教育科研项目的一个部分,后来成为美国"提前开端计划"项目的一部分。所以可以说,高宽课程模式是美国教育民主化运动在学前教育领域取得成功的一个典范。

从政治上来看,第二次世界大战结束后,美国工业飞速发展,从经济、政治等各个方面确立了"世界霸主"的地位。但在社会发展和进步过程中,美国的贫富差距却越来越

---

① 德国鲁道夫·斯坦纳教育友好协会编、田达生译:《Waldorf 教育:联合国教科文组织第 44 届日内瓦国际教育大会巡展资料汇编》,成都:四川大学出版社 2006 年版,第 84 页

大,种族歧视仍继续恶化。到了20世纪60年代,种族歧视和贫困问题成为美国两个最大的社会问题。然而,发展到60年代,世界形势也发生了根本性的变化,民主力量空前壮大,美国的广大人民群众觉悟也提高了,他们要求全面而真实地享受到平等的教育机会和教育权利,实现真正的而不是停留在口头上、形式上的教育民主化。为此,20世纪60年代的民权运动和女权运动如火如荼地展开了。为了谋求国内社会的稳定,美国政府不得不考虑人民的要求,颁布一些法律和签署几个民权法案来安抚民心。20世纪50年代末,美国社会开始重视特殊幼儿的需求,希望公立学校为他们提供更多的教育服务,密西根州成为全国特殊幼儿教育课程的领头人。1962年,他们在密西根州政府的经费支持下,成立了密西根州第一个政府赞助的幼儿方案,即佩里幼儿园方案,即后来所闻名的高宽佩里学前方案,旨在通过早期介入方案,帮助处境不利儿童为入学做好准备。

(六) 卡米-德弗里斯课程:基于认知理论研究的产物

卡米-德弗里斯课程模式(Kamii & Devries Program)的研究始于1967年,其形成、发展与高宽课程模式有密切的关系。创始人卡米曾经是高宽课程模式奠基人、"佩里学前教育项目"负责人韦卡特的研究助手。在1966—1967年间,卡米到日内瓦大学师从皮亚杰及其同事进行博士后学习;1967年,卡米回到美国,成为伊普西兰蒂公立学校中一个独立的学前教育方案的课程负责人。与此同时,卡米开始指导另外一个按照皮亚杰理论制定的学前课程的开发工作。随着卡米对皮亚杰理论的理解和解释的不断发展,她对自己以前的工作越来越不满意,并把她注意力从关注皮亚杰认知发展阶段论和不同思维发展阶段的行为特征转移到关注高级认知发展和逻辑推理的建构过程。1970年,卡米和德弗里斯一起合作,研究新的课程模式。

(七) 光谱方案:教育质量追求的产物

光谱方案始于1984年,是一项持续了十年的早期学习活动研究方案。光谱方案的诞生源于美国对教育质量的追求。

从政治背景来看,二战后的美国教育一直处于不断的变革之中。由于长期受进步主义教育运动和杜威的实用主义教育理论的影响,美国的教育实践很重视让学生动手做而不重视系统的学科知识的教学,因此教育质量普遍反映下降。从因为受到苏联第一颗人造地球卫星的发射的刺激而颁布《国防教育法》起,美国的教育改革就一直以提高教育质量为中心,如60年代的以科南特(Connant J. B.)为首的新传统派运动和以布鲁纳(Bruner Jerome)为代表的结构主义运动,乃至70年代"回到基础"运动,都是在作加强学术、重视智力训练以提高教育质量的努力。而到了80年代,美国在经济、科学与技术创新方面受到日益崛起的西欧及日本的挑战,在新的国际形势下,美国产生了强烈的危机意识,进一步提出要提高教育质量、为国家培养高水平人才的迫切要求,由此导致1983年的《国家处于危机之中,教育改革势在必行》、1994年的《2000年目标》的出台。美国朝野对教育质量以及保证教育质量的评估体制的重视已经形成了一股席卷全国的运动。光谱方案的理论基础多元智能理论正是在这段时间产生,并走过了从一开始的备受争议到后来成为教育改革的一支重要力量的漫漫长路。多元智能理论蕴涵的提高教育质量的潜在可能性使得光谱方案的发展获得了多个基金会的支持。

(八) 瑞吉欧方案：民主合作传统的产物

瑞吉欧教育方案始于二战后在废墟中建立起来的家长学校，至今也有半个世纪了，瑞吉欧方案随着世界的变化不断地发展变化。除了社会背景对瑞吉欧方案产生的影响之外，瑞吉欧市的文化传统对瑞吉欧方案也产生着重要的影响，"从一个大的背景中去看待瑞吉欧这个城市以及在这个城市中酝酿起来的教育系统，有益于了解瑞吉欧教育的独特性"①。

从社会背景来看，50年代随着儿童的增加以及由日渐明显的城市化带来的妇女的广泛就业，儿童接受学前教育成为一种普遍的要求，瑞吉欧的幼教事业随之发展起来。进入六七十年代，家庭发生变化，核心家庭增多，邻里之间的交流随着高楼的建设日渐稀少；每个家庭的儿童日益减少，孩子几乎没有兄弟姐妹，信奉消费主义的大众传媒日益影响儿童……社会的变迁对学前教育提出了挑战。为了让幼儿学会适应变化，学会在变化万千的社会中生存，于是瑞吉欧方案转移了教学目标，从原来的对知识的记忆掌握转移到人的智力、能力和创造性的发展。同时，与目标相对应，转变教育内容和教育方案，不再满足于知识的传递和记忆，而是要让学生学会学习，学会独立地获取知识。瑞吉欧方案对时代和社会发展做出回应，大力挖掘儿童的发展潜能。

从文化背景来看，瑞吉欧·艾米利亚市具有民主合作的文化传统，参与意识深入人心，以高水平的社区而闻名远近，市民不仅热爱自己的公众组织传统，还能够通过不同阶层政党和经济团体的通力合作来解决社会问题。他们团结一致、互惠合作，有共同的利益、目的和同情心，一起承担责任。这种关系与纵向权威管理和依赖关系截然相反。民主权利的保证为瑞吉欧的教育事业创设了宽容的政治空间，瑞吉欧的孩子们懂得要求公民权，教师的讨论中常常包含着"公民"等词汇，而社会上的个人与团体也都可以积极并广泛地参与到学前教育和管理事务中来。此外，意大利人所特有的公共社区观念使得家庭与家庭之间保持着亲密的关系，社区犹如大家庭一般，儿童在其中体验和理解合作与分享，这种合作分享的价值观念也深刻地影响了瑞吉欧的教育实践。可见，民主合作的文化传统和公共社区观念为瑞吉欧教育经验提供了强有力的宏观环境保障，使家庭与社区的资源有条件积极地纳入到学前教育中来，从而形成一致的教育合力，共同推动着瑞吉欧学前教育事业的不断前进。

(九) 创造性课程模式：研究与实践结合的产物

创造性课程模式是一个综合的、基于研究的、以帮助处于不同经验水平的教师为不同背景不同水平的儿童设计和实施的一个发展适宜、内容丰富的课程。该课程是美国幼教理论与实践工作者黛安·翠斯特·道奇(Diane Trister Dodge)、劳拉·寇克(Laura J·Colker)和凯特·赫罗曼(Cate Heroman)专为3岁—5岁幼教机构所设计的。从1978年至2002年，创造性课程共出版了四次《幼儿园创造性课程》图书。

第一版(1978年)和第二版(1988年)基于这样的理念：要执行一个课程，第一步就是帮助教师将他们的教室规划成学习区，并且有效地运用学习区来教学。但是，作者和研究者很快就了解到，需要做的不仅仅如此。因此到1992年第三版时，作者首次呈现

---

① 朱家雄：《幼儿园课程》，上海：华东师范大学出版社2003年版，第270页

了整个课程的框架,提出了该书所依据的理论基础、幼儿的学习目标,还有对教师在教学、与家长合作方面的一些建议,并且增加了一些新的学习区,并将追踪幼儿发展的工具——"发展连续表"放进书中。第四版是专为3岁—5岁幼儿教育机构设计的。该版本具有扎实的理论基础,也回应了幼教课程要有学科内容的新需求。根据美国的全国开端计划调查,全国39.1%的开端项目使用了创造性课程,而使用高宽课程的项目为20%。(McKey, Pai Samant, & Sorongon, 2002)此外,一些学区的幼儿园也在使用创造性课程。[1]

(十) 发展适宜性课程模式:美国各种课程模式争论的产物

发展适宜性课程模式形成于20世纪80年代的美国,源于1986年全美幼教协会发布的《发展适宜性实践》的声明。1987年休·布里德坎普(Sue Bredekamp)所著的《0岁—8岁学前教育中的发展适宜性课程》出版,自此发展适宜性实践理念几乎成了美国所有托幼机构的教育实践指南,且受到世界各国幼教界的重视。在发展适宜性实践的理念指导下,发展适宜性课程也经历20多年的发展,从最初的只关注课程的年龄和个体的两个适宜性,到关注年龄、个体和社会的三个适宜性,到2009年重新修订后开始关注有效教师和有效教学。发展适宜性实践的理念被很多研究者和实践者认可,在此理念下的课程实践也开始备受推崇。

综上,每种课程模式都有特定的产生背景和发展历程,因为社会环境、公共政策、经济、文化等多方面的原因而展示出不同的成长轨迹。

二、世界学前教育课程模式的理论基础比较

学前教育课程模式是特定时代的产物,但也是不同理论思想的产物。任何课程总是有一定的教育思想指导,这种思想可能是很明确的,也可能是教育者本人没有明确意识到的,但这些思想总会在具体的课程活动中反映出来,从而影响课程的进行。学前教育课程也是如此,是一定教育思想观念、价值观念的产物。不同学前教育课程模式的比较之所以存在困难,主要原因在于其不同的理论基础不可进行孰优孰劣的比较,只有适宜或不适宜的考量。

"当某种理论,或者几种理论综合称为一种指导思想,被作为制定某一个具体的教育计划或者教育方案的基础,并被用以处理该计划或者方案中的各种成分之间的各种关系,使之成为一个协调的总体而发挥整体的教育功能时,这个具体的教育计划或教育方案就不同于一般的计划或者方案,而可以成为一种课程模式了。"[2]

可见,理论基础是课程模式建立的出发点,理论基础的不同会带来课程主张的迥异。

(一) 蒙台梭利课程模式:多学科知识的综合

蒙台梭利课程模式诞生于20世纪初。这一课程模式的理论基础不是某种单一的

---

[1] "The Developmental Continuum Assessment System for Ages 3 to 5: The Assessment Component of The Creative Curriculum for Preschool", http://www.kirksville.k12.mo.us/EC/creative_curric.pdf, 检索日期 2017-02-15

[2] 朱家雄、张萍萍、杨玲:《皮亚杰理论在学前教育中的运用》,上海:世界图书出版公司1998年版,第77页

理论,而是多学科知识的综合。蒙台梭利课程模式主要以实证学科为基础,如生物学、实验心理学、缺陷儿童研究。此外,蒙台梭利还受到了法国启蒙思想家卢梭、瑞士教育家裴斯泰洛齐、法国心理学家塞贡(E. Seguin)和伊塔德(J. M. G Itard)的影响,其教育思想深刻体现了这些教育家和心理学家的思想和观点。

蒙台梭利真正将自己的学前教育思想建立在科学的基础之上。蒙台梭利是医学博士,通晓自然科学,尤其是生理学和生物学,她曾研究过达尔文的生物进化论和孟德尔(G. J. Mondel)的遗传学说,而法国的昆虫学家法布尔(Jean Heri Fabre)、生物学家卡雷尔(Alexis Carrel)、荷兰生物学家德弗里斯(Hugo de Vries)等人的理论对她影响也很大。法布尔注重在自然的环境中观察研究对象,德弗里斯曾提出昆虫生长的"敏感期"理论,而卡雷尔则从生物学的角度论证了学前教育的重要性。在心理学方面,英国心理学家麦独孤(McDogall)、德国心理学家费希纳(Gustav Theodov Fechner)和冯特(Wundt)等对蒙台梭利启发尤大。麦独孤的目的心理学主张把儿童心理的发展看作是有本能驱动的、努力达到某种生长目的的过程,强调人的心理具有积极主动的创造功能,并能在与环境的交往中主动地吸收环境;费希纳和冯特的实验心理学则主张教育学必须以心理学,特别是实验心理学为基础。此外,她还全面阅读了卢梭、裴斯泰洛奇、福禄倍尔等教育家的著作,从中吸取思想的营养,在此基础上逐渐形成自己的教育思想。同时,在学前教育实践中,她曾认真钻研伊塔德和塞贡对身心缺陷儿童的教育方法,并将其改造后运用到健康儿童的教育之中,取得了巨大的成功。

正是由于对当时的生理学、生物学、心理学、医学、哲学、人类学、教育学等学科的广泛涉猎和研究,才使蒙台梭利具有了广博而又深厚的知识背景,而诸多的科学研究理论和成果则在蒙台梭利的学前教育思想和课程实践中留下了深深的烙印。

(二)发展—互动课程模式:始于进步主义,止于发生认识论

发展—互动课程模式深受杜威的进步主义教育、弗洛伊德的精神分析学理论、皮亚杰的发生认识论理论影响。

发展—互动课程的创始人以杜威(John Dewey)的进步主义思想为基石,构建了早期的课程方案,其思想原则之一是"个人的发展不是固定在发展线上的某一点,而是在一个可能的范围内进行变化,一个阶段的成长是下一个阶段的基石"。心理动力学理论的特征就是把个人发展看作是高度动态的以及高度个别化的。如果要理解某一经历,就必须根据个人的智力或者情感解释反应。同时发展—互动课程强烈认同心理过程是与众不同的、特殊的。也正因此,发展—互动课程有别于那些完全依赖心理动力学理论的课程方案,它强调"完整儿童"的重要性,承认和赞赏认知及社会在儿童发展中持续不断地互动。

皮亚杰的发生认识论认为,儿童的心理、智力、思维的发展,既不是起源于先天的成熟,也不是起源于后天的经验,而是起源于主体的动作。皮亚杰认为支配心理发展的因素有四:成熟、物理因素、社会环境和平衡。从这些理论基础的综合多样中,我们可以看出发展—互动这一课程模式最终获得此命名的根基。

(三)直接教学模式:行为主义心理学

直接教学模式形成的主要理论依据是行为主义心理学。刺激——反应是行为主义操作性条件反射理论的核心。根据行为主义的观点,儿童的行为可以通过大量的强化得以加强,如食物、表扬、友善的微笑或者新玩具等。同时,儿童的行为也可能通过惩罚而得到削弱,如权利的收回、父母的隔离等。只要出现相应的刺激条件,即强化物和行为之间形成了明显的相倚关系,相应的行为就会出现,即刺激——反应的过程。因此,学习就是主体在一个特定环境中经过不断重复经历而习得的行为变化,这种行为变化就是学习的结果。

此外,班杜拉的社会学习理论和维果茨基的社会建构主义理论也对直接教学模式的发展有重要理论影响。直接教学模式运用社会学习理论,在实践中强调教师的演示或示范过程,在这一过程中,学生能够模仿演示活动,或者从观察中推断出要学习的行为,从而获得学习受益。直接教学模式根据维果茨基的社会建构主义理论,认为文化传递中教师处于主导地位,教学活动以教师为中心,教学的效果如何取决于教师与学生之间相互作用的效果如何。教师通过多种途径为学生提供教学支架,如将复杂的技能分成较简单的次级子技能,根据学生的能力和需要提供适量的学习内容和适宜难度的任务。

(四) 华德福课程模式:人智学理论和三元社会秩序理论

华德福课程模式的主要理论基础是奥地利思想家和教育家鲁道夫·斯坦纳的人智学理论和三元社会秩序理论。

斯坦纳研究吸收了歌德(Goethe)、路德维希·维特根斯坦(Ludwig Witgenstein)以及精神科学的相关理论知识之后,将研究转为探索人类心灵、认识自我本质的一种特别的"精神科学"(Spiritual Science),即"人智学"(Anthroposophy)。斯坦纳将其发展为一套完整的理论,作为华德福课程模式的教育理念、课程思想以及教学方法的哲学理论基础。

斯坦纳主张实施以人为出发点的教育,人是身体、心灵和精神三者的统一体,因此,课程与教学应当理解为将人作为"整体的人"和"全面的人"的发展,充分而且均衡地对自身创造潜力挖掘。人智学认为,人类生命也包含着未来可能发展的根源,如果要辨识人类的发展,解决各种社会问题,就必须深入了解人类所"隐含的本质"。

斯坦纳认为理想、健康的社会秩序应该包括政治权利、物质经济和精神文化三元素,是一个三元社会秩序的有机组织,它们各有自己的使命,且彼此支持。三元社会秩序必须建立在新的社会文化基础之上,即文化生活独立自主。从社会来讲,社会应该尊重个体,使每个人有充分地发挥个体意识的机会;从个人来讲,每个人都应履行发展自己的心灵和思想,与他人合作、和平共处的义务[①]。斯坦纳把建构文明社会的理念置于华德福学校实践,希望借课程与教学来激发人性本质并培养人类的三元社会生活能力。

(五) 高宽课程模式:基于皮亚杰的认知发展理论

"高宽课程是根据儿童自然发展的教育规律,而提出来的一种有关教育理念和实践的开放式框架。"[②]而这一框架主要是建立在当代认知发展理论的基础之上的,其中

---

① Rudolf Steiner. *The social Future*, Newyork: Anthroposophic Press, 1972
② David P. Weikart, & Lawrence J. Schweinhart. *The High/Scope Curriculum for Early Childhood Care and Education*. In Jaipaul L. Roopnarine, & James E. Johnson(Eds.), Approaches to Early Childhood Education (2th Edition). Upper Saddle River, New Jersey: Pearson Education, 1993. p.195

脑科学和皮亚杰的理论在其中占据着重要的地位。

脑科学的研究表明,在个体的生命历程中,大脑具有很强的可塑性,而与环境的互动水平则直接影响着大脑的发育水平。在皮亚杰看来,认识起因于主客体之间的相互作用,知识既是人和世界建构的产物,也是人和人建构的产物。对于儿童来说,"知识既不是来自物自身,也不是来自幼儿,而是来自幼儿与物体的互动"。①

基于这些理论,高宽课程模式的创始人戴维·韦卡特(David P. Weikart)认为:"儿童的知识来自于与各种思想的互动、与物体和事件的直接经验,以及其逻辑思维能力在经验中的运用。"②因此,高宽课程模式非常强调儿童的主动学习,认为儿童是通过主动学习来建构他们自己的知识的。其中,主动学习被认为是"幼儿通过直接操作物体,在与成人、同伴、观点以及事件的互动中,建构新的理解的学习过程。"③如此,儿童就成为了学习和建构自己知识的主体,儿童通过自己的计划、实施和反思进行最好的学习,教育的任务就是为幼儿提供一个主动学习和建构他们自己知识的环境。④

(六) 卡米-德弗里斯课程模式:基于皮亚杰理论的全方位研究

卡米-德弗里斯课程模式源于卡米和德弗里斯对皮亚杰理论的长期研究。该课程模式主要借鉴了皮亚杰的认知发展理论、建构主义理论、知识分类,同时也受到了科尔伯格道德发展阶段理论、赛尔曼人际理解阶段论的影响。

皮亚杰的认知发展阶段理论主张发展是一个循序渐进的过程,而且发展必须以生长为基础。儿童认知发展的各个阶段之间具有层级性,这些阶段形成了越来越复杂和整合的心理运算。尽管这些阶段之间是连续的,但是每个阶段的成就在一定范围内是有所不同的,是遗传和环境相互作用的结果。因此该课程模式主张发展就是教育的目的,儿童的发展是随着智力发展阶段以及道德发展阶段循序渐进的。后来,建构主义的理念进一步影响课程模式的发展方向,卡米和德弗里斯分析了个体活动在何种程度上能够激发建构主义活动,强调了儿童积极参与学习的重要性。

卡米和德弗里斯还借助皮亚杰对物理知识、逻辑-数理知识以及社会习俗知识的分类,为课程模式的内容部分找到了依据。此外,卡米-德弗里斯课程模式还吸收了科尔伯格的"道德发展阶段理论",在课程中提供团体游戏的机会让儿童进行合作性互动。

(七) 光谱课程模式:多元智力理论与非普遍性发展理论的结合

"光谱方案"(Project Spectrum)是美国的一项儿童早期学习活动研究方案,其主要的目的是为学前和小学低年级儿童开发出一种新的评价方法和课程。该方案由哈佛大

---

① Hohmann, M., & Weikart, D. P.: "*Educating young children: Active learning practices for preschool and childcare programs* (2nd ed.)", Ypsilanti, MI: High/Scope Press, 2002. p. 15.
② Shore, R. (1997, pp. 15,18)转引自 Hohmann, M., & Weikart, D. P. (2002). Educating young children: Active learning practices for preschool and childcare programs (2nd ed.). Ypsilanti, MI: High/Scope Press, p. 16.
③ Hohmann, M., & Weikart, D. P. *Educating young children: Active learning practices for preschool and childcare programs* (2nd ed.). Ypsilanti, MI: High/Scope Press, 2002. p. 16.
④ Hohmann, M., & Weikart, D. P. *Educating young children: Active learning practices for preschool and childcare programs* (2nd ed.). Ypsilanti, MI: High/Scope Press, 2002. p. 17-18.

学加德纳教授率领的零点方案(Project Zero)工作组和塔伏茨大学费尔德曼教授(Feldman D. H.)领衔的研究小组合作完成。从1984年开始,持续了十年之久。而光谱课程模式的理论基础则主要来自两个方面,即加德纳的多元智能理论和费尔德曼的非普遍性发展理论。

作为多元智能理论(The Theory of Multiple Intelligences)的创始人之一,加德纳在对人类认知能力的发展进行了多年研究之后,对传统的智力理论提出了异议,他认为智力是"个体解决实际问题的能力和在各种文化背景中生产出或创造出该文化所重视的产品的能力"[1],而并非传统意义上通过标准化测验得出的分数和单纯的问题解决能力。由此,加德纳提出了智能多元论的观点,他认为智能总是以组合的方式来进行的,每个人都是具有多种能力组合的个体,并在多年研究的基础上详细划分智能的多元结构,即在个体身上存在的八种智能:言语—语言智能、音乐—节奏智能、逻辑—数理智能、视觉—空间智能、身体—动觉智能、自知—自省智能、交往—交流智能和自然观察者智能。[2] 同时,他还指出,智能既是一种实践能力也是一种创造能力,每一个个体的智能各具特点和独特的表现形式,应该以多元的眼光看待智能的发展,而智能的发展则受教育和文化因素的影响及制约。

此外,光谱课程模式另一个重要的理论基础是费尔德曼的非普遍性发展理论(The Theory of Nonuniversal Development)。与皮亚杰关注儿童认知发展的普遍性不同,费尔德曼的非普遍性发展理论则试图超越皮亚杰的认知发展理论,把传统认知发展心理学的研究范围从普遍性领域扩展到非普遍性领域,更加关注文化和教育因素的差异对个体认知发展的影响。费尔德曼认为儿童的发展是从普遍性领域开始逐渐过渡到非普遍性领域的,并遵循一定的顺序:普遍性能力(Universal)→泛文化的能力(Pancultural)→文化的能力(Cultural)→学科的能力(Discipline-based)→个人专长(Idiosyncratic)→个人的独特性(Unique)[3],儿童在这一发展过程中,非普遍性程度越高表明儿童的发展程度越高。非普遍性理论认为,就普遍性领域而言,儿童的发展靠的是他们自发的学习倾向,每一儿童都会经历同样的发展历程,皮亚杰的认知发展理论对儿童这一领域的发展作了很好的描述和解释;但在非普遍性发展领域,发展的差异性和多样性就表现得更为明显,更加关注儿童之间、群体之间、文化之间和教育的差异对个体认知发展的影响。因此,对儿童来说,他们可以通过外在的教育培养和内在的主观努力,使非普遍性发展能力得到不断的发展或提高。

(八) 瑞吉欧课程模式:众多思想和理论的融汇

瑞吉欧教育尝试运用和借鉴了许多领域的理论与思想,其中最核心、影响最大的是布鲁纳、杜威、克伯屈、皮亚杰、维果茨基等的理论和思想。

瑞吉欧方案教学是一种理论与实践相结合的教育实践模式,其理论基础主要受到

---

[1] Gardner H.: *Multiple Intelligences: The Theory in Practice*, Basic Books, 1993. p.15.
[2] Gardner, H. *Intelligence Reframed: Multiple Intelligences for the 21ˢᵗ Century*. New York: Basic Books, 1999. p.47-64.
[3] Feldman, D. H: *Beyond Universals in Cognitive Development*. Norwood, New Jersey: Ablex Publishing Corporation, 1980.8-11. xiv.6.

三方面因素的影响：第一，以杜威和克伯屈为代表人物的进步主义思想；第二，皮亚杰和维果茨基的建构主义心理学；第三，意大利的传统文化。瑞吉欧教育方案批判性地吸收了进步主义思想、建构主义理论，在融合百家理论的基础上，创造性地将这些理论运用到教育实践中。

1. 受进步主义思想影响，创造以儿童为中心的新儿童形象

以杜威为代表的进步主义思想批判传统教育重视教师、教材，提出了"儿童是太阳"、"儿童是中心"的观点。瑞吉欧方案教学继承了杜威的思想，充分体现了瑞吉欧方案教育对儿童个体的尊重。在瑞吉欧学前学校中，课程方案的主题是教师在充分考虑幼儿的需要、兴趣及经验的基础上权衡各方面的情况后与儿童一起制定的，同时方案探索的时间和深度往往也由儿童自己决定。① 瑞吉欧教育方案中的儿童是拥有独特权利的个体，是社会活动和文化活动的参与者，他们有权利得到别人的认真对待。杜威认为教育是个体化和社会化的过程。在这个过程中，对儿童来说有意义的直接经验将有助于理解的产生。杜威对教育的看法是瑞吉欧实践的中心。在瑞吉欧方案教学中，教师充分尊重儿童对世界的理解，认为儿童对发展社会的丰富性有所贡献。② 在瑞吉欧人眼里，儿童是自己文化的创造者，有权利发表自己的看法，与成人一样，是拥有独特权利的个体。儿童拥有无尽的发展潜力，而这种潜力是以多元化的方式表现出来的，因而，他们才是自己发展的主人。

2. 皮亚杰与维果茨基思想的完美结合

以皮亚杰为代表的认知建构主义者非常重视主体知识的建构，认为知识来源于主体与客体的相互作用。瑞吉欧教育方案重视儿童与环境间的互动，在一定程度上体现了皮亚杰思想。在瑞吉欧教育中，我们可以看到这样的教学场景，例如：不是在每个教室中穿起衣服和小道具，而是经常聚集在一个中心地带，比如广场，鼓励来自不同教室的儿童相互帮助，系纽扣，拉拉链，投入于更加精妙的混龄符号游戏中去；在一个教室里，小窗户为婴儿和学步儿创造了躲猫猫的游戏，在另一个教室里，围绕戏剧游戏区的墙上一排铅笔大小的洞引起孩子们的好奇心，使他们窥探同伴的活动。③ 瑞吉欧学前教育重视儿童与环境互动，并鼓励儿童在环境中进行探究、合作。

瑞吉欧教育方案选择性地吸取和继承了皮亚杰理论，然而也对皮亚杰思想的一些不足之处进行了批判性分析。在此基础上，瑞吉欧教育方案也吸取了维果茨基思想的精髓。维果茨基认为，心理发展的源泉是人与人之间的相互作用，社会相互作用对人的认知发展起着重要作用。儿童作为特定环境下发展中的个体，与具体的社会环境相互作用，并在这种互动中学习。瑞吉欧教育方案继承了维果茨基的思想，强调幼儿与同伴、教师、家庭、社区之间互动，认为学习是一种互动的、以某种关系为基础的社会建构过程。

---

① 屠美如：《向瑞吉欧学习什么——〈儿童的一百种语言〉解读》，北京：教育科学出版社2003年版，第24页
② Goffin S. G., & Wilson, C: Curriculum Models and Early Childhood Education: Appraising the Relationship, Upper Saddle River, NJ: Merrill/Prentice Hall, 2001年第二版，第241页
③ [美]贾珀尔.L.鲁普纳林、詹姆斯.E.约翰逊、黄谨等译：《学前教育课程》，上海：华东师范大学出版社2005年版，第445页

（九）创造性课程模式：综合多个理论的精髓

创造性课程模式的形成与发展受很多理论的影响，如：马斯洛的需求层次理论、埃里克森的人格发展理论、皮亚杰的发生认识论、史密•兰斯基的游戏理论、维果茨基的社会建构理论和加德纳的多元智能理论，以及有关学习、脑科学和复原力的最新研究成果。①

根据皮亚杰的认识论观点，3岁—5岁的幼儿正处于前运算阶段，其思维方式主要以象征思维和直觉思维为主，创造性课程据此认为幼儿的学习主要是让幼儿去积极地思考并尝试去发现事物是怎样运作的，让幼儿从周围世界中获取直接经验，即"做"是幼儿最好的学习。游戏是幼儿学习的内在动力，为学习提供基础。

马斯洛的需要层次理论认为3岁—5岁的幼儿最基本的需求就是生理和安全的需求，其次才是归属感和自尊的需求。基于此，创造性课程主张教师首先应当满足幼儿的基本需求，营造出一种安全、放松、有归属感的环境氛围，让幼儿主导自己的学习。

维果茨基认为，幼儿认知上的成长不仅来自于对物体的操作，也来自于与成人、同伴之间的社会交往、互动；幼儿在旁人的协助下所能做的事情，比起他们自己能独立完成的事情，更能让他们对自己的能力有正确的了解。因此，创造性课程十分重视把教室作为一个学习共同体，让幼儿通过与教师、同伴的互动，学到解决社交问题和分享的技巧，促进教室中所有幼儿的成长与发展。

（十）发展适宜性课程模式：皮亚杰、维果茨基和布朗芬布伦纳

基于皮亚杰的认知发展阶段理论及对不同年龄阶段儿童认知特征的认识，发展适宜性课程模式针对0岁—8岁的课程强调年龄适宜性，将幼儿年龄阶段划分为0岁—3岁、3岁—5岁、5岁—8岁三个阶段，根据不同年龄阶段儿童的年龄特征为儿童提供不同的支持环境，即要求课程的设计力求符合儿童的年龄特征。除了强调儿童认知发展的阶段性外，皮亚杰还认为"儿童的认知发展是一个整体的和一般的过程，也就是说，儿童发展的各个方面是相关的。"②这一观点在发展适宜性课程模式中体现为以综合课程为本，促进儿童全领域的发展。

维果茨基是社会建构理论、社会文化历史学派的代表人物，提出了"最近发展区"和"教学最佳期"的理论。最近发展区是指"儿童独立解决问题的实际发展水平与在成人指导下或在有能力的同伴合作中解决问题的潜在发展水平之间的差距。"③"教学最佳期"指最低教学界限与最高教学界限之间的期限。发展适宜性课程模式受其影响，在课程体系的设计中强调符合儿童个体特征，即对每个儿童"最近发展区"的适宜性，也就是个体适宜性。此外，课程设计过程也要考虑儿童的社会文化背景，重视儿童发展的文化适宜性。

布朗芬布伦纳提出了著名的生态系统理论（the Ecological Systems Theory）。这一理论强调环境作为一个复杂的系统对人的发展的重大影响，认为个体的发展是在与他们的家庭、学校、社区和社会的关系中发展的，这些多元化的环境被描述成一系列相互嵌套的、同心圆式的生态系统。这一理论对环境多元化的强调，使得发展适宜性课程模

---

① Theory and Creative Curriculum, http://www.citruscollege.edu/.../Curriculum/Theory_and_CreativeCurriculum.pdf，检索日期 2009-05-16
② 刘晓东、卢乐珍：《学前教育学》，南京：江苏教育出版社 2009 年第二版，第 175 页
③ 王文静：《维果茨基的"最近发展区"理论与我国幼儿教学改革》，《学前教育研究》2000 年第 6 期

式在构建起课程的时候对文化适宜性进行了深刻的思考。

由以上对比可以看出,十种学前教育课程模式的理论基础完全不同,而理论基础的不同直接导致学前教育课程模式迥然各异。

三、世界学前教育课程模式的课程目标比较

教育目标是教育要达到的标准或效果,它规定着通过教育要把受教育者培养成什么样质量和规格的人。教育目标是教育工作的出发点和归宿,也是检验教育工作的尺度。教育目标的实现形式主要有两种:一种是以拉尔夫·泰勒为代表的目标模式,另一种是以斯滕豪斯为代表的过程模式。

蒙台梭利教育法、直接教学模式、高宽课程、卡米-德弗里斯课程模式、创造性课程模式的开发属于目标模式,都具有明确的课程目标,而且目标是分领域的,具有一定的结构性。蒙台梭利强调教育要符合儿童发展的"内在需要",认为"教育的基本任务是使每个幼儿的潜能在一个有准备的环境中都得到自我发展的自由"①。高宽课程将结构化的目标隐含在儿童活动的背景中。教师根据幼儿发展状况制定具体的、切实可行的课程目标,在教学过程中不断内化、深化对关键经验的认识,并转化到具体活动之中,物化到环境中,让幼儿在具体操作活动和主动学习中发展各种经验和能力。

发展—互动教育模式、华德福教育、瑞吉欧方案、发展适宜性课程模式的开发则属于过程模式,其教育目标不是预设的,而是在方案进行的不同阶段不断生成和不断发展的。瑞吉欧教育注重幼儿整体人格的发展,促进幼儿在积极探索周围世界的过程中成为自我探索、自我发展的学习主体。教师根据自身对幼儿的了解以及工作经验,对教学过程中可能出现的种种情况作出假设和预测,形成弹性的课程目标。光谱方案也是过程模式,尽管其教育目标是预设的,但是在方案的进行之中目标却是非预设的,只要达到最终的预设目标即可。

(一)蒙台梭利课程模式:培养新人类以建设新社会

在早期的学前教育实践中,蒙台梭利认为教育的目的在于帮助和促进儿童的"正常化"发展和健全人格的培养。在人生的后半期,尤其是第二次世界大战之后,蒙台梭利更加注重通过教育来培养"新人",从而承担起建设"新社会"的理想和任务。有研究者认为,创造"新人类"是蒙台梭利教育法的直接目的,建设"新社会"则是其最终目的,并且这两者相辅相成、相互依存。②

在早期的教育实践和理论著作中,蒙台梭利认为教育具有双重目的:"一是生物学的目的,二是社会学的目的。从生物学上讲,我们希望教育能够帮助个体自然地发展;从社会学上看,我们教育的目的是培养个人适应环境。"③并且,蒙台梭利还指出对儿童所进行的教育都必须遵循一个原则,即帮助儿童身心的自然发展,同时培养儿童适应环境,以获得"正常化"的发展。这种"正常化"乃是代表儿童独立、自主、自信、守秩序、爱

---

① 卢乐山编著:《蒙台梭利的幼儿教育》,北京:北京师范大学出版社 1985 年版,第 25 页
② 霍力岩:《蒙台梭利教育法研究》,北京:北京师范大学出版社 1996 年版,第 23—26 页
③ 蒙台梭利、任代文译:《蒙台梭利学前教育科学方法》,北京:人民教育出版社 2001 年版,第 207 页

工作、有能力、内在精神协调、身心健康，从而形成健全的人格，这也成为了蒙台梭利教育法的直接目的。

在人生的后期，经历了两次世界大战的蒙台梭利更加向往和平的社会，并把实现和平社会的理想寄托在儿童身上，对教育工作寄予了很大的期望。她认为，人的本性是善良的，人的各种缺陷都是错误的教育引起的，因此挽救人类必须从孩子做起，对孩子进行"新教育"，培养内心种下了和平种子的健全发展的新人类，而蒙台梭利教育法就是这种新教育的集中体现。在她看来，蒙台梭利教育法不只是一种教育技术，也是一种社会性的改革手法，"它不但能改变一个家庭或整个人类社会的发展，并能影响无可计数的后代"，[1]从而最终实现通过培养具有健全人格的新人类来建设理想的和平社会的目的。

（二）发展—互动课程模式：五个广泛性目标＋八个精细目标

发展—互动课程模式中的一个主要观点是：学校的影响力不仅在于智力上的超越，也在塑造一个人的感觉、态度、价值观、自我概念、自我的理想以及对于人类生活远景的开创等。价值观是隐藏在教育目标与教学过程中传递出去的，认知、情感与社会化发展过程是彼此相依相成的。因此，发展—互动课程模式的一个基本前提就是认知功能的发展是无法与个人和人际间的发展相分离的，这体现在其教育目标的制定上。

发展—互动课程模式有五个广泛性的教育目标（Biber，1977；DeVries＆Kohlberg，1990；Mitchell＆David，1992）：1.提升能力，2.发展个性，3.实现社会化，4.开发创造力，5.整合。

根据上述五个广泛性的教育目标，发展—互动课程模式将3岁—5岁幼儿的教育目标精细化成八条[2]：

1. 让儿童通过亲身经历和动手操作满足他们影响环境的需要；
2. 通过认知策略提升儿童在分类和排序经验方面的潜能；
3. 提升儿童对于他们周围环境中有关功能性的知识；
4. 支持儿童整合各种经验的游戏模式；
5. 帮助儿童把他们对冲动的控制内化；
6. 满足儿童解决这个发展阶段固有的冲突；
7. 帮助儿童建立自己是一个独特的、有能力的个体的自我形象；
8. 帮助儿童发展互动过程中互相支持的交往模式。

（三）直接教学模式：提高儿童学业成就

直接教学模式着眼于使学习者掌握社会生活所必须的知识、技术、技能，并通过提升学业上的成就，发展儿童的自信心，增强自尊心。直接教学模式的长期目标是培养低成就学生的学习技能，使他们具备与文化背景较好的学生竞争社会中较高水平教育的机会和能力。短期目标是帮助5岁幼儿到三年级学生达到该年级的学业水准，重视学生社会与情绪领域的发展。

---

[1] 艾琳·沃尔夫、萧丽君译：《有知·有涯·有真》，台北：及幼文化1991年版，第129—130页
[2] （美）斯泰西·戈芬、凯瑟琳·威尔逊、李敏谊译：《课程模式与早期教育》，北京：教育科学出版社2008年版，第10页

(四) 华德福课程模式：亲近自然的全人教育

华德福教育相信，人与自然之间存在着深刻的关系。亲近自然，不仅可以获得丰富的感官体验，使儿童的灵魂得到滋养，而且能够建立儿童与自然情感的连接，体验人与自然在本质上的相关性，从而使儿童对自然产生强烈的兴趣与由衷的热爱。这种感官体验与情感连接将为儿童身、心、灵的和谐发展奠定重要的基础。

华德福教育认为一个完整的人的发展，是意志力(will)、感受力(feel)以及思考能力(think)三个方面平衡发展的过程。对幼儿来说，意志力属于无意识但强大的力量(即使是成人，有时也意识不到意志的存在)，"孩子七岁前的发展重点，在于培养强大而健全的意志"。意志力、感受力与思考能力是相辅相成、协调发展的。儿童内在的情感生活会给他们的现实体验增添活力和色彩。当孩子发自内心地热爱学习时，知识便会活起来。情感和思维的结合可以提高孩子的接受力、感受力，并让他们走出自我沉溺的自然倾向。当孩子把情感融入所做的事情中，教育就开始了。培养孩子进行热情、有活力、有创造力的思考是华德福教育的一种重要目标。①

培养具有独立、自由精神的个体是华德福教育的长期目标，也是身、心、灵平衡发展的最终目的。华德福教育倡导的身、心、灵均衡发展，在不同时期的侧重点是不同的，但仍强调这三方面的均衡作用，即重视人的智力、艺术和道德的平衡发展。

(五) 高宽课程模式：培养主动学习的儿童

自20世纪60年代初戴维·韦卡特创立高宽课程模式以来，该课程模式就与美国推动学前教育发展的历史潮流紧密相关。在创始之初，这一课程模式的目的在于通过早期的教育介入，帮助经济上处境不利的儿童做好入学准备。70年代以后，随着该课程模式对于皮亚杰认知理论的关注，并将其作为理论的基石之后，如何促进儿童的认知发展成为重要的目标。而后，随着1979年《活动中的幼儿：学前教育工作者手册》(*Young Children in Action: A Manual for Preschool Educators*)一书的出版，首次确立了儿童作为主动学习者和知识建构者在课程模式中的核心地位，其服务对象也由特殊儿童开始转向全体儿童，教育目标由仅仅发展儿童的认知思维转向以认知发展为中心，同时注意儿童的社会性与情感发展。

进入20世纪80年代以后，主动学习(active learning)被提升为整个课程模式的核心原则和根本特征，其他关键经验和各种活动都围绕这一核心展开，此时，教育目标被确定为："为儿童成功的'生命模式'(life pattern)打好基础，通过促进儿童的自我意识、社会责任感、独立意识以及设计有目标的生活能力，从而把儿童培养成为自立的、守法的公民。"②但同时，高宽课程模式也没有放弃为儿童做好入学准备的传统目标。

(六) 卡米-德弗里斯课程模式：兼顾认知和社会情感

卡米-德弗里斯的学前教育方案的目标包括认知目标和社会情感目标两个方面。卡米和德弗里斯认为，不存在没有情感成分的认知，也不存在没有认知成分的情感。情

---

① 杰克·帕特拉什著、卢泰之译：《稻草人的头 铁皮人的心 狮子的勇气》，深圳：深圳报业集团出版社 2011年8月第1版，第4—5页
② Hohmann, M. & Weikart, David P. *Educating Young Children: Active Learning Practices for Preschool and Children Care Programs*. Ypsilanti, Michigan: High/Scope Press, 1995. p.299.

感可以加速或者阻碍认知的发展。由此,卡米-德弗里斯模式既注重认知目标又注重社会情感目标。

社会情感目标主要包括:让儿童与成人保持一种非强制性的关系,逐渐增强自主性;要求儿童尊重他人的情感和权利,并开始与他人合作,去自我中心和协调不同观点;培养儿童的机敏性和好奇心,并能主动地满足好奇心,具有相信自己能解决问题的能力,并能自信地表达自己的想法。

认知目标主要包括:让儿童提出种种想法和问题,让儿童将事物放在关系之中去考虑,注意它们的相似性和差异性。

(七)光谱课程模式:发展儿童的智能强项和潜能

作为一项持续十年的早期儿童发展项目,光谱课程模式的教育目标也是在不断发展的,但是多年来其始终坚持一个核心目标:"找到识别儿童智能强项的方法,并根据每个儿童的智能强项为其提供丰富的早期经验,从而使教师、家长以及儿童自己认识并发展他们的强项和潜能。"[1]在光谱方案研究的第一阶段(1984—1988年),其目标是开发出一种评价学前儿童认知能力的新方法和新工具,经过四年的研究和实践,形成了一套评价活动,通过一系列活动来标识儿童的认知能力和认知风格。随后研究进入第二阶段(1989年),开始针对年龄稍大、面临学业失败的儿童(幼儿园和小学一年级)开发一系列适宜于这些年龄段儿童的有效活动,以识别其智能强项。当研究进入最后的阶段(1990—1993年),其目标开始转向通过开展多领域的学习活动,在识别儿童智能强项的基础上,促进儿童的学业成功和学校适应。此时,光谱课程模式的教育目标最终确立并可以划分为四个步骤:第一,引导儿童涉足更多的学习活动领域;第二,识别并支持儿童的智能强项领域;第三,培养儿童的智能强项;第四,建立儿童的智能强项与其他学科领域以及学业表现之间的联系。[2]

(八)瑞吉欧课程模式:发展儿童的潜能和创造力

瑞吉欧教育法的目的是让儿童"更健康,更聪明,更具潜力,更愿学习,更好奇,更敏感,更具随机应变的适应能力,对象征语言更感兴趣,更能反省自己,更渴望友谊"。[3]

瑞吉欧方案教学非常重视儿童的创造性潜能的发展。马拉古奇认为创造性不是一个被分割开的精神能力,而是一种有特点的"思考、认知、选择的方式"[4]。要实现促进幼儿潜能的发挥和创造力的发展的教育目标,需要通过他们在日常生活中接触丰富的媒介材料和多样化的符号表达。瑞吉欧学前教育的创办者为他们在世界各地的成果巡回展起了一个富有诗意的名字——"儿童的一百种语言",这里的语言泛指文

---

[1] Jie-Qi Chen、Krechevsky, M. & Viens, J. *Building on Children's Strengths: The Experience of Project Spectrum*, Teachers College Press, 1998. p.3

[2] Jie-Qi Chen, et al.: *Building on Children's Strengths: The Experience of Project Spectrum*. Teachers College Press, 1998. p.4

[3] [意]马拉古奇著、张军红、陈素月、叶秀香译:《孩子的一百种语言》,台北:光佑文化事业股份有限公司1996年版,第21页.(美)斯泰西·戈芬、凯瑟琳·威尔逊、李敏谊译:《课程模式与早期教育》,北京:教育科学出版社2008年版,第155页

[4] [美]贾珀尔.L.鲁普纳林、詹姆斯.E.约翰逊,黄瑾等译:《学前教育课程》,上海:华东师范大学出版社2005年版,第450页

字、动作、图形、绘画、建筑、雕塑、皮影戏、拼贴、戏剧或音乐等多种活动形式以及丰富的媒介材料。[①] 可以看出,瑞吉欧教育法的目标重点在于促进儿童潜能的发挥和创造力的发展,因为"教育的目标是要为幼儿带来更多的可能性去创新和发现……"[②]

总的来看,瑞吉欧方案教学并不追求什么外在的目标,而是更注重教育的内在品质,也即让学校中的儿童、教师,包括家长都能生活得幸福愉悦。"成长和成就的规律应用在孩子身上固然重要,但我们更应该重视的是孩子成长和成就的全面性和优质性,而不是只重视其节奏和速度。"[③]使儿童在愉悦的环境和氛围中发展得"更具有潜力、可塑性、开放性,渴望成长,渴望探索,渴望与人交流"[④]。

(九) 创造性课程模式:自立、自信、合作的学习者

创造性课程最重要的教育目的是希望幼儿能成为一个自立、自信、能与他人融洽合作的积极、好奇的学习者。[⑤] 具体的课程目标是用"发展连续表"来表示的。

在该发展连续表中共有50项教育目标,每一项目标下面又详细地列出了预备技巧、Ⅰ、Ⅱ、Ⅲ由低到高的四个发展阶段。这个发展目标表具有以下一些特色:1.适用于所有孩子,包括一般孩子、发展落后孩子、发展超前的孩子。2.将每一项目标分解成务实的期望,帮助教师规划课程。3.提供架构,让教师可以据此记录孩子长时间的发展状况,并据以观察孩子,然后为班上所有的孩子设计出教学课程。4.由于这个表列出的是孩子可以做的事,以及接下来会发展出的能力,而不是列出一些孩子做不到的事。因此,教师可以根据它设计最佳的教学方法。5.教师可以从中获得丰富的资讯,并与家长分享,让家长对孩子的进步更有信心。

(十) 发展适宜性课程模式:"完整"儿童的培养目标

在20世纪80年代中期和90年代中期的课程模式论战中,被贴上"发展适宜性实践"的课程方案把学业性课程(即非发展适宜性)方案置于"防守"的位置。1986年NAEYC颁布的《学前教育课程方案中的发展适宜性实践》的立场文件,对课程模式间的争论给予了回应。1997年修订后的内容显示,发展适宜性的课程应该将培养"完整"儿童视为教育目标,而非单纯促进学业成绩的提升。

综上,蒙台梭利教育法和建立初期的高宽方案、华德福教育方案的教育目标类似,都是为经济处境不利的儿童提供教育。蒙台梭利教育法非常强调为儿童进入社会做好准备,同时强调儿童的自我发展。高宽方案、华德福教育方案建立时强调为经济处境不利儿童进入小学做好准备,以便他们与那些来自中产阶级的同伴相比"不输在起跑线

[①] 屠美如:《向瑞吉欧学习什么——〈儿童的一百种语言〉解读》,北京:教育科学出版社2003年版,第67页
[②] [美]甘第尼、福尔曼、爱德华兹,罗雅芬、连英式、金乃琪译:《儿童的一百种语言》,台北:心理出版社1998年版,第91页
[③] [意]马拉古奇著,张军红、陈素月、叶秀香译:《孩子的一百种语言》,台北:光佑文化事业股份有限公司1996年版,第21页
[④] Rinaldi Carlina Projected curriculum constructed through documention —progettazione: An interview with Lella Gandini. In Carolyn Edwards, Lella Gandini, & George Forman(Eds.). The Hundred Language of Children: The Reggio Emilia approach: advanced reflections (2nd Edition). Greenwich, NJ: Ablex Publishing Corporation, 1998. p. 114
[⑤] Creative Curriculum "Goals of the Curriculum", http://www.oneidanation.org/.../Creative%20Curriculum-website.pdf,检索日期 2010-04-28

上"。发展互动课程、光谱方案、卡米-德弗里斯课程和瑞吉欧方案、创造性课程、发展适宜性实践的教育目标都关注儿童的发展,但是侧重点又有所不同。

四、世界学前教育课程模式的课程内容比较

课程内容是实现教育目的的基本材料和主要媒介,主要谈的是"教什么"和"学什么"的问题。一般认为,课程内容应该符合知识内在逻辑的要求,符合儿童身心发展的规律。由于教育目的的不同,人们对课程内容的理解也存在很大差异。

(一)蒙台梭利课程模式:围绕基本能力组织的课程内容

源于多年的学前教育实践和研究,蒙台梭利课程模式在课程内容方面也是独具一格的。蒙台梭利通常将3岁—6岁儿童的学习内容划分为四个基本的领域:日常生活教育、感官教育、语言教育和数学教育。[①] 而随着蒙台梭利课程模式在世界各国的传播和发展,也纳入了更多反映时代需求的内容。在当代,除了传统的四大学习领域,蒙台梭利课程模式还包含了音乐、艺术、运动和戏剧活动。[②] 其主要内容如下:

1. 日常生活教育。第一,基本活动,包含走、坐、站、握、搬运、缝、倒、切的方法等;第二,照顾自己,包含洗手、洗脸、刷牙、穿脱衣服、穿脱鞋、剪指甲等独立自主所必须学的行为;第三,照顾环境,包含美化环境、整理花草、饲养动植物等行为;第四,社会性活动,包含打招呼、致谢、道歉、基本的礼仪等行为。这些活动很少是标准化的,在不同的地域和文化中表现出很大的差异性,并随着时代和社会的发展而不断地改变。

2. 感官教育。包括视觉、触觉、听觉、味觉和嗅觉五个方面的活动,有一系列的感觉材料。在这些感觉材料中,每一种材料都突出一个具体的概念或者感觉属性,如长棍(突出长度)、听筒(突出声音的强弱)、触觉板(突出粗糙和平滑)、颜色卡(突出颜色)、嗅觉瓶(突出各种气味)等。

3. 语言教育。3岁—6岁的儿童已经具备学习文化知识的能力,教师应该为其提供有准备的语言环境来促进其听、说、读、写能力的发展。语言教育主要包括口头语言教育和书面语言教育,儿童通过教具的操作活动来促进其语音、书写和阅读能力的发展。

4. 数学教育。内容主要有:第一,0到10的数字和数量;第二,线性计数(系统地数出由小到大的连续的数字);第三,十进制;第四,算术运算(加法、减法等)。而数学活动材料也是根据这些内容分类设计的。[③] 儿童通过教具进行这方面的学习。

5. 科学文化教育。内容包括天文与地质、地理与历史、植物与动物等。

6. 音乐教育。主要包括三个方面:第一,旋律和韵律活动;第二,乐器弹奏;第三,

[①] Torrence, Martha, & Lemont & Chattin, John. *Montessori Education Today*. In Jaipaul L. Roopnarine, & James E. Johnson (Eds.), *Approaches to Early Childhood Education*, Upper Saddle River, New Jersey: Pearson Education, 2005. p.375.

[②] America Montessori Society. Montessori Education. New York.

[③] Torrence, Martha, & Lemont & Chattin, John. *Montessori Education Today*. In Jaipaul L. Roopnarine, & James E. Johnson (Eds.), *Approaches to Early Childhood Education*, Upper Saddle River, New Jersey: Pearson Education, 2005. p.378.

识谱和记谱。① 在蒙台梭利幼儿训练课程中,像沉默游戏、传声转筒、音感钟这些分辨声音的练耳活动是其重要的组成部分。另外,还包括一些其他的音乐活动,如韵律活动、听经典的音乐、合唱、练习演奏简单乐器等。②

7. 艺术教育。注重教室中各种设施布置和装饰的艺术性,为儿童的成长提供一个美育的环境。此外,还非常强调让儿童通过油画、泥塑、拼贴画、造型纸、舞蹈、戏剧等多样化的艺术形式来表达自我,展现他们的艺术表现力。

(二) 发展—互动课程模式:以社会学习为核心的多个领域

发展—互动课程方案的教育内容可以分为以下几个部分:社会学习、读写、数学、科学、西班牙语、法语、艺术、音乐和体育。其中社会学习是发展—互动课程方案的一个特色,同时也是整个课程的核心。

社会学习:内容包括以下几个主题:(1)人类与自然环境;(2)团体,从家庭到世界;(3)人类世代相传;(4)从神话、宗教、科学以及艺术中获得意义;(5)人类用来组织个体和群体行为而形成的这个系统里的价值观;(6)变化——生命的基本事实;(7)人们怎样解决问题。随着年龄的增长,主题没有本质的改变,但会不断深入。

读写启蒙:贯穿于课程的所有领域,强调图画书在教室各区角的重要地位,激发并保持孩子的阅读兴趣和探究欲望。教师要为孩子选择反映课堂、学校和城市中存在的不同文化的读物。孩子每周都要在图书馆度过一段时间,图书管理员帮助孩子选择和阅读读物。

数学学习:通过具体生动的早期数学经验为以后学习抽象的数学概念打下坚实的基础。

科学学习:力求使孩子发展探索与尊重周边环境的态度,能够通过一种有趣的、令人兴奋的方式来让儿童学习到一些科学的基本常识。

西班牙语:属于第二语言学习,教师将学习分成多个具体的课堂单元,并与学生合作,以歌曲或故事等形式进行教学。用游戏和小步骤的方式学习,可以在诸如家庭、市场、面包房等场所教学。

艺术与采购:在教室里,油漆画、素描、泥土、拼贴画、建构物品以及砖块、木头等是不可缺少的材料,教师关注艺术生产过程,激发孩子的艺术创作动机。

音乐学习:建立在孩子对音乐的自发感知上,包括学习歌曲、开展律动游戏、表演打击乐器。每周都要举行有家长参与的音乐聚会。组织儿童出游,到田野里聆听大自然的歌曲。

运动与健康教育:幼儿通过感官的体验认识自己的身体以及周围的环境。可以利用公园等户外场所来探索并拓展儿童的运动能力。开展一些简单的团体协作游戏,如体操、翻滚等。

(三) 直接教学模式:阅读、算术和读写内容

直接教学模式的核心内容就是关于阅读、算术和读写方面的教学。

---

① 霍力岩:《蒙台梭利教育法研究》,北京:北京师范大学出版社,1996年版,第34—35页
② Montessori, M: *The discovery of the child*. Notre Dame, IN: Fides. (Original work published 1948).

在阅读领域，教师首先关注的是学生的"解码"能力，然后是理解能力，最后是学生通过阅读获取和应用新信息。在算术领域，学生学习基本的加减运算和应用题，然后在进一步学习加减运算和各种测量概念的基础上，学习乘法和分数，最后学习有关代数、因式分解和除法、加减乘除四则运算的内容。在读写领域，教师先教儿童学习物体的名称、类别、性质和相关术语，儿童学习完整的陈述句并用它们来描述周围的世界，然后教师拓展儿童使用语言的逻辑能力，讲述基本的语法规则，并通过活动提高儿童的写作和拼写能力。这三种内容各含三种水平的教学目标，共有九个程序化的课堂教学方案。

（四）高宽课程模式：围绕关键经验组织的课程内容

高宽课程模式在课程内容方面围绕着"主动学习"确定了五个领域的内容，分为十类共58条关键经验，从而为高宽课程教师创设学习经验以及与儿童互动提供指导。具体而言，这些关键经验包括：①

1. 学习方式

（1）做选择、计划和决定，并表达出来。

（2）解决游戏中遇到的问题。

2. 语言、读写能力和交流

（1）对别人讲述自己有意义的经验。

（2）描述物体、事件和关系。

（3）从语言的使用中得到乐趣。

（4）用各种方式进行书写：涂、画、临摹字母形状、创造性地拼写、正确地拼写。

（5）用各种方式阅读：读故事书、读标记和符号、读"自写"的故事。

（6）讲述故事。

3. 社会性和情感发展

（1）用语言表达自己的情感。

（2）能够和同伴、成人交往。

（3）在合作性的游戏中能与同伴创造性地玩耍。

（4）能够处理社会性冲突。

4. 身体发展、身心健康

（1）静力运动：如弯曲、转体、摇摆、平衡等。

（2）动力运动：如走、跑、跳、攀爬等。

（3）搬动物体。

（4）用动作进行创造性表现。

（5）能够用语言描述运动状态。

（6）根据运动的指令进行运动。

（7）能够感觉和表现持续的运动节奏。

（8）能够按照简单的节奏来运动。

---

① Ann S. Epstein．*Essentials of Active Learning in Preschool：Getting to Know the High/Scope Curriculum*，Ypsilanti, Michigan．High/Scope Press, 2007．p.11

5. 艺术和科学

(1) 数学

① 排序：

a. 对物体的各种特征(大/小，长/短等)进行比较。

b. 根据某种特征排列物体，并描述它们之间的关系(大/大一些/最大等)。

c. 通过尝试把两个系列的物品相匹配(小杯子/小碟子；中杯子/中碟子；大杯子/大碟子)。

② 数概念：

a. 比较两堆物品的数量，用"更多"、"更少"、"一样多"来表达。

b. 用一一对应的方式比较两个数群的数量。

c. 点数物体。

③ 空间：

a. 填满和倒空物体。

b. 装拆物体。

c. 改变物体形状和排列(包装、扭曲、拉长、堆叠、装入)。

d. 从不同空间角度观察人、场地和物体。

e. 体验和描述物体的相对空间位置、方向、距离(游戏中、建筑物中的物体的相对空间位置、方向、距离)。

f. 解释绘画、图片和照片中的空间关系。

(2) 科学和技术

① 分类：

a. 通过看、听、触摸、尝、闻来认识物体。

b. 探索和描述事物的异同、特征。

c. 识别和描述形状。

d. 进行分类和匹配。

e. 用不同的方式描述和使用物体。

f. 同时注意事物一个以上的特征。

g. 区分"部分"和"整体"。

h. 描述某些事物不具有的特征和不归属的类。

② 时间：

a. 按信号开始或停止一个动作。

b. 体验和描述不同的运动速度。

c. 体验并比较时间间隔的长短。

d. 预见、回想和描述事件的顺序。

(3) 社会研究

① 按规则要求参加小组活动。

② 能够较敏锐地感受到别人的情感、兴趣和需要。

(4) 艺术

① 视觉艺术：

a. 把模型、图片、照片和真实场景及事物联系起来。

b. 用粘土、积木及其他材料造型。

c. 绘画和涂鸦。

② 动觉艺术：

a. 模仿各种动作和声音。

b. 玩角色游戏。

③ 音乐：

a. 律动。

b. 探索和辨别声音。

c. 探索歌声。

d. 发展旋律。

e. 唱歌。

f. 会简单的乐器。

(五) 卡米-德弗里斯课程模式：整合物理知识、团体游戏和传统课程

卡米和德弗里斯整合了儿童中心论和儿童发展方法，将众多日常活动及以发展为导向的活动引入课程，并对传统意义上的课程活动进行了挑选。课程内容主要包含以下几个方面：

1. 物理知识活动：①涉及物体移动的活动，例如儿童通过推、拉、踢、摇摆等动作操作物体，使物体发生移动活动；②使物体发生改变的活动，包括烹饪和混合颜料等活动；③同时有着上述两种特征的活动，但是又无法进行明确的归类的活动，例如物体的沉浮或者影子游戏。

2. 团体游戏：目标是为了促进儿童自主性和合作性的发展，分为以下八类：瞄准目标游戏、赛跑游戏、追逐游戏、捉迷藏游戏、猜谜语游戏、口令游戏、纸牌游戏和棋子游戏。

3. 传统课程：算术、阅读以及读写领域的内容。该课程鼓励教师利用日常活动的情境或者创造新的情境来帮助幼儿获得数的概念。因为在日常生活中，数的问题就是一个自然而然的问题。

(六) 华德福课程模式：创造性游戏与艺术化教育特色

华德福幼儿园不提倡"正规学习"，不教幼儿读书、写字和算术，也没有作业本或认字卡，而是强调幼儿的活动、游戏以及想象力的锻炼，注重身心健康的成长。课程内容的主要特色是创造性的游戏与艺术化的教育。

儿童在创造出的世界里不断加深对自己及对周围事物的了解，肢体协调能力、角色意识、人际交往能力、同理心、应变能力等方面均有良好的发展，每个儿童都有机会自我表现及自我引导，并提升自信心与自尊。因此要保护儿童在游戏过程中丰富的想象力与开阔的创造性思维。

华德福教育内容的艺术化教育特色体现在：艺术活动不是独立于课程之外的，而是整个学习、教学环境所具有的特质。墙上的图画、建筑的色彩、课桌的安排、黑板上的图和文字、教师站立、动作、说话的方式、幽默和颜色的平衡,所有这些因素源自于审美思考。华德福教育认为,儿童本身就是艺术家,是一个拥有自发的"意志"不断完善自己身体和能力的艺术家。在华德福学校中安排有语文、历史、地理、数学等多项课程,体现艺术特色的有语文、叙事题材、数学、英语、音语舞、唱歌、器乐、湿水彩画、线条画、布编和线编、手工、体育、工艺、宗教等14项。

(七) 光谱课程模式:围绕关键能力组织课程内容

基于对智能多元性和儿童发展非普遍性的认识,光谱课程模式的研究人员普遍认为所有儿童身上都蕴藏着多种智能,这些智能在不同的个体中存在着发展程度上的差异,并且具有独特的倾向性,而丰富的教育经验对于儿童特定兴趣和智能的发展影响巨大,因此,光谱课程模式非常重视文化和教育因素在儿童智能发展方面的重要作用。为了在识别儿童智能强项的基础上促进儿童多方面潜能的发展,光谱课程模式设计了多个课程和评价相结合的学习活动区,这些学习活动区由八大领域组成,并围绕着各自的关键能力来组织和展开课程内容。概括而言,这八大领域及其关键经验具体展现如下:第一,运动领域,包括身体控制、节奏感、表现力、产生运动的创意和对音乐的反应;第二,语言领域,包括有创意地讲故事、使用描写性的语言或报道、巧妙和诗意地运用语言;第三,数学领域,包括数字推理、空间推理、解决逻辑问题能力;第四,机械和建构领域,包括理解结构和功能的关系、空间知觉能力、利用机械来解决问题的能力、精细动作技能;第五,科学领域,包括观察技能、区分相似和不同、根据信息做出假设和检验、对自然现象的兴趣;第六,视觉艺术领域,包括视觉艺术感知和创作知觉;第七,音乐领域,包括音乐感知、音乐演奏和演唱、音乐创作;第八,社会理解领域,包括理解自我、理解他人、扮演不同的社会角色。[①] 需要指出的是,各领域的关键能力并非相互独立的,有些领域的关键能力是相互联系或相关的,所以一些领域的活动可以相互迁移或者影响,进而起到相互促进的作用,因此在教育过程中应该尽可能地促进儿童多领域能力的发展。

(八) 瑞吉欧课程模式:围绕"问题"组织的课程内容

瑞吉欧教育方案在课程内容方面具有极大的灵活性和生成性。教师根据他们对儿童已有的理解和基于原有的教学经验,形成各种假设。教师根据这些假设形成灵活的并适合儿童需要和兴趣的方案目标。瑞吉欧教育方案中所设计的课程是一种"弹性课程",课程内容有很大的灵活性、生成性,这也正是瑞吉欧教育的特色所在。[②] 出于对教育目的的深刻认识,瑞吉欧方案的课程内容包罗万象,源于幼儿的真实生活,源于幼儿的兴趣,源于教师的经验,源于所拥有的教育资源。此外,瑞吉欧教育方案强调合作式的探究过程。教师与幼儿共同确定感兴趣的方案主题,在方案主题的开展过程中以小

[①] Jie-Qi Chen, Isberg, Emily. & Krechevsky, Mara. *Project Spectrum: Early Learning Activities*, Teachers College Press 1998. p. 12 - 256

[②] Rinaldi Carlina. Projected curriculum constructed through documention — progettazione: An interview with Lella Gandini. In Carolyn Edwards, Lella Gandini, & George Forman (Eds.). The Hundred Language of Children: The Reggio Emilia approach: advanced reflections (2nd Edition). Greenwich, NJ: Ablex Publishing Corporation, 1998. p. 113

组合作的方式进行。

在"人群"的方案教学中,教师为即将到来的暑假做些准备,他们与四五岁的幼儿一起讨论在假期期间收集记忆和一些经历的片段的想法。当幼儿开学后,教师会通过提问让幼儿回想对假期的记忆,例如:你看到了什么,你听到了什么等等。教师期望听到儿童讲述一些关于沙滩、徒步旅行、船、海浪、太阳方面的故事。相反,在教室里的孩子带来了一个完全不同的讲述视角。一个小男孩分享了他的经历:我们去码头的路上,穿过一条铺满石块而狭长的街道。在傍晚的时候,这儿挤满了人,人们上上下下地经过街道。你看不到任何东西,看到的仅是拥挤的腿、胳膊和头。教师抓住"人群"这个词,问其他孩子对这个词语的理解。通过这样做,教师发起了一次引发方案的探索。①

主题方案教学只是瑞吉欧教育的主要组成部分。此外,瑞吉欧学前教育也存在着游戏及其他活动等教育形式。应当引起人们注意的是,瑞吉欧的孩子(特别是年龄较小的孩子)除了从事方案活动外,还从事许多其他活动。孩子们有机会进行一些自发性的活动,如积木游戏、角色游戏、户外活动、听故事、烹调、家务活动以及装扮活动等。此外,颜料画、拼贴图和粘土手工等也是孩子们在日常生活中普遍进行的活动。②

(九)创造性课程模式:六大领域的内容

创造性课程模式的内容体系包含"六大领域":

1. 听说读写:词汇和语言、声韵觉知、字母、单字、印刷文字、字意、书籍和其它印刷文字。
2. 数学:数字、形式和关系、几何和空间知觉、测量、资料收集、组织、表征。
3. 科学:物体的物理属性、生物、地球、环境。
4. 社会:人们如何生活、工作、和他人相处,以及人们是如何被他们周遭的人、事、物所影响。
5. 艺术:舞蹈、音乐、戏剧扮演、绘画。
6. 科技:工具及工具使用的介绍。

以上每个领域都包括要素、内容、教学和学习的连结。

(十)发展适宜性课程模式:"统整"后的四大领域

发展适宜性课程模式指出其课程的本质是"统整",课程的内容涉及各个学科领域:身体教育和健康、语言和读写能力、数学、科学、社会性学习和创造性艺术。③ 这些学习内容可以统整为四大领域:身体发展领域、社会情感发展领域、认知发展领域、语言与读写能力发展领域。

---

① Rinaldi Carlina. Projected curriculum constructed through documentation — progettazione: An interview with Lella Gandini. In Carolyn Edwards, Lella Gandini, & George Forman (Eds.). The Hundred Language of Children: The Reggio Emilia approach: advanced reflections. Greenwich, NJ: Ablex Publishing Corporation, 1998. p. 123
② katz, L. what can we learn from reggio Emilia? In Carolyn Edwards, Lella Gandini, & George Forman(Eds.). The Hundred Language of Children: The Reggio Emilia approach: advanced reflections. Greenwich, NJ: Ablex Publishing Corporation, 1998. p. 35
③ Carol Copple, Bredekamp, S. *Developmentally appropriate practice in early childhood programs*. Washington, DC: National Association for the Education of Young Children, 2009. p. 160

由此可以看出,学前教育课程模式在课程内容的架构方面差别很大,蒙台梭利课程模式、直接教学模式、创造性课程模式是分领域的结构化内容体系,它们的内容自成体系,本质上来说就是分科内容体系,只是划分领域的标准不同,所以形成了不同的领域内容。这种结构化内容体系的优点是使教学有章可循,儿童的发展循序渐进。但是结构化的内容教学在一定程度上限制了儿童的自主学习,不利于儿童主动性和创造性的培养。与其不同的是,发展—互动课程、华德福教育、高宽教学方案、卡米-德弗里斯课程和光谱方案、发展适宜性课程模式跳出了分领域划分内容的俗套,而是根据儿童发展所必需的经验和能力来建构课程内容。智力/经验/能力的内容体系在一定程度上提高了教学的效率,因为它明确了儿童发展具备的经验和能力,但教师在组织教学和评价时个人的主观经验非常重要,而且这种内容体系也有一定的缺陷,主要是智力结构/经验/能力的确认,这涉及到很多问题,如什么才是儿童发展必需的关键经验/能力,关键经验/能力确认的标准是什么,除了这些关键经验/能力之外还有其他的关键经验/能力吗……这导致课程内容在承载太多内容的时候会因深陷琐碎的内容而失去教育的意义。儿童生活中的一切都是教育内容,这种内容架构满足了儿童的兴趣,培养了儿童发展的主动性和创造性。然而,不成系统的教育内容如果缺乏教师、家长和社区成人的协作规划的话,很难实现儿童的全面发展。未来,我们仍有必要继续探索英国哲学家、社会学家斯宾塞提出的"关于什么知识最有价值"的著名命题。

五、世界学前教育课程模式的教育方法比较

在学前教育领域,教育方法是将课程内容变为儿童知识或经验的过程,其影响着教育目标的实现和教育活动的总体效果,是整个教育过程的核心。对于教师来说,其涉及的主要是如何教的问题,对于幼儿来讲,则主要涉及怎么学的问题,而连接二者的关键就在于活动的设计与环境的准备。下面我们从环境创设、教师角色与活动组织三个角度来比较教育方法。

(一) 蒙台梭利课程模式:在"有准备的环境"中展开"工作"

在蒙台梭利课程模式中,最为人所称道的可能就是蒙台梭利开创的教育方法,甚至蒙台梭利本人将自己最重要的著作命名为《蒙台梭利方法》(*The Montessori Method*)。蒙台梭利曾指出:"我们教育体系的基本大纲……可被划分为三个不同的部分,包括环境、教师和儿童的操作材料。"[①]由此可见,环境、教师和学习材料是蒙台梭利教育法的三个核心要素。

1. 有准备的环境

蒙台梭利非常重视环境在学前教育中的重要作用。因此环境应该是有准备的,是适合于儿童年龄特点的,以便于儿童的身体和心灵得以舒展并自然地发展。而这种"有准备的环境"是广义的环境,包括生理的和心理的两部分。生理的环境包括幼儿园的自然环境、活动室环境以及各种教具,心理环境包括教师和同伴。蒙台梭利对"有准备的环境"提出了六条标准:第一,必须是有规律、有秩序的生活环境;第二,能提供美观、实

---

① Montessori, M. *The Secret of Childhood*. New York: Schocken Books, 1966. p.139

用、对幼儿有吸引力的生活设备和用具；第三，能丰富儿童的生活印象；第四，能为幼儿提供感官训练的教材或教具，促进儿童智力的发展；第五，可让儿童独立地活动，自然地表现，并意识到自己的力量；第六，能引导儿童形成一定的行为规范。①

2. 作为活动对象的工作材料

在蒙台梭利模式中，自由活动占据着重要的地位，蒙台梭利指出："活动，活动，我请你把这个思想当做关键和指南，作为关键是因为它揭示了儿童发展的秘密，作为指南是因为它指出了应该遵循的发展之路。"②但这些活动并非儿童随心所欲地瞎动胡干，乃是一种手脑结合、身心协调的作业，蒙台梭利称之为"工作"（work），而工作进行的依据就是经过精心设计的工作材料——教具。

3. 作为"导师"的教师

教师是蒙台梭利课程模式的重要组成部分，蒙台梭利将教师称之为"导师"（directress），因为在她看来，"导师的作用比一般人理解的重要得多，她不仅是一个教师，还要是个心理学家，其原因在于她要指导儿童的生活和心灵"③。这种教师不再是依据教材自上而下传授知识的"权威人士"，而是环境的提供者、自由的保障者和儿童发展的协助者。④ 蒙台梭利教室中的教师不仅要尊重儿童、热爱儿童，而且必须接受专门的训练，以便真正承担起"导师"的责任，引导儿童身体和心理的发展。

（二）发展—互动课程模式：空间和时间的规划、开放的材料、教师

1. 对教室空间和时间的合理规划

发展—互动课程模式强调教室空间的合理规划、教学时间的安排等在符合教育目标的精神下，教师有自己变化的空间，亦即空间的安排要兼顾个人活动与团体活动的需求，有让儿童接触各种不同活动的可能性，幼儿有选择活动的机会。典型的发展—互动课程的教室是界线清楚、功能分明的角落区式的规划。

教室布置是学习环境的关键要素。教室的安排、布置应该让儿童自由谈话和自由活动，开展个人活动和小组活动，随意选择各种活动，接触各种各样的活动材料。发展—互动教室的功能区一般划分为：画画区、玩水区、建构区、表演区、阅读区。儿童的小课桌三两成组，儿童可以在那里吃点心、进行艺术活动、玩桌面游戏或进餐。

在时间的规划方面，为了让幼儿有秩序的感觉，每天作息的安排有一定的顺序，遵循作息时间表。

2. 提供开放的学习材料

发展—互动课程模式强调提供给学生的材料应是能帮助幼儿自发探索、实验和表征用途的素材。非结构性材料，如积木、粘土、水、沙、颜料等是让幼儿自由运用的最佳材料。学习材料应放置在开放式的架子上，让幼儿可以自由取用。

选择学习材料的标准依据是发展性教育目标。活动区主要是投放开放性材料，如：积木、颜料、沙土、粘土、木块、植物、攀爬设施、动物和人物玩偶、用于表演的服装、玩过

---

① 吴式颖、任钟印：《外国教育思想通史（第九卷）》，长沙：湖南教育出版社2002年版，第179页
② E. M. Standing, . Maria Montessori. *Her life and work*. New York: New American Library, 1984. p. 230
③ Montessori, M. *The Montessori Method*. New York: Schocken. 1964. p. 173
④ 霍力岩：《蒙台梭利教育法研究》，北京：北京师范大学出版社，1996年版，第39—40页

家家的成套玩具等,这些材料为儿童发起探究、实验和表征活动提供了各种机会。根据儿童的理解水平,这些材料要贴上各种标签——图片、符号或者文字,以便儿童在使用后放归原处。

3. 教师的角色非常重要

发展—互动课程模式同时强调教师的主要任务是建立一种师生之间相互信任的关系,并为达成学习目标精心安排教学活动。

教师要学会精心观察儿童的活动,对各种学习的可能性作出回应,在儿童与教室材料互动、与同伴互动、与教师互动的过程中发现这种可能性,敏感地识别儿童的需要,提升儿童的理解,促进儿童的发展。

(三) 直接教学模式: 小组教学

使用直接教学模式来实施课程主要包括五个基本步骤。第一,课程引入:教师简要回顾与介绍课程内容;第二,目标描述:明确学习任务;第三,内容呈现:教师解释并说明课程计划中的概念或技能;第四,有指导地练习:学生在教师的指导下练习概念或技能;第五,独立学习:学生自主练习;第六,间隔性复习;第七,提高学习动机。

小组教学被认为是直接教学模式的核心特征。每班儿童通常被分成四组,每组有4—7名儿童,各组学生轮流进行各个学科领域的学习,并完成课堂作业。教师会使用积极的奖励(如表扬或分数)来强化学生的学习动机。

(四) 华德福课程模式: 依循榜样与节律

1. 模仿与榜样

华德福教育采用的方法是通过教师明确、刻意的"榜样"示范行为,引发儿童自发的模仿行为,鼓励儿童主动通过行动而学习。

由于幼儿尚没有分辨是非、对错的能力,还无法区分哪些行为值得模仿,哪些不值得,环境中任何人都可能成为其模仿的"榜样",他们所看到的一切都会成为他们的一部分,这就意味着教师和父母承担有巨大的责任。

2. 节律与重复

华德福课程中依据日、月、年作出短、中、长期规划,并规律地重复这些活动,让幼儿能够很快对环境产生安全感,且在儿童每次回到幼儿园时,都能维持一致的学习经验。这种内化与外放的规律保证了幼儿"内向"自我发展与"外向"社会交往的平衡。

除了幼儿园的活动安排具有规律性特点,幼儿园生活中的很多细节都有规律可循,如提醒儿童进行团体活动的方式、说故事时间的开始与结束方式、幼儿的操作材料摆放的位置、教师针对常见的情况对幼儿作出回应的方式等。

(五) 高宽课程模式: 精心设计教育环境和教育活动

发展到今天,高宽课程模式的教育目的主要是培养具有主动学习精神和能力的儿童,并为其未来的发展奠定良好的基础。为了实现这一目的,高宽课程模式主要是在作为儿童发展的观察者、支持者和引导者的教师的帮助下,通过精心设计的教育环境和环环相扣的教育活动,来促进儿童的主动学习和全面发展。

1. 精心设计的教育环境

高宽课程模式认为主动学习是儿童建构知识、发展能力和态度的基本方式,因而其非常强调教育环境的设计,要求这种环境是能够引发儿童主动学习的环境,是一种具有丰富刺激、具有挑战性而又井然有序的学习环境。而这种教育环境的创设则需要注意两个方面,即空间的组织和活动材料的提供。

在空间的组织上,要划分出不同的活动区,这些活动区是根据儿童的兴趣来设立的,使儿童根据自己的兴趣作出选择,要易于儿童的活动并使儿童乐于活动,活动区材料的投放必须充足且多样化,能够符合儿童日常生活的需要,具有操作性和趣味性,易于儿童安全取放和使用,并且要根据儿童的兴趣与发展的需要不断更换、添置新的材料。

2."计划——工作——回顾"之活动架构

为了帮儿童创设一个主动学习的教育环境,高宽课程模式主要是通过丰富而有意义的一日活动流程来实现的。在这个活动流程中,"计划——工作——回顾"是课程组织与实施的关键,体现了"幼儿在课程活动中的主体性"[1],同时也为教师提供了自我提高机会。

在具体活动中,"计划时间"是让儿童自行选择和决定当天想做的事情并在计划实施前与教师讨论,教师给予回馈和引导,让儿童形成清晰具体的目标,如此,给儿童一个表达他们想法和意图的机会,让他们看到自己是一个能做出决定的独立个体。[2] 在计划制定后就进入了"工作时间",在儿童实施自己的计划时,成人不必刻意去引导他们,而要观察幼儿如何收集信息、如何与同伴互动、如何解决问题,然后加入幼儿的活动中,激发、扩展活动,创设问题情景,并与儿童交流。"回顾时间"是最后一个环节,此时儿童必须开始收拾工作场地,将未完成的工作收至橱内,工作材料放回原处,教师要让儿童聚在一起分享和讨论当日他们所做的事情。在这一环节,回顾的策略则包括"回顾做了什么,如何做的,回顾计划并口述发生过的事情"[3],而儿童则通过各种方法再现了相应的活动经验,并获得了表达经验与想法的机会。

3. 作为观察者、支持者和引导者的教师

在高宽课程模式中,儿童是主动的学习者,而教师同样也是主动的学习者,教师通过与环境、儿童和成人之间的互动和学习,更好地承担起作为儿童主动学习的观察者、支持者和引导者的角色。在高宽课程模式中,教师不是知识的"传授者",而主要是通过精心创设的教育环境、规划和设计一日活动流程来为儿童的主动学习提供支持。而在此之前,教师应该成为一名观察者,这种观察是教师制定发展适宜且有挑战性的活动计划的前提条件。在儿童活动的过程中,教师成为了儿童主动学习的支持者和引导者,这种

---

[1] Weikart, D. P., & Schweinhart, L. The High/Scope Cognitively Oriented Curriculum in Early Education, In Roopnarine, J. L. & Johnson, J. E. (Ed.). *Approaches to Early Childhood Education*, New Jersey: Merrill/Macmillian, 1987. p.260

[2] Weikart, D. P., & Schweinhart, L. J. The High/Scope curriculum for early childhood care and education. In Jaipaul L. Roopnarine, & James E. Johnson(Eds.), *Approaches to Early Childhood Education*. Upper Saddle River, New Jersey: Pearson Education, 2005. p.238

[3] Weikart, D. P., & Schweinhart, L. J. The High/Scope curriculum for early childhood care and education. In Jaipaul L. Roopnarine, & James E. Johnson(Eds.), *Approaches to Early Childhood Education*. Upper Saddle River, New Jersey: Pearson Education, 2005. p.239

支持包括尊重和支持儿童对活动的选择,积极参与到儿童的活动中,为儿童提供新的活动材料,鼓励儿童进行自主活动等。而作为引导者,教师的作用主要体现在参与和提问上。在这样的活动中,儿童和教师成为了思想和工作的互动者,并在做的过程中分享和学习。

(六) 卡米-德弗里斯课程模式:教师是评价者、组织者、合作者、刺激者

卡米和德弗里斯认为,教师是以儿童为中心的,与儿童建立良好的关系,掌控教学活动。为了成功地实施课程,教师需承担四种角色:评价者、组织者、合作者和刺激者。

教师是评价者。教师要有广泛的儿童发展知识,对儿童的心智发展有全面彻底的了解,以便评价儿童的自发性活动。

教师是组织者。为了儿童智力的发展,教师要能提供适当的学习活动,拓展儿童的经验和认识。

教师是合作者。如果儿童在活动中需要合作伙伴,教师要适当地提供帮助,并参与活动。

教师是刺激者。教师要能够刺激儿童用那些与已有活动和问题一致的知识类型来进行推理,实现心智发展。

(七) 光谱课程模式:评估儿童的活动促进其强项发展

光谱方案的目标是评估发展儿童的强项,所以光谱方案在评估时,让儿童在真实的环境中进行自主探究活动,教师通过对儿童的活动进行观察,辨别儿童的强项和弱项,引导儿童能力的发展。

1. 创设良好的学习环境,引导儿童涉足更多的学习领域

作为一种以"活动"为中心的课程模式,光谱方案也非常重视良好学习环境的创设,因为在光谱的研究者看来,要实现促进儿童强项发展的目的,其首要条件就是准确识别和把握儿童的智能强项,此项条件只有通过教师的观察才能实现。要做到准备充分的观察,最好的办法莫过于将儿童置身于一个有利于展现其智能特点的环境中,让他们通过真实的活动来展现其智能强项。"只要能够提供广泛领域的经验,大多数儿童都会展现他们独特的智能结构。"[1]为了达到这个目的,光谱课程模式设计了八个领域的学习活动区,每个学习活动区一般包括工作区、展示区以及独立的材料存放区。光谱学习活动区的结构非常灵活,既可以设在教室的某个角落,也可以用几张桌子拼接而成,还可以专门划出某个特定区域。奉行"少而精"的原则,每个活动区都安放了该领域所需要的典型材料,儿童可以在相应的活动时间自由地操作材料。同时,学习活动区的活动都是来自于真实世界中的工作任务,从而帮助儿童把他们在学校中学到的技能和他们的日常生活联系起来。

2. 识别并支持儿童强项领域的发展

虽然光谱课程模式十分强调幼儿的主动探索和自由选择,但儿童的发展并不是完全自发实现的,教师在其中具有重要的支持和引导作用。在光谱课程模式中,"对学习

---

[1] Jie-Qi Chen, Krechevsky, M. & Viens, J.: *Building on Children's Strengths: The Experience of Project Spectrum*, Teachers College Press, 1998. p.20.

活动区进行管理以及辨识儿童的智能强项是教师的两个主要任务,且二者是交织在一起的"[1]。教师不仅要创设丰富的学习环境、设计学习活动区并提供活动材料,还需要与儿童一起制定学习活动区的活动规则,而教师最重要的工作之一就是通过观察儿童在学习活动区的表现识别儿童的智能强项。

在光谱课程模式中,与辨别儿童智能强项同等重要的工作就是为儿童智能强项的发展提供支持。对此,教师可以根据已有的条件和儿童的发展情况进行灵活的选择和操作,具体而言,教师可以在以下几个方面提供支持:第一,为儿童强项的发展提供活动空间和材料的支持,如开放更多儿童喜欢的区域,经常更新活动材料,与儿童一起探索和开发新的活动项目,让儿童与他人分享他们的经验和成果等;第二,通过发展儿童的自信心和责任心来培养其强项,如让儿童成为其强项领域的负责人,负责活动资源和材料的提供和管理,让其帮助其他在该领域发展欠佳的儿童,并帮忙培训下一个负责人等;第三,教师可以与儿童的父母形成支持同盟,如将儿童的智能强项和弱项告知其父母,让家长为儿童强项的发展提供一个环境的支持,并尽力弥补其发展的弱项。

3. 通过搭建桥梁促进儿童的能力迁移和多方面发展

对于光谱课程模式来说,识别和支持儿童智能强项发展的最终目的在于帮助儿童利用其智能强项带动日常学业的发展,从而获得学业的成功和全面发展。这样做的原因在于:儿童的智能强项不一定出现在传统的学业领域,如数学、语言、科学等领域,许多儿童的智能强项可能更多地出现在非学业领域,如运动、艺术、机械建构等领域。因此,为了促进儿童日常学业的发展,就需要将儿童的智能强项引入其他学习领域,尤其是那些对学业成功起关键作用的领域,带动其他领域的学习和学业表现,光谱称之为"搭建桥梁"。而光谱教师就是桥梁的搭建者,通过教师的支持和引导,搭建儿童发展所需的一系列桥梁,包括儿童伙伴之间的桥梁,儿童的智能强项与学校课程之间的桥梁,学校、社区与家庭之间的桥梁,而实现儿童的全面发展。

(八) 瑞吉欧课程模式:在"活"的环境中进行探索和合作学习

瑞吉欧课程模式非常注重创设"活"的教育环境,使儿童在其中进行主动探索和合作学习,从而获得发展。

马拉古兹认为学校有权拥有一个自己的环境,一种自己的建筑,一种自己对空间、形状、功能的概念和使用。教育乃是由复杂的互动关系所构成,也只有环境中各个因素的参与,才是许多互动关系实现的决定性因素。[2] 在瑞吉欧方案教学中,"活"的环境既包括学校内的空间布置,也包括教室外的空间,如城市的广场、社区甚至整个瑞吉欧城市。

瑞吉欧方案教学中,学校内"活"的环境主要体现在空间的规划设计,环境设计有利于儿童进行探究、互动、沟通。"艺术工作室"是瑞吉欧方案的首创,它是儿童双手和心智探究的地方,在艺术工作室活动的儿童不受到任何思想的束缚,儿童的创造力在

---

[1] Jie-Qi Chen, Krechevsky, M. & Viens, J. *Building on Children's Strengths*: The Experience of Project Spectrum. Teachers College Press, 1998. p.55.
[2] [意]马拉古兹著、张军红,陈素月,叶秀香译,《孩子的一百种语言:意大利瑞吉欧方案教学报告书》,新北:光佑文化事业股份有限公司 1998 年版,第 33 页

这里得到激发。在艺术工作室中，儿童可以采用多种象征语言去表达他们对事物的理解。

瑞吉欧方案教学的"活"环境还包括学校外的环境资源。充分利用社区的环境资源就是一个显著的特点，社区下雨的街道、有历史印记的石狮、大树等幼儿生活中的寻常事物都能成为方案活动的主题。

（九）创造性课程模式：多方合作创造学习环境以促进幼儿主动学习

1. 学习环境的规划和管理。创造性课程提倡为幼儿创设一个安全、舒适的硬件环境，帮助幼儿融入教师所设计的活动中，并将空间分割成了11个学习区：积木区、戏剧游戏区、益智区、艺术区、图书区、发现区、沙水区、音乐律动区、烹饪区、计算机区和户外区。

2. 每日时间的有序安排。创造性课程为了给幼儿营造出秩序感，强调每日作息和工作表规划的井然有序。幼儿知道接下来该期待什么，同时也了解自己是如何被期望的。基本上，创造性课程的日常例行工作包括：点名、集体活动时间、小组活动时间、自由活动时间、用餐时间以及休息时间等。教师会根据班级情况制作出一份每日作息时间表。

3. 营造班级共同体。创造性课程强调教室是一个共同体。在这个班级共同体中，教师会帮助幼儿了解该如何对待别人以及自己希望如何被对待，如何解决问题和冲突等，以此培养幼儿的社会能力。教师以正面的方式和幼儿互动，也帮助幼儿以此方式和其他幼儿互动。

4. 教师的作用。在创造性课程中，教师的作用主要是观察幼儿、引导幼儿学习和评估幼儿的学习。

（十）发展适宜性课程模式：为儿童游戏提供环境支持

发展适宜性课程模式在教学方法中特别强调游戏的重要性，认为"游戏提供了所有领域发展的学习机会"，[①]并主张在课程实施的过程中为儿童的游戏及儿童自我发起的其他活动提供结构化的环境支持。教师在整个教学过程中则是作为支持者、观察者和诊断者等角色积极地为儿童提供支持。

不难看出，第一，每种学前教育课程模式都注重学习环境的营造，不管是"有准备的环境"还是主动学习的环境，都旨在为儿童的学习活动提供一个外在的刺激，把教育目标物化到环境中。但不同的是有些课程强调使用专用教具，有些则不需要购置和使用特殊的材料，而是选择一些普通的、易于操作但同样能激发幼儿探索兴趣的物品。第二，每种学前教育课程模式都注重教师在儿童活动中的作用，不管是支持者、还是引导者、合作者，差别在于教师的介入程度。教师介入程度按高低来排列的话，直接教学模式最高，蒙台梭利课程次之，发展—互动课程、高宽课程、卡米-德弗里斯课程、华德福课程、光谱课程、发展适宜性课程居中，瑞吉欧课程最低。第三，十种学前教育课程模式的活动形式主要以小组或大组活动为主，都强调小组或大组活动中儿童的互动合作，但不

[①] Gestwicki, C. *Developmentally Appropriate Practice-Curriculum and Development in Early Education*. Canada: Thomson Delmar Learning, 2007. p.66

同的是对儿童自我管理的要求不同,有些课程模式对儿童管理较严,如蒙台梭利课程、直接教学模式等;有些课程更倾向于让幼儿独立计划、操作、反思,学会自我管理,如发展—互动课程、华德福教育、高宽课程模式、瑞吉欧教育等。

六、世界学前教育课程模式的课程评价比较

"教育评价是作为主体的人对同样作为主体的其他人所进行的教育活动及其结果作出的判断和衡量。"[1]概言之,教育评价就是人们对教育活动及其结果的评价。教育评价具有收集和反馈信息、目标导向、鉴定、诊断调节、激励促进等重要的作用。

(一) 蒙台梭利课程模式:以观察作为评价的主要手段

教育评价是蒙台梭利课程模式中一个不容忽视的组成部分,主要是以教师的观察为基础,让儿童在"有准备的环境"中操作工作材料,从而对儿童的发展程度和课程的进度进行评价。而这种评价并非是目的性或结果性的评价,更多的是基于教育过程的评价。教师要在观察的基础上进行记录,并要在教师之间以及教师和家长之间展开交流和讨论,形成家园一体的共同评价系统,其目的在于了解儿童的发展情况并为其日后发展计划的形成奠定基础。有研究者认为这种评价包括以下几个步骤:第一,设定明确的观察目标;第二,明确地列举观察项目;第三,做好周全的准备,决定时间,持续观察;第四,配合观察项目,做成摘要或备忘录式的客观性整理记录;第五,与其他观察者比较检讨,作出综合性的判断。[2]

(二) 发展—互动课程模式:基于生活的真实性评价

发展—互动课程模式强调真实性评价,将评价基于儿童的一切生活,也就是实施基于生活的真实性评价。

发展—互动课程模式认为评价的主要作用是为教师了解儿童如何学习和成长提供了手段,也为教师提供了课程计划和决策的原则,同时为儿童提供了一系列的机会让他们表达自己的理解。

在实施发展—互动课程的评价时,教师要严格地、系统地对儿童活动的行为进行观察和记录。

(三) 直接教学模式:教师主导的评价

直接教学模式的评价性质为终结性评价,即在每一单元或每一课后,为判断学生在该单元/课中学到的技能和知识而作的评价,是对一个学段、一个学科教学的教育质量的评价。评价的目的是对学生阶段性学习的质量作出结论性评价,从而给学生下结论或者分等。

直接教学模式的主导者是教师,因而评价的主体也是教师。教师一般通过课堂提问、期末考试、结业考试等方式来完成评价。

(四) 高宽课程模式:以观察记录为基础进行全面评估

作为一种影响深远而又与时俱进的课程模式,高宽课程模式非常重视教育评价体

---

[1] 胡德海:《教育学原理》,兰州:甘肃教育出版社1998年版,第611页
[2] 简楚瑛:《幼教课程模式》,台北:心理出版社1999年版,第402—403页

系的建构和发展,而这种评价体系的形成则是建立在对儿童发展的观察记录之上。通过多年的研究和实践,高宽课程模式以观察记录为基础开发出了专门的儿童评估工具——"儿童观察记录表"(Child Observations Record,COR),用于测量在早期儿童教育影响下3岁—5岁儿童的发展状况。这一"儿童观察记录表"涵盖了六个方面的内容,包括主动性、社会关系、创造性表征、音乐和运动、语言和读写、逻辑和数学。可以说,儿童观察记录表评价指标较为全面,涉及儿童发展的所有关键领域,评价并非一次性完成,评价过程涵盖与儿童发展相关的诸多因素,而评估的结果则由教师和家长共同完成。因此,儿童观察记录所展示出来的结果可以帮助教师和管理人员决定如何去改善项目,以使得项目能够满足儿童的发展需求,同时能够满足群体中作为完整个体的儿童个性化需求。①

(五) 华德福课程模式:描述性评价

华德福学校对学生的评价遵循创始人斯坦纳"发展儿童完整人格"与"无淘汰"的教育理念,认为教育应该促进每个学生的发展,放弃筛选作用。② 华德福幼儿园课程尊重每个儿童的个体差异,以全面、动态、个性化的评价确保儿童的健康、自然成长,绝不会以考试分数和过度竞争压抑儿童的自然成长。对儿童的评价主要来自教师每日的观察,涉及儿童每日在园生活的各个方面。

这种描述性评价方式是一种没有目的、没有标准的评价,对某一年龄阶段的儿童没有一个固定的发展目标,对评价的内容也没有过多限制,体现了华德福教育尊重儿童的天性、促进儿童全面发展的理念。

(六) 卡米-德弗里斯课程模式:强调过程性评价

卡米-德弗里斯课程模式强调过程性评价,同时以临床法方式观察幼儿的学习发展情形。过程性评价作为教学活动评价的一种方式,是与教学活动同时进行的一种评价,是对幼儿的学习发展和表现进行的一种动态的、即时性的评价,是对幼儿的外在行为表现和学习内在活动进行结合的一种综合性的评价。临床法是皮亚杰为首的日内瓦学派研究儿童发展的主要方法。临床法不同于一般的自由交谈,应用这种方法时需要确定一个谈话的主题,让儿童自由叙述对某一个问题的思想观点。教师与幼儿沟通的过程中,应不断调整自己的提问,以期了解幼儿想法以及形成这样想法背后的观点和信念。例如,教师想知道幼儿是否拥有数概念,可以通过观察幼儿数数的方式以及行为表现,以了解幼儿对数概念的掌握情况。如果幼儿重复地数同一个东西,这说明幼儿尚未发展出数的顺序关系。这种评价方式要求教师要有广泛的幼儿发展知识,同时对幼儿的心智发展有全面彻底的了解。

(七) 光谱课程模式:进行多种活动的综合评估

光谱最具特色之处就在于其独特而科学的评价方法,与传统的教育评价不同,光谱的评价方法不是依赖于某种测试,而是为儿童提供在各个领域活动的材料和机会,成人对儿童在活动中展现出的智能强项或弱项作出评估。

---

① 高宽官网: http://www.highscope.org/Content.asp? ContentId=2,检索日期 2011-12-28
② 王雪梅:《华德福课程的研究》,武汉: 华中师范大学出版社 2012 年 5 月版

而光谱课程模式为评价所提供的材料涵盖了儿童在运动、社会、语言、数学、科学、艺术、音乐和机械等诸多领域的经验,这些评价领域和活动的具体内容有:第一,运动领域,包括创造性运动智能测量和单纯运动智能测量;第二,社会领域,包括社会分析测量和社会角色测量;第三,语言领域,包括虚构性叙述测量和描述性叙述测量;第四,视觉艺术领域,主要通过艺术夹来测量;第五,数学领域,包括数数和计算的测量;第六,音乐领域,包括创作性测量和感知测量;第七,科学领域,包括自然学家测量、逻辑影响测量、假设验证测量和机械智能测量;第八,活动风格测量。其评价过程中要坚持四个要求:在有意义的、真实的活动情境中进行评价;课程和评价成为相互联系的一个整体;关注儿童活动的风格特征;对各种智能采用公平的测量方法。

同时,光谱方案在评价过程中采用"文件夹"的方法,教师将儿童活动和发展的各种资料和信息经过整理和汇编以后放入档案袋中形成一份"简档",以描述儿童智能的概貌,并在此基础上给家庭、学校以及更广阔的社区活动提出建议。

(八)瑞吉欧课程模式:多方主体评价幼儿的创造性"产品"

瑞吉欧课程模式并没有把教育评价作为一个独立的部分来进行,而是将其融入日常的教育教学活动中,使其成为幼儿活动的一部分。教育评价的过程也是一个促进儿童不断发展的过程,在这个过程中,教师的观察和记录,对儿童创造的各种"产品"的收集和整理,以及与儿童的交流、沟通和对话等,都是教育评价的重要组成部分,并以此为基础建立起对儿童发展的立体和全面的认识和评价,是一个多主体参与、情境性和生成性相统一的过程。正如其创造者所言:"我们必须记住,教师的工作包括进行一些相关的讨论,并对孩子进一步的工作作出假设和预测。而这些形成性活动与教师的记录密切相关,教师在记录过程中聆听、观察、收集记录和解释记录。"①同时,家庭也是评价活动的积极参与者,家长通过教师提供的有关信息了解儿童在学校中的发展状况,并结合儿童在家庭中的情况,参与课程模式的评价中。瑞吉欧教育方案既通过产品评价儿童的发展,又评价儿童在活动中的表现,是一种发展性和表现性评价。

(九)创造性课程模式:课程与评价相结合

创造性课程的评价使用的是教学策略 GOLD 评价系统。这个评估系统是一个针对孩子从出生到幼儿园的持续的、基于观察的评价系统。在评价对象上,除了正常儿童外,还包括发展迟缓和有特殊需求的儿童、发展超前的儿童和第二语言学习者。

创造性课程把课程和评价结合在一起,"发展连续表"既为课程指明了目标,同时也为课程评价提供了工具。创造性课程把幼儿的发展目标分为社会/情绪发展、身体动作发展、认知发展和语言发展这四个领域,并由此编制了一个"发展连续表"。

(十)发展适宜性课程模式:以观察记录为主的多元化评价

在发展适宜性课程模式中,对儿童的评价主要通过教师对儿童持续不断地观察记录。发展适宜性课程模式认为:"我们不能像测验儿童在认知领域方面的成就一样,轻

---

① Rinaldi Carlina, Projected curriculum constructed through documention — progettazione: An interview with Lella Gandini. In Carolyn Edwards, Lella Gandini, & George Forman (Eds.). *The Hundred Language of Children: The Reggio Emilia approach: advanced reflections* (2nd Edition). Greenwich, NJ: Ablex Publishing Corporation, 1998. p. 120—121.

易地对儿童在各个领域的学习进行量化和测量。儿童对世界、人物以及人的建构性的理解是通过他们操作材料和互动方式的不断复杂化体现出来的。他们的语言、问题和注意力都展现了他们的发展。"[①]

教师每个月或是每两个月通过观察笔记评价每个儿童的进步和特殊需要。教师作为课程实施中的观察者,通过对儿童游戏、语言、互动及他们借助读写和其他交流方式进行观察,教师能识别出儿童的成长与变化,并能根据观察记录的结果对儿童作出适当的评价,以不断地调整课程和教学策略等来更加适宜地促进儿童各个领域的学习和发展。

蒙台梭利课程中教师可选择适合自己的记录方式,或是现场笔记或是借助其他现代化的工具和设备。

高宽课程模式的评估是通过教师对幼儿活动的观察和记录进行,教师要对幼儿所说的计划、活动情况进行记录,及时记录发现的问题,在此基础上提供适时的帮助,形成一个自己编制的观察表。

光谱方案通过不同的评估活动评估儿童特定关键能力的发展水平,由此记录儿童在各种活动中的表现以及儿童在活动中的工作风格。

瑞吉欧方案课程重视对幼儿进行动态的、形成性评价,教师在教育过程中持续而细心地观察、倾听幼儿,通过使用如笔记本、照相机、录音机、录像机等各种记录工具对幼儿的活动进行记录,然后对它们进行整理、分析、评估,并在此基础上开发新的课程以支持每个幼儿的发展。

这十种学前教育课程模式的评价方式和手段不太相同,有些注重评价结果,有些注重评价过程。凡是注重评价过程的都主张通过观察进行记录,然后根据记录对儿童的发展进行评价。这其中的差别又在于记录方式的不同,如蒙台梭利课程模式和瑞吉欧方案的教师的记录方式没有强制要求的形式,而高宽课程模式和光谱方案的教师有一个自己设计的观察表,教师可参考此表对幼儿进行评价。此外,蒙台梭利课程模式和高宽课程模式在评价时除了观察记录之外还有收集幼儿的作品作为评价参考,光谱方案和瑞吉欧方案也是如此,但它们收集的资料更广,并建立专门的评价档案材料。

思考题:

1. 简述十种学前教育课程模式的发展历程,以及这些课程模式在发展历程上的不同之处。
2. 简述十种学前教育课程模式的理论基础,以及这些课程模式在理论基础上的不同之处。
3. 简述十种学前教育课程模式的课程目标,以及这些课程模式在课程目标上的不

[①] Gestwicki, C. *Developmentally Appropriate Practice-Curriculum and Development in Early Education*, Canada: Thomson Delmar Learning, 2007. p.27.

同之处。

4. 简述十种学前教育课程模式的课程内容,以及这些课程模式在课程内容上的不同之处。

5. 简述十种学前教育课程模式的课程方法,以及这些课程模式在课程方法上的不同之处。

6. 简述十种学前教育课程模式的课程评价,以及这些课程模式在课程评价上的不同之处。

学习目标

1. 掌握世界学前教育课程模式对中国学前教育所产生的主要影响。
2. 了解中国特色学前教育课程模式构建的未来取向和基本思路。

内容脉络

```
世界学前教育课程模式对中国学前
      课程改革的影响与启示
         ├─────────────────┐
         │                 │
世界学前教育课程模式对中国学前    从教育借鉴走向教育建构：中国
   教育所产生的主要影响           特色课程模式的创建

• 推动了尊重儿童和尊重儿童所      • 未来取向：超越借鉴的循环
  处文化的学前教育观念的形成        往复走向课程模式建构和教
• 充实了幼儿园课程发展的理论        育创新
  基础                         • 基本思路：汲取国际经验基
• 开始追求非普遍性发展的差异        础上围绕核心要素，建构中
  化教育                         国特色的课程模式
• 实现了直接教学和分科课程向
  活动教学和领域课程的转变
• 促进了教师主导性教学向儿童
  主体性建构的转变
• 推动了结果性评价向发展性评
  价的转化
• 启动了教育借鉴向教育建构的
  变革进程
```

第十五章 世界学前教育课程模式对中国学前课程改革的影响与启示

课程对话是文化多元发展的必然要求。课程作为儿童学习和经验获得的重要途径，需要接纳和吸收来自不同经济文化背景的信息资源，这也就要求不同文化背景下的课程之间需要展开对话与交流。课程对话与交流的过程，也是一个不同民族文化融合与发展的过程。儿童正是借助课程获得不同民族文化的信息，从而更好地获得对不同民族文化的认同和理解。在课程对话中交流与发展，这是当前社会发展和时代背景的迫切要求。

课程作为文化传递和发展的载体，必然需要植根于一定的社会文化背景之中，是一定社会经济文化发展的产物，脱离本民族社会文化"土壤"的课程必然无法获得丰硕的"果实"。正如比较教育大师萨德勒所说，"不能随意地漫步在世界教育之林，像小孩逛花园一样，从一堆灌木丛中摘一朵花，再从另一堆中采一些叶子，然后指望将这些采集的东西移植到家里的土壤中便会拥有一棵具有生命的植物"①。即便是在深受欧美影响的近代，我国的教育学者也明确指出：那些具有世界性的教材和教法，也可以采用，总以不违反国情为唯一的条件②。所以，不管采用什么样的课程模式，无论其多么科学，多么先进，都必须有一个文化适宜性的考量。所以我们在解释和借鉴国外幼儿教育课程，构建适宜本国的幼儿园课程时，应具有较强的文化敏感性和文化自省能力，审慎地分析其产生的背景特征以及我国社会历史文化可能提供的支持系统，进而思考我们可以借鉴什么以及如何借鉴。③ 只有这样，我们才能做到在对话中保持民族特色，而不是一味地进行国外课程模式的堆砌。

一、世界学前教育课程模式对中国学前教育所产生的主要影响

综合前面的分析和论述，在中国学习和借鉴世界课程模式的历史进程中，世界学前课程模式都或多或少影响了中国的学前教育发展，概括来说，对于中国学前教育发展的影响主要表现在以下几个方面。

（一）推动了尊重儿童和尊重儿童所处文化的学前教育观念的形成

观念属于文化的构成部分，属于社会意识形态的东西，幼儿园课程变革中的观念包括很多，但最重要的是人们的儿童观、教育观、知识观、课程观等，其对课程有着极大的制约作用。在幼儿园课程发展史上，每一次重大的课程变革和发展无不是思想观念变革的结果。从卢梭开始"发现"儿童，提出要尊重儿童；到福禄倍尔指出儿童期具有独特的价值，倡导注重学前教育的重要性；再到杜威提出"儿童中心"，要求教育的一切措施都要围绕着儿童展开。这些学前教育的先驱们在思想和观念领域的开拓和创造，为学前教育事业的发展奠定了坚实的理论基础。而历史也告诉我们，没有观念的更新、变革则不可能有幼儿园课程的全面深化和实质转变，也不可能使幼儿园课程得到整体的发展。

西方课程模式对于中国幼儿园课程发展的影响首先就突出地表现在对观念的影响

---

① 王承绪：《比较教育学史》，北京：人民教育出版社 1999 年版，第 66 页
② 唐淑、钟绍华：《中国学前教育史》，北京：人民教育出版社 2002 年版，第 298 页
③ 李阿芳：《论幼儿园课程的价值多元和文化适宜——基于多元文化视野下的反思》，《教育导刊·幼儿教育》2008 年第 3 期

上,包括儿童观、教育观、课程观、教育活动观等诸多方面。比如,在儿童观上,蒙台梭利认为儿童发展是"潜在能力"的自然展现,儿童的发展存在着"敏感期"和阶段性,儿童的发展是通过"工作"来实现的;光谱方案以加德纳的多元智能理论和费尔德曼的非普遍性发展理论为基础,强调儿童的非普遍性和个性化发展;瑞吉欧教育方案则认为儿童是自己发展的主人,儿童通过"百种语言"来主动学习和表达自身,儿童的学习是以"关系"为基础的社会建构过程。而在教育观上,蒙台梭利教育法非常强调为儿童进入社会做好准备,同时强调儿童的自我发展。高宽方案建立时强调为经济处境不利儿童进入小学做好准备,以便他们与那些来自中产阶级的同伴相比"不输在起跑线上"。光谱方案和瑞吉欧方案的教育目标在于关注儿童的发展,但是侧重又有所不同。光谱方案的目标是通过评估发展儿童的强项,而瑞吉欧的教育目标是促进儿童潜能和创造力的发展等。20世80年代以来,受西方学前教育思潮和课程模式的影响,中国幼儿园课程领域就确立了儿童发展的"主体观"和"整体观",终身教育观和整合教育观深入人心,主张通过活动课程和建构课程促进儿童的个性发展,注重儿童发展的可持续性,并开始关注课程的年龄适宜性、个体适宜性和文化适宜性,强调幼儿园教师角色和功能的转换等。

访谈中一位经历过几次课程变革的幼儿园园长、特级教师曾这样讲道:

> 在80年代,受原来分科教学模式的影响,幼儿园里还是以上课为主,幼儿教师在教育教学活动中处于主导地位,教育目的也主要在于促进儿童智力的发展和科学文化知识的学习,那时候的教学分为体育、语言、思想品德、计算、美术等很多科目,对于教师来说比较好操作。到了90年代,很多西方的学前教育理论和课程开始传入,比如皮亚杰、维果茨基,还有蒙台梭利教育法和后来比较流行的瑞吉欧教育方案,它们都比较注重儿童自主性、潜力和创造力的发展,以儿童自主的活动和游戏作为主要的教育教学方式。此时国内很多研究者开始强调儿童的主体性和教师的主导性问题,幼儿园课程改革也成为了一种发展趋势,我们也开始反思过去的做法,以前从没有想过的很多问题都冒出来了,比如:幼儿需要学什么,幼儿的学习特点和认识规律是什么,幼儿是如何学习的,如何观察幼儿的学习过程,直接指导与间接指导的关系与融合,幼儿喜欢什么样的游戏,幼儿怎样游戏,怎样使幼儿游戏,幼儿需要什么样的材料,教师投放材料的依据是什么,环境创设的原则,幼儿需要什么样的环境,环境的作用是什么,学前教育需要什么样的教师等。也正是在这些问题的困扰与思索中,我们开始向国外学习,也像国内同行和专家学习,并注重在幼儿园的实践中内化和发展,经历过这些磨砺,我们幼儿园才有今天的发展。
>
> 但是,随着学前教育的发展,很多的问题又出现了,比如:自主学习和以教师为主导的学习都可以促进孩子的发展,甚至以教师为主导更有效率,孩子显得更适应国内当前的教育模式,这就好比吃饭,自主学习是让孩子可以选择自己喜欢的菜吃,以教师为主导的学习则是由成人配好了营养丰富或美味的餐点,孩子只需要吃就是了。这样的结果,以教师为主导的孩子可能会身体强壮,符合我们的健康标准,但孩子可能会逐渐丧失自主选择菜谱的能力,而自主学习的孩子会清晰地知道自己需要(喜欢)吃什么,但当前可能不够强壮甚或营养不良。这些问题都是幼儿

园发展过程中要面对的问题。总的来说,任何课程的开展都需要结合本园的实际情况而定,园所文化、师资水平、教育观念甚至家长的配合等都是决定课程是否适宜的要素。

由此可以看出,20世纪80年代以来西方学前教育理论和课程模式的传入与传播,促进了中西方学前教育观念的交流和碰撞,促进了中国学前教育观念的更新和发展,推动了尊重儿童独立的人格、尊重儿童发展的权利、尊重所处不同文化下儿童所形成的个性差异等一系列学前教育观念的形成。

(二)充实了幼儿园课程发展的理论基础

20世纪60年代中期以来,欧美国家开始关注和重视学前教育的发展,对于学前教育课程的研究日趋增多。在国家、社会和研究机构等多重因素的推动下,欧美国家的课程模式呈喷涌之势,有研究者指出,1971年,在参加美国"坚持到底计划"的课程方案中,就出现了22种课程模式,而到1980年,仍有19种课程方案参与了比较课程模式有效性的实验。[①] 这些课程模式主要包括银行街教育学院模式、行为分析模式、双语/双文化模式、高宽认知方向课程模式、文化语言方案、直接教学模式、文化民主学习环境模式、教育发展中心的开放教育方案、佛罗里达父母教育模式、家庭—学校合作模式、个性化早期学习方案、萌发学习活动方案、新学校方案、混龄模式、父母支持的对话模式、培生公司的个性化学习模式、应答式教育方案、图森学前教育模式。但是,随着时代的发展,很多课程模式已经消逝了,只有一些经得起实践考验的课程模式仍在世界范围内得到广泛的学习和应用,其中就包括蒙台梭利课程模式、高宽方案、光谱方案、瑞吉欧方案等几种经典的学前教育课程方案。

课程模式既是特定时代的产物,也是教育理论和实践结合的产物,每一种成功的课程模式背后都有深厚的学科理论和思想做基础,没有理论的支撑,也就无法成为一种模式和体系。在以上论述的几种课程模式中,蒙台梭利课程模式主要以实证学科为基础,如生物学、实验心理学、缺陷儿童研究,同时,蒙台梭利还受到了法国启蒙思想家卢梭、瑞士教育家裴斯泰洛齐、法国心理学家塞贡和伊塔德的影响,其教育思想深刻体现了这些教育家和心理学家的思想和观点。高宽课程的理论基础来自皮亚杰、杜威、科尔伯格、艾里克森、鲍尔比、加德纳的理论,并随时准备借鉴心理学的最新研究成果。光谱方案的理论基础来自多元智能理论和非普遍性发展理论。瑞吉欧教育以美国教育家布鲁纳和杜威、瑞士心理学家和教育家皮亚杰、俄国心理学家维果茨基等的理论为基础。

在中国向西方借鉴和学习众多课程模式的同时,这些模式赖以建立的各种人类学、心理学、生物学、教育学理论也在中国得到了有效的传播,学前教育研究者们就开始了学习和研究这些理论的工作。因此说,中国借鉴和学习西方课程模式的过程,也是一个丰富和充实中国学前教育理论基础的过程,对于今后中国幼儿园课程的发展具有长远

---

① Goffin, S.G., & Willson, C. *Curriculum models and early childhood education: Appraising the relationship* Upper Saddle River, NJ: Merrill/Prentice Hall, 2001. p.24

的意义。

(三) 开始追求非普遍性发展的差异化教育

"目的和目标此二者具有一致性,从哲学的角度来看,都是指被意识到的人的需要,是主体对价值的自觉追求。"①因而我们在提出教育目的时,其背后就暗含着对于教育活动的价值性追求,也即是对于教育活动所要达到的效果和规格的要求。而教育目的的确立则是基于人们对于"教育"这一基本概念的理解和认识,通常表现为对"教育是什么"的追问。由于这是一个涉及价值观的问题,所以不同的个人和团体会根据自己的认识和需要作出不同的回答。有研究者指出,教育思想史上对于教育真义的无数个解释构成了历史的、因果的链条,尽管链条上的环节都不尽相同,但贯穿所有环节的却是同一个主题——使人成为"人",也可称之为"成人"。② 对"成人"进行理性审视,其首要问题就是"成为什么样的人",或者说是"教育理想中的人是什么",如此,教育的目的就在于实现"教育理想中的人"。那么,"教育理想中的人"是如何确定的呢?从理论上讲有两方面的依据,即一定的社会要求和教育学家的理想。③ 由于教育是一种国家和社会事业,国家和社会出于自身存在和发展的需要而离不开具备相当素质的人,这样就必然会将自己的意志转化为教育的意志。同时,教育学者也并不完全符合国家和社会的意志,出于对"理想的人"的个性化认识和思考,他们会依据自己的哲学和信仰而提出不同的教育目的。这种对教育目的定位的倾向性差异常常表现为社会本位和个人本位的区别。但是,无论教育目的具有何种倾向性,其最终实现都有赖于受教育者各方面知识和能力的发展,并且对具体的教育内容、方法和评价等方面都起着重要的统领作用。

同样,作为一种思维框架和理论模式的课程模式,教育目的在其中也占据着极其重要的地位,它既是对教育理念和理论基础的直接体现,又限定和引领着课程内容、教育方法和评价的发展。在影响中国学前教育发展的四种西方课程模式中,其教育目的体现着一定的历史发展性,总体来看,这种发展性主要表现在追求非普遍性发展的差异化教育。自光谱课程模式的理论奠基者提出了"多元智能理论"和"非普遍性发展理论"之后,儿童的非普遍性发展开始成为人们关注的焦点。所谓"非普遍性发展",乃是指并非每个人都能经历的、由环境和教育推进的发展,"不是他们脱离特定的文化和环境条件所能自发获得成功的发展领域",④发展的差异性和多样性表现得更为明显,个人的独特性能力则被视为儿童认知发展的最终结果。基于对儿童发展非普遍性的认识,光谱课程模式将其教育目的确定为:"找到识别儿童智能强项的方法,并根据每个儿童的智能强项为其提供丰富的早期经验,从而使教师、家长以及儿童自己认识并发展他们的强项和潜能。"⑤瑞吉欧课程模式的教育目的则在于:"为幼儿带来更多的可能性去创新和

---

① 胡德海:《教育学原理》,兰州:甘肃教育出版社 1998 年版,第 454 页
② 项贤明:《走向"成人"之学》,《南京师范大学学报》(社会科学版),1998 年,第 4 期
③ 刘庆昌:《教育知识论》,太原:山西教育出版社 2008 年版,第 254 页
④ Feldman, D. H: Beyond Universals in Cognitive Development, Norwood, New Jersey: Ablex Publishing Corporation, 1994(2). p. 22.
⑤ Jie-Qi Chen, Krechevsky, M. & Viens, J: Building on Children's Strengths: The Experience of Project Spectrum. Teachers College Press 1998. p. 3.

发现……"① 由此可见，追求非普遍性发展的差异化教育在当代西方课程模式的教育目标中得到了不同程度的体现。

西方课程模式的这种发展也深刻地影响着中国学前教育的变革，在教育目的方面，则主要表现为使中国学前教育在注重儿童全面发展的基础上开始关注其个性化和潜能的发展，实际上这也是追求非普遍性发展的一种表征，而这种转变也经历了较长的历史发展过程。20世纪50年代，在全面学习苏联的热潮中，中国照搬苏联模式建立起学前教育体系，形成了"教师中心、教材中心和上课中心"的分科教学模式，在教育目标上强调系统知识的传达和智力的发展，从而为入学做准备。这种模式深深地影响着新中国成立初期学前教育的发展，甚至在70年代末，学前教育还表现出重智轻德、重智轻体、重一技之长轻全面发展的倾向。② 80年代初期，受世界学前教育思潮的影响，在反思和总结的基础上，中国学前教育重新提出了"全面发展"的教育目标，将其确定为"向幼儿进行体、智、德、美全面发展的教育，使其身心健康活泼地成长，为入小学打好基础，为造就一代新人打好基础"③。此时全面发展的四个方面与中小学差异不大，而在具体的任务中仍然主要强调基本知识和技能的学习，于是有研究者呼吁"全面教育，是德育、智育、体育和美育等各方面的教育，任何一方面都不可偏废"④。到了80年代末90年代初，多种西方课程模式和教育方案被介绍和引入进来，主要包括以皮亚杰认知理论为基础的课程模式和以行为主义理论为基础的课程模式⑤，另外美国的发展适宜性学前教育方案也开始为人所关注。⑥ 受到这些课程模式及其教育理念的影响，中国学前教育开始在重视儿童全面发展的基础上注重其个性的发展，并将教育目标确定为："对幼儿实施体、智、德、美全面发展的教育，促进其身心和谐发展。体、智、德、美诸方面的教育应相互渗透，有机结合。遵循幼儿身心发展的规律，符合幼儿的年龄特点，注重个体差异，因人施教，引导幼儿个性健康发展。"⑦ 进入21世纪以来，随着多元智能理论和非普遍性发展理论及其以此为基础建构起来的课程模式的引入，形成了与传统的认知主义和建构主义课程模式交相辉映的局面，正如有研究者所言："作为一种发展理论，尊重差异、探讨认知变化的发生机制及重视教育在创造个体非普遍性发展中的作用是非普遍性发展理论的本质所在。"⑧ 因而，其不仅强调儿童认知、情感、态度、能力、知识和技能

---

① [美]甘第尼、福尔曼、爱德华兹著，罗雅芬、连英式，金乃琪译：《儿童的一百种语言》，台北：心理出版社1998年版，第91页
② 陈蓁：《转变教育观、儿童观，深化学前教育改革》，《学前教育研究》1988年第4期
③ 中华人民共和国教育部幼儿园教育纲要(试行草案)(1981年10月).载中华人民共和国学前教育重要文献汇编.北京：北京师范大学出版社，1999年版，第168页
④ 卢乐山：《小议全面发展》，《学前教育》1986年第1期
⑤ 相关的论文有：伯纳德斯波戴克，曹秋平译.《幼儿早期教育的现代模式》.《外国教育资料》，1989年第1期.陈侠.《国外课程理论的各种流派》.《课程教材教法》，1986年9—11期.李季湄.国外课程模式种种.外国教育资料，1989年第3期.潘洁国.《外早期教育方案简介（一）（二）（三）（四）》.《上海教育（小学版）》，1988年第5,6,10,11期
⑥ 相关的论文有：休布里德坎普编辑，樊庆华译.美国学前教育协会对发展适宜性早期教育方案(0岁—8岁儿童)的说明，载于黄人颂编.《学前教育参考资料》.北京：人民教育出版社：第291—307页.卢乐山.《近年来美国早期教育的一些动态》，《卢乐山文集》.北京：北京师范大学出版社2002版，第91—97页
⑦ 幼儿园工作规程(中华人民共和国国家教育委员会令第25号).中华人民共和国学前教育重要文献汇编，北京：北京师范大学出版社1999年版，第420—430页
⑧ 霍力岩、李敏谊：《非普遍性发展理论及其对我国学前教育改革的启示》，《学前教育研究》2003年第9期

的全面发展,而且更加注重儿童的主动学习和个性化发展,促进其潜力和创造力的发挥,这些转变在2001年颁布的《幼儿园教育指导纲要(试行)》中得到了较为充分的体现。

一位幼儿园的骨干教师WL老师曾这样说:

> 在80年代末我刚参加工作的那会儿,我们在幼儿园里主要还是以分科目的教学活动为主,游戏也是教师根据有关的教材提前准备和设计的,其目的主要还是让幼儿掌握相关的知识和技能,保证他们身体和智力的发展。但是到了90年代中期,随着《幼儿园工作规程》的公布和幼儿园课程改革的推进,我们原来的教育教学思想开始遭到批判和否定,学前教育界开始强调幼儿的全面发展和个性化发展,在这个过程中,多元智能理论和光谱方案对我们的影响较大,大家开始逐渐认识到教育不是工厂里批量生产商品,管理层设定一个标准和模板,大家去拼插和组装就可以了,教育面对的是鲜活的生命和不可预知的潜能。每个孩子都是独立的,都是与众不同的,都需要个性化的发展和引领,老师在这个过程中起着至关重要的作用。在这种思想转变的过程中,一线教师开始更多地关注孩子,关注他们的需要,关注他们的发展,如:在组织幼儿活动的方式上多是以个人活动为主,注重幼儿的个体差异,有选择性地开展活动,在活动中有每个幼儿的活动记录,教师在活动中随时关注幼儿的发展,随时进行有效的指导,教师为每个幼儿准备了个人成长记录,关注幼儿的发展。此时,儿童的全面发展和个性化发展成为了大家追求的目标。

当前,随着国际间教育交流的日益频繁,以及中国学前教育理论和实践的快速发展,实现儿童全面发展基础上的个性化发展逐渐成为人们的共识,可以说这也是追求非普遍性发展的差异化教育的中国化表达,反映了时代发展的潮流。

(四)实现了直接教学和分科课程向活动教学和领域课程的转变

课程内容是实现教育目的的基本材料和主要媒介,是教育内容的集中体现,主要谈的是"教什么"的问题。一般认为,课程内容的选择和确定主要依据两个标准:一个是教育目的,因为"人类对于自为教育事业及其教育活动内容的选择标准和确定原则集中反映在其教育目标中"[①];另一个就是儿童的年龄特征和个性心理特点。由于教育目的的确定主要源自两个方面的依据,即一定社会的要求和教育学家的理想,因此,具体而言,课程内容的确立也可以划分为三个方面的基础:第一,社会学基础,即社会发展的需要,正如布鲁纳所言"不顾教育过程的政治、经济和社会文化来论述教育理论的心理学家和教育家,是自甘浅薄的,势必在社会上和教室里受到蔑视"[②];第二,心理学基础,即儿童的年龄特征和心理特征,如有研究者指出"对20世纪儿童学前教育课程最具影响力之一的就是儿童发展理论"[③];第三,哲学基础,即哲学家和教育学家对于知识观和

---

① 胡德海:《教育学原理》,兰州:甘肃教育出版社1998年版,第454页
② [美]布鲁纳、邵瑞珍译:《布鲁纳教育论著选》,北京:人民教育出版社1989年版,第92页
③ Spodek, B., Handbook of Research on the Education of Young Children, MacMillan Publishing Co., 1993, p. 95

课程观的认识和阐述。如果从学科系统的角度而言,心理学和社会学都是从哲学分化而来,其思想的背后都有其源流性的哲学假设作为其支撑点。

鉴于这种对课程划分标准的认识,人们通常也将课程内容的选择取向分成三种基本类型:一是课程内容即教材,注重按照知识的内在逻辑组织课程内容,将传递知识作为其基本出发点,而课程作为事先设计好且不能改变的、固定式的内容,规定教师应该教什么和儿童应该学什么,其优点是知识和技能的系统性和可操作性强,使教师在教学过程中有据可依;二是课程即学习活动,注重课程内容与社会生活的联系,关注社会需要与儿童发展的联系,而课程内容作为儿童的学习活动,强调儿童在学习中的主动性,其优点是让儿童在做中学,在参与活动的过程中去探索和发现;三是课程即儿童经验,注重按照儿童发展的年龄特征和心理特点来确定课程内容,而课程内容作为儿童的学习经验,儿童是主动学习者,在与环境的互动中获得新的经验,其优点是儿童决定学习的内容,充分发挥儿童的学习主动性。此外,课程内容的范围和结构问题也是需要重点关注的问题,课程内容的范围涉及其具体内容的广度和多样性问题;而课程内容的结构则主要涉及具体内容的组织和安排,包括纵向之"继续性"与"程序性"(哪些学习内容在前,哪些在后)的安排和横向的"统整性"(指不同学习内容之间的互相联系以及统整的安排)[①]。

与其他阶段的教育相比,以 3 至 6 岁儿童作为主要教育对象的学前教育具有其自身的独特性,这种独特性乃是由其教育对象的特点所决定的,因为这一阶段的儿童在思维发展上是以直觉行动思维和具体形象思维为主,他们对自我和外在世界的认识离不开具体的操作和活动,其认知、能力、态度和情感的发展主要是建立在经验和体验的基础上,因此,活动和经验就成为学前教育课程的主要内容。正是基于这种认识,影响中国学前教育发展的四种西方课程模式在课程内容方面则主要围绕着活动和经验展开,课程内容的范围和组织也主要是以分领域的内容为主。比如,蒙台梭利课程模式在课程内容的选定上是不断发展的,传统的课程内容包括日常生活教育、感官教育、语言教育和数学教育四个领域,后来又涵盖了音乐、艺术、运动和戏剧活动。[②] 高宽课程模式以儿童的"主动学习"为核心确立了五个领域的课程内容,包括:学习方式,语言、读写能力和交流,社会性和情感发展、身体发展、身心健康,艺术和科学。这些领域又具体划分为十类,共有 58 条关键性发展指标。光谱课程模式非常注重关键能力的发展,并以学习活动区为基础将课程内容划分为八大领域,即运动领域、语言领域、数学领域、机械和建构领域、科学领域、视觉艺术领域、音乐领域、社会理解领域,各领域的活动也是相互联系的,并且与评价相结合。瑞吉欧课程模式强调课程内容的生成性,其并没有固定的"教材"或预先设计好的"教育活动方案",而是以儿童生活中感兴趣的"问题"作为主题来展开活动,在发展儿童认知能力的同时,注重其创造性的表现和表达,以及社会性和情感的发展。总体来看,这些课程模式在划分课程领域的同时,也注重各领域之间的相互联系,从而形成整体性的网络系统,促进儿童的全面和整体发展。

[①] 简楚瑛:《学前教育课程模式》,上海:华东师范大学出版社 2005 年版,第 3 页
[②] America Montessori Society. Montessori Education. New York:(年份不详)

这些课程模式在课程内容上对于儿童发展领域的划分也深深地影响着中国学前教育内容的发展,逐渐由原来的直接教学和分科课程体系转向活动教学和领域课程体系。新中国成立初期,受苏联学前教育分科教学理论和实践的影响,中国在学前教育领域也确立了分科教学模式,此时主要以"上课"的形式为主,课程内容分为体育、语言、认识环境、图画和手工、计算六科。在"文革"结束后,学前教育事业得以恢复,但分科教学的模式和课程内容并没有多大的改变,主要分为生活卫生习惯、体育活动、思想品德、语言、常识、计算、音乐美术等科目,①重视系统的学科知识和全班集体的作业教学,尤为重视智力的发展。针对这种课程内容成人化、小学化以及学科分裂的状况,80 年代初期,有研究者开始借鉴西方的学前教育思想和课程模式,主要以皮亚杰的建构主义理论、人类发展生态学理论和多元智能理论等为主,进行对幼儿园综合课程的探索,主张"幼儿在与周围环境交往的过程中,对所接触的人、事、物产生一定认识,形成相应的情感、态度和行为",②强调课程内容和方法的综合。此后不久,在中国一些大中城市也开展了综合教育实验,如北京、上海、天津、武汉等地,"综合教育"课程模式逐渐成为 20 世纪八九十年代较有影响力的教育模式,这对于改变过去的分科教学模式有积极的意义,并得到了国家政策层面的肯定。到了 90 年代后期,随着国际学术交流的加强,西方的学前教育理论和课程模式开始不断涌入中国,包括多元智能理论及光谱课程模式、维果茨基的社会文化建构理论及瑞吉欧课程模式等,在这些理论和课程模式的影响下,中国学前教育开始注重课程内容的生成性、经验性、互动性和适宜性。在实践方面,一些地方积极地进行幼儿园课程改革,如幼儿园活动整合课程、田野课程、探索性主题活动等都是这一时期改革实践的典型。③

如此,在课程理论和实践的推动下,中国学前教育课程内容由过去的分科课程走向了领域课程,教学方式也由直接教学走向了活动教学。在 2001 年颁布的《幼儿园教育指导纲要(试行)》中将其划分为健康、语言、社会、科学和艺术五大领域,涉及幼儿的情感、态度、能力、知识和技能等多方面的发展,具有"情境化"、"活动化"、"过程化"和"经验化"的特点。④ 中国学前教育课程内容和教学方式的这种转变与西方课程模式的影响密不可分,也存在着异曲同工之处。

(五)促进了教师主导性教学向儿童主体性建构的转变

教育方法是整个教育过程的实施和操作阶段,是将课程内容变为儿童自身的知识或经验的过程,主要谈怎么教的问题。王策三将教学方法定义为:"为达到教学目的、实现教学内容、运用教学手段而进行的、有教学原则指导的、一整套方式组成的、师生互动作用的活动。"⑤李秉德认为教学方法是"在教学过程中,教师和学生为实现教学目的、完成教学任务而采取的教与学相互作用的活动方式的总称"⑥。这两种对教学方法的

---

① 《中华人民共和国教育部幼儿园教育纲要(试行草案)》(1981 年 10 月).《中华人民共和国学前教育重要文献汇编》.北京:北京师范大学出版社 1999 年版,第 168 页
② 赵寄石:《学前教育论稿》,南京:南京师范大学出版社 2001 年版,第 376 页
③ 王春燕:《百年中国幼儿园课程改革的回顾及反思》,《学前教育》2004 年第 9 期
④ 教育部基础教育司:《幼儿园教育指导纲要(试行)解读》,南京:江苏教育出版社 2002 年版,第 98 页
⑤ 王策三:《教学论稿》,北京:人民教育出版社 1985 年版,第 244 页
⑥ 李秉德、李定仁:《教学论》,北京:人民教育出版社 1991 年版,第 193 页

典型定义虽然不是专门针对学前教育而论述的,但是其中却蕴含着教育方法的基本原理和特征。有研究者从中概括出教育方法所包含的三个基本要素,即教育原则、活动方式模型和操作规则。① 教育原则对于教育活动具有指导作用,是教育方法的灵魂,是教育者从事教育活动的指导思想,其背后蕴含着教育者的教育信念和思想,内在地规定着活动方式模型和操作规则。"活动方式模型是指教育基本行为方式在教育过程中的组合方式,这是教育方法的核心成分。任何一种教育方法都是由教育基本行为方式组成的。教育方法之间的不同,主要在于教育基本行为方式的选择以及各种方式组合原则的不同。"② 而操作原则就是活动方式模型的应用。所以说,教育方法的形成和改变与教育原则的确定、活动方式模型的选择和操作规则的实施关系密切。

在学前教育领域,由于20世纪以来"儿童中心"、"活动中心"、"建构主义"和"发展生态学"等教育理念和原则相继提出并逐渐被接纳,在学前教育的活动方式模型的选择上越来越强调活动中心、主动学习和环境的创设,其原因在于人们愈来愈认识到学前儿童更多的是需要在精心创设的环境中通过各种活动来主动建构自己的知识和能力,并发展其情感、态度和社会性。而这种趋向早在20世纪初就开始了,杜威在提出"儿童中心"理念的同时,也注意到环境的重要性,并在《儿童与课程》一书中提到"教育者可以决定儿童的环境"来指导儿童;后来泰勒也提到,教师要"安排环境和构建情景向学生提供教育经验,以激发所期望的那类反应"。③ 在对幼儿发展环境的关注上,蒙台梭利与杜威的思想不谋而合,在蒙台梭利课程模式中,"有准备的环境"是其教育方法的核心要素之一,另外还包括工作材料的设计和提供,以及作为"导师"的教师,这三要素构成了著名的"蒙台梭利三角"④。高宽课程模式坚持"主动学习"的核心教育原则,认为主动学习是儿童建构知识、发展能力和态度的基本方式,因而在具体的方法上强调教师通过精心设计的教育环境来激发和引导儿童的主动学习,并将其寓于一日活动流程之中。光谱课程模式以"智能多元化"和"发展的非普遍性"为为核心的教育原则,在教育活动方式模型的选择上主张教师通过营造良好的学习环境来识别并支持儿童的强项发展,因为"只要能够提供广泛领域的经验,大多数儿童都会展现他们独特的智能结构"⑤,并在此基础上以"搭建桥梁"的方式促进儿童的能力迁移和多方面发展。瑞吉欧课程模式深受建构主义理论的影响,认为儿童的发展过程就是在与环境和他人的交流互动中共同建构的过程,因而其教育方法上则主要强调教师通过创设"活"的教育环境,支持和引导儿童在其中以小组合作学习的形式对生活中的问题进行探索,促进幼儿认知、情绪情感和社会交往等多方面协调发展。概括而言,这四种课程模式在教育方法上注重儿童的主动建构,教师在教育环境的设置、活动材料的提供、活动方式的选择上起着重要的支持和引导作用。

---

① 刘庆昌:《教育者的哲学》,北京:中国社会出版社2004年版,第131页
② 刘庆昌:《教育者的哲学》,北京:中国社会出版社2004年版,第131页
③ Ralph, W. T. Basic Principle of Curriculum and Instruction, Chicago: The University of Chicago Press, 1949. p. 64.
④ E. M. Standing. *Maria Montessori: Her life and work*. New York: New American Library, 1984. p. 26.
⑤ Jie-Qi Chen, Krechevsky, M. & Viens, J. *Building on Children's Strengths: The Experience of Project Spectrum*. Teachers College Press, 1998. p. 20.

中国在学习和借鉴西方课程模式的过程中，以上四种课程模式在教育方法方面的原则和做法也逐渐影响着中国学前教育在教育方法上的变革和发展，开始由过去以教师为主导的集体教学活动方式走向以儿童为主体的主动建构和游戏。从20世纪50年代一直到80年代，由于苏联式的分科教学模式的影响，中国学前教育非常重视系统学科知识的教学，在教育方法上主要是以集体性的作业教学和教师有目的、有计划领导下的游戏为主，强调的是教师的权威和主导，强调知识的外部输入，而忽略了儿童的主体性和主动建构性。这种状况在改革开放以后遭到了极大的诟病，虽然1981年颁布的《中华人民共和国教育部幼儿园教育纲要（试行草案）》试图扭转这种局面，在文件中提出将游戏作为首要的教育手段，但仍强调教师的领导，"上课"的地位并没有动摇。此时，随着西方学前教育理论和课程模式的传入，针对"重教学轻游戏、重教师教轻学生学"的做法，有研究者通过介绍西方儿童学前教育中游戏的地位和作用，来倡导游戏活动的特点和价值；[1]有的研究者则通过阐述几种西方经典的游戏理论来促使人们认识游戏对儿童心理发展的重要价值与意义，并指出"游戏是儿童的天性"[2]。而另外一些研究者则在皮亚杰的建构主义和维果茨基的社会文化建构主义的影响下，"主张让幼儿与周围环境交互作用的过程中通过自我建构而得到发展，教师的作用在于提供交互作用的条件，指导交互作用的过程"[3]。基于这些研究和影响，在1996年颁布的《幼儿园工作规程》中就强调幼儿的主动活动，为幼儿创设与教育相适应的良好环境，提供充分活动和表现能力的计划；同时，强调游戏在学前教育中的重要作用，主张幼儿园以游戏为基本活动，并注重寓教育于环境和一日活动之中。到90年代后期，诸多西方课程模式所倡导的具有共通性的教育方法开始被中国学前教育界所认同，如儿童的"主动学习"，适宜的教育环境，儿童的合作学习，丰富多样的游戏等，并且这些先进的教育原则和方法在2001年的《幼儿园教育指导纲要》中得到了体现。

教育方法上的改变也带来了幼儿园教师角色的转换，他们逐渐由过去的教导者走向儿童发展的支持者和合作者。早在20世纪初期我国就受到了福禄倍尔和蒙台梭利课程模式的影响，当时张宗麟在论述幼稚教师的修养时就曾指出："即就幼稚教育言，十九世纪以前，无所谓幼稚教育，故福氏之论崭然新颖。至二十世纪初叶，蒙氏学说又一新矣，然而近来儿童心理学日新一日，幼稚教育亦与之俱进，蒙氏之说又未免有缺点矣。"[4]并认为幼稚教师之责任在于养护儿童，至教导一切知识技能，改良家庭教育等。不久，随着杜威教育思想的传播，"儿童中心说"开始影响中国学前教育的发展，幼稚教师对于幼儿发展的养护和引导作用得到人们的认同。在新中国成立初期，伴随着苏联教育模式在中国教育领域统治地位的确立，教师在教育活动中的作用和地位得到空前提高，成为教育教学活动的中心之一，主导着教育教学活动的进行，甚至学前教育也以有目的、有计划、有系统的教学和作业为主，并认为"幼儿园对幼儿培养的效果，教师本

---

[1] [美]B•D•戴伊著.刘焱，卢乐山译：《游戏在儿童学前教育中的价值》，《外国教育动态》1984年第3期
[2] 陈帼眉：《儿童游戏的心理学理论》，《学前教育》1987年第2期
[3] 赵寄石：《学前教育论稿》，南京：南京师范大学出版社2001年版，第155页
[4] 张宗麟：《张宗麟学前教育论集》，长沙：湖南教育出版社1985年版，第57页

身起着决定性的作用"①,此种情况一直持续到 80 年代初期。进入 80 年代中后期以来,随着教育民主化思潮和建构主义理论的发展,注重儿童发展的主体性和主动性已然成为了时代发展的潮流,在学前教育领域亦是如此,众多西方课程模式不约而同地将教师看作儿童发展的观察者、支持者和引导者。在这些思潮和课程模式的影响下,中国学前教育领域也开始由传统的"教师中心"发展到"学生主体、教师主导"再到"双主体"等,在此过程中,儿童的主体性和主动性得以彰显,教师作为幼儿发展的支持者、合作者和引导者的作用也成为了广泛的共识。

对于教师地位和角色的转换,一位资深的幼儿教师对此最有感受,在访谈中,她说道:

> 在 20 世纪 80 年代,幼儿教师地位很低,大家都认为就是个看孩子的,那时候对幼儿教师的要求也不高,很多都是小学老师来充当的,而幼儿教师的主要任务就是给孩子们上课,教给一些基本的知识和技能,保证他们身体和智力的健康发展,对于幼儿教师来说也比较容易操作。后来,随着我国学前教育改革的推进,学习欧美等国先进的学前教育经验成为了发展潮流,很多幼儿园都开设了蒙台梭利班,有的学习瑞吉欧的做法进行综合艺术教育的实验,有的根据多元智能理论设置多种学习区等,在这个过程中,对幼儿教师的要求发生了根本性的变化,好教师的标准不再是能上好课,而是促进幼儿生动、活泼、主动地发展。当时,我们幼儿园也开始借鉴国际上一些幼儿教师专业发展理念,如:对儿童有深刻的理解,善于观察和评价儿童的行为表现,将儿童的发展水平和行为表现作为设计课程和进行个别教育的依据,为儿童营造安全、健康的氛围,与儿童建立积极有效的师幼互动关系,选择符合儿童兴趣、需要以及发展水平且具有一定挑战性的教育内容,并在教学过程中为儿童提供主动学习和自主建构的机会等。经过理论学习和实践的尝试,我们认识到,随着学前教育对儿童发展主体性和主动性的突出和强调,作为优秀的观察者、支持者和合作者开始成为幼儿教师专业发展的目标。

(六) 推动了结果性评价向发展性评价的转化

泰勒在"八年研究"(1933—1940)报告中首次提出了"教育评价"的概念,并认为"教育评价过程在本质上是确定课程和教学大纲实现教育目标的程度的过程"。之后,他在 1986 年出版的《教育评价概念的变化》一书中对其进行了修改,认为教育评价是"检验教育思想和计划的过程"②。在西方教育评价的发展过程中,由于科学主义、实用主义和管理主义的盛行,量化评价一直都占据着主导地位,因为运用量化的评价方法,一方面其效果可测量,易于比较、易于控制,评价过程较为稳定,具有信效度高的特点;另一方面评价结果容易满足人们对公平的诉求,也符合盛极一时的科学化的潮流,符合工业社

---

① 《幼儿园暂行教学纲要(草案)》.载中国学前教育研究会.《中华人民共和国幼儿教育重要文件汇编》,北京:北京师范大学出版社 1999 年版,第 563 页
② Tyler, R. W. "Changing Concept of Education Evaluation", *Journal of Education Research*, 1986. pp. 1 - 113.

会的效率原则。但是,由于量化评价方法本身所具有的局限性,以及量化评价方法所导致的对结果性和总结性成果的重视,反而违背了评价的初衷,不利于教育的改进和发展。所以,在20世纪70年代以后,随着"建构主义"和"解释学"的兴起,在教育领域也开始强调"建构"、"理解"和"视界融合",质性评价和形成性评价开始兴起并受到关注。这种评价方式主张评价者不应只注重评价对象的行为和结果,也应该关注活动的过程及其背后所包含的特殊意义,并力求在评价的过程中及时发现问题,从而调节行为方式。其本质特点是强调在自然情境中展开评价,评价所获得的结果适用于特定的情境,其目的在于促进个体的发展。由此也出现了解释评价模式、应答评价模式、自然主义探究模式等一系列评价理论与模式。总体而言,教育评价方法呈现质性评价和定量评价结合的趋势,体现人性化和民主性,以及以个体需求为导向的心理建构思想。而对于当代西方教育评价的发展,有研究者指出其具有以下特点:第一,评价对象和范围不断扩大;第二,重视自我评价的功能,注意发挥被评价者的作用;第三,在技术上、方法上力求科学化;第四,从评价形态上看,重视形成性评价;第五,评价指导思想从为少数人服务转变为促进所有儿童充分全面发展。[1] 当前,随着教育评价研究的深入,教育评价的范围逐步扩大,但其评价的核心仍然是教学评价。[2]

在学前教育领域,教育评价的范围也非常广泛,涉及儿童、教师、管理人员、环境、课程等诸多方面,但是通过评价来改进课程、提高教育者的素质,从而促进儿童的适宜性发展则是学前教育评价的主旨。由于学前教育并不像其他阶段的教育以教学活动为教育活动的主体,而是以儿童自主进行的活动和游戏为主,课程的计划和实施在很大程度上取决于幼儿的发展水平,注重儿童在教育活动中体验和经验的获得,因而教育活动难以进行量化或者标准化的测量,因此评价方式也主要是过程性和形成性评价。对于课程模式来说也是如此,其教育评价也主要以形成性评价为主,通过对儿童发展水平和发展状况的评估来促进和引导幼儿的全面发展。如蒙台梭利课程模式主要通过对幼儿每日工作情况以及幼儿已完成的工作情况的观察和记录来进行评价,蒙台梭利的多数工作完成后都会以幼儿作品的形式保留下来,这也是评价幼儿发展水平的一个依据,这些基于观察和记录的评价又是新课程开发的基础。教师可选择适合自己的记录方式,或是现场笔记或是借助其他现代化的工具和设备。高宽课程模式的评估是通过教师对幼儿活动的观察和记录进行的,教师要对幼儿的计划、活动情况进行记录,及时记录发现的问题,在此基础上提供适时的帮助,而在长期观察和研究的基础上高宽课程模式还开发出了专门的评估工具——"儿童观察记录表",以便于教师观察、记录和评估。光谱课程模式在评价方面是独树一帜的,其建立起了以多领域评估活动组成的评价体系,这源于其早期研究中对于评价方法和工具的关注,也与其核心理念密切相关,即"找到识别儿童智能强项的方法,并根据每个儿童的智能强项为其提供丰富的早期经验,从而使教师、家长以及儿童自己认识并发展他们的强项和潜能。"[3]瑞吉欧方案课程重视对幼儿

---

[1] 胡德海:《教育学原理》,兰州:甘肃教育出版社1998年版,第609页
[2] 辛涛,李雪燕:《教育评价理论与实践的新进展》,《清华大学教育研究》2005年第6期
[3] Jie-Qi Chen, Krechevsky, M. & Viens, J. *Building on Children's Strengths: The Experience of Project Spectrum*. Teachers College Press, 1998. p.3

进行动态的、形成性评价,教师在教育过程中持续而细心地观察、倾听幼儿,通过使用如笔记本、照相机、录音机、录像机等各种记录工具对幼儿的活动进行记录,然后对它们进行整理、分析、评估,并在此基础上开发新的课程以支持每个幼儿的发展。总体而言,这些课程模式都是以形成性评价为主要的教育评价方式,具有评价主体、评价内容和评价方法多元化的特点,此种评价是以教师对儿童活动的观察、记录和考量为基础,其目的在于通过评价来促进儿童多方面能力和水平的发展。

西方课程模式所倡导的形成性教育评价在中国学前教育领域的引入和确立却是经过了漫长的过程,这一方面是由于中国现代学前教育体系的确立时间较短,有一个逐渐发展和完善的过程,另一方面则是与中国的文化教育传统和近代以后政治经济格局的变动密切相关。在教育评价方面,中国历来就非常重视其选拔和甄别功能,从隋唐开始的科举制就是典型的代表,虽然清末废除了科举制度,但是教育的选拔和甄别功能却已经深入民族的文化血脉之中。在民国时期,随着欧风美雨的浸染,"儿童中心"和教育民主化的思想开始影响着中国学前教育的发展,但是新中国成立初期所采取的"全盘苏化"的教育方针让苏联式集体统一的分科教学模式在学前教育中占据了主导地位,系统地传递知识和发展智能并为升入小学打基础成了主要目的,教育评价也主要以目标导向的终结性评价为主,致使很长一段时间内学前教育评价一直都发挥着"选拔适合教育的儿童"[①]的功能,这种影响一直持续到80年代初期。到了80年代中后期,随着西方学前教育评价理念和模式的传播和影响,中国学前教育开始关注教育评价对于促进儿童各方面能力发展的作用,涉及儿童的智能评价、创造性评价、游戏评价、环境质量评价等诸多方面。[②] 此时,哲学界对于人的主体性的宣扬和讨论也促使教育界开始关注儿童的主体性问题,而"对人的主体性的尊重和对人的受教育权的尊重,为教育评价的发展性功能的强调提供了重要的哲学和社会基础"[③]。进入90年代以后,多元智能理论和非普遍性发展理论的盛行使学前教育评价进入了多元化时代,儿童发展的主体性和多元性成为共识,"'是否有利于幼儿的主体学习和个性发展'成为重要的评价标准,评价开始真正成为'儿童'与'课程'之间的'桥梁'"[④],人们开始强调评价的发展性功能,即"要求教育要以诊断和改进学前教育、促进教育活动的参与者(尤其是幼儿与教师)能在原有基础上得到发展的目的"[⑤],发展性评价成为教育评价关注的焦点。而后,深受多元智能理论影响的光谱课程模式和瑞吉欧课程模式的传入,发展性评价开始由理念层面

[①] 冯晓霞:《多元智力理论与幼儿园教育评价改革——发展性教育评价的理念》,《学前教育研究》2003年第9期

[②] 有代表性的论文有:茅于燕:《2岁—3岁儿童智力测查的操作方法和通过标准》,《父母必读》1989年第1期.E.P.托兰斯,竺波编译:《学前儿童创造力非正式评价》,《学前教育》1986年第3期.巴巴拉·戴,王坚红译:《创造性学习的评价、测定和记录》,载黄人颂编:《学前教育参考资料(上)》,北京:人民教育出版社,1991年版,第718—758页.周兢:《向幼教界推荐观察评价幼儿游戏水平的几个量表》,《学前教育研究》1989年第6期.武杰:《学前教育机构环境质量评价——Harms-Clifford环境评价介绍》,《心理发展与教育》1988年第1期.

[③] 刘志军:《论发展性课程评价的基本理念》,《学科教育》2003年第1期

[④] 冯晓霞:《多元智力理论与幼儿园教育评价改革——发展性教育评价的理念》,《学前教育研究》2003年第9期

[⑤] 虞永平:《学前教育观新论》,北京:人民教育出版2006年版,第266页

向实践层面转化。

对于幼儿园课程评价问题,我们访谈的一位幼儿园园长曾这样说过:

> 我们以前是不重视教育评价的,即使评价也主要是鉴别性和评判性的,主要是通过儿童基本知识和技能的掌握情况来判定他们的发展程度,但是现在教育评价已经成为我们幼儿园工作的重要一部分。对于幼儿教师来说,教育评价不仅能反映出儿童的发展情况,而且也是促进儿童发展的重要工具。现在大家都很关心学前教育的质量问题,在我看来关键的是如何进行评价的问题,这里主要包括两个重要的方面:首先是谁评价,即评价主体的问题。当有人说一所幼儿园"好"时,我们分析,是谁在作出这样的判断,又是对谁来说,这是一所"好"幼儿园。现实中,我们更关注行政人员、专家的评价,而对于来自家长、教师自己的评价关注不够,更缺乏儿童的声音。应强调:学前教育的根本目的是促进儿童的发展,因此,不管评价主体是谁,都应以儿童的发展为本。当然还有评价什么,即评价内容的问题。在我们谈及提升学前教育的质量时,应该从哪些方面来提升,而这些方面又该如何相互配合?现实中,不同的评价主体往往只会从某一个侧面去评价、判断教育质量。所以我们在评价的时候要注重评价的全面性和差异性。

由此可以看出,发展性评价已经成为了学前教育理论和实践发展的共同追求,并最终在国家政策层面得到肯定,在2001年颁布的《幼儿园教育指导纲要(试行)》中对学前教育评价作出了明确的说明,实际上是提出了一个建立促进儿童、教师和课程不断发展的评价体系的问题。

(七) 启动了教育借鉴向教育建构的变革进程

沧桑百年间,中国学前教育经历了天翻地覆的变化。在1903年之前,中国没有独立的学前教育体制和体系,没有幼儿园课程设置,学龄前儿童的教育主要是在家庭、私塾中进行。而到2009年,中国已经建立了相对完备的学前教育体制和体系,幼儿园课程设置完备,学前三年毛入学率达到了50.9%,幼儿在园人数达到了2 658万人。[①] 与此相伴,中国幼儿园课程也经历了从无到有、从幼稚到相对成熟的发展过程,逐步走向科学化和多元化。

而在这一百多年的历史进程中,中国幼儿园课程在中外文化交流的浪潮中走过了一条不断借鉴和学习西方课程模式的发展道路。从20世纪初期的"以日为师",模仿日本的学制而初步建立起现代意义上的学前教育体制,欧美的学前教育思想和课程模式第一次进入中国人的视野;到20世纪20年代转而向美国学习,在杜威教育思想和蒙台梭利课程模式的影响下开始艰难探索中国化的幼稚教育发展之路;进入50年代,在全面学习苏联经验的方针指导下,苏联式的分科教学模式迅速在中国学前教育领域确立起主导地位,西方的教育思想和课程模式遭到了彻底的批判和肃清;当跨入80年代,改

---

① 国家中长期教育改革与发展规划纲要(2010—2012),http://www.gov.cn/jrzg/2010-07/29/content_1667143.htm,检索日期 2012 - 03 - 25

革开放的春风让欧美的教育思想和诸多课程模式飘然进入中国学前教育发展的各个领域,中国幼儿园课程又开始在反思和借鉴中重新起步,并尝试进行本土化的探索。可以说,在这四次大规模的学习和借鉴过程中,"全盘西化"和"自主探索"的博弈从未停止过。尤其是80年代以来,中国的学前教育工作者们在借鉴和学习西方的同时,非常注重进行本土化的改革和探索。

这种改革之路也经历一个由民间自发探索到国家整体推进的发展历程,并开始注重由借鉴走向自主建构和创新。在80年代初期,针对当时幼儿园课程中重知识轻能力、重上课轻活动、重分科教学轻综合发展等弊端,一些理论研究者开始尝试在借鉴与融合西方教育思想和课程模式的基础上,在学前教育实践中探索综合化的幼儿园课程,以纠正苏联式分科教学模式的偏差,并形成了一些有影响力的课程,如:南京师范大学与南京市实验幼儿园合作开发的"幼儿园综合教育课程",上海市长宁区教科所与愚园路第一幼儿园合作开发的"幼儿园综合性主题教育课程",湖州市实验幼儿园开发的"发展能力课程"等。这一时期的探索仍然是初步和小范围的,并主要集中于教学活动形式的层面。但这种探索的渴求和趋势最终引起了国家层面的关注,并于1989年颁布了《幼儿园工作规程(试行)》,这标志着有计划、有组织的全国大规模幼儿园课程改革的正式开始[①]。90年代中后期的幼儿园课程改革则得到了更多西方学前教育理论和课程模式的支撑和影响,此时,建构主义理论、社会文化建构理论、人类发展生态学理论、多元智能理论、非普遍性发展理论,以及建立在这些理论基础之上的高宽课程模式、光谱课程模式和瑞吉欧课程模式都被引入并得到广泛的关注。与80年代课程改革不同的是,这一时期中国学前教育研究者更注重课程模式中核心要素的发展问题,尤其是关于教育目标、理论基础、课程内容、课程实施、课程评价等方面内容的研究和提升,也更加注重课程研究和开发中"国际视野"与"本土行动"的结合,幼儿园课程改革的自觉性大大提高,教育理论工作者和实践工作者开始积极寻求在借鉴的基础上进行自主地建构和创新。

在深圳进行的行动研究中,笔者对一些参与过课程模式开发的园长和教师进行了访谈,在访谈中她们较为详细地谈到了她们在课程方面所进行的改革:

> 我园是从2000年7月开始进行蒙台梭利教育法本土化探索的,其目的是在借鉴的基础上探索具有中国特色的园本化课程模式。八年来,我园坚持"以我为主,他为我用"的开发思路,走过了一条借鉴、融合与创新的发展道路,经过专家和我们一线教师的共同努力取得了阶段性成果,对于教师来说,她们在探索和实践中获得了专业上的成长,对于幼儿来说,在本土化的蒙台梭利教育法的培育下获得了个性化的成长。
>
> 而这些成果的取得也经历了艰难的探索和实践过程,总体来看主要经过了借鉴、融合和创新三个发展阶段,每个阶段都经历了多次尝试、修正和调整。
>
> 首先,在借鉴阶段,我们主要是吸收蒙台梭利教育理念,并将其转化为幼儿园

[①] 庞丽娟:《中国教育改革30年(学前教育卷)》,北京:北京师范大学出版社2009年版,第130页

的日常教育行为和活动。为实现这一目的,我们采取了三项措施。第一,派骨干教师参加培训,为了更好地理解和领会蒙台梭利教育法的精髓。第二,开设蒙台梭利实验班,在北京师范大学学前教育专家的指导下,我园开设了两个蒙氏实验班,开始从四个方面进行改革试验,即:①创设"有准备的环境";②作为儿童发展的研究者、支持者和引导者的教师;③建立混龄班一日常规;④实现多种活动形式的有机整合,并为每个班配备三名幼儿教师以开展活动。第三,通过专家的指引步入正轨,虽然选派了骨干教师接受前期的培训,但是对于刚刚接触蒙氏教育法的我们来说,面临的困难还是非常多,主要的问题在于蒙氏教育法是一种儿童主导、"工作"中心的课程模式,与我们传统的教师主导的直接教学模式存在着巨大的差异,教师们很难扭转多年来教育教学形成的习惯,这时我们把专家请入课程实施现场,在诊断的基础上进行示范、交流、答疑解惑,帮助教师将理解转化为具体的行为,引导我园的实验工作步入正轨。

其次,在融合阶段,我们面对理论和实践中的诸多困难,开始以蒙台梭利教育法为基础,融合世界上其他优秀的课程模式。这一阶段的工作也主要包括三个方面。第一,充实、扩展活动区域。前期我们在实验班设置了日常生活、感官、语言、数学、科学与文化、历史与地理、艺术表现七大活动区,此时我们重点充实了相对较弱的区的探究材料,尤其是融入了具有传统文化特色和深圳区域特色的一些元素。2003年我们在吸收、融合多元智能理论和光谱方案有关八大活动区划分的基础上,增加了社会领域和机械建构领域两个活动区。第二,丰富、发展活动区工作材料。我园非常重视《纲要》与蒙氏教育法的融合,特别是在"有准备的环境"的创设以及如何丰富、发展活动区工作材料方面,几年下来,我园教师已经能够根据幼儿发展的需要提供丰富的"工作材料"。在此过程中,培养了教师的开放和创造能力,教师也在"模仿"中"创新",课程在"借鉴"中出现了"特色"。第三,尝试以多种形式开展主题活动,在蒙氏教育法中,区域活动与主题活动是互为补充的,在前期的实验中偏重区域活动,并且两者缺乏有机的结合,对此我们请专家到课程实施现场,指导幼儿教师如何合理安排主题活动和区域活动。经过多次碰撞,反复琢磨,不断实践,我们对主题活动有了更深刻的认识,并基本消除了区域活动与主题活动割裂的局面。

最后,在创新阶段,我们这一时期的工作也主要体现在三个方面。第一,为幼儿提供三个层次的工作材料。为了尊重儿童的个体差异,促进其个性化发展,我园在蒙氏教育法的基础上开始思考为幼儿提供个性化的探究材料,这些材料分为三个板块,一是基本区,提供满足儿童发展基本需要的活动材料,是幼儿的"必修区";二是拓展区,提供满足部分儿童高于基本需要的拓展材料,是幼儿的"选修区";三是特别研究区,提供满足儿童个性化发展需要的问题研究区,是"个性化探索区"。第二,实现区域活动与主题活动的紧密连接,为了达到这一目的,我们通过在实践中开发多种相互联系的活动,实现区域活动与主题活动的相互结合、延伸和渗透;第三,实现发展过程可视化,这种"可视化"是通过幼儿发展的"工作记录"、"工作成果"和"成长档案袋"等多种形式来实现的,通过这些方式使幼儿获得了展示自己经验和成果的机会,激发他们的学习欲望,同时,也加深了教师和家长对幼儿发展情况的了解,有利于家园合作,形成教育的合力。

在这八年艰辛的探索过程中,我们体会到,只有真正理解和吸收一种课程模式的精髓,并积极融合其他优秀的课程模式,在本土化的实践中积极寻求创新,才能创造出适宜于本园的课程模式。

类似于这样的探索和实验在其他地区也出现过,并形成了一些有代表性的课程,如:南京师范大学开发的"幼儿园渗透式领域课程"和"生态式融合课程"、北京师范大学冯晓霞教授开发的"五大领域课程"、华东师范大学周兢教授开发的"活动整合课程"、上海中福会幼儿园提出的"生存课程模式"、南京市太平巷幼儿园的"田野课程模式"等。

总的来说,西方课程模式在中国的传播有力地促进了我国学前教育的发展,加快了幼儿园课程改革和发展的步伐,打破了苏联式的分科课程一统天下的局面,形成了多元化的课程格局,使中国幼儿园课程理论和实践开始由过去的借鉴为主走向了自主的建构和创造。

二、从教育借鉴走向教育建构:中国特色课程模式的创建

20世纪以来,中国幼儿园课程的发展史,在某种程度上说也是一部学习和借鉴西方课程模式的历史。尤其是20世纪八九十年代以来,随着欧美各种学前教育理论兴起,各种课程模式在全世界范围内声名鹊起,经过美国化改造的蒙台梭利课程模式、强调主动学习的高宽课程模式、注重识别和促进儿童强项发展的光谱课程模式、重视儿童自主建构的瑞吉欧课程模式等也开始纷纷传入我国,对我国学前教育的理论和实践产生着重要的影响,促使我国创建具有中国特色、适宜中国本土化发展的课程模式。

(一)未来取向:超越借鉴的循环往复走向课程模式建构和教育创新

"教育政策转移"(Educational Policy Transfer)是指一国教育政策或实践跨越国界情境中的比较、移植或转移的动态过程,它包括这种外来教育政策或实践被一个国家所改变和调整,继而实施和吸纳的复杂过程。在全球化快速发展的今天,教育政策转移已经成为国际间教育发展的常态,其目的在于通过教育政策和实践的转移促进本国教育的良性发展,并在别国教育经验和教训的基础上进行本土化的创新。教育借鉴则属于其中一种主动借鉴的类型,也是当前国际间教育政策和实践转移中最常见的方式,而大卫·菲利普斯提出的教育借鉴理论则很好地解释和说明了教育借鉴的过程和结果。同理,教育借鉴理论作为一个理论工具,也很好地解释了西方课程模式影响中国学前教育发展的历史过程,但是,对于这一过程我们要有理性的认识。"以史为鉴可以知兴替",在新时期中国幼儿园课程改革应该走出教育借鉴理论所阐述的"跨国吸引、本国决策、本土实施和逐步内化"的循环往复,在借鉴的基础上实现多种课程模式的交汇与融合,走向具有中国特色的课程模式建构和教育创新。

1. 在本国决策阶段实现国际视野与本土意识的融合

教育的功能在于传承文化、培养和塑造人,要传承哪些文化、要培养具有什么样特质的人,是国家通过法律法规规定的,一般代表了社会文化发展的方向,而课程则是教

育内容的具体化,承载着教育目标的实现和社会发展的需求。对于学前教育来说也是如此,正如托宾所言:"学前教育体系既反映了随着时间流逝而遗存下来的文化价值观,同时也反映了面对社会压力以及社会对于儿童的要求和期待所作出的变革。"[1]东西方的课程模式都是一定社会文化的产物,是一定社会意识形态和价值观念在幼儿园课程中的具体体现。

在人类文明的发展进程中,不存在放之四海而皆准的真理,同样,也不存在脱离时代和社会文化背景而适合所有儿童的课程模式。综观影响中国学前教育发展的四种课程模式,其都是一定的时代和社会文化发展的产物,并适应了当时社会和文化发展的需要。蒙台梭利课程模式的形成与发展以第二次工业革命和科技革命为背景,在教育内容上非常注重儿童各方面能力的培养和智力的发展,两次世界大战的经历让蒙台梭利将教育目标确定为通过培养具有健全人格的新人类来建设和平的新社会,教育方法上也强调独立、自由、理解和沟通,而意大利人所特有的公共社区观念使得家庭与家庭之间保持着亲密的关系,社区犹如大家庭一般,儿童在其中体验和理解合作与分享,这也是"儿童之家"的诞生与"有准备的环境"形成的重要文化基础。高宽教育课程模式是美国教育民主化运动在学前教育领域的重要体现,源于对身处种族歧视和贫困问题之中处境不利儿童的关注,其早期目标在于通过早期介入方案帮助处境不利儿童为入学做好准备,在课程内容和教育方法方面注重认知能力的发展和知识教育质量的提高。光谱课程模式诞生于后工业化时代的美国,知识经济的发展需要高质量的教育,美国朝野对教育质量以及保证教育质量的评估体制的重视催生了以评估为基础的光谱方案的产生,而后工业时代对个性和差异的强调、对合作与创作的尊重也深深地影响着教育目标和课程内容的多元化与个性化发展。瑞吉欧课程模式产生于文艺复兴的起源地——意大利,瑞吉欧这座文化氛围浓厚的小城并没有因为经历二战而丧失其民主合作的文化传统,民主管理、互惠合作、理解分享、自主创造以及淳朴的民风造就了尊重孩子"一百种语言"的民主教育观,以及广泛参与、合作分享的教育方法,从而促进儿童想象力、创造力和各项潜能的发展,"从一个大的背景中去看待瑞吉欧这个城市以及在这个城市中酝酿起来的教育系统,有益于了解瑞吉欧教育的独特性"[2]。由此可见,西方课程模式的发展都是一定社会文化的产物,并适应和反映了社会文化发展的需要,从而具有旺盛的生命力而长盛不衰。

反观中国幼儿园课程的百年发展历程,一个多世纪以来,中国一直走的是一条向西方学习之路,在西方课程模式和体系的冲击下,几乎丧失了对自身课程文化的认同,一直都在"全盘西化"和"本位文化"的争论中前行。因此,在当前中国文化和社会转型的重要时期,为现实中华民族文化的复兴和长远发展,我们需要有一种"文化自觉"和"课程自觉"。所谓"文化自觉"乃指"对它自身文化的起源、形成的过程以及特点(包括优点和缺点)、发展趋势等,能作出认真的思考和反省"[3]。而"课程自觉"则是对一百年来幼

---

[1] Tobin, Joseph J. et al. *Preschool in three cultures: Japan, China, and the United States*. Chicago: the University of Chicago Press University Press, 2009. p. 1
[2] 朱家雄:《幼儿园课程》,上海:华东师范大学出版社2003年版,第270页
[3] 王忠明:《中外名家系里讲座集萃(3)》,北京:中国青年出版社2006年版,第134页

儿园课程的起源、发展过程和特点、以及未来的发展趋势进行全面地反思和自省。这需要我们把今天的幼儿园课程发展放到新中国学前教育改革与发展的来龙去脉和起承转合中去认识，放在新中国学前教育改革与发展的历史传统和现代化进程中去说明，我们才可以看到新中国学前教育的起点和新中国学前教育走向现代化的历史进程。只有在对自身课程文化的彻底了解的前提下，并以此为基础，再学习和借鉴西方先进的课程理念和课程思想，才有可能看清未来的发展方向，走出一条具有中国特色的幼儿园课程发展之路。

在建立"文化自觉"和"课程自觉"的同时，我们还需要有国际视野，因为在全球化的今天，"当代的许多问题都无法在民族国家的层次上，即从国际（国家间）关系的角度给予恰当的说明，而必须超越民族国家界限，从全球（跨国）过程的角度去加以研究"[①]。即是说，世界范围内出现的各种问题不是某一个国家或地区能解决的，需要世界各个国家和地区共同参与。这种相互合作、彼此协调、共同发展的国际政治和全球经济，要求我国的学前教育改革必须置身于全世界的大环境之中，用全球性的眼光来分析、判断和决策，并将它与整个国际社会联系起来。然而，在这股来势汹汹的全球化浪潮中，不同的国家和民族在融入世界的过程中是否失去了自己的"身份特征"？幼儿园课程改革面临这样的困境，一方面应该积极学习其他优秀的幼儿园课程，融入当前世界学前教育改革的浪潮，另一方面应该注意在紧盯着他人的时候不要丢掉自己赖以生存的基础。

2. 在本土实施阶段实现课程模式的"本土化"转换

由于历史的原因，中国学前教育起步较晚，学前教育课程发展滞后，学习和借鉴其他国家的先进经验是我国学前教育课程改革与发展的必经之路。但在此过程中我们不能不假思索地盲目借鉴和移植，正如萨德勒所言："我们不能随意地漫步在世界教育制度之林，就像小孩逛花园一样从一堆灌木丛中摘一朵花，再从另一堆中采一些叶子，然后指望将这些采集的东西移植到家里的土壤中便会拥有一个有生命的植物。"而是应该采取理性的态度，在全面认识和理解国外学前教育课程理论和实践的基础上依据本国国情和发展需要实现"本土化"转换。

对于教育借鉴的本土实施，比较教育先驱朱利安（Marc-Antonie Julian）在19世纪初就曾指出："人们需要在综合理解的基础上判定哪些工作所提供的经验可以移植到别的国家，这需要由这些国家的社会环境和地区发展情况来确定是否适合，并由此来加以修改和变革。"[②]即是说，在借鉴和移植别国教育经验的过程中，需要根据本国的社会发展情况对其进行修订，以适合本国教育发展的需要，在某种意义上这就是一个外国教育经验的"本土化"转换过程。实际上，外国教育经验在本土实施中的适应性问题一直是比较教育学家们非常关注的问题。库森（Cousin V.）曾直言："我研究的是普鲁士，但我思考的始终是法兰西。"[③]他认为一个伟大的国家应该善于借鉴他国优秀的东西，并逐

[①] 文军：《西方多学科视野中的全球化概念考评》，《国外社会科学》2001年第3期
[②] Marc-Antonie Julian, *Plan and Preliminary Views for a Work on Comparative Education*, quoted in Stewart Fraster, Jullian's Plan for Comparative Education, Teachers College Press, Columbia University, 1964, p.40.
[③] Cousin, *Rapport sur l'instruction*, quoted in Brewer, *Victor Cousin as Comparative Educator*, Teachers College Press, Columbia University, 1971, p.50

渐使之"同化"并服务于自身的发展,而不仅仅是简单地照搬和模仿。为了更好地实现这种"同化"或者说"本土化",康德尔和汉斯不约而同地提出了"民族性"(National Character)的概念,即借鉴过程中所必须考虑的植根于一个民族深处的历史、传统、制度、观念和文化等因素,它们既是民族性影响的产物,也是民族性的直接体现,这些因素影响或决定着外国教育政策和实践的"本土化"程度。所以,只有深入研究和了解一个国家的民族性,进而将借鉴而来的教育理论和实践与本国的历史、文化、制度、传统等相融合,使之成为本国教育政策和实践的组成部分,才能真正实现"本土化"转化,真正促进本国教育的改革与发展。

纵观中国学前教育课程改革和发展的百年历程,在学习和借鉴西方课程模式的过程中,由于急功近利的心态和对外国学前教育理论与实践的盲目崇拜,致使我们在具体的课程实践中陷入"全盘照搬"或"全盘否定"的历史怪圈,并没有实现对西方课程模式的"本土化"改造和转化。对于此种情况的出现,早在20世纪二三十年代陈鹤琴就曾明确地指出:"现在中国所有的幼稚园,差不多都是美国式的……这并不是说美国化的东西是不应当用的,而是因为两国国情上的不同。有的是不应当完全模仿的,尽管在他们美国是很好的教材和教法,但是在我国采用起来到底有许多不妥当的地方。要晓得我们的小孩子不是美国的小孩子,我们的历史、我们的环境均与美国不同,我们的国情与美国的国情又不是一律,所以他们视为好的东西,在我们用起来未必都是优良的。"[①]话音犹在耳畔,当历史的车轮迈入21世纪,而中国学前教育课程发展的这种境况并没有得到根本的改变,我们接触和借鉴的西方课程模式越来越多,如蒙台梭利课程模式、高瞻课程模式、光谱课程模式、瑞吉欧课程模式、发展适宜性实践模式、创造性课程模式等,对于这些让人眼花缭乱的课程模式,我们要么浅尝辄止、拿来就用,要么快速应用之后就弃之如敝屣,并不能真正理解和掌握每种课程模式的精髓,更妄谈在本土实践中实现革新和创造了。

事实上,每种课程模式都是植根于本民族的历史文化之中,都具有"民族性"特点,课程模式可以照搬或者移植,但是其背后所蕴含的历史文化等诸多因素是无法简单复制和移植的,在本土实施阶段,如果无法实现两种文化的交流与融合,就很可能出现"排异"反应,从而危及机体本身的正常运作和发展。因此,我们在学习和借鉴西方课程模式的过程中,必须在本土实施中实现"本土化",即,在自己原有文化的基础上,通过吸收新鲜养分及自身进化来使本国、本民族文化适应社会发展和人类自身发展的需要,实现库森所说的同化。换言之,就是基于文化理解和沟通的基础上,将借鉴而来的课程模式与中国学前教育课程发展的实践相融合、会通,使之转化为中国学前教育课程制度和文化的有机组成部分,并由此体现出本土特征的过程。在中国学前教育课程发展过程中,陈鹤琴、陶行知等老一辈教育家在这方面作出了卓越的贡献,他们不但汲取了西方先进的学前教育思想和理论,更是身体力行,在长期的学前教育实践中,结合中国本土文化和实践特征,探索出了具有民族特色的单元中心制课程和生活课程,为世界所瞩目。正如有研究者所言:"教育的国际性与教育的民族性是不矛盾的。不同民族有着不同的文

---

① 陈鹤琴:《陈鹤琴全集(第二卷)》,南京:江苏教育出版1992年版,第110—111页

化传统,也就有着不同特征的教育。教育的国际性不排除各国教育的民族性。在当今世界,文化越具有民族性,才越具有世界意义。教育也是一样。正是因为教育具有民族性,才有国际交流的必要。"①这也为我国学前教育课程改革和发展指明了方向。

3. 在逐步内化阶段实现课程模式的融汇与创新

在当前我国现有的国情、现有的地区差异较大条件下,模仿某个或某些课程方案并非改变我们现存问题的关键,而且模仿使我们极为容易陷入那种形式主义的弊端。西方的学前教育模式都是一定社会文化的产物,是一定社会意识形态和价值观念在人类幼年教育中的具体体现,器物可以照搬,技术可以模仿,管理可以参照,而文化这一熔铸于民族灵魂的精神血脉具有极强的自主性,它深深镌刻着一个民族的鲜明特征,代表了一个国家的未来方向,是绝不能一味模仿的。我们在借鉴和学习的过程中不仅要关注课程模式的内容和形式,更要探索和研究其内涵的精神和理念,在更深的意识和文化层次进行交流和融合,这样才能为我所用,并站在巨人的肩上进行开拓和创新。

回顾我国近现代幼儿园课程的发展史,可以清楚地看到,这一百多年就是一个不断学习西方先进课程理论和经验的历程。而在向国外学习的过程中,急功近利的心理和对西方课程理论的盲目崇拜造成我们对西方学前教育思想的全盘接受。20世纪初是"以日为师",全面学习源于西方的课程模式和体系,二三十年代学习以杜威教育思想为代表的美国幼儿园课程,50年代初学习苏联时同样如此,改革开放初我国学前教育又陷入"全盘西化"的窘境。而21世纪初有研究者也指出:"在我国学前教育的发展史上,长期存在着要么'全盘照抄',要么'全盘否定'外国学前教育的两种极端做法,使我国的学前教育走了许多弯路。"②反思历史,之所以会呈现出"全盘照抄"和"全盘否定"的两极化发展道路,正是由于我们忽视了对中国文化和中国国情的研究,盲目学习,使西方先进的幼儿园课程理论和模式无法在中华大地上扎根和成长,丧失了其原来的生机和活力。因而,在中国幼儿园课程的改革和发展过程中,就存在一个借鉴和创新的问题,其实质就是如何在借鉴的基础上立足于本民族的优秀文化,继而进行传承和创新的问题。

中国文化是众多文化形态中的一种,具有自身的优缺点,那么,对于中国文化的继承和发展,主要是针对其符合历史和社会发展要求的优点方面,我们要在继承已有经验的基础上,向国外学习,只有立足中国、放眼世界,才能兼顾民族性与时代性。只有成为我们中国人自己,释放我们自己的教育思想和理念,而不是跟在西方人后面,我们才能对世界作出原创性贡献,在多元文化的世界大家庭中占据我们应有的位置。尽快形成具有原创意义的带有我们时代烙印和民族特色的学前教育理论体系和实践模式,尽快形成具有理论创新和实践创新精神的学前教育话语体系和行为体系,不仅应该成为我国学前教育工作者在新的历史时期的理性选择,而且应该成为我们今天在新的起跑线上始于足下的现实行动。

(二) 基本思路:汲取国际经验基础上围绕核心要素建构中国特色的课程模式

比较是一种把握和认知事物的方式,通过比较可以更好地了解事物的本质和特色。

---

① 顾明远:《我的教育观(综合卷)》,广州:广东教育出版社1999年版,第323页
② 薛生:《具有中国特色的探索——赵寄石教授谈21世纪中国教育改革之路》,《学前教育》2000年第1期

上文对影响中国学前教育发展的十种课程模式进行了比较分析,清晰地呈现了每一种课程模式在理论基础、教育目标、课程内容、教育方法、教育评价等方面的主要内容,而正是这些具体的内容影响着中国幼儿园课程的发展,并渗透到中国学前教育发展的各个方面,我们应该在汲取国际课程模式发展经验的基础上围绕核心要素建构起中国特色的课程模式。

1. 理论基础上注重多学科知识的结合

在西方课程模式的发展过程中,儿童发展理论一直都充当着课程模式开发的主导性基础。学前教育课程开发在很大程度上秉承了这样一种信念——学前教育应该基于儿童发展研究以及儿童发展理论。[①] 有研究者将其归纳为五种主要的类型,即:生理学发展理论、精神分析学发展理论、行为主义发展理论、认知主义发展理论及情境主义发展理论。[②] 但是这种情况却也面临着挑战和质疑,因为发展理论关注的是"儿童可以干什么",而无法回答"儿童应该干什么",对这一问题的回答需要从哲学和伦理学的角度切入,而非发展理论。过分依赖发展理论促使学前教育课程的编制和实践回避了社会价值观,追求儿童发展普适性的做法完全出于成人的发展"需要"框架。也就是说,课程只考虑儿童是远远不够的,因为社会的文化价值观才能决定儿童应该知道什么和教师应该教什么,其背后蕴含着丰富的政治、经济、社会和民族文化的因素。

当前,课程模式的发展发生了一系列变化,主要是基于对儿童发展理论认识的转变,表现在:(1)恢复对儿童发展中遗传因素与环境因素的相互作用的兴趣;(2)有关环境对儿童发展的贡献的理解出现了分化;(3)认识到发展的社会性本质以及儿童在发展过程中的作用;(4)重视成人在儿童发展和学习中的作用;(5)重新对儿童的社会性能力和情感发展感兴趣;(6)重新评价把发展心理学看作是客观科学的这种观点。[③] 这种变化使发展理论与学前教育课程之间的关系也受到了强烈的挑战,课程研究也开始超越开发和管理的问题,开始从政治、文化、性别和历史的纬度来研究学前教育课程。于是,学前教育领域开始关注文化研究、女权主义理论、批判视角、后现代主义与结构理论,但是与教育的其他领域相比,学前教育领域的主流似乎仍然是关注个体、标准化的儿童发展,以发展理论为主的情况仍然存在。正如有的研究者所言:"人们把理论视为'理所当然'的、不言自明的、毋庸置疑的真理,并且是指导实践的唯一法则,而不是把这些理论理解为仅是思考与行动的一种可能性。"[④]因此,我们要从思想和行为上突破这种局限,进行质疑和反思,从多学科和多领域的研究成果中汲取营养,将理论作为促进变革的工具。

2. 教育目标上注重儿童的整体性成长和个性化发展

人是目的性的存在,人的活动总是以一定的目的为归旨的,这也是人与其他存在的

---

① Goffin, S. G. , & Wilson, C. S. Curriculum Models and Early Childhood Education: Appraising the Relationship (2nd ed.). Upper Saddle River, NJ: Prentice-Hall, Inc. , 2001, p. 16
② [美]申克著、韦小满等译:《学习理论—教育的视角》,南京:江苏教育出版社2003年版,第78页
③ Goffin, S. G. , & Wilson, C. S. Curriculum Models and Early Childhood Education: Appraising the Relationship (2nd ed.). Upper Saddle River, NJ: Prentice-Hall, Inc. , 2001, p. 198—199
④ 朱家雄:《从构建宏大理论到构建地域性知识,从学术研究到实践研究——对我国幼儿园课程改革的反思之七》,《学前教育》2007年第7—8期

最大区别之一。而作为人类的主要活动之一——教育,则是以培养人作为主要目的,于是,"培养什么样的人"就成为了首要的问题。对于这一问题,一直存在着"个体本位"和"社会本位"、"现时主义"和"未来主义"、"过程取向"和"结果取向"的争论,并主导或左右着教育的发展方向和具体内容。在学前教育领域亦是如此,"个体本位"和"现时主义"往往更强调儿童个体的发展价值,注重儿童在教育过程中的兴趣、需求、体验、感受等,关注儿童当下的愉快和幸福;而"社会本位"和"未来主义"更强调为儿童的未来和社会的发展做准备,注重适应未来社会所需要的基本知识和技能的学习和训练,正如斯宾塞在《什么知识最有价值》中所言的"为我们的完美生活做好准备,乃是教育所应完成的功能"①。但是,必须指出的是,由于学前教育的对象是身心刚开始发育的幼儿,对于他们来说,教育的过程就是生活的过程,"教育是一种生活的方式,是一种行动的方式"②,幼儿的生活和教育是融为一体的,具有整体性特点,而在此过程中,幼儿通过自己的主体性活动来建构自己对于自身和周围世界的认知和感受,形成态度和价值观,从而获得身体、心理和精神的成长。因此,对于学前教育来说,无论是对儿童现时状态的注重还是对未来知识技能的强调,都应该统一到儿童的整体性成长之中。

这种成长取向不同于中国传统的学习取向,它不仅包括知识和技能的学习,也包括身体、情感、态度和社会等诸多方面的发展,并且是基于儿童的主体性活动和建构的,诚如联合国教科文组织所强调的:"把一个人在体力、智力、情绪、伦理各方面的因素综合起来,使他成为一个完善的人,这就是对教育基本目的的一个广泛的解说。"③这种整体性成长在西方课程模式中具有不同程度的体现,如:蒙台梭利所要培养的"新人类",高宽强调的主动学习,光谱对于智能强项和儿童潜能的发展,瑞吉欧所注重的潜能发挥和创造力的培养,都从不同的方面强调和突出着儿童的主体性,并将其作为儿童各方面知识和能力发展的基础。在当前中国,不仅提倡全面推进幼儿园素质教育,在幼儿园教育的总要求方面还强调"关注个别差异,促进每个幼儿富有个性地发展"。但二者之间如何协调实施,还缺乏明确的指导性。因此,在建构中国特色课程模式的过程中,在教育目标上应该追求儿童的整体性成长和个性化发展,这既是对儿童身心发展规律的尊重,也符合时代发展的潮流和社会的需要。

3. 课程内容上注重领域内容与关键经验的融合

课程内容是课程模式的重要组成部分,是教育活动得以展开的主体内容。在学前教育中,基于幼儿的身心发展特点,幼儿园课程的直接目的在于让学前儿童在一定的环境和教师指导下通过活动获得各种经验,这种经验不仅指知识或认知,而且还包括关于人的认知结构、情感态度、各种事物的有关信息、能力与技巧等诸多方面的内容。也可以说,在经验或活动取向的课程中,"幼儿园课程内容是根据幼儿园课程目标和相应的学习经验选择的,蕴涵或组织在幼儿的各种活动中的基本态度、基础知识、基本技能和基本行为方式"④。基于经验的概念而组织和生成的课程内容势必要将内容和方法融

---

① 张焕庭:《西方资产阶级教育论著选》,北京:人民教育出版社 1979 年版,第 419 页
② 赵详麟、王承绪编译:《杜威教育名篇》,北京:教育科学出版社 2006 年版,第 214 页
③ 联合国教科文组织:《学会生存》,北京:教育科学出版社 1996 年版,第 195 页
④ 冯晓霞:《幼儿园课程》,北京:北京师范大学出版社 2000 年版,第 49 页

为一体,因为儿童经验的获得与其学习和活动的方式密切相关,并与师生间互动和交流的方式和性质相联系。

目前,基于经验和活动取向而实行的领域课程仍然是世界学前教育发展之主流,这种趋势在西方课程模式中就得到了很好的体现。当代蒙台梭利课程模式在课程内容方面分为日常生活教育、感官教育、语言教育、数学教育、科学文化教育、音乐教育和美术教育等七大领域;高宽课程模式将课程内容分为学习方式、语言读写和交流能力、社会性和情感发展、身体发展和身心健康、艺术和科学等五大领域,内涵58条关键经验;光谱课程模式依据多元智能理论将课程内容分为八大领域,每个领域都包含着细化的关键经验;而瑞吉欧课程模式以儿童生活中感兴趣的"问题"作为主题来展开活动,以主题来综合核心经验的发展。虽然很多组织和研究者大力提倡综合化的课程,但领域课程的易操作性和综合性仍然备受青睐,全美幼教协会(NAEYC)就指出:"领域课程将知识分成类比,为设计和组织知识提供了系统,为理解社会、物质世界和生物学世界提供了关键经验、探索的工具以及认识的方法。"[1]

在当前中国,幼儿园的教育内容也是采取领域课程的方式组织的,分为健康、语言、社会、科学、艺术等五大领域,每一领域都包含有具体的内容和要求,类似于西方课程模式中的关键经验,但是却相对较为笼统,也不够凝练和简洁,操作性不强。因此,在建构中国特色课程模式的过程中,应该注重领域内容与关键经验的融合,将与各领域相关的关键经验纳入具体的领域之中,并且力求简洁明确,具有可操作性,如此才能便于教师依据其组织和创设具体的教育活动,使儿童在获得关键经验过程中不断成长。

4. 教育方法上注重环境的创设和师幼交往与对话

在幼儿园课程中,教育方法主要就是如何保证课程的实施,这也是西方课程模式中最具特色的一部分。影响中国学前教育发展的四种课程模式在教育方法方面都不约而同地强调环境的创设与教师的作用问题,说明此二者在课程的实施和发展中具有举足轻重的地位。环境的创设主要是通过空间的组织和活动材料的提供,创造一种具有丰富刺激、具有挑战性而又井然有序的学习环境,适宜于儿童的身心发展特点,并让其在这样的环境中进行主动的探索和建构。而教师的角色和作用则体现的是一种师生关系,这种关系在很大程度上决定着幼儿园教育活动的组织与安排。西方课程模式将教师定位为儿童发展的观察者、支持者与引导者,反映出二者之间的平等、交流和对话关系,是两个独立主体之间的心灵沟通和碰撞,是一种新型的师生关系。这种师生关系对于中国的学前教育来说是一种教育主体观的变革,正如有的研究者所言,就是"彻底转变教育主体观,变机械单一的主客体互动模式(主—客)为交往中的主体与作为中介的客体的辩证互动模式(主—客—主),或简称为'交往的教育主体观'"[2]。

在当前中国学前教育的发展中,环境的创设和新型师生关系的确立已经成为了幼儿园课程组织和实施中的重要内容,并明确指出:"环境是重要的教育资源,应通过

---

[1] Bredekamp, S. & Rosegrant, T., Reaching Potentials: Transforming Early Childhood Curriculum and Assessment, Vol.2, NAEYC, 1995. p.2.
[2] 项贤明:《泛教育论——广义教育学的初步探索》,太原:山西教育出版社2002年版,第20页

环境的创设和利用,有效地促进幼儿的发展","教师应成为幼儿学习活动的支持者、合作者、引导者"①。但是需要指出的是,师幼互动和交往是双方面的,不仅要促进幼儿的主体建构和发展,也应该促进教师的主体性发展,其原因在于师幼互动和交往是一个双向互动和建构的过程。在"儿童中心主义"和"儿童主体"等观念大行其道的今天,我们在注重儿童发展的同时却容易忽视教师的主体性发展,因此,在建构中国特色的课程模式中,不仅要强调环境的创设,更要注重师幼交往与对话,在这一过程中,"教师也同样可以从师幼互动中汲取经验和成长的养分,并在反思中逐步提高自己,达到自身主体的不断发展和提高,从而实现师生双方在师幼互动中主体的积极建构和发展"②。

5. 教育评价上注重建构服务于儿童发展的发展性评价指标体系

随着教育在个体和社会发展中重要价值的逐渐凸显,人们日益关注教育的效果和效益问题,于是教育评价开始备受关注,并获得快速的发展。在学前教育方面也是如此,总体上呈现出发展性、多元化、动态性和全方位的特点。在评价方法上则强调量化评价和质性评价的结合。西方课程模式也非常重视教育评价对于幼儿、教师和课程发展的反馈和促进作用,甚至有一些课程模式就是在评价模式的基础上发展而来的,比如光谱方案。而影响中国学前教育发展的四种课程模式在评价上也存在着很多的共性,比如,都以观察记录为基础,都采用动态的形成性评价,注重评价方式的多样化和评价方法的综合化,以促进儿童发展、改进课程为目的等。

西方课程模式在教育评价方面的做法和尝试对中国学前教育的发展具有重要的借鉴价值,因为教育评价是中国学前教育理论和实践中最薄弱的一个环节,虽然在20世纪90年代就有研究者提出过对教育过程进行评价的一些指标,③也有一些研究者从多方面提出了幼儿园课程评价的指标和工具,④但都缺乏应有的科学性和操作性。直到2001年在国家颁布的《幼儿园教育指导纲要(试行)》中,才首次提出如何在学前教育领域开展教育评价,而且对于教育评价的目的、主体、过程、方式方法及重点作出了说明,并强调"明确评价的目的是了解幼儿的发展需要,以便提供更加适宜的帮助和指导","评价应自然地伴随着整个教育过程进行",⑤倡导评价的发展性、多元化和全面性,符合世界学前教育评价的发展潮流。但是目前中国的学前教育评价在具体内容方面缺乏各领域的评价指标和标准,在方法上缺少量化和质性的结合,因此,在建构中国特色课程模式的过程中,应该注重发展性评价指标体系的形成,以便更好地促进幼儿园课程的发展。

---

① 中华人民共和国教育部制订:《幼儿园教育指导纲要(试行)》,北京:北京师范大学出版社2001年版,第9—10页
② 教育部基础教育司组织编写:《幼儿园教育指导纲要(试行)解读》,南京:江苏教育出版社2002年版,第197页
③ 项宗萍:《从"六省市幼教机构教育评价研究"看我国幼教机构教育过程的问题与教育过程的评价取向》,《学前教育研究》1995年第2期
④ 王坚红:《学前教育评价》,北京:人民教育出版社1994年版,第284页
⑤ 中华人民共和国教育部制订:《幼儿园教育指导纲要(试行)》,北京:北京师范大学出版社2001年版,第12—13页

思考题：

1. 简述世界学前教育课程模式对中国学前教育所产生的主要影响。
2. 简述中国特色学前教育课程模式构建的未来趋向和基本思路。